同济大学欧洲与德国研究丛书

总主编：郑春荣

编　委（按姓氏笔画为序）：

伍慧萍　孙宜学　宋黎磊　陈　强　单晓光

同济大学欧洲与德国研究丛书

默克尔时代的德国：

2005～2021年

中国的德国研究文选

GERMANY IN THE AGE OF MERKEL:
SELECTED CHINESE STUDIES OF GERMANY 2005-2021

郑春荣　主编

社会科学文献出版社
SOCIAL SCIENCES ACADEMIC PRESS (CHINA)

主编简介

郑春荣，教授、博士、博士生导师，博士后合作导师，同济大学外国语学院党委书记，同济大学德国研究中心主任，同济大学德国问题研究所/欧盟研究所所长，《德国研究》主编、《德国发展报告（德国蓝皮书）》主编，学术兼职：中国欧洲学会副秘书长、上海欧洲学会副会长、上海国际关系学会常务理事。主要研究方向：德国政治制度，外交与安全政策，欧洲一体化，中德、中欧及中美欧关系。主持国家社会科学基金重大研究专项和一般课题，上海哲学社会科学规划项目以及外交部、教育部、上海市教育委员会等委托课题十多项，迄今在国内外核心期刊发表论文120余篇，出版著作24部（专著2部、编著3部、主编11部、参与主编5部、译著3部）。

编者序

————✥✿✥————

从 2005 年 11 月首次担任德国总理，到 2021 年 12 月完全卸任，安格拉·默克尔（Angela Merkel）担任总理达 16 年之久。经过长年执政，她深刻影响了德国的国内治理和德国在欧盟改革与发展以及全球治理中的参与。她的卸任意味着一个时代的结束。那么，"默克尔时代"给德国内外留下了怎样的"遗产"，是人们普遍关注和讨论的议题。

在"默克尔时代"，德国经历了一系列地区性以及全球性危机的冲击，包括金融危机、欧债危机、难民危机、英国脱欧危机以及新冠肺炎疫情危机等，在这些危机中，默克尔均扮演了"危机管理人"的角色，给人们留下了深刻印象。这期间，德国经济总体发展良好，综合实力稳固，在欧盟内的领导力日益凸显，而且，德国也日益积极并颇有成效地参与了全球治理。

在"默克尔时代"，中德关系在经过默克尔执政初期的波折后，整体在高水平上不断向前发展，中德之间建立了政府磋商机制，以及全方位战略伙伴关系。较长时间以来，中德关系扮演着中欧关系引领者的角色，这与默克尔总理所推行的对华务实合作政策有着紧密关系。也正是在她的大力推动下，中欧在 2020 年 12 月 30 日完成了中欧投资协定谈判。

因此，总结"默克尔时代"的德国的内政外交，不仅有助于我们更好地把握德国外交发展的影响因素及趋势，从而进一步推动中德、中欧关系行稳致远，而且，德国在国内治理上的改革举措以及创新做法，也可以为我们党的治国理政提供域外经验与启示。

本书为论文集，由导论和期刊论文组成。导论系统总结"默克尔时代"的德国在政治、经济、社会文化及外交领域所呈现出的特征，以及对于我们把握未来德国发展的启示意义。之后，论文集收录 2005 年至 2021 年 9 月国内代表性学者发表在核心期刊上的学术论文，具体分政治卷、经济卷、社会文化卷和外交卷。遴选的原则是相关论文的学术影响力和代表性，以及对中德关系以及对我国改革与发展的启示意义。

本论文集适合于国内国际问题研究尤其是德国及欧洲研究学者和师生，以及对国际问题感兴趣的读者。

郑春荣

上海，2022 年 2 月 2 日

目录
CONTENTS

导论：默克尔时代的德国[*]

郑春荣^{**}

引　言

2021 年 12 月 8 日，德国新政府成立，安格拉·默克尔总理结束了 16 年的任期，德国正式步入"后默克尔时代"。对于默克尔这位叱咤德国乃至欧洲及世界政坛 16 年之久的风云人物，各界有着广泛的议论。焦点是默克尔给德国留下了怎样的"政治遗产"，或者说"默克尔主义"在何种程度上会在"后默克尔时代"得到延续。默克尔被誉为"危机总理"，她执政的 16 年经历了金融危机及其后的欧债危机、乌克兰危机、难民危机、英国脱欧危机以及新冠肺炎疫情危机。因此，默克尔政府始终处在"危机模式"之中，[1] 表现出"审慎渐进"（careful incrementalism）的执政风格[2]，不过，默克尔也因此时常被认为缺乏远景规划，过于求稳。但是，不可否认的是，默克尔的 16 年给德国带来了稳定的发展，也符合德国民众求稳的心态，这也使得这位"危机管理者"一度成为德国的家长式人物，被亲切地称为"Mutti"（妈咪）[3]。

* 本文为国家社会科学基金重大研究专项（项目批准号：20VGQ011）的阶段性成果。
** 郑春荣，同济大学德国研究中心主任，教授。

① Reimut Zohlnhöfer, "Krisenmodus statt Visionen. Eine Reformbilanz der Regierung unter Angela Merkel," *Bundeszentrale für politische Bildung*, 19 November 2021, https://www.bpb.de/shop/zeitschriften/apuz/343509/krisenmodus-statt-visionen/.

② "Special Report: End of Merkel Era Poses Big Questions for Europe," *Newsflash*, 4 September 2021, https://newsflash.one/2021/09/04/special-report-end-of-merkel-era-poses-big-questions-for-europe/.

③ 《德国"妈咪"默克尔：从物理学家到权力玩家》，参考消息网，2021 年 12 月 19 日，https://www.cankaoxiaoxi.com/culture/20211219/2463406.shtml。

在外交与欧洲政策上，默克尔也体现出沉着、稳定和务实的执政风格，她领导下的德国成为欧盟事实上的领导者。进入"后默克尔时代"，德国的中间主义力量依然占据主流，"默克尔时代"的共识政治和稳定导向虽然有所弱化，但总体上仍将延续，不过，默克尔的接班人、社民党人奥拉夫·朔尔茨总理在德国首个三党联合政府（即社民党、绿党和自民党组成的"交通灯"联合政府）中将更多扮演主持人角色，其在国内及欧盟的领导权威将无法达到默克尔的高度。在"后默克尔时代"的德国，对于默克尔的"政治遗产"存在着不同的声音，持正面评价的人主张要继承和延续默克尔的"政治遗产"，持负面评价的人则意图把当前产生的问题归咎于默克尔的"政治遗产"，并要求告别"默克尔主义"。无论如何，默克尔虽然退出了政治舞台，但是，围绕默克尔的"政治遗产"或者说"默克尔主义"的争论还将在较长时期内存在，这也意味着"默克尔主义"仍将持续产生影响。

一

安格拉·默克尔（Angela Merkel）于 2005 年 11 月 22 日当选德国联邦总理，这位时任基民盟主席、联盟党（基民盟/基社盟）总理候选人在当年提前举行的联邦议院选举中，击败了时任总理、社民党人格哈德·施罗德（Gerhard Schröder）。此后默克尔连选连任。2018 年 10 月 29 日，在基民盟在黑森州州议会选举中遭遇历史最差选举结果后，默克尔宣布将不再参与党主席竞选，未来也将不再竞选联邦总理。由此，"默克尔时代"进入倒计时。2021 年 9 月 26 日，德国举行了 16 年来首次没有默克尔参加的大选。10 月 26 日，德国新一届联邦议院举行成立大会，这也意味着默克尔执政任期的结束，当日德国联邦总统弗兰克－瓦尔特·施泰因迈尔（Frank-Walter Steinmeier）向默克尔递交免职证书，默克尔政府成为看守内阁。直到社民党人奥拉夫·朔尔茨（Olaf Scholz）于 12 月 8 日当选联邦总理，默克尔才结束看守，完全卸任，执政时间总计 5860 天，仅差 10 天而未能超过德国历史上执政时间最长的总理，即"统一总理"赫尔穆特·科尔（Helmut Kohl），后者从 1982 年 10 月 1 日至 1998 年 10 月 26 日，总计执政 5870 天。

默克尔不只是（联邦）德国历史上第一位女总理，而且也是第一位经历了不同政党组合的联邦总理：第一届、第三届和第四届默克尔政府（分别为 2005～2009 年、2013～2017 年和 2017～2021 年）都是由联盟党和社民党组建的大联合政府，而第二届默克尔政府（2009～2013 年）则是联盟党与自民党的组合。

默克尔自己对于执政生涯的总结是："担任联邦总理的 16 年是多事之秋，而且非常具有挑战性。"她在离任告别仪式的讲话中特别提到了新冠肺炎疫情危机及其给德国国内社会带来的团结与信任挑战，而在外交方面，她主要述及了 2008 年的金融危机以及 2015 年的难民危机。着眼于未来的挑战，默克尔还提及了气候变化、数字化以及移难民问题。①

这当然只是默克尔对自己执政生涯的简短总结。事实上，对于这位叱咤德国乃至欧洲及世界政坛 16 年之久的风云人物，各界有着广泛的议论。焦点是默克尔给德国留下了怎样的"政治遗产"（political legacy），或者说"默克尔主义"（Merkelism）在何种程度上会在"后默克尔时代"得到延续②。

"政治遗产"学说指出，政府行为主要是往届政府所做政治决策的有意或无意的产物，执政带来的"变化并不是选择的结果"（change without choice），甚至可以说"执政即继承"（To govern is to inherit）。③ 这一观点与"路径依赖"（path dependence）的论点相呼应。依据"路径依赖"论，以往制定的政策会对现有政治制度和政治过程产生反作用，而且，随着时间的推移将带来"收益递增"（increasing returns），由此进一步增大同样决策的惯性④。当然，我们也不应陷入"政治遗产"学说的陷阱，将影响政府行为的因素完全限定在过去制定的政策上，而彻底否定新政府带来政策变化的可能性。⑤

---

① Die Bundesregierung, "Rede von Bundeskanzlerin Merkel anlässlich des Großen Zapfenstreichs am 2. Dezember 2021 in Berlin," 2 Dezember 2021, https://www.bundesregierung.de/breg-de/aktuelles/rede-von-bundeskanzlerin-merkel-anlaesslich-des-grossen-zapfenstreichs-am – 2 – dezember – 2021 – in-berlin – 1987276.

② Piotr Buras and Jana Puglierin, "Beyond Merkelism: What Europeans Expect of Post – election Germany," *ECFR Policy Brief*, 14 September 2021, https://ecfr.eu/publication/beyond-merkelism-what-europeans-expect-of-post-election-germany/.

③ Richard Rose and Philip L. Davies, *Inheritance in Public Policy: Change without Choice in Britain* (New Haven: Yale University Press, 1994), p. 2.

④ Paul Pierson, "The New Politics of the Welfare State," *World Politics* 48 (1996), pp. 143 – 179; Paul Pierson, "Increasing Returns, Path Dependence, and the Study of Politics," *American Political Science Review* 94 (2000), pp. 251 – 267.

⑤ Tobias Ostheim and Manfred G. Schmidt, "Die Lehre vom Politik – Erbe," in Manfred G. Schmidt, Tobias Ostheim, Nico A. Siegel and Reimut Zohlnhöfer, eds., *Der Wohlfahrtsstaat: Eine Einführung in die historischen und internationalen Vergleich* (VS Verlag für Sozialwissenschaften, 2007), pp. 85 – 95.

有鉴于此，本论文集在论述"默克尔时代的德国"的内政外交时，一方面将考虑默克尔政府之前的政府决策尤其是施罗德政府的决策，对默克尔政府的影响；另一方面将探讨默克尔留下了怎样的"政治遗产"，又将给"后默克尔时代"的德国带来怎样的影响。

二

默克尔在任的16年间，德国从"欧洲的病夫"崛起为欧洲经济的引擎，以及欧洲经济实力最强的国家。这些年来德国的富裕水平一直在提高，根据德国联邦统计局的数据，从2005年至2020年，德国的人均国内生产总值增长了约43%；如果没有新冠肺炎疫情的冲击，这一数值甚至有可能达到近50%。[1]

德国的失业人数虽然由于疫情在2020年有所回升，但是，与2005年相比，失业人数还是下降了约44%。在默克尔2005年首次就任德国总理时，德国登记的失业人数接近500万，到2019年底已经降为230万，在2020年暴发新冠肺炎疫情后，失业人数再次上涨到270万。在默克尔执政末期，当她被问到最自豪的执政业绩是什么时，她专门提到了失业人数从最初的500万降至300万以下，而且德国的青年失业率也很低。[2] 失业人数的大幅下降在很大程度上和默克尔的前任施罗德所推行的《2010议程》改革紧密相关。默克尔对她前任的改革举措也赞赏有加，在社民党一度动摇《2010议程》的时候，默克尔却对此力挺，并表示，她任内取得的成就也有施罗德改革议程的功劳；坚持议程所包含的劳动力市场改革，是德国进一步取得经济成就和实现社会均衡的一项基本条件。[3]

正是因为德国具有良好的经济和劳动力市场发展态势，默克尔政府进行

---

[1] Matthias Janson, "Jahre des Wohlstands. Die Ära Merkel-eine Wirtschafts – Bilanz," *Statista*, 1 September 2021, https://de. statista. com/infografik/25669/kennzahlen-zur-wirtschaftlichen-entwicklung-deutschlands – 2005 – bis – 2020/.

[2] "Merkels letzte Sommer – Pressekonferenz, Ich sage Dankeschön-es war mir eine Freude," *Der Tagesspiegel*, 22 Juli 2021, https://www. tagesspiegel. de/politik/merkels-letzte-sommer-pressekonferenz-ich-sage-dankeschoen-es-war-mir-eine-freude/27443698. html.

[3] "Merkel verteidigt Schröders Agenda 2010," *Redaktionsnetzwerk*, 26 Februar 2017, https://www. rnd. de/politik/merkel-verteidigt-schroders-agenda – 2010 – XP5RP4HMMLBYDDMU44IHDNTHKU. html.

大刀阔斧改革的动力下降，可以选择保持现状（Weiter-so）。在 2005 年联邦大选竞选期间，默克尔其实提出了更为深远的经济政策改革计划，但是这些自由化的举措并未真正得到实施，即使在默克尔的第二个任期，即基民盟/基社盟与其理想的执政伙伴自民党组成右翼联合政府期间，放松解约保护、所得税的结构化改革（降低所得税，包括最高税率）等经济自由化措施均未落实。相反，施罗德政府时期的一些自由化改革举措还被修正或撤回了，对此最为显著的例子是在默克尔第三个任期内引入了全覆盖的法定最低工资。

默克尔原先计划的自由主义经济政策议程之所以未得到实施，一方面与其联合执政伙伴社民党有关，社民党在四届默克尔政府中有三届参与执政，它不支持进一步的自由化改革，甚至还要求收回许多此前施罗德政府实施的改革举措。另一方面，经济发展状况也起了很大作用。失业人数持续下降，甚至于金融危机以及新冠肺炎疫情危机所带来的经济衰退，在德国特色的短时工制度等积极的劳动力市场措施的支持下，也未产生持久的显著影响。而且，财政状况也大幅改善，在 2008 ~ 2009 年金融危机的背景下联邦债务达到顶峰之后，情况开始好转，从 2014 年以来联邦财政就不再举新债，原先累积的债务也得以削减。在良好的经济与财政发展状况的背景下，不受选民欢迎的经济与社会政策领域的结构性改革措施就显得没有必要，此时也非政治良机，特别也是因为政府的政治资源受制于前述的各场危机。① 直到受到新冠肺炎疫情的冲击，德国引入大规模的经济景气计划，才告别了持续 7 年的"黑零"政策，再度出现财政赤字，而且是德国有史以来最高数额的赤字。②

在默克尔 16 年任期内，她也采取了一些标志性的举措，这些举措反映了默克尔善于妥协的执政风格，在一些批评人士看来，甚至有些"见风使舵"，但与此同时，这些举措也反映出默克尔带领联盟党往"中左"方向移动，呈现"社民党化"的特征③。

① Reimut Zohlnhöfer, "Krisenmodus statt Visionen. Eine Reformbilanz der Regierung unter Angela Merkel," *Bundeszentrale für politische Bildung*, 19 November 2021, https://www.bpb.de/shop/zeitschriften/apuz/343509/krisenmodus-statt-visionen/.

② Lukas Haffert, "Die 'Schwarze Null' ist Geschichte. Aber hat sie eine Zukunft?" *Aus Politik und Zeitgeschichte*, 20 November 2020, https://www.bpb.de/shop/zeitschriften/apuz/schwarze-null – 2020/319054/die-schwarze-null-ist-geschichte-aber-hat-sie-eine-zukunft/.

③ "Sozialdemokratisierung der Union," *Heise*, 1 Oktober 2019, https://www.heise.de/tp/features/Die – Sozialdemokratisierung-der – Union – 4542162.html.

例如，在环境政策领域，在默克尔任期内实现了两个"退出"，即"退出核电"（Atomausstieg）和"退出煤电"（Kohleausstieg）。默克尔政府在"退出核电"问题上，就像默克尔领导下的基民盟最初反对引入法定最低工资一样，经历了一次 180 度的政策转变。此前，施罗德领导下的红绿联合政府在 2000 年达成共识，决定在 2022 年前后退出核电。当时在野的基民盟/基社盟和自民党反对此计划。在默克尔执政后，由于联合执政的社民党的阻挠，默克尔无法改弦更张，而在 2009 年与自民党组成联合政府后，其才得以实现政策变革，做出将现有核电站运行时间延长 8～14 年的决定。但是，2011 年 3 月的福岛核危机导致德国国内反核情绪高涨，继而影响执政各党在州议会选举中的选情，迫使默克尔政府再次做出政策调整。2011 年 6 月 30 日，联邦议院通过了到 2022 年"退出核电"的法案。在"退出煤电"问题上，默克尔及其所在的联盟党一开始由于担心能源价格上涨会给经济界带来不利影响，以及在煤炭业利益集团的游说下，对于"退出核电"后再"退出煤电"表现并不积极。但是，随着气候减排的舆论压力的不断上升，以及基民盟和基社盟民调支持率走低而绿党民调支持率飙升，默克尔政府在能源政策上进行转向，接受了"增长、结构改革与就业委员会"（简称"煤炭委员会"）提出的 2038 年前关停煤电的目标，相关的《减少和终止煤炭发电法》于 2020 年 7 月通过。此后，同样迫于国内舆论和民调的压力，默克尔再次改变了一开始反对将"退出煤电"时间表提前的立场，表达了德国要实现 2030 年气候减排目标就必须加快"退出煤电"的认识。

在气候保护领域，默克尔一开始并未采取重大举措，一度有迹象表明，德国无法实现此前为 2020 年确立的、与 1990 年相比减排 40% 的气候目标。虽然德国最终还是达到了目标，减排 42.3%，但是，这在很大程度上得益于新冠肺炎疫情造成的经济活动和交通量的减少，以及由此带来的能源消耗的下降。[1] 正是在外部压力下，包括"星期五为未来"（Fridays for Future）运动带来的冲击波，默克尔政府在 2019 年 11 月推动通过了《气候保护法》。这部法律后来又在 2021 年因联邦宪法法院对多个环保组织（包括"星期五

---

[1] Theo Geers, "Erfolgsmeldung mit Schönheitsfehler Deutschland erreicht seine Klimaziele für 2020 – dank Corona," *Deutschlandfunk*, 4 Januar 2021, https://www.deutschlandfunk.de/erfolgsmeldung-mit-schoenheitsfehler-deutschland-erreicht–100.html.

为未来"）宪诉的裁决进行了修订①，进一步收紧相关气候保护目标，确立了到 2045 年实现碳中和的计划。与此相应，到 2030 年，德国的二氧化碳排放量将比 1990 年减少 65%，而不是迄今确定的 55% 的目标。该法律修正案于 2021 年 8 月 31 日正式生效。

在社会政策领域，默克尔政府也给德国带来了显著变化，特别引人注目的是托儿位置和方式的增加、同性婚姻法以及移难民政策。托儿位置和方式的增加最初是社民党的提议，后来联邦家庭部部长乌尔苏拉·冯德莱恩（Ursula von der Leyen）在默克尔的支持下，使得这个想法得到落实，当时还遭到了其所在的联盟党议会党团内的许多基社盟议员的反对。在第三届默克尔政府任期行将结束时通过的同性婚姻法，更鲜明地体现出默克尔领导下的基民盟将其他政党的主张占为己有的特征。在 2017 年新一届联邦议院选举前，所有联邦议院内的政党都支持同性婚姻，联盟党的潜在联合执政伙伴还将它作为大选后与联盟党组阁的先决条件，而且，同性婚姻在德国民众中也有广泛支持。鉴于联盟党陷入了孤立状态，默克尔策略性地表示，是否支持同性婚姻应该是一项"凭良心的决定"（Gewissensentscheidung），换言之，在这个问题的表决上，将取消议会党团的纪律约束，联盟党议员们可以凭自己的良心进行投票，这最终促成了同性婚姻法在 2017 年 6 月 30 日在联邦议院获得通过，除了社民党、绿党、左翼党的议员全部投了赞成票，联盟党议员中也有 75 名议员投了赞成票，而默克尔本人投了反对票，因为对于她而言，《基本法》中所载的婚姻是指男女之间的婚姻。② 另一项举措则是，在2015 年欧洲难民危机高潮到来时，默克尔宣布向难民开放边境，"我们能做到！"（Wir schaffen das！）成为默克尔 16 年总理任期的一个标签③。默克尔自己也没想到这样一句用于鼓劲的平淡无奇的话能起到那么大的作用。无论如何，当年涌入德国的 89 万名难民，给德国社会带来了安全和融入等方面

---

① "Bundesverfassungsgericht: Deutsches Klimaschutzgesetz ist in Teilen verfassungswidrig," *Zeit Online*, 29 April 2021, https://www.zeit.de/wissen/umwelt/2021-04/klimaschutzgesetz-ist-in-teilen-verfassungswidrig.

② Anna Katharina Mangold, "Stationen der Ehe für alle in Deutschland," *Bundeszentrale für politische Bildung*, 9 August 2018, https://www.bpb.de/themen/gender-diversitaet/homosexualitaet/274019/stationen-der-ehe-fuer-alle-in-deutschland/.

③ "Fünf Jahre 'Wir schaffen das': Wie Merkels Mutmacher zu einem historischen Satz wurde," *Stern*, 30 August 2020, https://www.stern.de/politik/deutschland/fuenf-jahre-wir-schaffen-das-wie-merkels-satz-historisch-wurde-9395102.html.

的问题，德国国内的"欢迎文化"发生转变，默克尔政府此后也不断收紧难民政策，包括进行避难法的严格化、谋求推动欧盟内难民分摊以及推动达成欧盟—土耳其难民协议等。默克尔后来曾表示，2015 年的事情不允许重演，她承认在难民危机之中犯了错，但是，她指的失误是，德国作为欧洲内陆中心国家，很长时间里以为难民危机事不关己，让边境国家独自承受压力，德国的反应是犹豫不决或者三心二意的，这导致了难民危机的恶化。对于她做出的接纳难民而非遣送难民回国的决定，她仍然坚持认为是正确的，而且，她表示，德国"总体上"克服了这一挑战。①

三

除 2005 年上任后不久，默克尔推行"价值观"外交，一度导致中德关系陷入低谷②，引起了德国内外短期内的关注以外，其最初两个执政任期的外交政策并没有给人留下多少深刻印象。倒是德国 2011 年 3 月 17 日在联合国安理会就在利比亚设立禁飞区进行表决时投了弃权票，出乎人们的预料。殊不知，2003 年，当时作为反对党领袖，默克尔在伊拉克战争中还站在美国这一边，不赞同施罗德总理的反战立场。德国在联合国安理会的弃权行为使其处于一种孤立状态，它既没有追随美国，也没有与其欧洲伙伴英国和法国保持步调一致，这种"既不从美，也不从欧"的选择，使得大西洋两岸担心德国又将走一条新的"特殊道路"。而在默克尔看来，她反对军事干预利比亚的立场并非荒谬，因为西方的军事干预虽然加快了卡扎菲政府的垮台，但是利比亚由此陷入了持久的混乱无序状态，给整个萨赫勒地区带来动荡，也给欧盟带来了安全威胁。默克尔从利比亚问题中吸取的教训是，如果欧洲国家想要实现自己直接周边的稳定，并不一定能完全信赖其最紧密盟友及其安全政策方案。③

2013 年 12 月 17 日，德国联盟党和社民党再次组建大联合政府，默克尔第三度当选总理，由此德国进入"默克尔 3.0"时代，在新政府《联合执政

① Martin Ferber, "Angela Merkel räumt in ihrer Regierungserklärung Fehler ein," *Augsburger Allgemeine*, 21 März 2018, https://www.augsburger-allgemeine.de/politik/Fluechtlingskrise-Angela-Merkel-raeumt-in-ihrer-Regierungserklaerung-Fehler-ein-id50703901.html.
② 王友明：《评析默克尔的"价值观外交"》，《国际问题研究》2008 年第 4 期，第 51～56 页。
③ Andreas Rinke, "Die Kanzlerin der Krisen-eine Bilanz," *Internationale Politik* 3 (2021), pp. 47-52.

协议》的前言中，执政两党表示，"我们希望与我们的欧洲伙伴一起参与建构全球秩序，并为危机和冲突的解决做出贡献"，德国外交政策呈现出从恪守克制文化转向积极有为的新动向。即使到了需要面对诸多不确定性的"默克尔4.0"时代，甚至在默克尔宣布将逐渐隐退、德国就此逐渐步入"后默克尔时代"的背景下，德国总体上也依然表现出延续2013年德国政府开启的积极有为外交的意愿。① 默克尔政府的积极有为外交主要体现在其对任期内发生的一系列危机的应对上，从欧债危机，到乌克兰危机、难民危机，再到英国脱欧危机，以及当前的新冠肺炎疫情危机。在这些危机的应对过程中，默克尔日益被认为是欧盟内最具权威的领导人，甚至于在特朗普当选美国总统，奉行"美国优先"政策，抛弃美欧共享的价值观之后，《纽约时报》赞誉默克尔为新的"自由世界的领袖"。尽管默克尔对"自由世界的领袖"的标签不以为然，但是，她提供了一个理性、务实和坚定的领导模式，它具体呈现出以下特征。

如前所述，首先，默克尔表现出的是"危机管理者"的角色。她在历次危机的应对中，总体上表现出了沉着与镇定，而且总是谋求各方就危机应对方案达成共识。为此，她并不急于做出会暴露自身弱点的决断，而是静观事态的发展方向，确定各方可能在某一点上汇聚利益，然后占据该利益汇聚点，并声称她一直在引导人们朝这个方向努力。默克尔因此也被认为具有寻求各方最大共识的特质。不过，默克尔饱受诟病的是，在处理欧盟的历次危机时，她的主要政治策略是拖延和犹豫，以至于在德国，年轻人把她的名字变成了一个动词——"默克尔"（merkeln），意即"不做事、不决策、不表态"②。例如，在欧盟层面，虽然默克尔政府的态度逐渐发生转变，从"不情愿的领导"到日益具有责任意识，但是，德国的外交行动仍然具有克制和审慎的特征。与此相应，默克尔对于欧洲工程的推动，更多的是出于理性，而不是出于热情。

其次，默克尔并非一成不变，她也在从过往的危机应对中"学习"，因时而变、因势而变。例如，如前所述，在欧债危机的应对中，默克尔坚决反

---

① 参见本论文集郑春荣《德国外交政策的新动向》。也请参见郑春荣《德国默克尔政府外交政策研究（2013—2019）：从克制迈向积极有为》，社会科学文献出版社，2021。
② Esme Nicholson, "'Merkel' Has Become A Verb In German Youth Vernacular," *NPR*, 26 August 2015, https://www.npr.org/sections/thetwo-way/2015/08/26/434923342/-merkel-has-become-a-verb-in-german-youth-vernacular.

对 "欧元债券" 的引入，强调只要她在一天，就不会有欧元债券。在新冠肺炎疫情暴发后，虽然她一开始依然拒绝作为 "欧元债券" 翻版的 "新冠债券"，但是，鉴于新冠肺炎疫情危机的史无前例性，她最终也史无前例地接受了以补贴而非贷款的形式向重疫国提供救助，与法国携手推出欧洲复苏基金的倡议，为欧盟经济复苏迈出了具有创新性的一步。

最后，默克尔也在外交上表现出务实主义作风。这尤其鲜明地体现在其政府的对俄、对华政策上。例如，默克尔始终主张与中国进行对话和合作，反对美国的与华 "脱钩" 政策。在德国 2020 年下半年担任欧盟轮值主席国期间，正是在默克尔本人的大力推动下，中欧双方在 2020 年 12 月 30 日完成了中欧投资协定的谈判。在欧盟对华的三重定位 "合作伙伴"、"经济竞争者" 和 "制度对手" 中，默克尔始终推行以合作为导向的对华政策，因为在默克尔看来，面对日益增加的全球挑战，欧盟与中国的合作对欧盟具有重要的战略利益。不过，默克尔的这一务实做法也被某些人认为是刻意保持地缘战略上的模糊立场，以避免与大国正面对抗，损害德国的利益。还有一种观点认为，这是德国外交 "重商主义"（Merkantilism）传统的表现，这具体是指德国政府系统地将德国的商业和地缘经济利益置于人权、价值观以及欧盟内部团结之上，而默克尔被认为进一步强调了德国外交的这一 "重商主义" 特点。

四

2021 年 12 月 8 日，默克尔政府的财政部部长兼副总理朔尔茨接任联邦总理，德国正式进入 "后默克尔时代"，与此同时，德国联邦层面也首次出现了三党联合政府，即由社民党、绿党和自民党组成的 "交通灯" 联合政府。

从西方国家比较来看，二战后的（联邦）德国是一个政治、经济与社会相当稳定的国家，迄今，德国政府只发生过一次彻底的更迭：1998 年施罗德领导下的、由社民党与绿党组成的红绿联合政府，取代了此前科尔领导下的、由基民盟/基社盟与自民党组成的黑黄联合政府。在其他情况下，都只是一个联合执政伙伴被更换掉，由此，在某种程度上保证了政府政策的延续性。[①] 此

---

① 参见本论文集郑春荣《德国失稳的原因及其影响》。

番政府更迭依然延续了这一传统，原政府中的小伙伴社民党上升为第一大党并继续执政，这也使得德国新政府不会带来彻底的政策变革。

默克尔的"政治遗产"能在一定程度上得到保留，这也体现在朔尔茨的胜选原因上。朔尔茨之所以能率领社民党获胜，其中一个很重要的原因在于朔尔茨给人稳重、务实的感觉，颇有默克尔的执政风格。朔尔茨在竞选过程中也刻意凸显自己才是默克尔"政治遗产"的继承人，并最后得到了选民的认同。

不仅如此，"交通灯"联合政府仍然将以达成共识为特征。这一方面是因为由两个左翼政党（社民党、绿党）和一个右翼政党（自民党）组成的跨政党阵营联合政府，势必更多地进行来回磋商和相互妥协；另一方面，此次德国大选并未出现政治极化的现象，极端政党（左翼党和德国选择党）的总得票率从2017年的21.8%下降到了15.2%，德国政治格局中的中间主义力量甚至有所增强。然而，由于中间主义力量呈现更加多元和分散的趋势，这也势必使得"默克尔时代"的共识政治和稳定导向相对有所弱化。

但是，相较于默克尔，德国新总理朔尔茨缺乏她那样的权威，不仅因为他并未担任党主席而在社民党内部会受到掣肘，更是因为在三党联合政府内部，基于社民党的得票率（25.7%），其相对于绿党、自民党的领先优势并不明显，甚至社民党的得票率低于后二者的总得票率（26.3%），这也意味着朔尔茨在新政府内，更多地扮演一个主持人的角色，他动用联邦总理的指令权的可能性微乎其微。在新政府成立当天，就爆发了德国外交政策究竟应该由联邦总理府还是外交部决定的争论，对此，朔尔茨息事宁人地表示，外交与欧洲政策由联邦政府共同决定。①

朔尔茨政府面临的内政上的挑战非常严峻，首要任务是疫情防控和经济复苏。德国国民经济在新冠肺炎疫情暴发前就已经面临多种多样且长期的变化，如技术进步、人口结构变化以及朝气候中和经济的转型。因此，面向未来，德国经济政策不仅要应对由新冠肺炎疫情引发的危机，而且要在此基础上提高德国与欧盟的经济复原力以及挖掘经济增长潜力。在俄乌冲突爆发后，能源和资源价格大幅上涨，德国与欧洲经济雪上加霜，德国新政府推进

---

① "Neue Bundesregierung: Erster rot-grüner Konflikt um außenpolitische Führungsrolle," *Zeit Online*, 8 Dezember 2021, https://www.zeit.de/politik/deutschland/2021 - 12/neue-bundesregierung-spd-gruene-scholz-baerbock-muetzenich-nouripour? page = 3&utm _ referrer = https% 3A% 2F% 2Fcn. bing. com% 2F.

的数字化与绿色化的双重转型面临更为严峻的资金压力。

朔尔茨在国内行动上的束手束脚，势必也会影响到朔尔茨领导下的德国在欧盟的领导地位。法国总统马克龙于2017年5月当选后，就提出了一系列想要重振法国在欧盟内领导力的倡议，但是，在很长一段时间里，他被笼罩在默克尔的光环下。在德国2021年进入大选模式后，马克龙显著提升了法国在欧盟层面的话语权，意图在"后默克尔时代"掌握欧盟的领导权，在2022年4月再次当选法国总统后，其在欧盟内的领导地位无疑将进一步提升，法德轴心之间的天平将继续朝法国方向有所倾斜。

在德国新政府的外交政策方面，最大的变化是默克尔的务实外交路线受到挑战。必须看到，随着默克尔的总理任期逐渐接近尾声，她的控局能力事实上已经有所下降，德国国内一些主张调整对俄、对华政策的声音也日益浮出水面。例如，这尤其反映在德国政府于2020年9月出台的《印太指导方针》之中①，这份文件的一个核心思想就是要减少德国及欧盟在产业链、供应链上对中国的所谓的单方面依赖。由此可见，"后默克尔时代"德国政府对华政策调整的端倪已然显现。② 德国"交通灯"联合政府的组建，尤其是绿党的参与执政，进一步推动德国新政府推行价值观外交，尤其对中国和俄罗斯采取更为强硬的政策，并且促使德国在北约的安全与防务议题上扮演更积极的角色。正是在这种强硬立场的表现下，在俄乌冲突爆发后，在德国国内冒出了对默克尔务实对俄政策的批评，认为其以对话为主的对俄政策失败了，但是，德国国内也有理性声音认为，默克尔的平衡外交，避免了当年乌克兰危机的升级，与此相应，也有声音认为德国及欧盟层面缺少了默克尔这样的能够对俄罗斯施加足够影响的领导人物。

总之，在"后默克尔时代"的德国，对于默克尔的"政治遗产"存在着不同的声音，持正面评价的人主张要继承和延续默克尔的"政治遗产"，持负面评价的人则意图把当前产生的问题归咎于默克尔的"政治遗产"，并要求告别"默克尔主义"。无论如何，虽然默克尔退出了政治舞台，但是，围绕默克尔的"政治遗产"或者说"默克尔主义"的争论都还将在较长时期内存在，这也意味着"默克尔主义"仍将持续产生影响。

---

① The Federal Government, Policy Guidelines for the Indo - Pacific, Berlin, September 2020.

② Noah Barkin, "Why Post - Merkel Germany Will Change Its Tune on China. Pressure is Building in Berlin to Get Tough on Beijing," *Politico*, 3 August 2020, https://www. politico. eu/article/why-post-merkel-germany-will-change-its-tune-on-china/.

政治卷

默克尔总理面临的内政形势
和改革任务及其外交政策走向[*]

梅兆荣^{**}

摘　要：本文作者针对德国新总理默克尔所面临的内政形势、改革任务及外交政策等问题，拜访了一些德国前政要、资深议员及著名研究机构的专家学者，与之坦诚地进行了交谈，将相应看法和观点尽可能做了梳理归总，以期为探析德国新政府的态势提供第一手资料。

关键词：德国　默克尔　内政　改革　外交政策走向

2005 年 9 月德国提前大选，联盟党和社民党组成大联合政府，默克尔成为德国历史上第一位女总理。默克尔受命于德国和欧盟均处于困境之际，而德国又是欧洲举足轻重的国家，因而其内政形势和政策走向对欧盟的一体化建设有重要影响。为此，笔者于 2005 年 10 月上、中旬访问德国，分别拜访了德国几位前政要、资深议员和高官以及若干著名研究机构的专家学者，就有关问题了解他们的看法。所接触的人士政治背景和社会地位不同，分析和观察问题的角度也各异，可以说各有侧重点和特色，但观点和结论却大同小异。现综合归纳如下。

一　当前德国内政形势

普遍认为，观察当前德国内政形势，有必要分析一下这次大选结果。从

---

*　本文首次发表于《德国研究》2005 年第 4 期，第 11～13 页。

**　梅兆荣，中国前驻德国大使。

此次大选结果中可以看出以下三大特点。

第一，选民希望保持高福利现状，对经济、社会改革的必要性虽然有所认识，但不愿意进行改革。尽管施罗德进行了成功的竞选活动，使社民党的支持率从 26% 的谷底上升到 34%，但"红绿"政府最终还是被抛弃，根本原因是他的改革触犯了部分选民的利益。改革的倡议来自社民党，而阻力也主要来自社民党，这导致该党左翼另立山头，与民社党联合组成"左翼党"。联盟党虽以第一大党胜出，但得票率低于预期近 10 个百分点，用科尔前总理的话来说，联盟党和默克尔实际上是"输了"。情况表明，选民对两大党都不大信任，不愿意看到任何一个大党取得压倒优势。两大党旗鼓相当，就会相互掣肘，难以推行大手术式的改革。

第二，政党格局发生了深刻变化，预示着今后的党派斗争将更加复杂，大联合政府执政难度加大。在这次选举中，联盟党和社民党的得票率之和不到 70%，这是历史上空前的。"左翼党"异军突起，使"黑黄"和"红绿"两大阵营都无法取得执政多数，一个大党联合一个小党共同执政的传统再次被打破。在 3 个小党中，绿党失势明显；自民党得票增多，这与联盟党给予支持有关；代表东部地区人民和左翼力量的"左翼党"一举成为全国性政治力量，令人瞩目。今后，代表不同利益和不同阶层的 5 个政党相互角逐，德国政坛不会平静。两大党组成大联合政府，搞得好，可以推行一些不得人心的改革措施，而不必担心遭到议会否决，使某些领域的改革取得进展。但两大党的改革理念不同，联盟党主张"效率"优先，而社民党强调"公正"，因而政府只能执行折中的改革措施，回旋余地不大。而且，社民党为了阻止党内左翼进一步分裂出去，今后在政策上将更多照顾左翼的诉求，同联盟党的分歧可能加大。

第三，组成大联合政府是不得已的办法，联盟党在组阁谈判中不得不做出较大让步，而社民党从执政老大的地位降为小伙伴，双方都不甘心于现状，都想寻机提升自己的地位。而随着时间的推移，各小党同大党的关系会发生变化。比如"左翼党"领袖拉方丹与施罗德"势不两立"，随着施罗德退出政坛，社民党和"左翼党"的关系可能发生变化。人们认为，较之联盟党，社民党争取小党联合的回旋余地较大。因此，默克尔必须小心谨慎，防止社民党借机发难。多数人认为，大联合政府的寿命不长，可能持续一年半至两年，然后再举行大选。

二 面临困难的改革任务

多数人指出，施罗德的最大贡献是朝着解决社会福利问题的方向迈出了必要而正确的一步，但为时已晚。有人认为，这一问题本该在施密特执政后期开始解决，当时的人口发展趋势已敲响了警钟。后来科尔政府忙于国家统一而无暇顾及，执政 16 年却未进行任何这方面的改革。

施密特前总理指出，德国当前面临的最大问题是失业严重，全德平均失业率一直在 10% 上下，东部地区失业率高达 20%。这种状况的产生原因，既是全球化的影响，也是德国人因为富裕而不思进取。第二大问题是东部德国问题，施罗德和默克尔对此均束手无策。第三大问题是社会福利太高，财政上难以承受，因此削减福利势在必行。政府还要延长工作年龄，以解决人口萎缩。当前为社会保障制度做贡献的人越来越少，而享受高福利的人却越来越多，导致财政不堪重负。第四大问题是改革联邦制中的弊端，但阻力很大。

一位资深议员也认为，默克尔政府面临的改革任务十分艰巨。他解释说：联邦制改革酝酿已久，目的是明确联邦和各州的权限，减少决策程序。一些小州，如汉堡、不来梅和萨尔的规模太小，经济上难以自立，有人建议将其合并到邻近大州里去。财政改革的核心是削减开支，为此须改革养老、失业、医疗等社会保障制度，增加个人支出部分，削减不合理的过高的福利。但问题的根本解决还是要通过各种改革，促进工业结构转型和提高企业投资积极性，以促进经济增长，增加就业岗位。在各项改革中，最困难的是针对人口萎缩和老龄化严重的改革。受价值观念变化和婚姻状况不稳定等因素的影响，近 30 年来德国人口出生率下降了一半，统一前西德每年新生儿 160 万，统一后德国每年新生儿只有 80 万。因此，60 岁以上人口的比重不断增加，而 20 岁以下的人口的比重不断减少。解决这个问题难度很大，不仅要在经济上刺激生育，制度上保障妇女产后就业，还要解决价值观问题。

一位知名学者指出，对于联邦制的改革，障碍不仅来自各州，各党内部和政府不同部门之间也存在严重分歧，因为这涉及各方既得利益。财政赤字已持续 3 年超过欧盟《稳定与增长公约》规定的财赤不得超过当年 GDP 3% 的上限，2004 年联邦财赤达 800 亿欧元，2005 年财赤又将占 GDP 的 3.7%。联邦政府债台高筑，累计债务高达 1.5 万亿欧元，占 GDP 的 66% 左右，这严重制约了政府的行动能力。默克尔一上台，就要设法节约 350 亿欧元。另外，失业问题越来越严重。自 70 年代以来，每经历一次经济衰退，德国便净增 100 万名失业者，这一数字在经济复苏时期却未被消化，这与全球化影响、人口结构变化和工业转型滞后密切相关，是一个结构性问题，也是欧洲各国的通病。

三　默克尔政府的外交政策走向

普遍认为，默克尔政府将把主要注意力放在解决国内问题上，对外政策会有一些调整，但不会有大的变化。这是因为默克尔头脑冷静，周围又有一批有经验的外交政策专家和前政要当参谋，而且她领导下的外交需与社民党达成共识才能行得通。

一位资深议员指出，德国历任总理都会把欧洲作为外交政策的重点，其次是所谓的西方，主要是指跨大西洋关系，而今后的发展趋势是要从大西洋延伸到太平洋。德国认识到自己的未来在欧洲，它只是一个中等强国，不同于美、俄、中等全球大国，不能扮演全球角色，只能起到与自己实力相称的作用。

国际上盛传默克尔亲美，情况究竟怎样呢？人们一致指出，默克尔对美国的态度会友好一些，并将努力改善对美关系。前总理施密特说，德国历届政府对美国都要奉行"友好"政策，但这只是表面现象，在实质问题上仍要以自己的利益为出发点。前总统魏茨泽克说，施罗德在伊拉克问题上向美表明自己的立场是必要的，也符合德国乃至欧洲绝大多数人的意愿，但施罗德的一些做法不明智，造成了反美主义的印象。德国应与美国进行开诚布公、平等伙伴式的对话，同时又要避免造成反美印象。今后德国政府会执行理智而友好的对美政策，但不会当美国的"哈巴狗"。一位了解内情的专家说，德国新政府将努力改善同美国的关系，主张强大的欧洲不应成为美国的对手，注意保持德、美、法三角关系的平衡。但在"9·11"事件发生后，美对外政策发生了很大变化，德也无法接受美的单边主义。

普遍认为，德俄关系不会改变。俄 20 多年来解决了德国的能源需求，俄亦需要德国这样一个能源市场，双方互有需要，相互依赖。德关注俄的发展走向，支持俄加入世贸组织，并将保持与俄的良好关系，但绝不谋求建立"德法俄轴心"。德在同俄加强合作的同时，必须顾及中、东欧和波罗的海各国尤其是波兰的感情。施罗德与普京的个人关系非常亲密，联盟党曾指责其私交与国家政策之间没有界限，而默克尔不会同普京发展这种"哥们"关系。

在欧盟内部，默克尔将重视同法国的合作，但要更多照顾小国的利益，否则小国会团结一致，推行"平衡"大国的政策，导致"民族主义回潮"。新政府还将反对欧盟无限度扩大，保加利亚、罗马尼亚能否如期于 2007 年入盟仍有变数，取决于两国是否真正达标。土耳其入盟谈判将漫长而艰难，近期难有结果，新政府不会给予过多关注。

四 对中国崛起的反应和对华政策趋向

几位研究中国问题的专家学者一致反映，中国的迅速崛起已成为欧美舆论和学术界关注的热门话题。人们普遍感到中国的发展势不可当，但各种各样的"中国威胁论"也随之而起，出现了种种似是而非的"论据"。包括德国在内的西方各国对中国崛起缺乏心理准备，媒体对中国的报道过于表面，缺少客观真实性，对中国的了解太肤浅。

一些学者指出，欧美仍在观察和评估中国崛起带来的影响和中国未来的走向，尚未形成明确、统一的对华政策，但未来 10～15 年内欧美会加强协调，重视中国在政治安全领域的挑战。目前欧美对中国崛起的反应不同，欧洲国家倾向于把中国的发展更多看作"机遇"，主张同中国加强合作，并在合作中使中国"融入"国际社会，而美国保守主义者把中国的强大看作"挑战"，侧重防范和遏制。欧美之间还有一个分歧，即欧洲人认为冷战时期对苏的遏制战略对中国不会奏效。一则西方同苏联基本上没有什么合作，"遏"苏对欧美丝毫无损，而中国同欧美已在很多领域有合作，相互间已形成了一定的利益关系；二则遏制中国不符合欧洲的利益，美国在这点上无法说服欧洲国家；三则西方可以借助印度平衡中国在亚洲的影响，越来越多的政界人士因而主张应更多重视印度。尽管如此，中欧关系受美国牵制，美国的影响力不容低估，解禁问题就是一个例证。它充分反映出美国仍视中国为潜在竞争对手，而欧美之间又严重缺乏信任，美国担心中欧联手对付美国，使其一超地位受到挑战。

专家们还指出，德国大联合政府的对华政策总体上不会改变，与中国接触并发展经济合作是其既定方针，但默克尔会强调人权，在解禁问题上将更加谨慎。中欧在战略上不存在冲突，今后中欧应以互利共赢思想发展合作，妥善解决冲突。

欧洲难民危机中的德国难民政策及难民问题应对[*]

宋全成[**]

摘　要： 在欧洲难民危机的发展过程中，德国实施的难民政策经过了从"谨慎对待"到"友好欢迎"再到"逐渐收紧"的调整过程。自2015年至今，120多万名难民的进入，让德国承受了巨大的难民接纳压力。为此，德国从国内和欧盟两个层面采取了应对举措。在国内层面，德国率先放弃遵循《都柏林公约》中的个别条款，主动承担起难民申请、登记造册、审查、甄别和临时安置的责任；增加对难民登记与审核的人力投入，创新避难审核模式，提高避难程序审核的效率；让各州合理承担难民安置配额；划分"较安全国家"，拒绝来自"较安全国家"的避难者的难民庇护申请及就业；投资建设或改建难民营，为各州及时拨付难民安置款。在欧盟层面，德国积极支持并力图推动欧盟制定和实施统一的难民配额方案；积极支持并主导欧盟与土耳其就难民过境和难民安置等问题达成协议；积极支持对欧洲现行的难民庇护政策与制度进行改革。

关键词： 欧洲难民危机　欢迎难民政策　较安全国家　欧盟难民配额难民庇护政策

在史无前例的欧洲难民危机中，德国以其积极主动和友好欢迎的难民接纳政策，给欧洲难民危机打上了深刻的德国烙印。一方面，不仅延续了自冷

---

* 本文首次发表于《学海》2016年第4期，第55～62页。

** 宋全成，山东大学移民研究所所长，教授。

战以来相对宽松的难民接纳政策的德国传统，而且在欧洲各国和世界面前，树立了崇高的人道主义难民救援的光辉典范。另一方面，德国难民政策赢得了百万难民的青睐，结果导致 2015 年进入德国境内的难民数量达到了空前的 110 万人，德国政府、社会面临难民甄别、安置、接纳和社会融合以及保障非传统国家安全的巨大压力。同时，德国被欧洲其他国家斥责为"道德帝国主义"，是导致欧洲难民危机的根源①。毫无疑问，德国的难民政策遭受着国内层面数以百万计的难民甄别、安置、融合的严峻挑战和国际层面欧洲其他国家在难民接纳问题上的指责和不合作的双重挤压。在此次欧洲难民危机中，德国的难民政策是如何形成和调整的？在应对百万难民的问题上，德国在民族国家和欧盟两个层面上，采取了哪些化解欧洲难民危机的举措？本文拟就上述问题，进行深入探讨。

一　欧洲难民危机中的德国难民政策实施的三个阶段及其特征

回顾欧洲难民危机在 2015 年的发展历程，我们可以清晰地发现，9 月 2 日叙利亚小难民的死亡事件和跨年夜的科隆集体性侵案，是欧洲难民危机的两个重要的里程碑。由此，欧洲难民危机的进程被划分为三个阶段②。与欧洲难民危机进程紧密相连，德国的难民政策经历了从"谨慎对待"到"友好欢迎"再到"逐渐收紧"的三个阶段。

第一阶段：从 2015 年 1 月到 2015 年 9 月 2 日，这是德国政府以"谨慎对待"为特征的难民政策的实施阶段。2014 年以来，由于西亚北非国家持续多年的局势动荡和叙利亚内战、伊拉克战争、阿富汗战争的发生以及"伊斯兰国"的崛起等，产生了数以千万计的流离失所的国际难民，其中叙利亚国际难民多达 430 万人。由于受欧洲国家地缘关系、难民避难传统、移民网络和难民社会福利因素的影响，多数国际难民涌向欧洲国家。进入 2015 年以来，涌入欧洲地区的难民数量呈陡然激增的趋势，1~7 月，进入欧洲地区

---

① 青木、徐珍珍：《欧洲四国拒绝难民分摊计划　称德国"道德帝国主义"》，中国青年网，2015 年 9 月 24 日，http://news.youth.cn/gj/201509/t20150924_7149037.htm，最后访问日期：2016 年 6 月 21 日。

② 宋全成：《欧洲难民危机：进程、特征及近期发展前景》，《山东社会科学》2016 年第 2 期，第 120~128 页。

的难民数量达到了 34 万人。为此，早在 5 月，欧盟就提出了安置在希腊和意大利登陆的数万难民的配额方案，对此，德国给予积极支持。尽管按照《都柏林公约》的相关规定，第一责任国的希腊和意大利应负起难民登记、甄别、临时安置的责任，但由于在难民配额上，欧盟各成员国坚持国家利益至上的原则，就欧盟层面上的难民配额方案无法达成一致意见，致使难民问题久拖不决而愈加严重。此时，德国有部分民众呼吁政府对数以万计的难民开展人道主义救助，但默克尔领导的德国联邦政府不为所动。默克尔与巴勒斯坦籍女孩丽姆的电视对话，就充分说明了这一点。7 月 16 日，默克尔在录制《我在德国挺好的》电视节目时，一个名叫丽姆的巴勒斯坦籍女孩对默克尔总理说，她一家人为德国的永久居留权已经等了四年，因为父亲作为焊接工的临时签证已经到期，按照德国法律，丽姆一家人将被驱逐出境。她非常期望能在德国继续上学，她的德语和英语都非常流利。默克尔总理对此回答道："我明白你的意思，但有时，政治是很残酷。你要知道，黎巴嫩的巴勒斯坦难民营里有成千上万人，如果我们说'你们都来吧'、'你们都从非洲来吧'，我们将无法承受。"女孩在听到这样的回答后当场痛哭。① 尽管事后，一些德国政客和民众认为，默克尔总理对难民的态度近乎"冷血"，但默克尔依然坚持自己的难民接纳观点。在这一阶段，德国尽管支持欧盟层面上的解决亚非难民问题的方案，但并没有在主权国家层面上主动发挥主导作用，而是寻求欧盟层面上的解决方案。正如默克尔所说，为难民危机找到一个欧盟共同的解决方案，是她执政以来所面临的最大挑战②。这种情况一直持续到 9 月 2 日。因此，这一阶段的德国难民政策实施的基本特征是"谨慎对待"。

第二阶段：从 9 月 2 日叙利亚难民小艾兰在土耳其海滩遇难到 2016 年新年前夜的科隆集体性侵案，这是德国政府以"友好欢迎"为特征的难民政策的实施阶段，也是德国政府以欧洲一体化的发动机的角色试图主导欧洲国家特别是欧盟共同应对、集体解决欧洲难民危机问题的时期。由于在难民配额问题上，欧盟各成员国争执不休，无法达成一致意见，难民问题愈加严

---

① 新华社：《"冷血"默克尔"说哭"难民女孩》，新浪网，2015 年 7 月 18 日，http://news.sina.com.cn/o/2015 - 07 - 18/132932121916. shtml? from = www. hao10086. com，最后访问日期：2016 年 2 月 25 日。

② 郑春荣、周玲玲：《德国在欧洲难民危机中的表现、原因及其影响》，《同济大学学报》（社会科学版）2015 年第 6 期，第 30～39 页。

重。此时，德国欲发挥在欧盟中的主导作用，率先于 2015 年 8 月 21 日，由联邦移民与难民局发布，不再遵循《都柏林公约》的第一责任国的原则，而直接接纳难民，对其进行登记和临时安置。在德国国内，对难民"友好欢迎"的政策回应了部分民众要求政府开展人道主义救助的呼声，但也引起了右翼分子和种族主义者的强烈不满。8 月 21 日至 22 日，"德国东部小镇海德瑙连续发生针对难民的示威骚乱，数百名右翼分子和种族主义者与警方发生冲突，造成数十名警察受伤"[①]。在国际层面，德国"友好欢迎"的难民政策，通过互联网和自媒体迅速传播，激励了成千上万的难民前往德国申请难民庇护。于是，数以万计的难民冲破欧洲的边界，进入欧洲国家。东欧及东南欧国家如匈牙利、塞尔维亚、马其顿等为了防止难民问题的失控，纷纷暂停申根协定，恢复了边防检查，关闭边界口岸，设置了铁丝网，致使数万欲通过塞尔维亚和匈牙利前往德国避难的难民滞留在匈牙利。这样，难民们不得不冒着生命危险，进行各种偷渡行为，致使难民死亡事件不断上演。8 月 27 日在奥地利的一辆货车上，发现了 70 多名难民的尸体。最具有震撼力并对德国和欧盟的难民政策产生重大影响的是 9 月 2 日叙利亚难民小艾兰死亡的照片，该照片通过互联网迅速传遍全球，由此，对德国的难民政策的实施产生了决定性影响。德国的难民政策实现了从"谨慎对待"向"友好欢迎"的根本性转变。"9 月 5 日，经过艰难的谈判，默克尔与奥地利、匈牙利领导人达成一致意见，允许滞留在匈牙利的难民进入德国。……在德国国内，多数民众对默克尔的决定表示支持，也主动为难民提供各种帮助，德国国内洋溢着'欢迎文化'。"[②] 在这一时期，面对潮水般涌入德国的难民，联邦政府通过了"避难一揽子法案"，对难民的甄别、安全第三国等进行了重新界定[③]，尽管在州政府层面存在着对安置难民的众多抱怨，执政党内部就欢迎难民政策也存在着广泛的争论，由此导致"默克尔的民意支持率因其难民政策下滑，由 2015 年 9 月的 63% 下降至 11 月的 49%"[④]，但这些并没有从根本上动摇德国实施"友好欢迎"的难民政策的根基。这种以"友好欢迎"

---

① 《汹涌难民潮 欧洲各国啥想法?》，新华网，2015 年 8 月 24 日，http://www.xinhuanet.com/world/2015-08/24/c_128158449.htm，最后访问日期：2016 年 2 月 23 日。

② 郑春荣、周玲玲：《德国在欧洲难民危机中的表现、原因及其影响》，《同济大学学报》（社会科学版）2015 年第 6 期，第 30 ~ 39 页。

③ "Asylrecht wird verschärft. Bundesrat stimmt für Asylpaket," *Tagesschau*, 16 Oktober 2015, http://www.Tagesschau.de/inlandbundestqgasylgcwebp-107.html，最后访问日期：2016 年 2 月 29 日。

④ 黄萌萌：《德国开放性难民政策的成因与挑战》，《理论视野》2016 年第 1 期，第 63 ~ 67 页。

为特征的难民政策，一直持续到 2016 年新年的到来。

德国对难民实施"友好欢迎"的难民政策，有其深厚的文化背景、历史传统和现实考虑。从文化背景来看，二战结束以来，德国将对难民的保护纳入国家的《基本法》之中，而且对抬头的种族主义思潮和极右翼的极端民族主义，时刻保持着高度警觉和高压态势，对难民始终保持友好和积极接纳的文化氛围。从历史传统来看，对二战中纳粹德国种族主义暴行的反思和抵制以及积极接纳难民，已经成为一种历史传统。二战结束以来，德国始终高举人道主义的旗帜，接纳着世界各地的难民，其接纳的难民数量和提供的社会福利，在欧洲国家中名列前茅。从现实考虑来看，德国具有稳固的国内政治基础，且在欧盟中成为事实上的主导力量。乌克兰危机、希腊主权债务危机的成功处理，进一步彰显了德国在欧盟中的主导力量。正因为如此，德国政府在国际舞台上明确宣布："德国有义务和责任在解决国际冲突中做出应有的贡献，无论是从安全角度还是从人道主义出发，德国都不可冷漠旁观。"[1] 正是基于这样的考虑，德国在难民危机中发挥着欧盟主导力量的作用。

第三阶段：从跨年夜科隆性侵案至今，这是德国政府以"逐渐收紧"为特征的难民政策的实施阶段。发生于 11 月 13 日的法国巴黎暴恐案，是欧洲难民危机的重要转折点，欧洲国家的政要和民众由此认识到了无序涌入欧洲国家的叙利亚难民中的极端分子及其实施的恐怖主义袭击，已经对欧洲国家的非传统国家安全构成了日益严峻的挑战，因此，波兰和匈牙利决定暂停实施难民配额方案。但对西欧国家和欧盟来说，巴黎暴恐案并没有改变其积极接纳难民的政策，同样也没有改变德国正在实施的"友好欢迎"的难民政策。"在巴黎恐怖袭击事件发生后，欧盟委员会主席容克曾表示，欧盟的难民政策不会因此而有所改变。德国副总理和联邦内政部长也呼吁，不应利用恐怖袭击事件影响有关难民政策的讨论，将其工具化。"[2] 尽管德国国内面临反伊斯兰化的 PEGIDA 运动的扩大，对难民政策的抗议浪潮的高涨和德国执

---

[1] Ursula Von der Leyen, "Rede der Bundesministerin der Verteidigung, Dr. Ursula von der Leyen, anlässlich der 50. Münchner Sicherheitskonferenz am 31. Januar 2014," *Bundesministerium der Verteidigung*, 31 Januar 2014, http://www. nato. diplo. de/contentblob/4123416/Daten/3885836/redevdleyensiko2014. pdf, 最后访问日期：2016 年 3 月 2 日。

[2] 孙进：《巴黎恐怖袭击对欧洲难民政策有何影响?》，《新京报》2015 年 11 月 19 日，第 A4 版。

政的联盟党内部要求改变欢迎难民政策、设置接纳难民的数量上限的主张的压力，但默克尔政府依然坚持不为接纳的难民人数设置上限的欢迎政策，坚称"我们做得到！"但发生于跨年夜的由穆斯林移民和难民实施的科隆集体性侵案，是对德国政府实施的"友好欢迎"难民政策的当头一棒。它彻底改变了德国实施"友好欢迎"难民政策的民意基础和德国政府在难民政策问题上的"政治正确性"① 的信念。

一方面，德国"友好欢迎"难民政策的民意基础发生了根本逆转。"许多德国人认为，科隆性侵案中的亚非难民的所作所为是以怨报德，而且随着科隆事件的持续发酵，德国选民的主流对难民的欢迎态度正在随着科隆性侵案的调查深入而迅速消逝。"② "'德国趋势（Deutschlandtrend）'的调查结果证明了上述观点。2015 年 9 月，有 45% 的德国人认为接收难民利大于弊，2016 年 1 月，该数据下降至 38%；科隆事件后，民众恐惧感上升，要求严格审查入境难民。60% 的民众赞同限制入境难民人数，57% 支持重新引入欧盟国家间的边境管控，比 2015 年 9 月高出 12 个百分点，过半德国人反对接纳无护照的难民入境。"③

另一方面，"默克尔面临的更大危机是政治危机。她不仅遭到了反对党的抨击，也面临来自本党'基督教民主联盟'内部的压力，其盟党巴伐利亚州基督教社会联盟也对她展开了讨伐。反对党'德国选择党'则抓住时机宣扬反移民政策。甚至按意识形态倾向应该同情难民的左派也出现了部分人的倒戈，如德国极左政党'左翼党'领导人也公开表示，如果有难民践踏德国的好客精神，他们的确应该被扫地出门。"④

在这种强大的民意基础转变和政党内部讨伐的双重压力下，德国政府放弃了"友好欢迎"的难民政策，而更改为"逐渐收紧"的难民政策。"德国自元旦起每日遣返约 200 名难民，大部分人无有效证件，或无意向德国申请庇护，而是希望继续北上瑞典等其他欧洲国家。当中主要来自阿富汗、伊

① 伍慧萍：《欧洲难民危机中德国的应对与政策调整》，《山东大学学报》（哲学社会科学版）2016 年第 2 期，第 1～8 页。
② 宋全成：《欧洲难民危机政治影响的双重分析》，《欧洲研究》2016 年第 1 期，第 128～142 页。
③ 黄萌萌：《科隆性侵案成为德国收紧难民政策的导火索》，环球网，2016 年 1 月 19 日，https://world.huanqiu.com/article/9CaKrnJThR8，最后访问日期：2016 年 3 月 3 日。
④ 《科隆事件与欧洲移民政策走向》，海外网，2016 年 1 月 17 日，https://m.haiwainet.cn/middle/345437/2016/0117/content_29559328_1.html，最后访问日期：2016 年 3 月 3 日。

朗、伊拉克或摩洛哥，或为无较大机会获德国庇护的叙利亚人。"① 2016年1月20日，德国总统高克在达沃斯世界经济论坛上发表演讲并明确指出，德国政府将制定新的难民政策，限制中东等地的难民大规模进入德国，这不仅是出于伦理上和政治上的需要，而且也是为了保持国际机能的正常运行。② 2月25日，德国议会以429票赞成、147票反对、4票弃权的表决结果，通过一揽子难民政策新措施，意在收紧难民政策，控制留在德国的难民人数。"根据这些措施，德国政府将设立特别中心，加快处理难以获得庇护资格的难民；延长难民家属申请入境团聚的等待时间，部分难民将被禁止在两年内让家人到德国团聚；降低驱逐外国犯罪人员出境的门槛，罪行扩大至性侵、暴力盗窃和人身伤害等。这些措施此前已得到德国总理安格拉·默克尔领导的内阁批准。"③ 德国联邦政府"逐渐收紧"的难民政策正式实施。

二 欢迎难民政策下的德国对欧洲难民问题的应对

回顾欧洲难民危机的发展进程以及欧洲国家、欧盟为解决欧洲难民问题的行动和努力，可以清晰地发现，无论是在欧洲主权国家的层面，还是在欧盟与国际社会的层面，在解决欧洲难民潮问题上，德国都发挥了关键作用。

（一）民族国家主权视角下的德国应对难民潮的举措

尽管从2015年1月起，进入欧洲地区的难民人数呈现出快速增长的态势，到4月，首当其冲而又不堪重负的希腊和意大利等国，呼吁欧盟尽快建立应急机制，转移安置部分难民。为此，欧盟在5月就难民问题提出了数项建议，"包括成立应急机制，在两年内向其他欧盟国家转移安置4万名非法进入意大利和希腊的难民。但是这一提议遭到包括法国在内的多个成员国的反对"④。"因此在欧盟层面无法形成协调一致的具体的应对机制和采取可操

① 《默克尔因科隆性骚扰遭受压力 德每日遣返200难民》，中国新闻网，2016年1月13日，http://www.chinanews.com/gj/2016/01-13/7713729.shtml，最后访问日期：2016年3月4日。
② 余鹏飞：《德国总统高克：必须限制中东等地难民大规模入境》，环球网，2016年1月21日，https://world.huanqiu.com/article/9CaKrnJTklk，最后访问日期：2016年3月4日。
③ 《拒绝失控 德出新政限难民人数》，新浪网，2016年2月27日，https://news.sina.com.cn/w/2016-02-27/doc-ifxpvutf3500619.shtml，最后访问日期：2016年3月5日。
④ 《中东欧四国拒绝欧盟摊派难民份额》，新华网，2015年9月5日，http://www.xinhuanet.com/world/2015-09/05/c_1116464789.htm，最后访问日期：2015年11月30日。

作的应对举措，而放任其自由发展，最终演变成大量非法移民和难民申请者井喷般地涌入欧洲，直接导致难民危机的出现。"① 由于欧盟层面无法达成有效一致的安置方案，具有强烈责任担当意识的德国，在主权民族国家的层面上，采取了单独行动，以应对欧洲难民潮。

第一，德国放弃遵循《都柏林公约》中的第一责任国的相关条款，承担起避难者申请、登记造册、审查、甄别和临时安置的责任。按照《都柏林公约》的相关规定，难民进入欧盟的第一个国家就是第一责任国，该国需要承担起难民申请、登记造册、审查、甄别和临时安置的责任。从欧洲难民危机爆发的情况来看，难民首次进入欧洲地区较多的国家是刚刚摆脱主权债务危机的希腊和经济极不景气的意大利。"由于经费匮乏和管理混乱，希腊等国往往不按照都柏林程序和欧盟避难程序的规定作任何登记，也难以按照欧盟《收容条件指令》为难民提供简易安置措施，在多数情况下都是直接将难民打发到其他中北欧国家。"② 由此，造成了数以十万计的难民在欧洲的大地上无序流动，对欧洲国家和欧盟的非传统安全构成了日益严峻的挑战。在这种背景下，与其他欧洲国家关闭边界、设置铁丝网以拦截难民不同，德国联邦移民与难民局于 2015 年 8 月 21 日宣布，放弃遵循《都柏林公约》中的第一责任国的相关条款，承担起难民申请、登记造册、审查、甄别和临时安置的责任。由此，进入德国的难民申请者人数呈现出急剧增长的态势。德国联邦移民与难民局的数据显示，2015 年 9 月，进入德国的首次申请难民身份的就达到了 40487 人，比 8 月的 33447 人增加了 21%，比 2014 年同期的首次申请者的 16214 人，增加了 149.7%。10 月、11 月首次申请难民身份的人数分别激增到 52730 人、55950 人。③

第二，增加对难民登记与审核的人力投入，创新避难审核模式，提高避难程序审核的效率。面对数以十万计的难民申请，德国政府采取了如下措施。其一，联邦政府于 9 月 7 日，为联邦移民与难民局新增了 2000 人，以

① 宋全成：《欧洲难民危机：结构、成因及影响分析》，《德国研究》2015 年第 3 期，第 41 ~ 53 页。

② 伍慧萍：《难民危机背景下的欧洲避难体系：政策框架、现实困境与发展前景》，《德国研究》2015 年第 4 期，第 4 ~ 21 页。

③ Bundesamt für Migration und Flüchtlinge, "Asylgeschäftsstatistik, für den Monat September 2015," September 2015, https://www.bamf.de/SharedDocs/Anlagen/DE/Downloads/Infothek/Statistik/Asyl/201509 - statistik - anlage - asyl - geschaeftsbericht.pdf?_blob = publicationFile, 最后访问日期：2016 年 3 月 5 日。

应对避难申请审核的人力资源不足的问题。其二，创新避难申请处理的程序。按照以往的程序，难民申请、登记和甄别等需要在多个部门中多次辗转。为了提高避难程序审核的效率，"海德堡专门设立了可以安置5000人的难民登记中心，将整个复杂流程放在同一个地点现场办公，从难民登记、安置、身份证件审核到避难程序，并实施模块化的操作以减少时间消耗。……此种做法推出后，大大缩减了避难申请的审理时间，减轻了联邦移民与难民局的负担"①。

第三，让各州合理承担难民安置配额。"德国按照各联邦州在分摊财务或者其他资源时的一贯做法，采取所谓的柯尼斯坦分配比例（Königsteiner Schlüssel），按照税收占2/3、人口占1/3的标准确定各州分摊比例。……2015年的分摊方案是依据2013年的数据制定，其中北威州分摊到的比例高达21%以上，而压力最小的不来梅州仅需承担0.94%的难民配额。"② 这种分配方案决定了难民的安置配额不是在各州的均匀分布（见表1），这也让承担难民配额较多的州政府承担了更大的难民安置压力。

表1　2015年德国各联邦州难民分摊比例

单位：%

联邦州	分摊比例	联邦州	分摊比例
北威州	21.24052	石荷州	3.38791
巴伐利亚州	15.33048	勃兰登堡州	3.08092
巴符州	12.97496	萨安州	2.85771
下萨克森州	9.35696	图林根州	2.74835
黑森州	7.31557	汉堡	2.52738
萨克森州	5.10067	梅前州	2.04165
柏林	5.04557	萨尔州	1.21566
莱法州	4.83472	不来梅	0.94097

资料来源：Katrin Hirseland, "Flucht und Asyl: Aktuelle Zahlen und Entwicklungen," *Aus Politik und Zeitgeschichte* 25 (2015), p. 23.

第四，划分"较安全国家"，拒绝来自"较安全国家"的避难者的难民

---

① 伍慧萍：《欧洲难民危机中德国的应对与政策调整》，《山东大学学报》（哲学社会科学版）2016年第2期，第1~8页。
② 伍慧萍：《欧洲难民危机中德国的应对与政策调整》，《山东大学学报》（哲学社会科学版）2016年第2期，第1~8页。

庇护申请及就业。2015 年 9 月以后，面对数以万计等待临时安置的难民庇护申请者和堆积如山的难民申请材料，德国政府通过划分"较安全国家"的方式，收紧了原先宽松的难民政策。具体做法是："阿尔巴尼亚、科索沃和黑山将被晋级为所谓的'较安全国家'。目的是让来自这些国家的避难申请者尽快重返家乡。此外，2015 年 9 月 1 日之前从这些国家来到德国的申请避难者，均不得在德国工作。"① 由此，德国将进行难民庇护的重点国家确定为叙利亚，"叙利亚难民由于国内发生内战，几乎全部认定具有避难权，且并不执行'都柏林程序'，而是采取快速程序认可其避难身份"②。为了进一步遏制难民庇护申请数量日益增长的趋势，德国于 2016 年 1 月又将阿尔及利亚、摩洛哥和突尼斯等国家列为"安全国家"。③ 这样，德国政府不仅提高了难民庇护申请的审核效率，而且通过划分"安全国家"的方式，大大减少了来自叙利亚国家以外的国家的难民庇护申请的数量。

第五，投资建设或改建难民营，为各州及时拨付难民安置款。德国启动了所有的难民营，接纳难民。由于需要安置的难民数量巨大，现有的难民营无法满足难民安置的现实需求，德国政府及州政府一方面派出警力，维持难民庇护中心的秩序；另一方面启用了一些不常用的设施，如废弃的兵营，将之改建成难民营。同时，联邦政府拨款 5 亿欧元，在相关的州建设新的难民营。另外，按照每人每月 670 欧元的安置标准，为各州及时拨付难民安置款。按照 2015 年德国接纳 110 万名难民的数量计算，联邦政府为解决难民安置问题至少出资 50 亿欧元。从 2016 年 1 月 1 日开始，各州从联邦政府那里"还将额外获得 3.5 亿欧元的资金用于安置无成人陪伴的未成年难民。截至 2019 年，各联邦州可从联邦政府每年获得 5 亿欧元的资助用于建造福利房"④。德国政府公布的 2017 年预算计划显示，将支出 100 亿欧元（合 112 亿美元）用于应对难民危机。财政部部长朔伊布勒（Wolfgang Schäuble）表示，2016 年德国预计将新增难民 80 万，2017 年为 60 万。这一财政预算也是为实施劳动力

---

① 《德国去年接收百万难民财政不堪重负 2016 如何应对？》，中国新闻网，2016 年 1 月 3 日，http://www.chinanews.com/gj/2016/01－03/7698399.shtml，最后访问日期：2016 年 3 月 28 日。
② 伍慧萍：《欧洲难民危机中德国的应对与政策调整》，《山东大学学报》（哲学社会科学版）2016 年第 2 期，第 1～8 页。
③ 《移民危机：德国计划收紧难民庇护申请》，中国新闻网，2016 年 1 月 29 日，https://www.chinanews.com/gj/2016/01－29/7739689.shtml，最后访问日期：2016 年 4 月 8 日。
④ 《德国去年接收百万难民财政不堪重负 2016 如何应对？》，中国新闻网，2016 年 1 月 3 日，http://www.chinanews.com/gj/2016/01－03/7698399.shtml，最后访问日期：2016 年 3 月 28 日。

市场计划和建设更多的儿童日常救助中心提供额外的资金支持。①

（二）德国积极参与和主导欧盟层面上的应对难民潮的努力

德国一方面快速甄别和安置在德国提出难民庇护的申请者，另一方面，积极发挥其在欧盟中的主导作用，力图在欧盟层面上形成并执行解决欧洲难民危机的具体方案。限于篇幅，在此仅关注三个方面。

首先，德国积极支持并力图推动欧盟制定和实施统一的难民配额方案。德国总理默克尔清晰地认识到，单凭德国的努力无法解决欧洲难民问题，难民危机唯有在欧盟层面上才能得到有效解决。因此，德国积极推动在欧盟层面上形成解决难民危机的方案。由于欧盟成员国在应对难民危机问题上出现内部分裂与相互指责，德国尽管积极支持欧盟的方案，但由于缺乏欧洲一体化发动机之一的法国的支持，最终没有形成具有可操作性的具体方案。在这种背景下，德国便以一国之力，于 2015 年 8 月单独实施了欢迎难民的政策，在欧盟各成员国中，树立了崇高的人道主义救援的光辉典范。但德国并没有放弃在欧盟层面上达成解决难民危机的一致方案的努力。因此，当 9 月 9 日，欧盟委员会主席容克提出"'一揽子'措施来应对'二战'以来欧洲面临的最为严峻的难民危机"时，其立即得到了德国政府的支持。默克尔总理明确表示，德国可以接纳更多的难民。欧盟的一揽子措施"包括 22 个欧盟成员国共同'分担'16 万难民，加快难民申请的速度，提高'遣返'机制的效率，并从根源上解决难民逃离故土的深层次问题……欧盟成员国中，英国、爱尔兰、丹麦、希腊、意大利和匈牙利不在该计划之中"②。最终，"欧盟成员国内政部长 9 月 22 日投票通过了转移安置意大利、希腊等国境内 12 万外来难民的方案"③。实际上，德国以其积极主动的救助难民的人道主义政策和行动，在不同程度上给对难民人道主义救助不力和拒绝接纳难民的部分欧洲国家施加了巨大的国际舆论压力，这是欧盟在各成员国激烈争吵、相互

---

① 《德国 2017 年预算出炉　扩大难民和安全支出》，中金网，2016 年 3 月 24 日，https://www.cngold.com.cn/20160324d1702n66244315.html，最后访问日期：2016 年 3 月 24 日。

② 《欧盟成员国将共同"分担"难民》，网易新闻网，2015 年 9 月 10 日，http://3g.163.com/ntes/special/0034073A/wechat_article.ht-ml? from = special&docid = B33SLRD100014JB6，最后访问日期：2016 年 3 月 24 日。

③ 《匈牙利向欧洲法院递交诉讼状反对欧盟强制分摊移民》，新华网，2015 年 12 月 3 日，http://www.xinhuanet.com/world/2015 - 12/03/c_1117350032.htm，最后访问日期：2016 年 1 月 2 日。

指责之后，最终形成难民配额方案的重要原因。尽管由于某些东欧国家的反对和抵制，该方案实施的效果有限，但由于有欧洲一体化发动机的德国和法国的支持，该方案依然在艰难推进。

其次，德国积极支持并主导欧盟与土耳其就难民过境与难民安置问题达成协议。2015 年，欧洲接纳了大约 110 万名难民庇护申请者，其中 80% 以上的难民是经过土耳其进入希腊及欧盟的。为此，德国总理默克尔，早在 2015 年 10 月，就主动访问了土耳其，分别与土耳其总统埃尔多安和总理达武特奥卢举行了会谈，取得了一致意见，即德国将支持加快土耳其加入欧盟谈判和土耳其公民免签证入欧谈判的进程，同时与土耳其在允许叙利亚难民重返土耳其问题上加强合作。正如默克尔在 12 月 14 日基民盟党代会上所言，难民危机对欧洲是一个历史性的考验。在欧洲国家中，德国是承受难民安置压力最大的国家，没有哪个国家像德国那样，期望在欧盟层面上达成与土耳其在难民问题上的合作。因此，由德国主导的欧盟与土耳其经过谈判，最终于 2016 年 3 月 18 日在布鲁塞尔就如何合作解决难民危机签署协议，协议主要有九个方面的内容，涉及在欧洲国家的难民遣返和安置的相关安排。新协议有两个亮点：一是依据新达成的协议，欧盟将在 2018 年以前追加难民安置资金 30 亿欧元；二是执行一对一的换人方案，"即土耳其每接收一名经土耳其入境希腊'无合法庇护权'的难民，欧盟成员国便接受并安置一名土耳其境内叙利亚难民。该方案旨在实现难民入欧的'合法性'和'可控性'"①。该协议于 3 月 20 日正式生效。这份协议虽然只是欧盟应对难民危机的综合战略的一部分，但无疑是极其重要的组成部分。毫无疑问，德国政府对土耳其现政府态度和对土耳其入盟态度的转变，是德国主导的欧盟与土耳其达成难民协议的基本条件。而德国的主导作用和欧盟各成员国的共同利益是欧盟与土耳其达成难民协议的核心因素。

最后，德国积极支持对欧洲现行的难民庇护政策与制度进行改革。欧盟实施的难民庇护政策与制度主要有 2001 年的《临时保护指令》、2011 年的《庇护资格指令》、2013 年的《收容条件指令》、2013 年的《都柏林规章》和 2013 年的《庇护程序指令》，以及《关于难民地位的公约》及其附加议定书，其核心政策是《都柏林公约》。"根据目前的都柏林制度，难民最先

① 《欧洲难民协议已生效》，中金网，2016 年 3 月 22 日，http://www.cngold.com.cn/8tock/20160322d1983n66005083.html，最后访问日期：2016 年 4 月 8 日。

入境的欧盟国家负责处理他们的庇护申请。但这一波自 2015 年夏季掀起的难民潮数量庞大，给负责处理庇护申请的欧盟边境国家如希腊和意大利造成沉重压力，大量的难民也自行前往德国、瑞典等较发达的欧盟国家。"① 这致使《都柏林公约》尤其是第一责任国的原则完全失效，迫使包括德国、奥地利及东欧国家的至少 8 个欧盟成员国暂时恢复了边防检查制度，从根本上破坏了申根原则。因此，对《关于难民地位的公约》和《都柏林公约》等难民庇护政策与制度进行改革，已成为欧盟的当务之急。2015 年 12 月 27 日，丹麦首相拉斯穆森指出，在欧洲面临自第二次世界大战以来最严重的移民危机的情况下，联合国难民公约应该有所改变。"如果一个人从战乱的祖国逃到土耳其，并且在那里居住了两年到三年，他是否还可以再到欧洲其他国家寻求难民身份呢？根据现在的联合国难民公约，这种方法是可行的。但是我认为我们有必要就类似问题进行重新讨论。"② 在欧盟层面，面对在希腊和意大利等地中海沿岸国家愈演愈烈的难民危机，欧盟委员会在 2015 年 8 月就曾呼吁尽快修改《都柏林公约》，建立协调一致的、具有约束力的难民配额制度，以缓解地中海沿岸国家如希腊和意大利等的难民抢滩压力。由于东欧国家的反对，难民庇护制度改革的方案迟迟不能出台，但对现有难民庇护制度进行的改革，一直在默默进行。2016 年 2 月 25 日，在布鲁塞尔召开的欧盟内政部长会议进一步讨论了两个重要问题：一是关于建立欧洲边境和海岸警卫队的建议，二是关于对通过欧盟外部边境的人员实施系统性检查的建议。③ 这就向欧盟的难民庇护制度改革迈出了重要一步。3 月 16 日，欧洲议会民权委员会提议在欧盟建立集中的难民登记和申请审查制度。3 月 17 日，欧盟外交和安全政策高级代表费代丽卡·莫盖里尼明确表示："欧盟国家无法单独应对难民危机，欧盟国家单独的难民政策意味着失败，而欧洲共同政策和手段将为我们带来成功。"④ 其实，在欧洲国家中，德国比其他国家更迫切需要对现有的难民庇护制度进行改革，因此，欧盟的难民庇护制度改革方案立即得到了德国的欢迎和支持。于是，欧盟委员会于 4 月初提出了新的难

---

① 《欧盟提成员国分担难民新方案 对庇护制度进行改革》，中新网，2016 年 4 月 8 日，http://www.chinanews.com/gi/2016/04 - 08/7826914.shtml，最后访问日期：2016 年 4 月 9 日。

② 《丹麦首相建议修改联合国难民公约》，人民网，2015 年 12 月 28 日，http://world.people.com.cn/n1/2015/1228/c1002 - 27987127.html，最后访问日期：2016 年 4 月 9 日。

③ 《百万难民将至　欧盟移民体系恐面临"全面崩溃"》，《新闻晨报》2016 年 2 月 27 日。

④ 朱佩：《欧盟代表：欧盟国家无力独立应对移民危机》，《环球时报》2016 年 3 月 18 日。

民庇护制度改革方案，以改变目前由德国、瑞典等少数几个发达国家负责难民安置的既不公平也无法持续的做法。改革方案包括两个选项：第一个选项是保留现行的都柏林制度，但如果某个成员国遭遇突如其来的难民潮，欧盟可通过一个"公平机制"重新分配难民；第二个选项是根据各成员国的人口和财富等，自动分配它们应收容的难民。① 大部分国家支持第一个选项，第二个选项则获得已经接收大批难民的德国和瑞典的支持。显而易见的是，无论哪一个方案，都是对现行的不可持续的欧盟难民庇护制度的改革，在某种程度上，都是由 28 个国家共同承担难民收容的责任，而不是由德国独自接纳 110 万名难民。正因为如此，欧盟的难民庇护制度改革方案受到了德国政府的欢迎和支持。沿着这一方向，欧盟各国接下来的讨论就是如何分配难民的配额问题了。欧盟历来有通过内部的相互妥协而寻找到共同利益的支点，从而达成一致意见的传统和机制。有德国的鼎力支持，欧盟的难民庇护制度的改革有可能最终取得成功。

三　结论

回顾欧洲难民危机中德国的难民政策，可以清晰地发现，德国实施的难民政策经过了从"谨慎对待"到"友好欢迎"再到"逐渐收紧"的调整过程。德国"过高估计了自身解决难民问题的能力，也过低估计了许多欧盟成员国的不合作态度"②。自 2015 年至今，120 多万名难民的进入，让德国承受了巨大的难民接纳压力。为此，德国从国内和欧盟两个层面采取了应对难民潮的举措。在国内层面，德国首先放弃遵循《都柏林公约》的第一责任国的相关条款，承担起难民申请、登记造册、审查、甄别和临时安置的责任；增加对难民登记与审核的人力投入，创新避难审核模式，提高避难程序审核的效率；让各州合理承担难民安置配额；划分"较安全国家"，拒绝来自"较安全国家"的避难者的难民庇护申请及就业；投资建设或改建难民营，为各州及时拨付难民安置款。在欧盟层面，德国积极支持并力图推动欧盟制定和实施统一的难民配额方案；积极支持并主导欧盟与土耳其就难民过境和

---

① 《欧盟提成员国分担难民新方案 对庇护制度进行改革》，中新网，2016 年 4 月 8 日，http://www.chinanews.com/gi/2016/04-08/7826914.shtml，最后访问日期：2016 年 4 月 9 日。

② 伍慧萍：《欧洲难民危机中德国的应对与政策调整》，《山东大学学报》（哲学社会科学版）2016 年第 2 期，第 1~8 页。

难民安置等问题达成协议；积极支持对欧洲现行的难民庇护政策与制度进行改革。尽管如此，欧洲难民危机对德国和欧盟的冲击所产生的消极影响依然没有减弱。直到今天，包括德国在内的欧洲国家依然是在民族国家的层面对涌入的难民潮采取单独行动，而且欧盟成员国内部依然在狭隘的国家利益和共同的欧盟利益的平衡问题上纷争不断。实际上，欧洲国家只有联合起来，共同努力，与难民产生国、难民过境国、联合国难民署和国际社会密切合作，从根本上消除难民问题产生的社会根源，才能最终解决欧洲难民问题。正如联合国难民事务高级专员古铁雷斯所说，欧洲国家不能再以单打独斗的方式应对这一危机，"没有哪个国家能够独立支撑，也没有哪个国家可以推卸其责任"。对包括德国在内的欧洲国家和欧盟来说，以责任、团结和信任为基础实施一项化解难民危机的长期的共同战略，是解决欧洲难民问题的唯一途径。①

---

① 刘素云：《联合国难民署高级专员就欧洲难民危机发表声明》，网易新闻网，2015 年 9 月 5 日，http://news. 163. com/15/0905/10/B208S6CB00014JB5. html，最后访问日期：2016 年 4 月 9 日。

默克尔"失败的胜利"

——试析 2017 年德国大选[*]

连玉如[**]

摘　要： 默克尔在 2017 年德国大选中赢得了胜利，却败给了选民。默克尔获权组阁，行将开启其第四个联邦总理任期，这得益于其执政的根本原则、实质内容、施政特点和执政风格四方面因素。默克尔奉行"德国优先"的利益政策，坚守德国的经济与社会发展模式，并欲推广至全世界。她务实勤政，以问题为导向，执政风格冷静低调、平淡简约、兼收并蓄、后发制人。然而，默克尔主导的联盟党的得票率为 1949 年以来最差结果，导致国内组阁艰难，不得不致力于"左中右"三党谈判，在携手法国做强欧洲方面也将受到制约。在对外关系方面，中德关系总体向好发展态势不会改变，但竞争与人权的因素的影响会有所增加。

关键词： 德国　2017 年德国大选　默克尔　"牙买加"组阁　联盟式方法

2017 年 9 月 24 日，德国[①]举行第 19 届联邦议院大选。参加此次竞选的政党共有 42 个。其中，只提出"选区竞选人"而没有提出"州政党名单"的政党有 8 个，两者都提出的政党为 34 个。[②] 在此次选举中，共有 6 个政党

---

　　* 本文首次发表于《国际政治研究》2017 年第 6 期，第 43～60 页。
　**　连玉如，北京大学国际关系学院教授。

　　① 指 1949 年成立的德意志联邦共和国；1990 年德国统一前指西德。
　　② 德国选民拥有两张选票，第一票投给选民所在选区的一个议员候选人，采用多数代表制，选出联邦议院 50% 的议员；第二票投给一个政党，按比例代表制计算选票。各政党所获联邦议院的议席数，主要根据第二票各政党的得票率进行分配，第一票选出的直选议员被相应地计算进去。

获得超过 5% 的选票，① 得以进入联邦议院成为议会党。这些政党包括：
（1）由现任联邦总理默克尔（Angela Merkel）领导的基督教民主联盟（简称
"基民盟"）和其姊妹党基督教社会联盟（简称"基社盟"）组成的"联盟
党"②（黑色），得票 32.9%；（2）德国社会民主党（简称"社民党"，红
色），得票 20.5%；（3）德国选择党（简称"选择党"，蓝色），得票 12.6%；
（4）自由民主党（简称"自民党"，黄色），得票 10.7%；（5）左翼党（红
色），得票 9.2%；（6）绿党（绿色），得票 8.9%。③ 在这 6 个政党中，选
择党第一次进入联邦议院就位列议会第三大党。自民党成功度过上届议会大
选危机，再度挺进议会，得票率超过左翼党和绿党。德国第 19 届联邦议院
呈现出六党参政的政治格局。

现任总理默克尔领导联盟党以最高得票率赢得 2017 年大选，获得组阁
权。假如组阁成功，默克尔行将开启其第四个联邦政府总理任期，从而打破
阿登纳总理执政 14 年（1949~1963 年）和科尔总理执政 16 年（1982~1998
年）的记录。然而，默克尔赢得了大选，却败给了选民。联盟党的得票率为
1949 年以来最差纪录，比 2013 年议会选举减少 8.6 个百分点；基民盟的选
民中有 130 万人将票投给自民党，还有 100 万人投票支持选择党。所以，默
克尔获得的是一次"失败的胜利"，原因何在？影响几何？围绕这一主题，
本文拟先重点分析默克尔执政 12 年后胜选连任的成功之道，然后分国内、
区域与全球三个层面阐述其"失败的胜利"的影响，同时聚焦中德关系，分
析新时期中德关系的发展前景。

一　默克尔 2017 年胜选连任的成功之道

在国内外观察家眼里，德国总理默克尔是个难解之谜。她成长于东德，

---

① 1953 年 7 月 8 日签订的德国《联邦选举法》第 6 条规定：只有在选举中获得至少 5% 选票的
政党，才能在议会中获得席位。反之，则不能进入议会。参见 Dieter Hesselberger，*Das
Grundgesetz: Kommentar für die politische Bildung*（Bonn：Bundeszentrale für Politische Bildung，
1995），p. 219。

② 联盟党由两个独立的政党组成。基社盟只在巴伐利亚州活动，是德国唯一不具有全国影响
力的地区性政党；基民盟则在除巴伐利亚州以外的州活动。两个政党没有组织上的从属关
系，但在政治上紧密合作，有统一的竞选纲领、协调一致的竞选活动，在联邦议院组成统
一的议会党团。

③ Der Bundeswahlleiter，"Bundestagswahl 2017：Endgültiges Ergebnisse，" 12 Oktober 2017，https://www.
bundeswahlleiter. de/bundestagswahlen/2017/ergebnisse. html，最后访问日期：2017 年 11 月 8 日。

并无从政经验，但却掌控了堪称男人世界的德国保守党基民盟，出任联邦政府首脑 12 年之久。过去 12 年，欧洲与全球政局风云变幻，各种危机此起彼伏。美国产生了小布什、奥巴马、特朗普三届总统，英国从布莱尔、布朗、卡梅伦到梅更新四任首相，法国也经历了希拉克、萨科齐、奥朗德和马克龙四位总统。唯独德国女总理依然故我，2017 年再度连任，成为 21 世纪西方主要国家任职时间最长的领导人，还在 2017 年 6 月美国皮尤研究中心民意调查结果中成为全球 "最受信任的领导人"。[①] 默克尔的成功之道何在？这里尝试从其执政的根本原则、实质内容、施政特点与执政风格四个方面进行分析。

（一）默克尔执政的根本原则

默克尔执政的根本原则是 "德国优先" 的利益政策。从此意义看，她属于德国历史中具有积极意义的爱国主义者和民族主义者。[②]

一国领导人热爱与服务于本国人民，理所当然。但是，经过第二次世界大战，于 1949 年成立的德国却不是一个 "正常的" 主权独立的统一国家，仍然处于被美国、英国和法国三国占领与管制的状态。直到 1955 年，德国才获得国家主权独立，但在国家统一的根本民族利益上仍然没有自主权。"克制文化" 遂生成并占据德国对外政策的主导地位，特别是在欧洲整合与对法国关系的塑造上。老一代德国政治家如施密特、根舍、科尔等都深谙此道。譬如，德国前总理施密特在 2012 年 9 月接受 "威斯特伐利亚和平奖" 的仪式上，曾批评默克尔把国际货币基金组织、欧洲央行和世界银行的负责人召集到柏林商讨应对欧债危机的做法是 "以欧洲中心自居"。施密特说："召集这些人开会这样的事，理应让法国人去做。威斯特伐利亚和约签署以来 400 年的历史告诫我们，谁想试图充当欧洲中心都遭到了失败，何况德国人还背负着纳粹屠杀 600 万犹太人的历史包袱。这一历史包袱会随着一代一代人的更替而变得越来越小，但不会完全消失，德国的邻居也不会忘记。"德国前总理科尔也透露过，在欧洲一体化上，德国往往把 "在先权" 让给法

① 赵灵敏：《默克尔的征途》，《南方人物周刊》2017 年 9 月 29 日。
② 由于德国背负 20 世纪两次世界大战发动者的罪名，爱国主义与民族主义成为负面意义的政治词语和政治禁区。对默克尔 2005 年上台以后的执政实践，有学者称其为 "冷寂的民族主义"。详见 Dirk Kurbjuweit, "Das Gewerbegebiet der Welt-Angela Merkels kühler Nationalismus reduziert Deutschland auf seine ökonomische Größe," *Der Spiegel*, 20 Dezember 2013。

国，即使是德国原创的主意，有时也要让法国提出，这样能较易办成。[1]

在这种情境下，"国家利益""德意志特殊道路"等在德国都是禁忌，即使涉及利益问题，也一般用"责任"等词委婉表达。1990 年德国统一以后，曾有德国学者呼吁要为德国的"利益"正名，认为不能简单地将利益政策"妖魔化"，将一体化政策"神圣化"。[2] 然而，这在 20 世纪 90 年代尚不能为国内外大多数人所接受。2003 年，施罗德总理公开反对美国对伊拉克动武，提出必要时走一条"德意志道路"，由此引发的负面效应长久难以消除。

默克尔 2005 年 11 月上台执政，在其第一份施政声明中就向世界明确宣示："德国的外交与欧洲政策建立在价值的基础上，是利益政策。一项符合德国利益的政策系于同我们伙伴的联盟与合作。"[3] 从第二次世界大战以后德国对外关系演进的历史角度审视，这不仅为"德国利益"正名了，还是一种"德国优先论"，比 2017 年特朗普版的"美国第一"还早 12 年。

作为东德出身的物理学博士，时年 51 岁的德国女总理恐难知晓，她为"德国利益"正名的举动是在为第二次世界大战以后德国"正常化国家"的长征史篇标画句号。默克尔显然听取了德国政治学保守派领袖、曾任科尔总理外交政策顾问的汉斯－彼得·施瓦茨（Hans-Peter Schwarz）等人的建议，以"德国优先"和爱国主义最高准则来修改其前任红绿联合政府的"欧洲优先"政策。欧洲仍为德国最重要的国家利益之所在，但欧洲利益要被置于德国利益之下，德国要注重欧盟的"功能性"作用而不是"海市蜃楼似的欧洲准联邦国家"的远大理想。[4] 譬如，她针对上台后面临的欧盟财政危机表态说，德国愿为解决危机做出贡献，但是新政府"将全力以赴维护德国的利益，不会接受过分的财政负担，因为我们自己的财政状况、我们自己

---

[1] 梅兆荣：《战后德国重新崛起靠的是什么？》，载北京外国语大学《德语国家资讯与研究》编辑部编《德语国家资讯与研究》第 7 辑，外语教学与研究出版社，2016，第 68 页。

[2] 如德国波恩大学政治学教授哈克就持这种观点。详见 Christian Hacke, "Nationales Interesse als Handlungsmaxime für die Außenpolitik Deutschlands," in K. Kaiser and J. Krause, eds., *Deutschlands neue Außenpolitik Band 3: Interessen und Strategien* (München: Oldenbourg Wissenschaftsverlag, 1996), pp. 3 – 13。

[3] 默克尔的首份施政声明全文详见 Angela Merkel, "Wir werden eine Regierung der Taten sein," Regierungserklärung der Bundeskanzlerin am 30 November 2005, Das Parlament, DEBATTENDOKUMENTATION, 5/12 Dezember 2005, pp. 19 – 21。

[4] Hans-Peter Schwarz, "Außenpolitik mit Kompass," *Die Politische Meinung* 430 (2005), pp. 5 – 10.

的问题不允许这样做"①。

默克尔奉行"德国优先"的利益政策,突出体现在2010年爆发并影响至今的欧债危机中,引发欧盟成员国乃至国际社会的诸多质疑与批评。譬如,欧洲外交关系委员会驻伦敦编辑主任汉斯·孔德纳尼(Hans Kundnani)在2011年撰文指出:科尔总理曾称所谓德国将因统一而变成"另外一个共和国"是"无稽之谈",这是他当政的20世纪90年代的情况;在过去两年中,德国外交政策已经发生变化。尽管德国仍然坚持多边主义外交原则,但已不是"被动反应"和"无条件"的有求必应,而是"施动塑造"和"有条件"的视情而定;将"经济增长"置于其他"非经济"的外交政策利益之上,导致同西方伙伴国发生冲突;曾几何时的"文明国家"演变成"地缘经济强国",是为"德国问题的新变种"。② 2012年7月,美国财政部部长蒂莫西·盖特纳公开警告德国,不要任由欧洲在金融危机边缘挣扎并强迫邻国整顿经济,"如果把欧洲留在深渊之旁,以此作为你们影响力的来源,这种战略不会起积极作用,最终只会增加危机的代价"③。

默克尔至今反对搞所谓的"欧洲债务同盟",2012年还放出过狠话,"只要我在世,就不会同意这样做"④,这都是"德国优先"的利益政策的体现。从她的很多讲话中都可以看出,她深爱自己的国家,对第二次世界大战以后德国在废墟中崛起并成功驾驭德国统一带来的巨大挑战充满自豪。默克尔在2015年难民危机高潮时的名言"我们能做到"(Wir schaffen das)亦是其爱国主义和民族主义情怀的流露。默克尔不仅领导德国成为同其他欧盟成员国一样维护国家利益的"正常"国家,还要将德国的经济与社会发展模式推介到全世界。

(二) 默克尔执政的实质内容

默克尔执政的实质内容,是坚守德国的经济与社会发展模式——"社会市场经济",并欲将其推广到全世界。这是默克尔治国理政的根基和远景,

---

① 详见默克尔2005年首份施政声明,第21页。
② Hans Kundnani, "Paradoxon Deutschland-Eine geoökonomische Macht in der Zwickmühle," *International Politik* 11 – 12 (2011), pp. 62 – 63.
③ 美国华尔街日报网站2012年7月23日报道,http://news.cntv.cn/world/20120725/112282. shtml, 最后访问日期:2017年12月19日。
④ Markus Sievers und Karl Doemens, "Merkel kämpft gegen Schuldenunion," *Frankfurter Rundschau*, 27 Juni 2012.

也是德国政治连续性的体现。

"社会市场经济"是德国经济学家阿尔弗雷德·米勒－阿尔马克（Alfred Müller-Armack）提出的概念，后成为路德维希·艾哈德（Ludwig Erhard）①1948 年领导实施德国货币改革的奠基石。中国社会科学院欧洲研究所研究员裘元伦曾用一句话概括德国"社会市场经济"，称其是"经济效率＋社会公正"。他的解读是："只有自由的高效经济，才能为多一些的社会公正提供现实可能。因此，在效率与公正之间，从迄今的资本主义经济发展历史看，从总体上说还是效率第一，公正第二。然而，德国社会市场经济中的'社会'二字毕竟十分重视社会公正。……即使在自由高效经济的条件下，为达到多一些的社会公正，主要也得通过每一个社会成员自身努力奋斗，即首先要依靠'自助'；只有确实个人力不能及时，社会才伸出援助之手，适当提供'他助'。这就是德国战后四十多年社会经济政策所遵循的理论基础和基本原则。"②

德国"社会市场经济"自 1948 年诞生至今，显示出惊人的连续性。当然，其中的"社会国家"因素在几十年间发展过头，特别是经历 20 世纪 70 年代前半期和 90 年代德国统一以后的"疯狂扩张"，导致国家各级财政债台高筑等弊端产生。因此，必须矫正所谓的"社会倾斜"，实施深刻改革。这是德国经济与社会发展模式另一种形式的连续性的体现。施罗德总理在 2002 年开始第二个任期后大力推行改革，特别是"哈茨 IV"改革措施等③，已为此付出沉重代价。④

默克尔 2000 年出任基民盟主席时，已开始规划"新社会市场经济"政策；2005 年执政后明确表示："'社会市场经济'同'基本法''双轨制职业教育'一样，是德国创造的精神财富，启迪了全世界人民的心智；它使德国获得巨大成功，为世人树立了榜样。因此必须坚持。"⑤"社会市场经济"已被明确写入

---

① 1949～1963 年出任德国联邦经济部部长，1963～1966 年出任德国联邦总理。

② 裘元伦：《中译本前言》，载〔德〕乌尔里希·罗尔主编《德国经济：管理与市场》，顾俊礼等译，中国社会科学出版社，1995，第 5 页。

③ 指将"失业救助金"与"社会救济金"合二为一的改革措施。详见连玉如《国际政治与德国》，北京大学出版社，2012，第 155 页。

④ 施罗德在 2005 年 7 月 1 日曾悲壮地向议会发表讲话，指出在社会领域如医保、养老、劳动力市场结构等实施深度改革，"目的是要继续维系我们的社会国家，使经济适应全球化和我国老龄化社会的挑战"。详见 Gerhard Schröder, "Rede vor dem Deutschen Bundestag vom 1. Juli 2005," Das Parlament, DEBATTENDOKUMENTATION, 4 Juli 2005, p. 17。

⑤ Angela Merkel, "Rede vor dem Deutschen Bundestag vom 30. November 2005," Das Parlament, DEBATTENDOKUMENTATION, 5/12 Dezember 2005, pp. 19, 21.

欧盟《里斯本条约》第一编"共同条款"第三条中。① 在实践中，默克尔坚持其前任的改革路线，只是迫于国内压力和出于避免社会剧烈震荡等考量，采取了渐进主义的"小步走"方略，一定程度上还视情后退一些，以保证改革成效。

在全球化挑战和 2008 年世界"金融海啸"的冲击下，能否继续坚持德国的经济与社会发展模式，是默克尔必须回答的问题。对此，默克尔不仅在国内和欧洲继续高举"社会市场经济"大旗，还要将其推广到全世界。2009 年 1 月 30 日，默克尔在"达沃斯世界经济论坛"发表讲话，称德国的"社会市场经济"应该成为世界的榜样，建议在世界范围推广，因为它有助于克服目前的经济危机；"社会市场经济"给第二次世界大战以后的德国带来繁荣，是一种介于资本主义和国家经济之间的第三条道路；市场竞争是必要的，但是"竞争不能缺失节度性和社会责任感，如果个体的自由损害了别人的自由，必须受到限制"；为应对世界金融危机，必须建立负有全球责任的稳定的金融体系，制定国际约束性规则，按联合国安理会模式建立"世界经济理事会"，让其负责监管。2009 年 3 月 19 日，她又在国内发表讲话，称"我们的任务是调整金融产品和金融市场，因此，建议共同制定一部可持续经管宪章（Charta des nachhaltigen Wirtschaftens）"。②

总之，默克尔在国内、欧洲及世界范围，都倡导实施德国的社会市场经济模式。2017 年，在德国大选前一周，默克尔致全体选民一封公开信，再次展示她对德国经济与社会发展模式的坚守。③ 如今，德国已从 1990 年统一以后的"欧洲病夫"成长为欧洲首强和世界继美、中、日之后的第四大经济体。尽管国际环境复杂多变，德国经济 2016 年仍实现 1.7% 的增长，失业率处于德国统一以来的最低点，就业者实际收入创下 20 多年的最高增幅，国

① 程卫东、李靖堃译《欧洲联盟基础条约——经〈里斯本条约〉修订》，社会科学文献出版社，2010，第 33 页。
② 可持续经管宪章的内涵是：确立原则，防止持久举债和滥用不可再生资源的现象发生。默克尔认为，只有世界对此达成共识，才有可能防止危机重演。详见 Angela Merkel, "Regierungserklärung zum Europäischen Rat und zum G – 20 – Gipfel," Das Parlament, DEBAT-TENDOKUMENTATION, 23 März 2009, pp. 1 – 2。
③ 2017 年 9 月 20 日，德国房东玛格特·舒多玛（Margot Schudoma）将默克尔这封投递到德国每家每户的信送给笔者。默克尔在信中表示：当今时代，无论国际还是国内都有新的挑战及可以利用的巨大机遇，因此，要想成功就必须做出正确的选择，"首先要有强大的能创造充分就业的成功经济"。她还针对其竞选对手社民党主席马丁·舒尔茨（Martin Schulz）提出的"公正"口号说：要实现公正必须创造前提条件，即强大的经济。

家三级（联邦、州和市镇）财政及社会保险继续保持收支平衡。① 德国经济与社会发展模式的成果是默克尔赢得 2017 年大选的基础。此外，默克尔的成功还在于她的务实与勤政。

（三）默克尔的执政特点

务实、勤政、不浮夸、不虚荣、以问题为导向力求解决实际问题，这是默克尔一以贯之的施政特点。2005 年，她上台后发表的第一份施政声明的标题就是"我们是一届行动的政府"。② 对默克尔这位 51 岁的东德女物理博士执掌权柄，德国不少人并不看好，认为其撑持半年就已不错。但她很快就用实际行动一步一步地打消了人们的疑虑。

默克尔崇尚爱因斯坦的名言"生活就像骑单车，只有不断前进，才能保持平衡"，她的前进是以问题为导向的。在她看来，解决问题犹如治病，先要诊断病情，然后对症下药。能争取解决的问题，绝不拖延；暂时无法解决的，明确立场并创造条件以后解决。本着这种行动方略，默克尔在宣誓就职后第二天就出访巴黎，开始扭转其前任对法关系偏差，同时致力于平衡与协调法英之间、大小国之间、穷富国之间以及新老成员国之间的关系。这些努力为最终化解欧盟 2005 年财政危机做出决定性贡献。对于棘手的土耳其入盟谈判，她的态度鲜明：谈判进程是开放的，没有自动时间表，假如欧盟没有能力接收或土耳其不能满足全部入盟条件，就必须考虑继续发展对土耳其的特殊关系，将土耳其同欧洲的架构紧密联系起来。③

2007 年上半年，德国出任欧盟轮值主席国。默克尔利用这一机会，同下半年轮值主席国葡萄牙合作，引导欧盟摆脱自 2005 年以来陷入的"制宪"危机，以提高欧盟在全球化背景下的决策效率和在国际关系中的行为体能力。欧盟 27国最终于 2007 年 12 月 13 日庄严签署《里斯本条约》，这同默克尔的努力分

---

① Bundesministerium für Wirtschaft und Energie, "Die wirtschaftliche Lage in Deutschland im Dezember 2016," 12 Dezember 2016, https://www.bmwi.de/Redaktion/DE/Pressemitteilungen/Wirtschaftliche-Lage/2016/20161212 – die-wirtschaftliche-lage-in-deutschland-im-dezember – 2016. html, 最后访问日期：2017 年 11 月 8 日。

② Angela Merkel, "Wir werden eine Regierung der Taten sein," Regierungserklärung der Bundeskanzlerin am 30 November 2005, Das Parlament, DEBATTENDOKUMENTATION, 5/12 Dezember 2005; siehe dazu Angela Merkel, "Rede vor dem Deutschen Bundestag vom 30. November 2005," Das Parlament, DEBATTENDOKUMENTATION, 5/12 Dezember 2005, pp. 19 – 21.

③ 详见默克尔 2005 年首份施政声明，第 21 页。

不开。

德国内外有人诟病默克尔"只拉车、不看路",缺乏战略眼光与长远规划,这似有苛求之嫌。默克尔在其总理生涯的 12 年间,一直不得不处理各种各样的危机。2008 年横扫世界的"金融危机"暂且不论,仅从欧洲地区来看,近几年来一系列危机接踵而至、扎堆蔓延,如欧债危机、乌克兰危机、恐怖袭击、"英国脱欧"危机、难民危机等。面对上述危机,欧盟诸机构及其精英招架无功,唯独默克尔奔波在各个危机现场,发挥着突出作用。

2015 年 1 月,乌克兰东部战事升级,默克尔伙同法国总统奥朗德发出倡议并同俄、乌两国总统达成第二次《明斯克协议》,促进实现停火。是年夏天,希腊债务危机吃紧,默克尔政府态度坚定且具有耐心,对希腊最终政治妥协起到重要作用,希腊免于财政崩溃,欧元区亦得以维系。面对汹涌而来的难民潮,默克尔也在致力于应对挑战,但未能推动欧盟伙伴国在公正均摊难民份额上达成一致。于是,在中国欢庆猴年春节的 2016 年 2 月 8 日,她前往土耳其,同土总理商讨联合提议北约参与支持欧洲边境管理局和土耳其海岸警卫队的工作,打击偷渡,并争取得到希腊政府的支持等。如今,难民危机已在德国和欧洲得到一定程度的遏制。

对默克尔的欧洲政策至今看法不一、褒贬兼有,如她在乌克兰危机中被认同为"领导者",在希腊危机中被抨击是"霸主",在难民危机中又被嘲讽为奉行"道德帝国主义"的孤家寡人。无论如何,在当今世界不确定性增加的时代,像默克尔这样认真勤勉、沉稳务实的政治家是人们希望看到的。

如果说,默克尔执政的务实特点同其根本原则和实质内容等也可为其他政治家所拥有的话,那么,被称为"默克尔主义"① 的执政风格就是她所独有的了。

(四) 默克尔的执政风格

默克尔的执政风格冷静低调、平淡简约、兼收并蓄、后发制人,这几乎是国内外众口一词的。其实,这正是默克尔的厉害和令德国各政党生畏之处。2017 年 9 月 3 日,默克尔在同其竞选对手社民党主席马丁·舒尔茨的电视对决中阐述自己的政策是"中庸之道"。

---

① 笔者首次听到此说是 2017 年 8 月 10 日在德国波茨坦大学访问国际政治类杂志《世界趋势研究》(*WeltTrends*) 主编莱蒙德·克莱默教授 (Prof. Dr. Raimund Krämer) 时,他在交谈中明确提到"默克尔主义"。

正面解读之，默克尔的"中庸之道"可以说是待人接物谦虚谨慎，戒骄戒躁，能够与时俱进和"拿来主义"地吸取各党之长为我所用。譬如，德国绿党反对核能，曾任联邦环境部部长的默克尔却因全球变暖而大力提倡核能。然而，在 2011 年 3 月日本福岛核电站事故发生后，她马上转变立场，许诺在 2022 年前关闭德国所有核反应堆。在社会政策方面，默克尔也吸取社民党的不少主张，如她曾坚决反对社民党和绿党倡导的法定"全国最低工资制"，后来却接受这一建议，将其纳入 2013 年联盟党和社民党大联合政府的《联合执政协议》。

负面解读之，默克尔乃"克人""克党"之能手，谁与她联盟执政，谁就会被边缘化甚或败北。自民党 2009 年大选成绩骄人，得以同默克尔代表的联盟党组成"黑黄小联合政府"。四年过后，自民党在 2013 年大选中惨败，所得选票连 5% 都没到，从而失去议会党资格。社民党 2005 年和 2013 年两度参加默克尔主导的"黑红大联合政府"，结果在 2009 年大选中输掉 11.2% 的选票，在 2017 年选战中只获 20.5% 的选票，比首度进入联邦议院的选择党才多 7.9 个百分点，是 1949 年以来的最差纪录。历史悠久的社民党脸上无光，其竞选人舒尔茨在 9 月 24 日大选后当晚宣布，再不与默克尔联合组阁，而要下野，主导议会中的反对党。

所谓的默克尔"克人"说，过于尖酸刻薄了。其实，德国政治存在两大个人无法左右的客观因素，"默克尔主义"执政风格恰好契合或顺应了这两个因素。一是德国议会民主制的"总理式民主"特点。德国的国家根本大法《基本法》明确规定并赋予联邦总理三大实权：人事决定权①、方针制定权②和单独负责权③。联邦总理的罢免只能通过"建设性不信任投票"来实现。④

---

① 德国联邦总理可以决定其政府班子组成人选，即有权向联邦总统建议对各部部长的任用和罢免。参见《基本法》第 64 条第 1 款，引自 Dieter Hesselberger, *Das Grundgesetz: Kommentar für die politische Bildung*（Bonn：Bundeszentrale für Politische Bildung, 1995），p. 245。

② 德国联邦总理确定政治总纲并对此承担责任，参见《基本法》第 65 条，引自 Dieter Hesselberger, *Das Grundgesetz: Kommentar für die politische Bildung*（Bonn：Bundeszentrale für Politische Bildung, 1995），p. 245。

③ 只有联邦总理才有权向联邦议院提出信任问题，换言之，联邦议院表示不信任的对象只有联邦总理一人。倘若联邦总理因其他原因而终止其任职，各联邦部长的任职也将随之终止。参见《基本法》第 68 条第 1 款和第 69 条第 2 款，引自 Dieter Hesselberger, *Das Grundgesetz: Kommentar für die politische Bildung*（Bonn：Bundeszentrale für Politische Bildung, 1995），pp. 248, 250。

④ 即联邦议院只有在选出一位新总理并提请联邦总统罢免旧总理时，才能对旧总理表示不信任。参见《基本法》第 67 条第 1 款，引自 Dieter Hesselberger, *Das Grundgesetz: Kommentar für die politische Bildung*（Bonn：Bundeszentrale für Politische Bildung, 1995），p. 247。

二是德国"政治趋同"的发展态势。1949 年确立的德国政党体制经过几十年的集中化演变，到 2005 年默克尔上台，基本形成联盟党和社民党两大"人民党"轮流坐庄的"准两党制"格局。两大政党均奉行德国的经济与社会发展模式，特别是在"社会国家"的发展问题上。一般认为，联盟党注重经济效率，实施"新自由主义"政策；社民党强调社会公正，青睐"凯恩斯主义"措施。其实，联盟党和社民党均坚守社会市场经济的指导原则，所谓"新自由主义"或"凯恩斯主义"都只是政策调控手段，特别是在"社会国家"的发展问题上。譬如，1982 年，基民盟的科尔开启所谓"新自由主义"转折，但在 1990 年德国统一进程中，科尔马上转为"凯恩斯主义"者。2002 年，社民党的施罗德开始推行所谓"向本党进攻"的"新自由主义"改革，将自己改下台，而基民盟的默克尔在 2005 年上台后延续了施罗德改革。这些都说明，两大政党意识形态模糊，阵地也是可以互换的。

德国的"政治趋同"突出体现在联邦议院大选上。2005 年以后，默克尔经历过三次大选，三次大选都让外人感觉无聊乏味，没有美国大选来得刺激和法国大选令人揪心。德国学美国也搞竞选人电视辩论，竞选人却怎么也对抗不起来，反更透出趋同的意味。2009 年举行的大选被视为"共识性竞选"，2017 年更是这样。共同执政的两大人民党推出各自主席进行竞选，本就不合逻辑，社民党无法高扬自身特性，这应是其竞选失利的重要原因。有鉴于此，社民党人再资深，进入默克尔主导的内阁也仅担任一种跟班的角色，加上默克尔实行"中庸之道"与"和为贵"方略，社民党形象被削弱甚至边缘化，这在所难免。社民党主席舒尔茨大选惨败而铁青着脸宣布再不同默克尔联合组阁，这不全是情绪化反应，更是社民党重整旗鼓所必需的。

默克尔 2017 年大选获胜，但胜得很惨。默克尔"失败的胜利"将为德国内政与外交带来何种影响呢？

二　默克尔 2017 年大选"失败的胜利"的影响

默克尔 2017 年大选"失败的胜利"已对德国的内政、欧洲与外交政策带来很大影响，首先体现在组阁的艰难和未来政府的稳定上。

（一）默克尔组阁艰难与未来政府的稳定

从 1949 年德国成立至今，无论是同其他西方民主制国家的横向比较还是同本国历史发展的纵向比较，德国政治的运行都呈现出稳定的特点。截至 2016 年在将近 70 年的历史进程中，德国联邦总理只换过 8 位，即阿登纳（1949～1963 年在任）、艾哈德（1963～1966 年在任）、基辛格（1966～1969 年在任）、勃兰特（1969～1974 年在任）、施密特（1974～1982 年在任）、科尔（1982～1998 年在任）、施罗德（1998～2005 年在任）和默克尔（2005 年至今在任）。联邦政府也主要由两个政党组成：或是一个大党（联盟党或社民党）同一个小党（自民党或绿党）组成"小联合政府"，或是两个大党（联盟党和社民党）组成"大联合政府"。然而，2017 年德国大选之后，首次出现在联邦一级三党组阁的局面，具有划时代意义。

堪称划时代意义的还有前述联邦议院首次形成的"六党格局"。历史地看，经过 20 世纪 50 年代德国政党的"集中化"发展过程，直到 1983 年为止，德国联邦议院基本稳定在"联盟党"、"社民党"和"自民党"的三党格局中。1983 年，"绿党"挺进联邦议院，形成四党并立的局面。1990 年德国统一以后，"左翼党"的产生与发展使德国议会变为五党生态。2017 年大选后，极右政党"选择党"首次进入联邦议院，导致六党格局形成。德国政党体制从"准两党制"朝"多党制"的方向演化。

联盟党和社民党都在 2017 年大选前宣布，决不同选择党谈判。因此，从组合层面来看，其余五个议会党可以生成四种组合：（1）"黑红（社民党）"两党组合（53.4%）；（2）"黑红（左翼党）绿"三党组合（51%）；（3）黑红（左翼党）黄三党组合（52.8%）；（4）黑黄绿三党组合（52.5%）。但是，基民盟选战前就已宣布不同左翼党谈判，社民党选战后立表不再同联盟党搞大联合政府。因此，只剩下唯一的可能性即联盟党、自民党和绿党的"牙买加联盟"①。2017 年 10 月 7 日，获得组阁权的默克尔向外界宣布，同自民党和绿党就三党联盟进行摸底谈判。

三个政党联合组阁的实践，在德国联邦州议会有过；但在联邦议院层面未出现过。这时小党的地位十分重要。自民党是 2017 年竞选真正的胜利者，不仅以 10.7% 的两位数支持率重返联邦议院，还有望再度参与执政。自民党

---

① 牙买加国旗为黑黄绿三种颜色，故称这三种颜色的政党组合为"牙买加联盟"。

主席克里斯蒂安·林德纳（Christian Lindner，38 岁）和绿党主席塞木·奥兹德米尔（Cem Özdemir，51 岁）均年富力强，个性鲜明，力求为本党谋得内阁财政部部长和外交部部长等重要职位。

三党谈判能否成功、未来政府能否稳定，取决于这三个在德国政治光谱中分别为"左、中、右"定位的政党的政策能否达成一致。根据德国《明镜周刊》一份调查列出的 16 项政策中，三党均有共识的领域只有两个，即《移民法》和《巴黎气候协定》；另有 3 项涉及减税和联邦州权限的政策，三党有望在协调后达成一致；而在其余 11 项政策方面，譬如难民上限、财产税、能源、欧元整合、北约 2% 的军费目标等，三党的主张分歧明显，妥协困难。①

已经执政 12 年的默克尔成熟老练、经验丰富，且善于因势利导、后发制人，似能"以柔克刚"，排除障碍，2017 年底之前完成组阁。然而，事与愿违，11 月 19 日，三党摸底谈判由于自民党的退出而告破裂。于是，舆论哗然，唱衰甚或判处默克尔"政治死刑"之声不绝于耳、甚嚣尘上。② 默克尔主义本是一种德国式的中庸之道，力求息事宁人和国家稳定，结果反而带来德国的政治瘫痪与危机。默克尔何时完成组阁，未来政府将呈何状？是重启"大联合政府"还是开"少数派政府"先河，抑或是默克尔下台重新举行大选？笔者以为，德国目前政治困境的症结，根本不在于政治的实质内容，而在于政治的结构形式。默克尔两次同社民党、一次同自民党联合执政，说明政策分歧可以化解、政治妥协亦非无望。然而，在德国的"总理式民主"体制下，默克尔"靠耗损他人为己生"③，两个政党同她组阁的代价是自身削弱与败北。因此，社民党和自民党有感于历史教训，更为关注本党在权力竞逐中的有利地位。这是一种聚焦"后默克尔时代"的思维导向，其直接影响便是德国当下的政治危机。

---

① Florian Gathmann, "Jamaika-Sondierung. Man muss auch gönnen können," *Spiegel Online*, 29 Oktober 2017, https://www. spiegel. de/politik/deutschland/jamaika-sondierung-man-muss-auch-goennen-koennen-a－1175422. html，最后访问日期：2017 年 11 月 8 日。

② 譬如，德国《明镜周刊》刊登旨在促使默克尔下台的"逼宫"文章《默克尔主义的废墟》，详见 Dirk Kurbjuweit, "Die Trümmer des Merkelismus-Nicht nur bei SPD und FDP liegt das Problem, sondern auch bei der Bundeskanzlerin," *Der Spiegel*, 15 Dezember 2017, p. 8。

③ Dirk Kurbjuweit, "Die Trümmer des Merkelismus-Nicht nur bei SPD und FDP liegt das Problem, sondern auch bei der Bundeskanzlerin," *Der Spiegel*, 15 Dezember 2017, p. 8.

（二） 默克尔 "失败的胜利" 对欧洲政策的影响

除国内政治层面，默克尔 "失败的胜利" 在欧洲层面的影响也不容小觑。对德国大选后的组阁，国际社会特别是身为欧盟成员国的法国十分关注。2017 年 9 月 26 日，即德国大选后两天，法国总统马克龙在巴黎索邦大学发表题为 "重启欧洲" 的演讲，意欲十分明显，就是要影响德国政党的组阁谈判，促使它们讨论法国提出的欧洲政策建议。

如上所述，欧盟近些年正遭遇前所未有的一系列深重危机，欧盟机构及其政治精英却应对乏力、招架无功，唯有默克尔领导下的德国发挥的作用引人注目。在德国的超强权势面前，法国孱弱，英国欲脱欧，波匈等东欧国家右翼民族主义势强，欧盟陷入结构性的失衡困境。如何重振欧洲？这不仅是德国的根本利益之所在，更是法国总统 "重启欧洲" 演讲的主旨。

马克龙在演讲中强调：欧洲必须强大，成为全球范围强大的经济实体，获得行动能力去迎接世界巨大挑战。如何做强欧洲、实现 "同中国和美国平起平坐" 的目标？马克龙提出一系列具体倡议，譬如，建立欧元区共同预算，设立欧元区财政部长，在防务、反恐、信息化、生态保护等领域加强合作，重新规划交通、住房、工业领域的政策等。[1] 马克龙深知德国伙伴的支柱作用，决意携手德国重建强大的欧洲。

对德国来说，热衷于欧洲整合事业的马克龙而不是极右政党领导人勒庞当选法国总统，是天赐福音。对法国来说，由联盟党和社民党组成 "大联合政府" 是最有利于欧洲整合事业的。德国社民党主席舒尔茨长期担任欧洲议会主席，自然会钟情于欧洲一体化事业，对法国倡议采取积极合作的态度。然而，法国极不乐见的 "牙买加" 组合却一度成为德国政府组阁的唯一选项，这势必增加德法联手推动欧洲一体化前行的难度。如在马克龙倡导的深化欧元区整合的问题上，绿党的态度积极，但是自民党却表示质疑。自民党尤其反对法国提出的 "赋予欧元区自主预算权" 的倡议，在欧元区未来发展问题上，提出设立 "成员国破产权"（Insolvenzrecht）的主张。[2]

---

[1] 参见马克龙 2017 年 9 月 26 日在巴黎索邦大学发表的题为 "重启欧洲" 的演讲，http://news.sina.com.cn/w/2017-09-27/docifymeswe0310738.shtml，最后访问日期：2017 年 11 月 8 日。

[2] 详见 Florian Gathmann, "Jamaika-Sondierung. Man muss auch gönnen können," *Spiegel Online*, 29 Oktober 2017, https://www.spiegel.de/politik/deutschland/jamaika-sondierung-man-muss-auch-goennen-koennen-a-1175422.html，最后访问日期：2017 年 11 月 8 日。

默克尔如何回应马克龙做强欧洲的倡议，受世人瞩目，也甚为关键。显然，马克龙在演讲中倡导的在"核心欧洲"即欧元区内深化欧洲整合，是一种"超国家主义"路径。而迄今为止，在应对欧盟危机如欧债危机的问题上，默克尔更青睐所谓的"联盟式方法"（Unionsmethode）。"联盟式方法"一般被视为欧盟决策程序中两种不同性质的方法之一，同"共同体方法"（Gemeinschaftsmethode）相对应。"共同体方法"具有"超国家"性质，其具体流程是："欧盟委员会"提出立法草案，"欧洲议会"（代表欧盟公民）和"欧盟理事会"（代表欧盟成员国）对草案进行讨论并做出决议，可以修改立法草案，但需各自机构多数同意。"联盟式方法"具有"政府间主义合作"性质，主要是由欧盟成员国的国家与政府首脑组成的"欧洲理事会"会商与议决问题。[①] 对上述看法，默克尔明确表示反对。早在 2010 年 11 月 2 日，她就在一次讲话中全面系统地阐述了其所青睐的欧洲政策的"联盟式方法"。

（三）默克尔欧洲政策的"联盟式方法"

默克尔是在布鲁日欧洲学院第 61 届学术年活动开幕式上发表其对欧洲政策的"联盟式方法"的系统阐述的。首先她对下述简单划分表示反对，即把"欧洲议会"和"欧盟委员会"视为"共同体方法"的代表，而将"欧盟理事会"、"欧洲理事会"和"欧盟成员国"看成政府间主义合作的主体。她指出，这是一种对立性思维（Lagerdenken），不符合欧洲合作的现实，必须加以摒弃。[②] 默克尔对"联盟式方法"的阐释如下。

第一，具有综合的性质。默克尔认为，"联盟式方法"是"共同体方法"和成员国之间的协调行动兼而有之的综合性方法，即"目标相同、团结一致、各司其职、协调行动"[③]。她强调应将欧盟视为不可分割的整体，但再

---

① 参见 René Repasi, "Gemeinschaftsmethode sticht Unionsmethode," *Sven Giegold*, 11 Februar 2014, https://sven-giegold. de/gemeinschaftsmethode-sticht-unionsmethode/，最后访问日期：2017 年 11 月 8 日。

② 详见默克尔 2010 年 11 月 2 日布鲁日欧洲学院第 61 届学术年活动开幕式上讲话，Angela Merkel, "Rede von Bundeskanzlerin Merkel anlässlich der Eröffnung des 61. Akademischen Jahres des Europakollegs Brügge, 2. November 2010," *Die Burdesregierung*, 2 November 2010, https://www. bundeskanzlerin. de/ContentArchiv/DE/Archiv17/Reden/2010/11/2010 – 11 – 02 – merkel-bruegge. html，最后访问日期：2017 年 11 月 8 日。

③ Abgestimmtes solidarisches Handeln-jeder in seiner Zuständigkeit, alle für das gleiche Ziel, ebenda.

好的欧盟政策目标也"必须由各成员国的协调行动去实现，这是'联盟式方法'的要义"。她进一步解释说，问题的关键不是方法的选择，而是欧洲共同目标确定以后各成员国"协调行动"还是"不行动"的问题。即使是所谓"共同体方法"，也有"欧盟理事会"在其中参与决策，而"欧盟理事会"是由欧盟成员国代表组成的；"欧洲理事会"也是欧盟的组成部分，"欧盟成员国"是欧盟的建构者而不是其对立面。①

第二，"联盟式方法"的指导思想是《里斯本条约》确定的"辅助性原则"。据此，只要个体或小社会团体或欧盟成员国有能力，就应由其承担责任和完成任务；大社会团体或成员国或欧盟不要干预，除非个体或小社会团体或成员国不能解决问题。② 辅助性原则的理论内涵有三个方面：自助、他助和功能性。③ 默克尔正是本着这一原则处理欧债危机的，即危机发生国首先必须自主行动，实行"自助"；必要时包括德国在内的欧盟各国再承担起共同的欧洲责任，实行"他助"。默克尔认为，应对欧债危机是一种义务，也是一个机会，不应得过且过、了结完事，而应从"预防"入手，采取旨在保证今后不再发生这种危机的令人信服的措施，从"根"上解决问题。默克尔还说，"共同体方法"并不涉及向欧盟转让职权，只是一种有效行使已经让渡的职权的方法。解决欧洲面临的问题，不能"自动地和最好仅仅依靠欧盟的机构"来进行，而要系于辅助性原则。④

可以想见，假如默克尔能够延续其政治生命，第四次出任德国联邦总理，在未来的欧洲政策举措方面，还会沿用迄今为止集中体现其欧洲观与政策实践的"联盟式方法"。问题是，欧洲历史的发展逻辑是平衡，不能容忍哪个国家坐大与称霸。理论上这对欧洲所有国家都适用，在现实中则主要

---

① Angela Merkel, "Rede von Bundeskanzlerin Merkel anlässlich der Eröffnung des 61. Akademischen Jahres des Europakollegs Brügge, 2. November 2010," *Die Bundesregierung*, 2 November 2010, https://www. bundeskanzlerin. de/ContentArchiv/DE/Archiv17/Reden/2010/11/2010 - 11 - 02 - merkel-bruegge. html, 最后访问日期：2017 年 11 月 8 日。

② 程卫东、李靖堃译《欧洲联盟基础条约——经〈里斯本条约〉修订》，社会科学文献出版社，2010，第 34 页。

③ 连玉如：《再论"德国的欧洲"与"欧洲的德国"》，《国际政治研究》2014 年第 6 期，第 19～20 页。

④ Angela Merkel, "Rede von Bundeskanzlerin Merkel anlässlich der Eröffnung des 61. Akademischen Jahres des Europakollegs Brügge, 2. November 2010," *Die Bundesregierung*, 2 November 2010, https://www. bundeskanzlerin. de/ContentArchiv/DE/Archiv17/Reden/2010/11/2010 - 11 - 02 - merkel-bruegge. html, 最后访问日期：2017 年 11 月 8 日。

针对背负纳粹历史罪名的德国。第二次世界大战以后发端于西欧的欧洲一体化事业就是从解决德国问题入手的，是一种框住德国、对冲或再平衡德国优势的进程。1949 年以后的德国历届联邦政府都致力于欧洲整合事业，从阿登纳、勃兰特、施密特、科尔到施罗德莫不如此。对施密特等老一辈德国政治家来说，第二次世界大战以后德国的重建是西方战胜国乃至欧洲邻国与伙伴帮助的结果，必须时刻心怀感恩之情，服务于欧洲。施密特也倡导实施《里斯本条约》确立的"辅助性原则"，但主要强调其"团结互助"层面，而非默克尔的"自助"优先问题。施密特在其著名的 2011 年12 月社民党联邦大会讲话中说，德国出钱相助欧洲困难国家从而推动欧洲整合事业前行，是理所当然之事。德国是欧盟"净出资国"理所当然，希腊、葡萄牙、爱尔兰是"净受援国"也理所当然。为了欧洲货币联盟稳定发展，设立欧洲"转移支付联盟"同样理所当然。关键是，德国不能陷入孤立境地。[①]

　　然而，德国在时下欧洲中良好的经济与社会发展状况令人称羡，已经"自我孤立"；这时再强调欧盟成员国好自为之、"自助"先行，势将引发欧盟弱小国家联合，对冲德国强权，"被人孤立"将成现实。施密特认为，德国孤立不仅有损于自身，更有损于欧洲。"避免孤立，是德国根本的长远战略利益之所在，高于所有政党的各种利益考量。"为此，必须在欧洲高扬"互助精神"大旗，必要时同意设立"欧洲债务联盟"。施密特语重心长道："我们德国人不应秉持民族利己主义，拒绝这种做法"；假如欧元区不能稳定发展，欧洲的分量必将在全球化的世界中继续销蚀，从而不得不坐视美中两国领导世界的局面出现。[②]

　　施密特讲话同马克龙 2017 年 "9·26 讲话"的精神如出一辙。但青睐"联盟式方法"的默克尔能像德国老总理谆谆教导德国人民的那样行动吗?!无论如何，未来德国新一届联邦政府的欧洲政策，将对德国与欧洲在全球化世界中的地位与作用产生深远影响。

---

① Helmut Schmidt, "Rede, Deutschland in und mit Europa, auf dem SPD-Bundesparteitag am 4. Dezember 2011 in Berlin," *SPD*, 4 Dezember 2011, https://www.spd.de/aktuelles/detai/news/deutschland-in-und-mit-europa/11/11/2015/, 最后访问日期：2017 年 11 月 8 日。

② Helmut Schmidt, "Rede, Deutschland in und mit Europa, auf dem SPD-Bundesparteitag am 4. Dezember 2011 in Berlin," *SPD*, 4 Dezember 2011, https://www.spd.de/aktuelles/detai/news/deutschland-in-und-mit-europa/11/11/2015/, 最后访问日期：2017 年 11 月 8 日。

（四）默克尔大选"失败的胜利"在全球层面的影响

德国大选历来主拼内政，特别是经济与社会方面，包括对华关系的外交政策问题在 2017 年大选中几无涉及。然而，德国外交正处于 20 世纪 50 年代以来最为重大的转折关头。德国政治学者君特·海尔曼（Gunther Hellmann）认为，转折的标志是从 2014 年 3 月克里米亚危机到 2017 年 5 月北约峰会发生的一系列事件，如与俄罗斯重新对峙、英国脱欧、特朗普胜选等，这些正在拷问着新一届德国政府。[①] 特朗普入主白宫以后采取的一系列举措对世界格局、地缘政治、欧美联盟、德美关系的冲击是空前的。一向谨言慎行的默克尔也在特朗普 2017 年 5 月欧洲之行后不无感慨道：可以依赖别人的时代已然逝去，欧洲人必须切实开始自己掌握自己的命运了。[②]

如何应对全球范围层出不穷的新挑战？默克尔在 2017 年大选之前致全体选民的信中认为存在迎接挑战的巨大机遇，必须加以利用。然而巨大机遇具体何指，信中并未说明。笔者以为，巨大机遇中含有中德合作发展的成分。

2017 年是中德建交 45 周年。中德关系在德国前任总理施密特、科尔、施罗德打下的基础上，在默克尔主政的 12 年间又获得长足发展。譬如，全面战略伙伴关系的建立、中德政府磋商机制的开启，特别是两国在先后主办 2016 年"二十国集团"杭州峰会和 2017 年"二十国集团"汉堡峰会期间的精诚合作，为双边与多边合作以及全球治理注入了正能量。中德关系总体向前发展的良好态势不会改变，这是超越于德国党派政治和政府更迭的。但是，中德关系发展中有三大变量需要注意：一是中国发展和德国对之的看法，二是德国在欧盟的作用和欧盟成员国的承受力，三是中美关系发展的影响。

从国际关系的结构角度而不是从意识形态或政治制度的角度出发，中德关系具有一种"天然盟友关系"（Natürliche Partnerschaftsbeziehung）性质。[③]

---

① Gunther Hellmann, "Deutschland, die Europäer und ihr Schicksal. Herausforderungen deutscher Außenpolitik nach einer Zeitenwende," *Zeitschrift für Staats-und Europawissenschaften* 15 (2017), p. 329.

② 这是默克尔 2017 年 5 月 28 日周日在慕尼黑举行的一次政治集会上的讲话，http://news.jstv.com/a/20170529/1496008669737.shtml，最后访问日期：2017 年 11 月 19 日。

③ 连玉如：《中德"天然盟友"关系刍议》，《国际政治研究》2008 年第 3 期，第 15～26 页。

然而，德国对外关系强调价值，并以一种使命般的冲动意欲在世界范围推行德国/欧洲的"普世价值观"。从此意义上看，德国对中国具有一种根深蒂固的结构性普遍认知，即视中国为已经消亡的"东德的扩大版"。对此，笔者曾在一篇论文中提出"反共原教旨主义"（antikommunistischer Fundamentalismus）概念，① 它就像一个有色眼镜，决定和影响着德国的中国观，自然也会反复、顽强地在其具体的对华政策或理念方面体现出来，譬如经济竞争或人权问题。德国对中国"一带一路"倡议看法的转变也是这方面的一个突出事例。②

中国发展的根基在于自身，"通过改变自己影响世界"。德国发展的根基在于欧盟，需要正视欧盟成员国既需要但同时又不情愿接受甚至反对德国发挥主导作用的"欧洲/德国困境"。法国怕"衰落"、德国怕"孤立"，这两个分别是法德两国由来已久的历史梦魇。因此，重启或激活德法两国在欧洲整合中的"双引擎"作用，对于欧盟克服危机、在地区与国际事务中发挥积极作用意义重大。中国在处理对德/对欧关系时要考量平衡与协调的问题；否则，关注德国的"欧盟核心大国作用"，引发所谓"中德特殊关系"猜忌，未必会有"促进中欧关系全面发展"的正面效果。

美国总统特朗普上台以后的中美关系发展，会对中德/中欧关系产生影响。在中、美、德三角关系上，不少看法认为，特朗普与默克尔理念相左、矛盾频频，这会促使中德两国关系走近。其实，还存在另外一种可能性：特朗普对中国不像其前任那样在人权问题上频繁施压，反而会诱使德国新政府加大对华人权问题批评力度，从而影响两国关系顺利发展。德国对美国特朗普的理念再不满，也不能和不愿割断大西洋联盟的脐带；德国对中国的理念再认同，也不能和不愿同意识形态相左的中国完全站在一起。

同中国一样，德国也是 21 世纪新崛起的大国。尽管两国在人口、体量等上差异较大，但德国是"欧洲的德国"，其在欧洲乃至国际社会中的地位

---

① Yuru Lian, "Reflexionen über den Kern der Außenpolitik der Volksrepublik China im 21. Jahrhundert," in J. Damm, M. Leutner and N. Dayong, eds., *China's Interaction with the World: Historical and Contemporary Aspects* (Münster: LIT Verlag, 2017), pp. 101 – 112.

② 在中德两国 2014 年 10 月 10 日签订的《中德合作纲要：共塑创新》第 8 条中，德方明确欢迎中国的"一带一路"倡议，认为"将为中德、中欧合作开创新的机遇并为包括中亚地区在内的沿线国家稳定与繁荣作出贡献"。这在欧洲或国际范围是比较早的表态。但笔者在 2017 年 8、9 月访德期间，从德国官员与学者口中听到对"一带一路"倡议的负面看法。

和作用不可低估。默克尔在 2017 年德国大选中胜利了，其成功之道值得被进一步深入研究，这是观察德国新一届联邦政府内政外交的基础。但是，默克尔胜得很惨，导致其组阁困难，也影响到德国今后的欧洲与外交政策走向。对中德关系发展问题的关心与观察，亦需考虑到默克尔"失败的胜利"的前因与后果。

德国碎片化政党格局的表现、成因及影响*

——❧❦❧——

杨解朴**

摘　要：德国政党格局经历了从两党占优势到多元化再到碎片化的转型。在碎片化政党格局下，两大主流政党的实力进一步减弱。绿党强势崛起，其支持率超过了社民党，还有成为人民党的趋势。德国选择党在东部联邦州获得重要地位，并在德国政党格局中站稳了脚跟。本文借用尼德迈尔的理论，从政党的"供给因素"和选民的"需求因素"的角度探讨了德国碎片化政党格局的形成原因，并从民主参与、德国政治的稳定性以及未来德国外交政策的侧重点等角度分析了碎片化政党格局带来的影响。

关键词：德国政党　政党格局　德国选择党　德国绿党

政党制度的特征是通过一系列相关的并存的多个政党的特性来刻画的。这些特征既包括结构性的也包括内容性的，可以从选举层面和议会层面进行分析。本文探讨的政党格局为政党制度的结构性特征，即各政党在政党竞争中形成的力量对比的态势和它们所处的相对位置，以及各党派在意识形态和纲领内容上的差异。① 近年来，欧洲国家接连遭遇了一系列危机性事件，德国民众，特别是受全球化和欧洲一体化冲击较大的民众对建制派政党的信任度降低，民粹主义政党德国选择党以及环保主义政党绿党在政治光谱的两端实现了崛起，德国政党格局发生了转型。

---

*　本文首次发表于《德国研究》2019 年第 3 期，第 4～16 页。

**　杨解朴，中国社会科学院中德合作中心主任。

①　在意大利政治学家乔万尼·萨托利（Giovanni Sartori）1976 年出版了《政党与政党体制》一书后，各党派在意识形态和纲领内容上的差异也被纳入政党制度的结构性特征。

一　德国碎片化政党格局的表现

德国政党研究专家奥斯卡·尼德迈尔（Oskar Niedermayer）将政党的数量[①]、选票比例以及各政党在议会中所占的席位比例作为考量政党制度结构性特征的主要标准，以此分析政党制度的结构性特点。在其 2010 年的论文中，尼德迈尔将政党制度的类型概括为：一党独大的政党制度、两党占优势的政党制度、多元化的政党制度以及碎片化的政党制度。同时尼德迈尔根据政党在议会中所占的席位比例为上述四种政党制度的类型界定了明确的标准。"一党独大"指的是一个政党在议会中获得绝对多数（绝对多数使得某一政党能够单独执政），第二大政党最多只能占据 1/4 的议席，它所获得的议席份额最多是第一大政党的 1/2。"两党占优势"是指两大党合在一起必须超过某一确定的最小规模，两党之间的规模比例没有大的不对称，并且与第三大党保持足够大的差距。具体地说，就是两大主要政党在议会中的议席均需超过 1/4，两者议席相加至少超过 2/3（许多国家规定获 2/3 多数议席的支持可以修改宪法），第三大党的议席不能超过两大党中较小的党所获得的议席的一半。为了区分"多元化"和"碎片化"，尼德迈尔使用了议会政党的有效数额。在"多元化"的政党制度中，议会中政党数额的最高值为 5，并且不属于"一党独大"和"两党占优势"的政党制度的结构类型。尼德迈尔根据由西欧政党制度研究的经验值得出的惯例，将在议会中有效政党的数量超过 5 个的政党制度归为"碎片化"的政党制度。[②]

（一）碎片化政党格局的形成

按照尼德迈尔的上述理论，自联邦德国成立后，在德国政党格局中，两

[①] 尼德迈尔认为人们可以统计所有政党的数量或者根据某一特定的标准统计重要的有声望的政党的数量，比如那些参加全国大选的政党（选举层面）或者进入议会的政党（议会层面）。在对德国政制度的类型进行分类时，尼德迈尔将进入联邦议院的政党的数量作为考量的标准。

[②] Oskar Niedermayer, "Von der Zweiparteiendominanz zum Pluralismus: Die Entwicklung des deutschen Parteiensystems im westeuropäischen Vergleich," *Politische Vierteljahresschrift* 55（2010），pp. 2 - 4.

大轮流执政的"人民党"①（联盟党②和社民党）一直占据优势地位③，欧债危机爆发后的 2009 年，联邦议院大选首次打破了这一格局，中断了德国两党占优势的政党格局，多元化的政党格局出现④。而 2013 年的大选又使德国政党格局从多元化回归到了两党占优势的政党格局⑤。但值得注意的是，在 2013 年的联邦大选中，自民党获 4.8% 的选票，德国选择党获 4.7% 的选票，二者因为没有跨过 5% 的门槛，没能进入联邦议院；同时海盗党获得了 2.2% 的选票，其他政党总计获得了 4.4% 的选票。这种部分选票分散化的态势在历届联邦大选中几乎没有出现过，此时德国政党格局实际上已显现出了碎片化的端倪。在难民危机、英国脱欧危机以及恐怖袭击的笼罩下的 2017 年，德国进行了第 19 届联邦大选，大选的结果是：联邦议院中首次出现了 6 个政党，这在联邦德国的历史上尚属首次；联盟党和社民党的议席相加的占比为 56.3% （没有达到总议席的 2/3），其中联盟党占 34.7%，社民党占 21.6%；同时民粹主义政党德国选择党作为第三大党进入联邦议院，并且获得了 94 个议席，占比为 13.3%，超过第二大党社民党所占议席的一半。至此，德国形成了碎片化的政党格局。

---

① "人民党"作为德国政治学的概念是由政治学家道尔夫·施戴恩伯格（Dolf Sternberger）首次使用的，施戴恩伯格认为"人民党"是这样的一种政党，它在原则上对选民和社会各个阶层、拥有不同世界观的成员开放。迪特·诺兰（Dieter Nohlen）则认为"人民党"是诸如社民党和联盟党（基民盟/基社盟）这样的大党的自我标识，其通过这一标识来扩大选民基础，为达到战略上的多数，谋求尽可能多的选票。它们的政治言论和广告式的自我描述的目的是将超越阶层和世界观的、广泛的选民阶层吸纳进来，并且愿意均衡地代表多样化的利益。与这一概念相类似但不完全一致的英文概念是"全方位党"（catch-all party）。

② 联盟党是指德国基督教民主联盟（简称基民盟，CDU）及其在巴伐利亚州的姊妹党基督教社会联盟（简称基社盟，CSU）。

③ 在 1949 年的第一届联邦议院选举时，德国政党结构还具有些许的碎片化的特征，联盟党和社民党的得票率分别为 31% 和 29.2%，两者的议席相加的占比为 67.5%，刚刚超过总议席的 2/3，两大党的优势还不十分明显。在 2009 年之前的历届联邦议院选举中，两大党所占的议席相加均超过 2/3。数据来源：https://wahl.tagesschau.de/uebersicht-der-wahlen.shtml，最后访问日期：2019 年 8 月 15 日。

④ 在 2009 年的大选中，联盟党和社民党所占议席总和为 61.9% （没有达到总议席的 2/3），联盟党的议席占 38.4%，社民党仅为 23.5%，第三大党自民党则占议席总数的 15%，超过了社民党所获议席的一半。本段所涉及的有关政党在议会中所占议席比例的数据为笔者根据官方数据计算得出。数据来源：https://wahl.tagesschau.de/uebersicht-der-wahlen.shtml，最后访问日期：2019 年 8 月 15 日。

⑤ 在 2013 年的大选中，联盟党和社民党所占议席总和为 79.9% （超过总议席的 2/3），联盟党达到 49.3%，社民党为 30.6%，而第三大党左翼党则获得议席总数的 10.1%。

（二）碎片化政党格局的表现

2017 年联邦议院大选，德国形成了碎片化的政党格局。在此后两年多的时间里，德国碎片化的政党格局进一步固化，主流政党实力进一步减弱，绿党强势崛起，其支持率超过了社民党，德国选择党在东部德国获得重要地位，并在德国政党格局中站稳了脚跟。

1. 两大主流政党走向衰落

两大主流政党在 2017 年遭遇历史性重创后，非但没有利用执政机会实现重振，反而继续走向衰落。两大主流政党勉强组阁后，先是遭遇 2018 年年中的执政危机，造成民众对联邦政府的信任度下滑，联盟党和社民党的民调支持率持续走低。随后两党在 2018 年秋季巴伐利亚州和黑森州的州议会选举中接连失利；黑森州选举失利后，默克尔旋即宣布不再谋求连任基民盟的党主席（卡伦鲍尔于 2018 年 12 月当选为基民盟主席）。在 2019 年 5 月进行的欧洲议会选举中，基民盟获 22.6% 的选票（下降 7.4 个百分点），社民党获 15.8% 的选票（下降 11.5 个百分点）。在与欧洲议会选举同一天进行的不来梅州议会选举中，社民党遭遇惨败，其在不来梅长达 73 年的第一大党地位被终结。在 2019 年 9 月萨克森州议会选举后，原来由基民盟和社民党组成的联合政府无法存续，二者得票相加还不及 40%（其中基民盟获 32.1% 的选票，下降 7.3 个百分点；社民党获 7.7% 的选票，下降 4.6 个百分点）。在同一天进行州议会选举的勃兰登堡州，社民党虽抵抗住了德国选择党的进攻，勉强保住了第一大党的地位（获 26.2% 的选票，较上次下降 5.7 个百分点），基民盟却让位给德国选择党，沦为该州第三大党。2019 年欧洲议会选举及接下来的几个联邦州议会选举结束后，两大主流政党均面临严峻的挑战。由于在选举中接连失利，社民党面临是否退出大联合重新找寻政治空间的选择，而联盟党则面临如何调整路线进行现代化的改革，以保住第一大党地位的问题。

2. 德国选择党站稳脚跟

近年来欧美国家民粹主义崛起，但由于历史原因，德国是个特例。尼德迈尔在其 2010 年的论文中还曾提到"一个保守主义的或者说重要的右翼民粹的或右翼极端的、代表着权威主义那一极的政党，在德国不存在"[①]。当时他肯定不曾

[①] Oskar Niedermayer, "Von der Zweiparteiendominanz zum Pluralismus: Die Entwicklung des deutschen Parteiensystems im westeuropäischen Vergleich," *Politische Vierteljahrsschrift* 55 (2010), p. 12.

料到于 2013 年 4 月成立的右翼民粹主义政党德国选择党利用"反欧元""反难民"等话题在德国政党竞争中异军突起，并在 2017 年的联邦大选中以得票率第三的成绩挺进联邦议院，打破了二战后从未有民粹主义政党进入联邦议院的纪录，改变了德国政党格局。

德国选择党成立之初是以"反欧元"的政党出现的。2013 年 9 月，在德国联邦议院选举中，成立不久的德国选择党利用民众的疑欧心理，吸引了一定数量的选民，获得了 4.7% 的支持率，仅差一步就进入联邦议院。在 2014 年的欧洲议会选举中，德国另类选择党获 7.1% 的支持率，赢得 7 个席位而成为欧洲保守和改革党（European Conservatives and Reformists，ECR）党团成员。2015 年发生的难民危机、默克尔政府实施的难民政策以及此后德国连续发生的恐怖袭击事件为德国选择党的崛起提供了机会。由于打出抵制宽容的移民和难民政策、反伊斯兰主义的口号，德国选择党的支持率自此迅速攀升，在德国联邦州选举中也表现不俗，屡创佳绩，在 2018 年秋季巴伐利亚州和黑森州的州议会选举中分别获得 10.2% 和 13.1% 的支持率，至此成功进入全部 16 个联邦州议会。在 2019 年 5 月的欧洲议会选举中，德国选择党获 11% 的支持率（上升 3.9 个百分点），在欧洲议会的议席数进一步增加。在 2019 年 9 月的萨克森州和勃兰登堡州的州议会选举中，德国选择党分别获得 27.5% 和 23.5% 的选票，毫无悬念地成为这两个州的第二大党。2016 年至今，德国选择党在东部四个州的州议会选举中获得的支持率均在 20% 以上[1]，在 2019 年 10 月将要进行州议会选举的图林根州，德国选择党的民调支持率约为 25%[2]。德国选择党作为战后第一个民粹主义政党进入德国联邦议院，在德国东部获得了重要的地位，已经在德国政党格局中站稳了脚跟。

3. 绿党实现了崛起

绿党自成立以来，仅在 1998～2002 年以及 2002～2005 年与社民党组成过红绿联合政府，在上述两届大选中，绿党的得票率分别为 6.7% 和 8.6%。在 2009 年的大选中，绿党突破 10% 的大关，获 10.7% 的选票。在此后历届联邦大选中，绿党的得票率均在 8%～9%。绿党在 2017 年大选中的得票率为 8.9%，位列进入联邦议院的 6 个政党之末。而 2017 年联邦大选以来，绿

---

① 2016 年德国选择党在萨安州议会选举的得票率为 24.3%，2017 年在梅前州的得票率为 20.8%。

② 数据来源：http://www.wahlrecht.de/umfragen/landtage/thueringen.htm，最后访问日期：2019 年 9 月 20 日。

党在联邦州议会选举和欧洲议会选举中的表现绝对是引人注目的。在 2018
年巴伐利亚州和黑森州的州议会选举中，绿党分别获得 17.6% 和 19.8% 的
选票，分别增长 9 个和 8.7 个百分点，其中在黑森州还与获胜的基民盟共同
组阁。在 2019 年 5 月的欧洲议会选举中绿党取得了 20.5% 的支持率（增加了
9.8 个百分点），仅小幅低于基民盟 22.6% 的支持率。在 2019 年已经举行的不
来梅、萨克森以及勃兰登堡三个联邦州议会选举中，绿党分别获得 17.4%、
8.6% 以及 10.8% 的支持率，相较于上届选举均有所增加。在欧洲议会选举之
后，绿党在民调支持率方面甚至可以与联盟党比肩，现在的绿党已经超越了原
来的环境保护主义的政党，走在了人民党的道路上，其中原因值得探寻。

二 德国政党格局转型的原因

政党格局发生变化的原因是多样而复杂的，政党竞争是政党格局发生变
化的重要原因之一。也可以说，每个政党的发展变化都与政党竞争的环境以
及环境的变化密切相关，由此出发，可以从一个角度对政党格局变化的原因
进行归纳和分析。尼德迈尔将可能会导致政党制度发生结构变化的原因归为
三类，即政党竞争的供给因素、政党竞争的需求因素以及政党竞争的框架条
件。政党竞争的供给因素是由资源投入以及政党制度内政党的政治行动决定
的；需求因素是由选民的偏好和行为方式来控制的，同时又与经济、社会和
文化的转型进程有关；政党竞争的框架条件受到选举权的规定、政党筹款的
规定以及禁令约束、媒体的发展变化以及政治沟通的变化等因素的影响。[①]
本文借用尼德迈尔理论，将政党的"供给因素"和选民的"需求因素"作
为相关变量分析德国政党格局变化的原因，限于本文的篇幅以及对德国政党
格局变化的影响程度，尼德迈尔所列出的框架条件本文将不做讨论。

（一）政党"供给因素"的变化对于政党格局的影响

在西方传统政党与选举制度下，每个政党均需为其政策纲领找到一个核
心品牌，用来构建该党的核心领导力并使其获得身份认同，以便吸引选民为
其投票。对于"人民党"或者说希望成为"人民党"的政党来说，仅仅依

---

① Oskar Niedermayer, "Von der Zweiparteiendominanz zum Pluralismus: Die Entwicklung des deut-
schen Parteiensystems im westeuropäischen Vergleich," *Politische Vierteljahresschrift* 55 (2010),
p. 8.

靠核心领导力是不够的，为了吸引更多的差异性选民，还必须提高宽泛的次要领导力。从理论上说，核心领导力和次要领导力相结合搭建起"选民接受的政策走廊"（Akzeptanzkorridor），在这一"走廊"里，政党必须遵守其政策提议，只有当政党能够为它的选民提供完美的并且是可以理解的理由的时候，政党才可以偏离这个"走廊"，而这给政党的政治沟通策略提出了更高的要求。① 然而，在现实政治中，阶级结构的变化，危机引发的政治、经济、社会结构和国际环境的变化等因素均会对政党政策纲领产生影响。德国两大主流政党在政党竞争中出现了政纲趋同的现象，同时其治理行为偏离了核心选民接受的"政策走廊"，导致其核心领导力受损、选民流失；而绿党和德国选择党却利用国内外环境的变化，适时地调整其政纲，提升了核心领导力，赢得了选民的支持。

1. 主流政党竞选纲领趋同

在传统上，德国两大"人民党"所秉持的不同的核心品牌也是它们在政党竞争中的矛盾分界线：联盟党的核心品牌在于其经济领导力，而社民党的核心品牌是其社会领导力。一直以来，为了成为"人民党"，对于联盟党来说，需通过提升社会领导力对已有的经济领导力予以补充；而对于社民党来说，需通过提升经济领导力对已有的社会领导力予以补充。二战后，德国逐渐形成了中产阶级占多数的橄榄型社会结构，由于社会阶级结构的变化，两大主流政党为了争取最多的选民，获得选举的胜利，在意识形态、竞选主张等方面不断趋同。以两党2017年联邦议院大选的竞选纲领为例，两党的纲领在欧洲政策、社会政策、经济和财政政策、环境和能源政策等领域都有较高的相似度。实际上，两大主流政党的政策趋同就意味着离开了它们各自选民接受的"政策走廊"，在没能给出选民可以接受的理由的情况下，这样的改变对于两党的选举结果均会产生不利影响。

2. 主流政党的治理行为偏离核心选民

从联邦大选的支持率看，社民党支持率的狂跌出现在2009年的联邦大选，② 也

---

① Oskar Niedermayer, "Von der Zweiparteiendominanz zum Pluralismus: Die Entwicklung des deutschen Parteiensystems im westeuropäischen Vergleich," *Politische Vierteljahresschrift* 55（2010），p. 9.

② 1998年大选社民党支持率40.9%（联盟党35.1%）；2002年大选社民党支持率38.5%（联盟党38.5%）；2005年大选社民党支持率34.2%（联盟党35.2%）；2009年大选社民党支持率23%（联盟党33.8%）；2013年大选社民党支持率25.7%（联盟党41.5%）；2017年大选社民党支持率20.5%（联盟党32.9%）。数据来源：https://wahl.tagesschau.de/uebersicht-der-wahlen.shtml，最后访问日期：2019年8月16日。

就是欧债危机刚刚开始的时候，但实际上社民党的衰落与前任总理施罗德对政党"供给因素"的调整，即对社会政策的调整有关。2003 年，社民党为解决德国社会国家①的矛盾冲突②，推出了旨在减轻社会国家在劳动力市场、退休金、税收和医疗等领域负担的《2010 议程》改革方案。社民党通过改革调整了本党的立场，却忽视了其社会领导力，同时也没有能够通过提升经济领导力对"选民接受的政策走廊"予以平衡，因此其政策调整引发了选民的接受危机，这一危机也直接导致 2005 年施罗德提前结束其总理生涯。由原社民党的选民组成的针对《2010 议程》的抗议团体与民社党（PDS）合并后，成立了左翼党，并在 2005～2017 年的历届联邦议院选举中均进入议会，分流了社民党的选民③。由此，在德国的政党谱系中，社民党的左边又增加了一个政党。

社民党在 2009 年联邦大选中的败北本应是其重建选民信任的机遇，但欧债危机的严峻形势却为擅长领导经济的联盟党提供了大施拳脚的机会，在拯救"欧元区"、救助"重债国"的大任务面前，社民党的重振失去了"时机之窗"。2013 年，社民党与联盟党组成大联合政府后，联盟党吸取了社民党的许多社会政策主张，甚至连每小时最低工资标准法案的颁布，外界感觉也是在联盟党领导下对《2010 议程》的回调，在大联合政府中，社民党没有能够充分展现其核心品牌——社会领导力。社民党意识到了这一点，在马丁·舒尔茨（Martin Schulz）备战 2017 年联邦大选时，打出了"社会公平"的口号。舒尔茨作为新面孔曾得到民众期待，产生了"舒尔茨效应"，但舒尔茨本人及社民党没能抓住这次机会。在德国民众看来，社民党 2017 年大选的竞选纲领最终还是没能挖掘出令选民兴奋的议题，对于"社会公平"的竞选口号缺乏具体的实施措施，最终导致惨败。2018 年组成大联合政府后，社民党更是经历了可怕的梦魇，不但没有利用执政的机会提升自身的核心领

---

① 社会国家（Sozialstaat）亦被翻译为"社会国"或"社会福利国家"，实际上，对于其内涵学界给出的说法也不尽相同，被比较普遍接受的是"国家对社会正义、公共福祉与社会安全负有广泛的责任，换言之，社会国就是致力于或是应当致力于社会任务的国家"。参见张放《德国"社会国"思想的内涵、流变及其启示》，《经典中的法理》2013 年第 1 期，第 240 页。

② 从 20 世纪 90 年代到 21 世纪初，德国一直在消化两德统一所带来的财政负担，经济增长乏力，与此同时，全球化竞争升级，随之而来的全球化的负面效应显现，人口老龄化的挑战加剧，福利国家不堪重负，德国社会国家的矛盾冲突出现。

③ 在 2005 年、2009 年、2013 年和 2017 年的联邦议院选举中，左翼党分别获得 8.7%、11.9%、8.6% 以及 9.2% 的选票。

导力，反而被绿党和德国选择党一路赶超，沦落为第四党。

对于联盟党来说，难民危机促使其"供给因素"发生较大变化，而这一变化导致联盟党的部分选民转投德国选择党或其他政党。在难民危机发生后，德国最初希望寻求欧盟共同的解决方案，此时默克尔在难民政策上表现出的是迟疑犹豫及无能为力。在难民死伤事件发生后，从人道主义援助的角度出发，德国打破了《都柏林公约》，接纳了匈牙利境内的叙利亚难民，此时德国上下洋溢着对难民的欢迎文化氛围；随着德国难民数量的暴增，德国重新收紧德奥边界管控，但对接纳难民不设上限的原则没有改变；科隆性侵事件爆发后，默克尔难民政策的方向有所改变，召集各部门积极参与修改《移民法》，减少和控制移民数量。大量难民的涌入给德国政治和社会带来了诸多问题，而其症结就在于默克尔实施了"上不封顶"的难民政策。默克尔在难民政策上的失误以及由难民政策引发的党内龃龉也使民众对联盟党的信任大打折扣。难民危机发生以前，联盟党的民调支持率为 42%①；2016 年，科隆性侵案发生后，联盟党的支持率下降到 35%②；2017 年联邦大选时，联盟党的支持率还有 32.9%；而 2019 年 5 月欧洲议会选举时，联盟党的支持率就只有 28.9% 了。

3. 德国选择党和绿党在"供给因素"上各显其能

德国选择党的发展战略之一就是利用热点话题吸引选民，提升支持率。在难民潮得到控制、难民问题得到缓解的背景下，德国选择党又将话题引向欧盟改革，在其欧洲议会选举宣言中称："如果现有对欧盟改革的提议未能在合理的时间框架内得到实施，德国要么退出欧盟（DEXIT），要么有序解散欧盟，成立一个新经济和利益共同体。并且将对脱欧举行全民公投，这在我们直接民主模式中是非常自然的事情。"③ 其政策主张得到对社会安全感到忧虑、对主流政党感到不满、反欧洲一体化、反全球化的民众的支持。在2019 年欧洲议会选举中，德国选择党在德国东部地区获得了较高的支持率，在部分选区的支持率甚至超过了 30%，远远领先于基民盟和社民党。

2018 年欧洲国家的极端气候为致力于应对气候变化、保护环境的绿党带

---

① 数据来源：https：//www. tagesschau. de/inland/deutschlandtrend - 395. html，最后访问日期：2019 年 6 月 6 日。

② 数据来源：https：//www. tagesschau. de/inland/deutschlandtrend - 395. html，最后访问日期：2019 年 6 月 6 日。

③ 参见德国选择党主页，https：//www. afd. de/europa-eu/，最后访问日期：2019 年 6 月 16 日。

来了向选民展现其核心领导力的机会。2018 年，瑞典女孩发起了全球气候罢课运动，获得包括德国在内的全球 100 多个国家和地区的学生响应。而正是这一运动激发了德国民众关注地球未来和生活方式的社会文化热情，他们将关注的领域扩展到公共卫生、能源资源、气候难民、国际和平等，并且进一步上升到如何在社会中实现更大的公平，即构建一种超越社会阶层的市民社会。在德国民众对传统主流政党失望但又不愿意将选票投给德国选择党的时候，这一社会文化环境的变化为绿党带来了机遇。绿党抓住了这一机遇，提供了恰当的政策，在适应选民偏好的同时，也塑造了选民的偏好，其在竞选纲领中比较集中地体现了气候变化和环境保护等议题，同时也与整个社会的现代化议题联系紧密，如加强构建市民社会、完善社会政策等倡议。绿党通过政纲的调整，正在致力于成为 "人民党"。

（二）选民 "需求因素" 的变化对于政党格局的影响

德国政党格局从两党占优势到多元化再到碎片化，其中最大的变化就是主流政党走弱，德国选择党和绿党在政治光谱的两端分别实现了崛起。下面从选民 "需求因素" 变化的角度分析德国政党格局发生上述变化的原因。

在西方政治体制中，选民的需求，或者称作选民的偏好，也就是普通民众的利益和意志，决定着政治的基本走向。各政党的政治纲领与制度设计大多是以满足选民的需求、争取最大数量的选民为主旨的。每个政党会根据选民的需求调整其政策方向，并且运用社会政治权力塑造选民的偏好。德国政党格局发生变化的重要原因之一就是主流政党没有适时地调整政策方向以适应选民需求的变化，而德国选择党和绿党则抓住了选民需求变化的时机，调整了自己的政策，甚至塑造了选民的偏好。

德国两大主流政党所推行的政策在适应选民需求、塑造选民偏好方面往往无法达到预期效果，有时甚至适得其反，导致在选民中丧失信任，这也是两大政党走弱的重要原因之一。随着世界的发展和社会的进步，选民的需求也在不断发生变化，且日益多元化。政纲不断趋同的两大主流政党针对许多社会问题的解决方案基本相似，追求个性化和精准对接个人偏好的选民无法在主流政党这里找到满足其个人需求的通道。他们会对主流政党产生厌倦、不满的情绪，同时会寻找那些能够满足其需求的政党作为其利益的代言人。默克尔的中间路线一直遭到基民盟内部以及其姐妹党基社盟的反对，同时也是默克尔党内支持率下降并最终不再谋求连任党主席一职的重要原因之一。

"百年老店"社民党一度是党员人数最多的德国政党，如今却在支持率上沦为德国第四大党，其衰落的主要原因就是在政纲上与联盟党过于趋同，忽略了选民主体——社会中下阶层民众的利益关切。

两大主流政党在轮流执掌政府期间，也没有很好地利用自身的政治动员能力和治理能力去塑造选民的偏好。施罗德曾希望借助哈茨改革重塑选民对福利国家的偏好，但由于改革触动了社民党核心选民——中下阶层民众的利益，选民背离，施罗德被迫提前下台。默克尔的难民政策也是导致默克尔本人和基民盟支持率下降的重要原因。起初默克尔的难民政策是得到德国民众的欢迎和赞同的。但当德国民众发现因为难民政策的实施，他们自身的安全得不到保障、利益遭受了损失的时候，他们的偏好就发生了变化。"政治正确"的原则不但没有能塑造选民在接收难民方面的偏好，反而导致联盟党在2017年联邦大选中遭受历史性重创。

对于选民来说，德国选择党向他们提供的是能够改变目前自身状况和社会制度的机会，描绘的是一幅能够重新制定游戏规则的愿景。第一，如上文所述，主流政党政纲和意识形态的趋同，会导致部分中产阶级选民产生政治冷漠甚至厌倦，他们会对追求"标新立异"的德国选择党产生兴趣。第二，在欧债危机、难民危机和恐怖袭击的多面夹击下，德国民众的不公平感、社会不安全感和失望感上升，同时对德国政府处理危机性事件的做法不满。带有这种不满情绪的选民选择为德国选择党投票，很大部分的原因是想惩罚主流政党。第三，在全球化和欧洲一体化的负面效应的作用下，德国部分中下阶层民众的利益受损，收入和生活水平下降，社会地位也随之下降。2008年金融危机以来，中产阶级贫困化、下层群体增加的趋势更为明显。这部分民众会认为他们作为德国福利国家的一员，相对于移民和难民，被忽略了。这些在全球化浪潮和欧洲一体化进程中感到被忽视、被伤害的群体一方面在德国选择党反全球化、反欧洲一体化的抗议声中找到了共鸣；另一方面，他们认为自己的失败应该被视为社会问题，希望借助德国选择党找到批评社会的机会。

追求"标新立异"的想法、贫困加剧、多种不满情绪的叠加导致选民的偏好和行为方式发生改变，结果就是他们选择成为民粹主义政党——德国选择党的支持者。

绿党的崛起和支持率的增加与选民需求的变化关系紧密。第一，如上文所述，越来越多的选民意识到气候变化正威胁着自身生活环境和社会的安全，环境保护和应对气候变化的问题日益严峻。第二，许多选民对执政的两大主流政党不满，但又不认同德国选择党的主张，他们愿意把机会留给内部团结的绿党，期望绿党能够对目前德国政治局势加以改变。第三，一些选民也关注到绿党重点关注的领域正在不断扩大，他们认为未来绿党能够给社会生活的方方面面带来改变。

三 德国碎片化政党格局对国家治理的影响

从两党占优势到多元化再到碎片化的政党格局，德国政党政治发生了结构性转型。这一转型既给德国的政治稳定性带来影响，也使德国对外政策的重点发生了变化，同时也对德国的民主参与造成影响。

（一）碎片化的政党格局对民主参与的影响

从统计数据看，2017 年德国联邦议院选举之后，在联邦州议会选举和欧洲议会选举中，选民的参选率几乎均高于上一届①，多个选举中都有超过 10 个百分点的增长，其中萨克森州的参选率提高了 17.5 个百分点。从人数上看，萨克森州约有 52.3 万以前不参加选举的人参加了该届州议会选举，而勃兰登堡州则有大约 26.4 万以前不参加选举的人参加了该届州议会选举。萨克森州和勃兰登堡州共有 34.8 万以前不参加选举的选民为德国选择党投票。

随着德国碎片化政党格局的形成和固化，一些原本对两大"人民党"轮流执政的政党政治抱有冷漠和失望态度的选民对政治参与表现出了兴趣，或为表达自身的诉求，或为表示自身的不满加入了投票的队伍。从某种意义上说，德国政党格局的变化与选民的民主参与是相互影响的，民主参与的选民

① 唯一的例外是黑森州，2018 年的参选率低于上一届。具体数据统计如下：2017 年 9 月联邦大选的参选率为 76.2%（上届为 71.5%）；2017 年 10 月下萨克森州议会选举的参选率为 63.1%（上届为 59.4%）；2018 年 10 月巴伐利亚州议会选举的参选率为 72.3%（上届为 63.9%）；2018 年 10 月黑森州议会选举的参选率为 67.3%（上届为 73.2%）；2019 年 5 月欧洲议会选举的参选率为 61.4%（上届为 48.1%）；2019 年 5 月不来梅州议会选举的参选率为 64%（上届为 50.2%）；2019 年 9 月勃兰登堡州议会选举的参选率为 61.3%（上届为 47.9%）；2019 年萨克森州议会选举的参选率为 66.6%（上届为 49.1%）。数据来源：https://wahl.tagesschau.de/wahlen/2019 - 09 - 01 - LT - DE - SN/index.shtml; https://wahl.tagesschau.de/wahlen/2019 - 09 - 01 - LT - DE - BB/index.shtml; https://wahl.tagesschau.de/uebersicht-der-wahlen.shtml，最后访问日期：2019 年 9 月 15 日。

人数的增加是德国政党格局发生变化的原因之一，而德国政党格局发生变化后，又吸引了某些选民加入投票的队伍。政党格局的变化与选民的民主参与的相互影响说明，虽然碎片化的政党格局增加了选举政治的不确定性，但从另一方面也可以理解为，碎片化的政党格局覆盖了更多选民的关切，激发了他们寻求利益表达的热情，这对代议制民主的发展或有正向的意义。从这个逻辑延伸出去，或许未来德国政党政治中还会出现新的黑马，为现代多元化的政治需求代言。

（二）碎片化的政党格局对德国政治的影响

自德国碎片化的政党格局形成后，德国政治失稳的话题一直受到学者们的热议。笔者认为德国碎片化的政党格局给德国政治稳定性带来如下不确定影响。

第一，碎片化的政党格局给联邦层面和州层面的政府组阁带来困难。2017年联邦大选后，德国经历了史上最长的组阁进程。而2019年9月萨克森州和勃兰登堡州的州议会选举后，同样面对组阁困难的问题。

第二，碎片化的政党格局给联邦和州层面的政府稳定性带来困扰。在碎片化的政党格局下，议会议席分散，往往是政党谱系中相去甚远的多个政党勉强组阁，这不但使组阁谈判变得困难，在政府维系过程中，往往也会导致龃龉不断、分歧加大。这还会引发选民对政府更加不满，造成政府解散、重新选举的情况。目前，由联盟党和社民党组成的大联合政府也面临这种不稳定性的威胁。

第三，碎片化的政党格局给德国政党政治的发展提出了挑战性的问题。如果说，两大人民党的衰落是由于它们没有适时地根据选民的需求调整政党的政策供给的话，那么走在发展成为人民党的道路上的绿党应该如何规划下一步的发展呢？在坚持维护核心选民利益的同时，扩大在其他领域的政策供给？那么它和增加了环保和应对气候变化政纲内容的两大人民党又有什么区别呢？如果不进行政纲的调整，绿党的主张又显然不符合东部联邦州选民的需求。仔细思考，无论是传统主流政党，还是绿党及德国选择党，在碎片化的政党格局下，都面临如何定位和寻找自身发展的政治空间的问题。

（三）碎片化的政党格局对德国对外政策的影响

在碎片化的政党格局下，联邦政府的对外政策将偏向于保护主义和保守主义，并将把气候保护、环境保护和人权保护问题作为对外政策的重点内容之一。如上所述，德国政党格局转型的最大变化就是主流政党衰落，德国选择党和绿党在德国政党格局中的地位提升。在德国选择党势力不断壮大的情况下，两大主流政党为在政党竞争中不再丢分，并且努力挽回流失的选民，会调整某些政策领域，向德国选择党靠近。在对外政策上德国将会表现得小心翼翼。一方面，与欧盟外国家交往时，会更加强调维护德国的国家利益，比如严格外资投资审查制度、保护德国在关键基础设施领域的核心利益等；另一方面，在欧盟内部，德国对于欧洲改革以及"再造欧洲"等问题将不会再像以前那么热衷，而是会更加专注于国内事务。虽然德国的政治家都知道，发展欧洲一体化符合德国的国家利益，但在短期内，他们也缺少勇气为此承受选民的惩罚。六十余年逐渐形成的欧洲认同正在减弱，从两次世界大战中得来的历史教训正在被淡忘。由于德国绿党的崛起以及绿党在各联邦州以及联邦层面参与组阁的可能性提升，德国未来在对外政策领域将更加重视环境保护和应对气候变化的国际合作，并会将强调保护人权的问题作为国际交往的重点之一。而加强环境保护和应对气候变化的政策供给，是目前包括德国在内的欧洲民众的重点需求之一。在总结欧洲议会选举失利的闭门会议上，基民盟主席安妮格雷特·克兰普－卡伦鲍尔对没有顺应选民需求做出了自我批评，指出造成这一结果的原因包括联邦政府未能就公民关注的问题，比如应对气候变化等问题，给出满意答案。目前德国的各个政党都将加强本党在这个领域的政策供给作为工作的重点之一。

四 结语

德国政党格局经历了从两党占优势到多元化再到碎片化的转变，两大主流政党走向衰落，德国选择党和绿党在政治光谱的两端分别实现了崛起。其中的原因在于：两大主流政党偏离了其核心领导力，竞选纲领不断趋同，造成选民对政治产生冷漠、厌倦的情绪，同时选民的个性化需求无法得到精准对接，有些选民改投其他政党。另外，主流政党实施的改革举措和某些政策供给损害了其核心选民的利益，不但导致政党内部的分裂和不团结，还造成了选民的流失。德国选择党的发展战略之一就是利用热点话题吸引选民，提升支持率，而选民追求"标新立异"的想法、民众贫困的加剧、多种不满情绪的叠加导致选民的偏好和行为方式发生改变，使得他们成为德国选择党的支持者。2018 年欧洲的极端气候为致力于应对气候变化、保护环境的绿党带来了向选民展现其核心领导力的机会。对主流政党不满但又不认同德国选择党主张的选民，特别是年轻一代，愿意把改变德国的机会留给绿党，而绿党也正走在发展成为人民党的道路上。

联盟党作为第一大党，由于支持率一路走低，目前在大联合政府内如履薄冰，寄希望于遭受惨败的社民党能够将本届政府维系下去。执掌总理宝印 14 年之久的默克尔行将告别政坛，"后默克尔时代"谁主沉浮还未可知。如今，"百年老店"社民党在民调支持率上仅排名第四，这个曾经党员人数最多的德国政党现在要考虑的是，在德国选择党和绿党分别在政治光谱两端崛起的背景下，如何赢回自己的政治空间。德国选择党已经在德国政党格局中站稳了脚跟，但如何进一步发展，是德国选择党必须思考的难题。此外，或许有望成为人民党的绿党将是未来德国政局变化的关键因素。

德国政党格局的变化与选民的民主参与相互影响，激发了一些在传统政党政治格局中表现冷漠的选民参与民主投票的热情，这种变化或将对代议制民主的发展形成正向的作用。德国政党格局的变化给联邦和联邦州层面的政府组阁均带来了困难，降低了政府的稳定性，并给德国政党政治的发展提出了挑战性的问题。在碎片化的政党格局下，联邦政府的对外政策将偏向于保护主义和保守主义，并将把气候保护、环境保护和人权保护问题作为对外政策的重点内容之一。

德国失稳的原因及其影响[*]

郑春荣^{**}

摘　要： 自欧洲难民危机发生以来，尤其是 2017 年 9 月德国大选之后，德国出现了日渐失稳，即稳定性失效的状态。造成德国失稳的原因是多方面的，难民危机无疑是催化剂，而右翼民粹主义政党德国选择党利用难民危机带来的社会问题异军突起，则是固化剂，但是，深入分析可以得出，德国社会发生的变迁，即实际存在的或民众感知到的社会不平等的加剧是最根本性的原因。德国日渐失去稳定性，这带来了多方面的负面影响，包括德国政府的治理能力下降、德国在欧盟内的领导力与投入受限和德国在国际层面的作为缺乏国内民意支撑等。综合来看，德国现在的不稳定将不是一个暂时的、短期内会消失的现象，而是一个"新常态"，其对德国在欧盟以及国际层面的投入都会产生持久的影响。

关键词： 德国　失稳　难民危机　右翼民粹主义

　　长期以来，德国是一个以稳定为导向的国家，这种稳定性体现在德国政治、经济和社会的方方面面，但是，至少自欧洲难民危机发生以来，尤其是 2017 年 9 月德国大选之后，德国的这种稳定性中被注入了不确定性，德国出现了日渐失稳，即稳定性失效的状态，由此，一个传统上讲究"秩序"（Ordnung）的国家也间或出现了"失序"（Unordnung）的现象。与此相应，德国作为欧盟内的"稳定锚"的作用也在减弱，由此使得在多重危机的冲击

---

　　*　本文首次发表于《人民论坛·学术前沿》2019 年第 6 期，第 25 ~ 31 页。
　　**　郑春荣，同济大学德国研究中心主任，教授。

下变得动荡不安的欧盟缺少了赖以依靠的支柱，欧盟的未来也因此变得更加不确定，德国与欧盟谋求在国际上扮演更重要角色的雄心受到严峻挑战。

一 德国的稳定性与日渐失稳

从西方国家比较来看，二战后的（联邦）德国是一个政治、经济与社会相当稳定的国家，迄今，德国政府只发生过一次彻底的更迭：1998 年格哈德·施罗德领导下的由社民党与绿党组成的红绿联合政府，取代了此前科尔领导下的由联盟党与自民党组成的黑黄联合政府。在其他情况下，都只是一个联合执政伙伴被更换掉，由此，在某种程度上保证了政府政策的延续性。而且，德国社会以共识文化为特征，政治决策过程注重充分协商和广泛的社会参与，以寻求最大的社会共识，这也使得德国常常推行的是渐进式改革。

曾经经历了"经济奇迹"的德国遵循反通胀的传统，奉行稳健的经济政策，总体上经济发展一直平稳，从统一后到 21 世纪初只出现过两次国内生产总值负增长，即 1993 年的 -1% 和 2003 年的 -0.7%。哪怕是 2008 年金融危机爆发，德国经济在经历了 2009 年的大幅衰退（-5.6%）之后，在欧盟内率先回暖，而德国经济的"一枝独秀"又恰恰部分得益于其合作型劳资伙伴关系，尤其是"短时工作"制度功不可没[1]。

然而，至少自 2015 年 9 月欧洲难民危机爆发以来，德国的这种稳定性大打折扣。例如，从 2017 年 9 月 24 日的联邦议院选举到默克尔在 2018 年 3 月 14 日第四次当选联邦总理，组阁谈判历经 171 天，是（联邦）德国历史上最长的一次。一开始由于社民党不愿再次入阁，默克尔不得不尝试与自民党和绿党组成跨左右阵营的三党联盟，无奈试探性谈判以失败告终，好在社民党领导层在德国总统施泰因迈尔的说服下，勉强回心转意，再次与联盟党组成了大联合政府。然而，这一新政府执政以来，始终处在风雨飘摇的状态：时任基社盟主席、联邦内政部部长泽霍费尔在难民问题上有意叫板默克尔，一度威胁到基民盟与基社盟这两个姐妹党之间的联盟；社民党由于持续走低的民调数据，随时有退出联合政府的可能。

---

[1] 丁纯、苏升：《在金融危机中德国经济一枝独秀的表现、原因和前景》，《德国研究》2011 年第 4 期，第 27～35 页。

与此同时，德国社会内的共识正在被日渐增加的分歧所瓦解。例如，在欧洲难民危机爆发之初，默克尔的边境开放政策得到了绝大多数德国民众的支持，德国到处洋溢着"欢迎文化"的气息。在难民潮持续发酵并带来国内安全等一系列问题后，德国社会在难民问题上形成了欢迎与排斥两种截然不同的立场和阵营。而且，德国社会的交谈与对话文化也在消退，例如，发端于德国东部萨克森州的"欧洲爱国者抵制西方伊斯兰化"运动（PEGIDA）的追随者是所谓"愤怒的公民"（Wutbürger），他们并不愿意与政治精英进行对话，而是宁愿走上街头进行抗议。人们一个普遍的感知是，德国这个历来讲究秩序的国家，内部也被注入了某种无序，由此，人们的不安情绪也在上升。

二 德国失稳的原因

（一）难民危机的发酵与持续影响

2015年9月，欧洲难民危机爆发，默克尔总理决定开放边境，接纳大量来自中东尤其是叙利亚的难民。默克尔当时做出这一决定，是出于人道主义考虑的因势而为。但是，她没有想到的是，她的"开放国门政策"被各地的难民误解为欢迎之举，蜂拥而至的难民使德国不堪重负。但是，这起初并没有影响德国社会由历史原因形成的、对需要救助者的"欢迎文化"。然而，2016年新年前夜在科隆发生大规模性侵案，由此难民问题演化为国内安全问题，德国国内的舆论发生了转向，逐步在"开放"与"封闭"边境的不同主张之间形成了一条新的分歧线。这也迫使默克尔政府一再收紧难民政策。事实上，根据德国联邦内政部的数据，在德国寻求避难的人数在经历2015年89万的高峰后，迅速下降，2016年、2017年已分别下降为28万、18.7万，2018年全年新进入德国的难民数更是只有16.2万，甚至低于现政府在《联合执政协议》中设定的18万至22万的年度难民接纳人数区间。

默克尔虽然迫于国内压力一再收紧难民政策，但是，她在难民避难权这一根本问题上并未动摇。不过，反思难民政策，她承认自己所犯的错误是，在过去，在欧盟边境国家如意大利、希腊等遭受难民问题冲击时，德国明哲保身，认为这是外部边境国家的问题，出于自身利益考虑，德国不愿意去修改于己有利的《都柏林公约》。在欧洲难民危机爆发之后，德国试图强力推动欧盟其他成员国分摊难民，但是，其他成员国尤其是维谢格拉德集团四国（匈牙利、波兰、捷克和斯洛伐克）认为这是"德国的问题"，而不是"欧洲的问题"，拒绝接受难民配额方案，由此造成了欧盟内部在难民问题上的"东西分歧"，这是难民问题难解的一个原因。难民问题难解的另一个原因则在于，欧盟各国因地理位置不同而诉求各异，欧盟外部边境国家关切难民的"首次移动"，而内陆中心国家则想要阻止难民进入欧盟后的"二次移动"。由于欧盟内部在难民问题上难以达成一致，欧洲共同避难体系的改革难以得到实质性推进，虽然进入欧盟的难民人数总体呈下降趋势，但是，在新的导火索点燃下，难民问题随时有进一步发酵的可能①。

（二）右翼民粹主义政党德国选择党的崛起与冲击

德国由于历史原因，长期以来一直被认为是对右翼民粹主义政党具有免疫力的国家。基社盟元老弗朗茨·约瑟夫·施特劳斯（Franz Josef Strauß）曾在 1986 年说过一句著名的话，意即基社盟（后来被延展到基民盟和基社盟组成的联盟党）的右翼不能再有任何政党立足。这足以证明联盟党对右翼选民的融合能力。但是，德国主流政党普遍存在着往中间靠的趋势。基民盟在默克尔的领导下，往中间移动的趋势更为明显，甚至被认为出现了"社民党化"，导致联盟党和社民党这两大人民党的区分度降低。联盟党往中间靠的直接后果就是使其右翼出现了空当，德国选择党则钻了这个空当，利用欧债危机带来的"机会结构"，成功跻身德国政党谱系。

德国选择党在 2013 年首先是作为一个疑欧政党建立起来的，主要反对默克尔提出的"欧元亡，欧洲亡"的"别无选择论"；德国选择党认为，德国另有选择，如推动欧元区解体。作为一个单一议题政党，不少观察家曾认为它在德国政坛会像当年的海盗党一样昙花一现，但是，欧洲难民危机的催化，以及德国选择党在内部分裂后——2015 年 7 月，贝恩特·卢克（Bernd Lucke）领导下的经济自由派出走，另建新党——的进一步右倾，给它带来了一场场的选战胜利。在 2013 年联邦议院选举中被挡在 5% 的进入议会的门槛外之后（得票率为 4.7%），德国选择党先是在 2014 年进入了欧洲议会，其后一发不可收，迄今已经进入了德国全部 16 个州的州议会。在 2017 年 9 月的联邦议院选举中，也一举斩获 12.8% 的选票，在德国再次组成大联合政

---

① 郑春荣：《欧盟难民问题难解的原因与影响》，《当代世界》2018 年第 9 期，第 18~22 页。

府后，它成为议会内最大反对党。

德国选择党在各次选举中高举反对默克尔的难民政策的旗帜，吸引了众多对默克尔的难民政策不满的抗议选民。德国选择党尤其反对伊斯兰教，强调"伊斯兰教不是德国的组成部分"。在反难民、反伊斯兰教之外，德国选择党保留了其疑欧的本色，在 2019 年 1 月召开的欧洲议题党代会上，该党要求欧盟进行激进改革，回归民族国家，并提出若无法实现其所要求的改革，德国应该退出欧盟（DEXIT）。

未来，德国选择党有望长期在德国政党格局中立足，这也是因为迄今其他政党无法在难民问题上提出更有吸引力的方案，来消除选民的不安情绪。这也意味着，德国的主流政党必须做好与德国选择党长期共处与竞争的准备。

（三）社会不平等的加剧

社会不平等的加剧。在观察家看来，目前德国的社会不平等状况很明显。德国经济研究所（DIW）所长马塞尔·弗拉策尔（Marcel Fratzscher）甚至得出结论，任何一个其他工业国家在收入、财产和机遇方面的不平等问题几乎都没有德国这样严重[①]。德国汉斯 - 伯克勒基金会的"WSI 分配监视表"也表明，今天德国人之间的收入差距比 20 年前大得多。在收入分配方面，德国的基尼系数为 0.3，略低于欧盟平均水平。但收入分配列表中后40% 人员的可支配收入（在考虑通货膨胀的情况下）从 21 世纪以来一直在下降，而前 10% 人员的收入呈现出远超平均水平的增长态势，出现这一发展态势的一个原因是资本收入的重要性与日俱增。与其他国家相比，德国低工资收入者——毛小时收入为平均小时收入的 2/3 及以下的人——比例特别高，在 2014 年达到 22.5%，而根据欧洲统计局的数据，欧盟平均水平为17.2%。在私人资产保有方面，德国的分布也很不平均，所谓的资产基尼系数在 2014 年为 0.76，而欧元区只有奥地利与德国情况差不多（0.77）；德国最富有的 10% 的家庭占有约 60% 的总净资产，远高于经合组织国家 50% 的平均水平，而德国最底层的 20% 的家庭甚至不占有资产，约 9% 的家庭甚至拥有的是负资产。总体上，与类似富裕水平的国家相比，德国是一个偏向于

① Marcel Fratzscher, *Verteilungskampf: Warum Deutschland immer ungleicher wird*（München：Audible Studios，2016）.

社会不平等的国家。而且，德国民众感知的不平等要大于实际的不平等，例如，一项研究表明，多数德国人（52.8%）认为德国社会属于"金字塔形"，而事实上，德国的收入分配更接近于"洋葱形"。另外，从20世纪90年代初以来，德国人口中的贫困人口在增加，21世纪前5年的增幅尤为明显。这里的贫困人口是指，其家庭可支配收入低于按需求加权后的平均家庭净收入的60%。根据联邦统计局的数据，2015年德国的贫困率达到15.7%，这是德国统一以来的最高值。德国最近几年贫困率的上升，与移民也有关系，因为一般有移民背景的人一开始获得的收入较低。问题在于，尽管德国近年来经济景气状况良好，失业率持续出现新低，但是，贫困现象并未减少。反倒是与过去相比，贫困人口一旦陷入贫困，更难以走出贫困。不仅如此，贫困线以上的人的上升机遇也减少了，而其滑向贫困的风险却增加了。①

社会不平等也体现在地区差异上，尤其是德国东部与西部之间以及结构薄弱地区与经济繁荣地区之间有落差，这也反映在选民的选举行为上。在2017年9月的联邦议院选举中，在德国东部，德国选择党是仅落后于基民盟的第二大党；在萨克森－安哈尔特州，德国选择党甚至以0.1%的微弱优势，成为该州最大的政党。由此表明，德国选择党是东部不满者的"蓄水池"，选民选择该党更多的不是出于对其理念的认同，而是为了给柏林的决策者开一张"蓝色罚单"（德国选择党的代表色为蓝色）。不仅原先默克尔的支持者出于对政府以及主流政党的抗议转而投票给德国选择党，而且，许多以前不参加选举的选民也被德国选择党动员起来，以至于参选率较往届选举有所回升（达到76.2%）。德国选择党尤其在东部获得了更高的得票率，这显然受到了难民危机的大幅推动。东部弱势群体普遍的主观感知是，难民得到了政府的优待，而他们这些本国的小人物却被政府有意漠视了。因此，从选民的选举行为来看，在德国统一近30年后，东部民众依然没能消除两德分裂所带来的影响，东西部依然呈现出不同的政治文化生态。

社会不平等的加剧造成了社会的进一步撕裂，德国政治家也认识到解决社会团结性的缺失问题是德国社会的当务之急。例如，默克尔现政府《联合执政协议》的标题就是"欧洲新振兴，德国新活力，国家新团结"。文件明确表示，政府将加强社会团结，克服已经形成的分裂；将认真对待人民的恐

---

① Dorothee Spannagel, "Soziale Ungleichheit: Ausmass, Entwicklung, Folgen," WSI Verteilungsmonitor, *Hans-Böckler-Stiftung*, Juni 2016, https://www.boeckler.de/pdf/wsi_vm_faqs_2016.pdf.

惧并加以应对。需要指出的是，社会不平等也带来了社会安全感缺失的问题。虽然国际比较来看，例如，依据暴力犯罪率的国际比较结果，德国是一个相对安全的国家，但是，这种客观上的安全与人们主观上感知的不安全形成了鲜明反差。这种反差是因一些突发事件，如科隆性侵案而扩大的，但它也是与相关的社会问题紧密联系的，如难民移民的融入状况不理想，国内民众对外来者的排斥以及对国家行政、司法和警察机关缺乏信任等①。

三 德国失稳的影响

德国日渐失去稳定性，这带来了多方面的负面影响。在德国国内，失稳使得联合政府纠缠于内部的争吵，难以着眼于长期施政，容易给选民造成政府治理无能的印象。这种失稳也使得德国在欧盟内的领导力降低，而且，德国显示出日益内顾的趋势，其"欧洲使命"进一步弱化，由此在欧盟层面的投入意愿降低，这也尤其体现在德国对法国总统马克龙的改革计划未能有效回应上。而欧盟的趋弱，使得德国以及欧盟想要在国际层面有更大作为遭遇瓶颈。

（一） 德国政府的治理能力下降

德国总理默克尔在 2019 年新年贺词中自责地表示，新政府在组成后并未专注于执政，而是疲于内部争吵。在德国选择党民调得票率居高不下的背景下，主流政党包括执政党显得束手无措，它们的关注点并不在于施政，而是在于如何能凸显自身形象，从德国选择党身上赢回其流失的选民，而联合政府内必要的团结成为牺牲品。更大的问题在于，主流政党并无应对德国选择党的良方，它们往往倾向于效仿乃至拷贝后者的政策主张，或者至少在立场取向上向后者靠拢，而这种策略并非始终有效，在更多的情况下，反而提升了德国选择党立场的合法性和可信度，从而进一步推高德国选择党的得票率。同时，为了应对来自德国选择党的挑战，德国政府倾向于推出能短期见效的、取悦于民的政策，而对于那些长期才能见效的结构性改革，则不得不将之放到政府议程的次要位置。

---

① Dina Hummelsheim-Doss, "Objektive und subjektive Sicherheit in Deutschland. Eine wissenschaftliche Annäherung an das Sicherheitsgefühl," *Aus Politik und Zeitgeschichte* 67 （2017）.

　　此外，德国选择党进入议会后，对政府的执政产生某种牵制。虽然德国选择党在联邦议院中作为最大反对党，单靠自身力量并不能阻挠政府有关政策和法律的出台，但是，它惯用的伎俩是挑起纷争，用激烈乃至挑衅的言辞，引起媒体和公众的注意，在主流政党群起而攻击时，再把自己渲染成被主流政党刻意污名化的牺牲者，以博取选民的同情。为此，执政各党投鼠忌器，由于担心相关政策可能对自身民调数据带来不利影响，其妥协的意愿降低。

　　右翼民粹主义的德国选择党对于主流政党更严峻的挑战在于，它对德国的代议制民主体制提出挑战；它反对高高在上的建制派精英制定的与民众脱节的决策，鼓吹全民公投。这一影响之所以严峻，也是因为德国选民中持民粹主义立场的人在增加：根据德国贝塔斯曼基金会"2018民粹主义晴雨表"的数据，德国2018年有近1/3（30.4%）的选民持民粹主义立场，与2017年（29.2%）相比有所增加，而明确非民粹主义选民群体有所缩水（2018年为32.8%，2017年则为36.9%）。尤其是在政治中间阶层，持民粹主义立场者数量的增幅和持非民粹主义立场者数量的减幅都是最大的。由此，民粹主义成为德国选择党在政治中间阶层的"特洛伊木马"。[1]

（二）德国在欧盟内的领导力与投入受限

　　德国在欧盟各国中属于拥欧程度高的国家，尤其是德国的政治精英拥有支持欧洲一体化的"宽容共识"（permissive consensus），即使在全球金融危机乃至其后的欧债危机期间也是如此，这一对欧洲一体化支持的稳定性主要得益于德国在欧盟内主导的经济地位以及国内政治格局中不存在强大的疑欧政党[2]。然而，随着德国选择党的崛起和在德国政党格局中的地位日益稳固，虽然德国政治精英的拥欧情结并未受影响，甚至倾向于通过进一步拥欧来抵御来自德国选择党的疑欧情绪的侵袭，例如，现政府的《联合执政协议》将"欧洲新振兴"放在首要位置，但由于受到德国选择党及其相关民意的掣肘，拥欧的政治精英推动欧洲一体化的勇气和能力明显不足，这也尤其体现在德法两国政治精英在重启德法轴心上的"心有余而力不足"。

---

① Robert Vehrkamp and Wolfgang Merkel, *Populismusbarometer 2018: Populistische Einstellungen bei Wählern und Nicht Wählern in Deutschland 2018* (Gütersloh: Bertelsmann Stiftung, 2018).

② Lars Vogel, "Maintaining the Permissive Consensus in Times of Crises: The Europeanness of Germany's Political Elites, 2007 – 2014," *Historical Social Research* 41 (2016), pp. 61 – 85.

总体上，德国由于国内因素牵制而在欧盟内呈现领导力不足的态势，迄今无法弥合欧盟成员国之间在难民问题上的"东西分歧"以及在经济政策问题上的"南北分歧"，而且，德国受内政驱动的不妥协立场，使得欧盟内更难以达成妥协，内部的裂痕也更加明显。2018 年 12 月中旬举行的欧盟峰会依然未能解决上述问题。首先，虽然德国有意推动将欧洲边境与海岸警卫队（Frontex）扩建成一支真正的欧盟边境警察部队，其他成员国也表达了相同的意愿，但一旦涉及让渡主权，相应的改革就马上陷入停滞；在特别有争议的《都柏林公约》改革及难民分摊问题上，欧盟峰会文件只能停留在呼吁各国"做进一步努力"上，事实上德国也知道，它想要推动的难民强制摊派计划已经夭折。其次，在欧元区改革方面也进展寥寥，法国总统马克龙在索邦大学演讲中提出的重塑欧洲的宏伟计划几乎没有任何人响应，虽然默克尔最后同意引入马克龙所强烈要求的欧元区预算，但并不是作为其所希望的独立预算，而是作为欧盟预算的一部分，而且其数额也很可能与马克龙的设想相去甚远。由于默克尔受德国国内限制不可能做出大的让步，而且以北欧国家为主的所谓"新汉萨同盟"（包括荷兰、芬兰、瑞典、丹麦、爱沙尼亚、拉脱维亚、立陶宛、爱尔兰等 8 个国家）在欧元区改革问题上划出红线，反对把欧盟变成一个"转移支付联盟"，欧元区预算最终可能只是一笔更具象征意味的小资金，即便如此，此预算也要在欧盟"2021～2027 年中期财政框架"的磋商过程中加以确定。最后，在欧元救助基金"欧洲稳定机制"（ESM）的改革上，德国一度想要将此改造成类似于国际货币基金组织的"欧洲货币基金组织"，但是，这一设想也被搁置了①。

（三）德国在国际层面的作为缺乏民意支撑

最晚从默克尔总理 2013 年进入第三个任期以来，德国政府致力于推行积极有为的外交政策，谋求参与构建国际秩序，承担更多的国际责任。时任德国总统高克提出德国人不能因为历史原因而自我矮化，而应在国际政治中，更及时、更坚决和更切实地投入。例如，德国在乌克兰危机中也展现出

---

① "European Council conclusions, 13 – 14 December 2018," *Europa*, 14 December 2018, https://www. consilium. europa. eu/en/press/press-releases/2018/12/14/european-council-conclusions – 13 – 14 – december – 2018/; "Statement of the Euro Summit, 14 December 2018," *Europa*, 14 December 2018, https://www. consilium. europa. eu/en/press/press-releases/2018/12/14/statement-of-the-euro-summit – 14 – december – 2018/.

了积极斡旋的姿态。然而，2014 年 5 月德国科尔伯基金会的一份民调已经显示，有 60% 的被询问者反对德国承担更多国际责任，只有 37% 的人持赞同意见，而且，德国人尤其对海外军事行动持怀疑态度，只有 13% 的人认为，军事行动是一种合适的外交政策手段。在接下来几年，在德国外交部和国防部等的公民启发活动的促进下，德国人对于德国增加在国际危机上的投入的意愿略有增强，但是，在 2017 年 10 月科尔伯基金会的民调中，德国民众依然倾向于在外交政策上持克制立场：52% 的被访者持克制立场，而支持德国增加投入的人仅为 43%。[①]

德国政治精英谋求德国在国际层面扮演更重要的角色，例如，在德国的争取下，德国从 2019 年 1 月 1 日起再次担任为期两年的联合国安理会非常任理事国，但是，政治精英的国际责任诉求和民众支持方面存在显著落差。在德国国内稳定性下降的情况下，不仅德国各政党就德国在国际层面的作为更难以达成一致，而且，民意支持缺乏的牵制作用会进一步加强。科尔伯基金会 2017 年的民调也显示，德国选择党的选民中有 78% 的人要求德国在国际层面保持克制。这对于想要从德国选择党身上赢回流失的选民的主流政党而言并非好消息。

四　结语：失稳已是德国的"新常态"

在默克尔 2018 年 10 月宣布不再竞选连任基民盟主席以及在本届总理任期于 2021 年秋季届满后不再谋求担任任何政治职务后，近十多年来代表德国稳定性的一个标志性人物将逐渐退出政治舞台，一度使得德国政局的不确定性陡增，这尤其反映在基民盟的党首之争上，三位候选人中有两位被认为属于默克尔政策的反对派。随着有"小默克尔"之称的安妮格雷特·克兰普－卡伦鲍尔（Annegret Kramp-Karrenbauer）在 2018 年 12 月 7 日当选基民盟主席，德国现联合政府提前瓦解的风险有所降低，但是，"后默克尔时代"的诸多不稳定性依然存在：克兰普－卡伦鲍尔需要弥合基民盟内部以及基民盟与基社盟之间的裂痕，基社盟新主席、巴伐利亚州州长马库斯·索德尔（Markus Söder）也需要消化前主席泽霍费尔留下来的政治遗产，而社民党主

---

① Körber – Stiftung, "Einmischen oder zurückhalten? Eine repräsentative Umfrage im Auftrag der Körber-Stiftung zur Sicht der Deutschen auf die Außenpolitik," Hamburg, 2017.

席安德雷娅·纳勒斯（Andrea Nahles）依然面临党内以青年团为首的"反大联合政府"（No Groko）派的挑衅。此外，在 2019 年，德国除了不来梅州议会选举，还将迎来三个东部联邦州（勃兰登堡州、萨克森州和图林根州）的州议会选举，而人们普遍担心，德国选择党的得票率会进一步攀升，甚至会在萨克森州成为州议会的第一大党。而且，2019 年 5 月的欧洲议会选举临近，普遍的观察结果是，欧盟内的右翼民粹主义势力会进一步抬头。在这些选举中，执政各党如果再度出现得票滑铁卢，现执政联盟依然有提前解体的可能，即便现政府能坚持完成任期，在未来三年里，进入隐退倒计时的默克尔也逃脱不了"跛脚鸭"的命运。而且，在德国经济学家看来，在中美贸易争端加剧以及英国"硬脱欧"风险存在的背景下，虽然德国经济近期不会硬着陆，但是经济增速会放缓，经济景气的不确定因素在增加。由此，德国政府实施增加社会福利以消除德国社会不平等现象的政策的余地会有所缩小，如何加强社会团结，消弭社会中的两极分化，依然是德国各界面临的严峻挑战。

能源转型的政治学研究：基于德国弃煤的探讨[*]

张　锐[**]

摘　要：能源转型是一个高度政治化的议题，能源体系的变动很可能引发政治体系的失稳，不同行为体会展开竞争与合作，竞相引导能源政策走向。德国是全球能源转型的标杆国家，但一直难以摆脱煤电依赖，这成为该国能源系统低碳化的短板。自 2018 年以来，德国在淘汰煤电的议题上取得重大决策进展，宣布了 2038 年彻底弃煤的目标，并通过相关立法确定了弃煤时间表和系统的扶持计划。本文运用"体系失稳"决策互动框架探讨德国成功弃煤的原因，包括民众在气候变化、能源转型上的高度共识，执政者的态度转变与政治技巧，支持弃煤团体的呼吁与谋划，煤炭产业的适应性调整及欧盟的引导。在整个决策过程中，各方的合作面大于对抗面、冲突面，行为体之间具有明显的协作关系，政治体系的失稳处于可控状态。在后煤电时代，德国仍然面临一些突出的政治挑战，包括达特恩 4 号煤电厂的处置、硬煤电厂对赔偿方案的抵制、选择党煽动民粹情绪、日益凸显的清洁能源政治纷争等。

关键词：德国　煤电　能源转型　体系失稳　气候变化

能源转型是全球可持续发展、应对气候变化的核心任务，而减少乃至停止煤电开发是具有重大变革意义的关键行动。近年来，越来越多的国家启动

---

* 本文首次发表于《德国研究》2020 年第 4 期，第 20～38 页。

** 张锐，全球能源互联网发展合作组织经济技术研究院研究员。

"弃煤"进程，加速自身能源供给结构的清洁化。截至 2019 年 12 月，33 个国家的政府加入由英国、加拿大发起成立的"弃用煤炭发电联盟"（The Powering Past Coal Alliance），宣告它们制定了淘汰煤电的明确时间表与实施计划，并愿意在全球推广弃煤。不少依赖煤电的国家（如中国）也在官方文件中表态将降低煤炭在能源结构中的比重，减少对燃煤发电的投资。

在目前正式弃煤的国家中，最引人瞩目的是德国。不同于大多数迈出这一步的国家①，德国自 18 世纪工业革命以来始终是全球重要的煤炭开采国、消费国，其褐煤自工业化开采以来一直保持世界最大产量，煤炭产业在过去很长时间都是该国经济支柱，具有强大的、不可替代的政治经济影响力。即使在决定弃煤的 2019 年，煤电仍然是德国主要的能源来源，承担了全国 28.2% 的发电量②。这样的历史渊源、产业地位决定了德国的弃煤是一项复杂、艰巨、涉及众多利益攸关方的系统工程，无论是出于学术研究还是出于产业实务的目的，都很有必要探究德国为何能在短时间内形成弃煤决定和解决方案，德国政府如何平衡多元的利益诉求，主张弃煤的团体与反对弃煤的团体如何开展有效的沟通与协作。想要弄清这些问题，显然需要超越技术层面、经济层面的探讨。本文将首先论述运用政治学理论分析能源转型的必要性，提出"体系失稳"决策互动框架；然后依据研究框架，详细分析德国弃煤的决策经过、成果与推动这一历史性进程的成因；最后前瞻性地展望德国在后煤电时代面临的能源政治挑战。

一 能源转型的政治学研究：必要性与研究框架

（一）政治学研究的必要性

能源转型指一次能源结构的系统性演化，集中表现为主导能源的更替，在当今时代，其核心内涵是以水能、风能和太阳能为代表的可再生能源替代

---

① 截至目前，除德国、英国、加拿大外，"弃用煤炭发电联盟"的成员国均不是用煤大国，煤炭在自身能源结构中仅占很小比例。在德国加入前，该联盟中用煤最多的国家是加拿大，2018 年煤电仅占该国发电量的 9%。

② Kerstine Appun, Yannick Haas, Julian Wettengel, "Germany's Energy Consumption and Power Mix in Charts," *Clean Energy Wire*, 2020, https://www.cleanenergywire.org/factsheets/germanys-energy-consumption-and-power-mix-charts, 最后访问日期：2020 年 5 月 15 日。

以石油、煤炭为代表的化石能源，促进能源生产消费的绿色低碳化。① 在过去几十年，能源转型得到了学术界广泛的关注与探讨，但大多数研究成果从技术或经济的角度出发，探讨能源系统的技术演进、经济领域的适应性发展。在这种研究趋势下，能源转型在很大程度上被诠释为一个后政治（post-political）或非政治的议题。不少研究者先入为主地认为转型目标、转型方法已经获得社会的普遍认同，并相信决策者们十分清楚如何推动这一改变，相关决策过程在"可持续性理念"（notion of sustainability）的指引下能够规避权力政治的负面效应②。在他们的描述中，能源转型主要遵循"技术—经济决定论"的逻辑，呈现出自行发展的"改良—渐进式"方法论（a reformist-incrementalist approach），即使在转型过程中出现政治领域的困境或阻碍，也可以通过技术的增益效应（enhancement effect）予以化解③。显然，上述视角既与社会现实相悖，也无助于人们把握能源转型的复杂性与社会关系属性。能源转型从来不只是一个技术主导、市场驱动的过程，其还始终与整个社会的权力、公平、公共治理、利益分配等政治议题相联系。运用政治学理论考察能源转型十分必要，具体原因包括以下几点。

第一，能源转型涉及政治领域的核心内容——政治权力的行使与配置。"能源资源从不只是一种'资源'，而是一种处于'权力架构'中的社会关系。"④ 有研究认为能源转型的推动有赖于以下三种权力：一是话语权力，即由谁定义什么能源是绿色环保的，什么能源不是；二是机制权力，即国家行为体、非国家行为体在能源转型中应拥有什么权力，又应受到怎样的约束；三是物质权力，即由谁控制生产清洁能源的技术、手段和财政

---

① 对大多数国家而言，能源转型的核心内涵是可再生能源对化石能源的替代，但由于各国发展阶段和资源禀赋情况不同，各国能源转型也存在目标和路径上的差异。对德国而言，能源转型还包含放弃核电这一重要事项。

② 一些西方学者对能源转型的"非政治化"研究倾向已提出批判，此处对"非政治化"的描述参考 Elizabeth Shove & Gordon Walker, "Governing Transitions in the Sustainability of Everyday Life," *Research Policy* 39（2010）, pp. 471 – 476；Anneleen Kenis, Federica Bono, Erik Mathijs, "Unravelling the（post-）political in Transition Management: Interrogating Pathways towards Sustainable Change," *Journal of Environmental Policy & Planning* 18（2016）, pp. 568 – 584。

③ Noel Healy & John Barry, "Politicizing Energy Justice and Energy System Transitions: Fossil Fuel Divestment and a 'Just Transition'," *Energy Policy* 108（2017）, pp. 451 – 459；Tania Murray Li, *The Will to Improve: Governmentality, Development, and the Practice of Politics*（Durham: Duke University Press, 2007）.

④ Erik Swyngedouw, "Globalisation or 'Glocalisation'? Networks, Territories and Rescaling," *Cambridge Review of International Affairs* 17（2004）, p. 27.

资源。[①] 上述观点未必覆盖能源转型涉及的所有权力关系但无疑揭示了社会权力结构对能源转型的支配性影响。同时，能源转型也会触发权力结构的变动，如行为体权力地位的变化、权力在一定范围内出现的集聚或离散的新趋势等。不少观点认为，随着当今能源转型的深入，油气企业和清洁能源企业的社会影响力正在发生此消彼长的变化；同时，分布式光伏、分布式风电的推广将使能源生产格局"去中心化"，"使社区行为体成为控制能源的'超级力量'（super powers），让国家行为体失去能源供应领导者的地位"[②]。基于上述论断，政治学研究的意义在于呈现能源转型与权力架构的互动关系，全面揭示这一所谓"技术过程"在不同社会环境中的实施前提与多元影响。

第二，能源转型是多元行为体共同参与的社会工程，需要从政治学研究角度去考察各行为体在决策过程中的功能与作用。首先，一国政府、执政党往往是决定转型加速或滞缓的关键力量。在很多情况下，重要政治人物、行政部门官僚主导了能源政策的设计和执行，甚至能决定整个国家是否处于转型的轨道上[③]。例如，澳大利亚总理斯科特·莫里森（Scott Morrison）是化石能源行业的坚定支持者，上台后立即抛弃前任的能源转型战略，以"维护能源安全和工作岗位"为由拒绝压缩煤电规模、大幅削减拟建的清洁能源项目，使该国能源系统处于碳锁定状态。其次，各种类型的企业势必主动介入能源转型决策，引导决策者出台有利于自身发展的政策。这里所指的企业不仅来自能源领域，也包括那些与能源产业密切互动的领域的企业。例如，与煤炭高度相关的产业（如铁路、钢铁和冶金产业）企业通常会与煤电企业一道组成政治联盟，形成强大的游说声势，推动政府出台保护煤炭产业的政策。再次，社会公众、社会组织常对能源转型提出立场迥异的诉求，使能源转型决策过程变成"一个基于各种愿景和价值、压力集团相互角力的过程"[④]，客观上增加了转型的不确定性。最后，国际社会的行为体（包括国

① Marcus Power et al. , "The Political Economy of Energy Transitions in Mozambique and South Africa: The Role of the Rising Powers," *Energy Research & Social Science* 17 (2016), p. 13.

② 此处论述引自 "Special Report: The Geopolitics of Energy," *The Economist* 426 (2018), p. 5。

③ David J. Hess & Madison Renner, "Conservative Political Parties and Energy Transitions in Europe: Opposition to Climate Mitigation Policies," *Renewable and Sustainable Energy Reviews* 104 (2019), p. 422.

④ Staffan Jacobsson & Volkmar Lauber, "The Politics and Policy of Energy System Transformation—Explaining the German Diffusion of Renewable Energy Technology," *Energy Policy* 34 (2006), p. 257.

家、国际组织、非政府组织等）对一国或一个区域的能源转型可以产生直接影响[1]，例如，欧盟从 2013 年开始实施"欧非可再生能源合作项目"，已帮助非洲多国制定可再生能源领域的管理体系和发展规划，完成了转型战略的顶层设计。

第三，有必要透过政治学研究视角探讨公平转型，实现对人特别是对弱势群体、被改造群体的关怀。各国的能源转型都涉及两个公平性议题——程序正义与分配正义，前者是指决策者与普罗大众就能就转型目标与举措展开平等协商、协同治理，尤其确保某些群体不因社会地位的差异而被排除在决策程序之外；后者是指在全社会范围内能够公平地分摊转型成本、分配转型收益，尤其避免某些群体（如化石能源产业工人、倚赖化石能源产业的社区）独自承担转型的负面效应。公平转型的实现绝非易事，需要"打破不同领域的界限，建构'民主的合法性'，处理好政治参与、政党政治、跨党派共识、改革联盟组建、对利益受损者的补偿等诸多事务"[2]。政治学研究可以在识别不公不义陷阱、搭建包容性治理机制、提升转型决策合法性等方面发挥重要作用。

（二）"体系失稳" 决策互动框架

"体系失稳" 被视为能源转型的必经环节，指能源产业体系中的既有核心要素的再生产遭受持续削弱的过程[3]，即逐步淘汰能源系统中的旧品种，使其为新的品种让位，调整能源生产消费结构，具体表现为整体的技术更迭、投资转移与资源重新配置。这一概念强调能源转型不仅是"绿色能源的利基创新（niche innovation）"，也包括"化石能源产业面临的投资撤销（divestment）及其对于这一趋势的抵制"[4]，本文探讨的"淘汰煤电"就是典型的体系失稳现象。基于能源产业在国民经济中的基础性、战略性作用，产业

---

① 张锐、寇静娜：《全球清洁能源治理的兴起：主体与议题》，《经济社会体制比较》2020 年第 2 期，第 186 页。

② James Meadowcroft, "What about the Politics? Sustainable Development, Transition Management, and Long Term Energy Transitions," *Policy Sciences* 42（2009），p. 335.

③ 关于该定义的论述，参见 Bruno Turmheim & Frank W. Geels, "Regime Destabilisation as the Flipside of Energy Transitions：Lessons from the History of the British Coal Industry（1913 – 1997）," *Energy Policy* 50（2012），p. 35。

④ Noel Healy & John Barry, "Politicizing Energy Justice and Energy System Transitions：Fossil Fuel Divestment and a 'Just Transition'," *Energy Policy* 108（2017），p. 453.

体系的失稳很可能引发政治体系的失稳①：具有不同利益背景的行为体之间可能会出现难以调和的矛盾乃至具有一定烈度的政治斗争，政治决策者对于一些转型目标、具体政策摇摆不定，各种事关能源事务的治理体系出现频繁的变动，一些行之有年的政策被进行大幅度调整。失稳有时导致政治局势的动荡与紧张，如 2018 年法国爆发的"黄背心"运动，中下阶层民众拒绝负担不断上涨的燃油税，不愿为能源转型的高成本买单，进而引发了法国自 1968 年以来最严重、最持久的社会动乱②。失稳有时处于可控状态，不同行为体在能源转型决策过程中能保持理性沟通，通力合作，即使维护化石能源产业的行为体也能为能源体系的变革做出贡献，成为体系创新的积极力量。

根据上述概念内涵，笔者提出"体系失稳"决策互动框架（见图 1）。该研究框架集中关注一国政治体系内的四类行为体——执政者、支持转型的团体、反对转型的团体和社会公众，尝试解释能源转型（尤其关于新旧能源替代的议题）的决策如何做出、不同行为体之间存在怎样的互动关系。在一般情况下，支持转型和反对转型的团体着力影响政策制定者，试图使能源政策符合自身的意愿与利益，两个团体具有天然的竞争关系，倾向于贬低或否定对方诉求，但双方也存在良性互动的合作可能，共同追求体系的平稳过渡和利益的各得其所。社会公众有时是转型议题上沉默的"旁观者"，不主动发表意见③，但有时也会密切关注决策走向，通过各种形式的政治参与向执政者传达明确偏好或利益诉求。在大多数情况下，执政者面对以上三方面的意见输入，还需统筹国家宏观经济、社会民生、环境保护等其他领域的治理任务，进而对转型事务做出具体的政策回应。对于执政者而言，很难找到各方皆大欢喜、皆无损失的中间道路，也很难弃历史负担于不顾，径直拥抱一个绿色能源的未来。

下文将回顾德国弃煤的历程及已取得的成果，然后按照"体系失稳"决

---

① 目前，一些论文使用了"体系失稳"这一概念，但并未提出成型的研究框架。参见 Anna Leipprand & Christian Flachsland, "Regime Destabilization in Energy Transitions: The German Debate on the Future of Coal," *Energy Research & Social Science* 40 (2018), pp. 190 – 204; Rick Bosman et al., "Discursive Regime Dynamics in the Dutch Energy Transition," *Environmental Innovation and Societal Transitions* 13 (2014), pp. 45 – 59。

② 张锐、寇静娜：《"黄背心"政治与欧洲能源转型》，《读书》2019 年第 8 期，第 3～13 页。

③ 公众对能源转型议题的政治冷漠主要由于两点：一是一些议题具有较高的技术门槛，民众缺乏相关知识储备；二是转型暂未显现增进或损害民众利益（尤其经济利益）的迹象。

策互动框架，详细分析其成功弃煤的原因，重点呈现决策过程中各行为体的
政治逻辑与相互的影响。

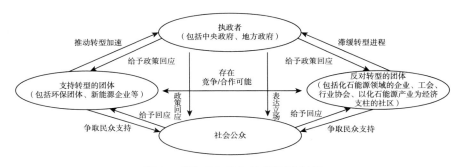

图 1　"体系失稳"决策互动框架

资料来源：笔者自制。

二　德国弃煤：历程与成果

（一）历程：较短时间内取得重大决策进展

长期以来，德国一直是全球能源转型的先行者，实施了长期渐进的能源
结构调整政策①，但煤炭成为这位"模范生"的短板。根据德国能源平衡工
作组（AGEB）的统计，可再生能源发电在德国发电总量中的占比从 1990 年
的 3.6% 上升为 2018 年的 34.9%，但是煤电的占比并未发生规模相当的下
降②（见表 1）。2018 年，煤电在发电结构中的占比为 35.4%，远超欧洲的平均
数（21%）③。煤电占比过高直接滞缓了该国的碳减排进程，对比 2008 年、2018
年的数据可以发现，欧洲二氧化碳的年排放量下降了 14%，而德国的下降幅度为

---

① 高翔：《德国低碳转型的进展和经验》，《德国研究》2014 年第 2 期，第 32～44 页。

② 德国煤电分为硬煤发电和褐煤发电。由于硬煤在本国的开采成本过高，德国政府于 2007 年
制定了逐步停止硬煤开采的计划（当时并未决定是否及如何淘汰硬煤发电厂），并于 2018
年关停了最后一个硬煤矿区。从数据上看，2018 年以前煤电占比的下降更多是由于对硬煤
的淘汰。此处数据引自 AGEB，"Deutlicher Rückgang des Energieverbrauchs in Deutschland im
Jahr 2018，" 27 März 2019, p. 26, https://ag-energiebilanzen.de/28 - 0 - Zusatzinformationen. ht-
ml，最后访问日期：2020 年 5 月 15 日。

③ BP 集团：《BP 世界能源统计年鉴 2019》，2019，https://www.bp.com/content/dam/bp/coun-try-
sites/zh_cn/china/home/reports/statistica-review-of-world-energy/2o19/2o19srbook.pdf，最后访问日
期：2020 年 5 月 15 日。

10%，远低于区域内其他经济大国①。这显示出一种尴尬的困境，即可再生能源快速发展带来的碳减排被煤电居高不下的碳排放所抵消，能源转型的环境效益大大缩水。

表1 1990～2018 年各类能源发电在德国发电总量中的占比

单位：%

	1990 年	2000 年	2010 年	2015 年	2018 年
硬煤	25.6	24.9	18.4	18.2	12.8
褐煤	31.1	25.7	23.0	23.8	22.6
核能	27.7	29.4	22.2	14.1	11.8
天然气	6.5	8.5	14.1	9.6	12.9
石油	2.0	1.0	1.4	1.0	0.8
可再生能源	3.6	6.6	16.7	29.1	34.9
其他	3.5	3.9	4.2	4.2	4.2

资料来源：AGEB，"Deutlicher Rückgang des Energieverbrauchs in Deutschland im Jahr 2018," 27 März 2019，p. 26，https://ag-energiebilanzen. de/28 - 0 - Zusatzinformationen. html，最后访问日期：2020 年 5 月 15 日。

德国社会早已认识到煤电开发对环境的负面影响，但在 2016 年以前，政府压缩煤炭产业规模的政策一直较为温和与保守，原因包括三点。一是是否弃用核电长期占据德国政治议程的优先位置，煤电前途并非各方关注焦点。从 20 世纪 70 年代开始，德国环保团体一直推动弃核，并形成了较大的社会舆论，但该国核电战略因执政党的变化而不断出现反复、摇摆。直到 2011 年，默克尔政府受福岛核电站事故的影响，决定 2022 年前关闭境内所有核电站，围绕核电的漫长争论才得以平息。在弃核之后，国家电力系统需要煤电继续发挥基荷保供的作用，所以政府只能选择维持乃至适度扩大煤电规模。二是煤炭产业（包括企业与工会）拥有较为活跃的游说力量，积极引导政府、立法机构出台于己有利的政策。三是主流政党（尤其是基民盟、社民党）为了争取煤炭地区的选票，倾向于充当煤炭产业的保护者。基于上述情况，观察者一度认为德国对煤电的依赖会比较严重，起码在 21 世纪 20 年

① 同期，英国的碳排放量下降了 29.9%，意大利下降 24.6%，法国下降 15.9%。数据引自 BP 集团《BP 世界能源统计年鉴 2019》，2019，https://www. bp. com/content/dam/bp/coun-try-sites/zh_ cn/china/home/reports/statistica-review-of-world-energy/2o19/2o19srbook. pdf，最后访问日期：2020 年 5 月 15 日。

代煤炭的使用量不会出现大幅下降①；萨克森－安哈尔特州州长莱纳·哈塞洛夫（Rainer Haseloff）曾表示"2050年前德国都无法离开褐煤"②。

　　2016年，德国社会关于《气候行动计划2050》的讨论使弃煤议题开始升温。当时，各方均意识到德国难以完成之前制定的2020年气候目标，而且与目标还会存在很大差距，环保团体与一些智库将主要责任归咎于政府在淘汰煤电上的消极态度。2018年2月，联盟党与社民党在《联合执政协议》中明确表示，新政府将加快设置燃煤发电的终止日期，并将弃煤决策委托给一个由多方利益相关者组成的"委员会"。2018年6月，联邦政府正式组建由28名代表组成的"增长、结构改革与就业委员会"（简称煤炭委员会），其核心目标为"制定逐步减少乃至完全放弃煤炭发电的计划"③，委员会的工作期限设置为半年，即在2018年底向政府提交一份系统的建议报告。当时，观察者们的判断仍偏悲观，认为"这只是短期政治压力驱使下徒增困惑的做法，在新方向明确之前，德国能源政策将在宏大承诺与难以执行之间陷入僵局"④。

　　超出人们预期的是，德国弃煤决策由此走上"快车道"，在一年多的时间迅速达成一系列政策成果。关键性的决策活动包括：2019年1月26日，煤炭委员会通过决议，提出了2038年前关停煤电的总目标及配套的"五要素战略"，即逐步淘汰煤炭、支持矿区转型、加强电力系统现代化建设、减轻受影响者的困难及采取监测与动态调整；2019年8月28日，联邦政府通过了经济与能源部草拟的《产煤区域结构强化法（草案）》，基本采纳了煤炭委员会提出的目标与建议，并明确了联邦政府未来20余年的财政支持计划；2020年1月29日，联邦政府通过了《燃煤发电减少与终止法（草案）》，细化了对煤电产业的补偿方案及各电力公司关停所有在运煤电厂的时间表；2020年8月21日，联邦议院通过了以上两个法案，宣告弃煤战略进入执行阶段。

---

① Jason Overdorf, "Germany's Renewables Paradox a Warning Sign for China," *China Dialogue*, 25 June 2014, https://chinadialogue. net/en/energy/7085 – germany-s-renewables-paradox-a-warning-sign-for-china/，最后访问日期：2020年5月15日。

② "State Premier: 'Lignite Indispensable until 2050'," *Clean Energy Wire*, 31 August 2017, https://www. cleanenergywire. org/news/study-shows-how-decarbonise-transport – 2035 – diesel-sales-rise/state-premier-lignite-indispensable-until–2050，最后访问日期：2020年5月15日。

③ 引自煤炭委员会成立的新闻稿，BMU， "Launch of Commission on Growth, Structural Change and Employment," 6 June 2018, https://www. bmu. de/fileadmin/Daten_BMU/Download_PDF/Klimaschutz/einsetzungsbeschluss_kohlekommission_en_bf. pdf，最后访问日期：2020年5月15日。

④ Nick Butler， "German Energy Policy is Stuck in Limbo," *Financial Times*, 19 February 2018, https://www. ft. com/content/53a17a16 – 1099 – 11e8 – 8cb6 – b9ccc4c4dbbb，最后访问日期：2020年5月15日。

（二）成果：弃煤时间表与扶持计划

根据《产煤区域结构强化法》和《燃煤发电减少与终止法》的内容，可以归纳出德国弃煤决策的主要成果。

一是弃煤的时间表。德国 2019 年的 43.9GW（单位：吉瓦）煤电装机规模将逐步下降为 2025 年的 24GW，再到 2030 年的 17GW，直至 2038 年底前完全关停煤电（见图 2）。时间表采纳了一些环保团体的建议，即在 2026 年、2029 年和 2032 年将安排弃煤进程的审查，决定是否将关停煤电的时间提前到 2035 年以前，保持弃煤进程的灵活性。为了照顾德国东部相对脆弱的经济状况，弃煤进程还呈现"先西后东"的特点，在 2028 年以前，淘汰的煤电装机主要来自原西德地区的电厂。

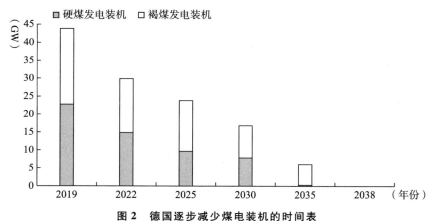

图 2　德国逐步减少煤电装机的时间表

资料来源：笔者根据媒体报道绘制，Benjamin Wehrmann, "German Govt Adopts Coal Exit, Fixes Hard Coal Compensation," *Clean Energy Wire*, 29 January 2020, https://www.cleanenergywire.org/news/german-govt-a-dopts-coal-exit-fixes-hard-coal-compensation，最后访问日期：2020 年 5 月 15 日。

二是联邦政府面向不同利益相关方提供扶持或补偿资金。[①] 首先是向产

[①] 本段论述根据媒体对两个法案的报道整理而成，参见 Benjamin Wehrmann, "German Govt A-dopts Coal Exit, Fixes Hard Coal Compensation," *Clean Energy Wire*, 29 January 2020, https://www.cleanenergywire.org/news/german-govt-a-dopts-coal-exit-fixes-hard-coal-compensation，最后访问日期：2020 年 5 月 15 日；Soren Amelang & Benjamin Wehrmann, "Government, Mining States, Utilities Fix Path for Germany's Coal Phase-out," *Clean Energy Wire*, 17 January 2020, https://www.cleanenergywire.org/news/government-mining-states-utilities-fix-path-germanys-coal-phase-out，最后访问日期：2020 年 5 月 15 日。

煤州提供 400 亿欧元的财政支持，这笔钱分为两部分：四个产煤州在弃煤周期（2020~2038 年）内将获得 140 亿欧元专项补助，用于基础设施改造、产业人员安置、受影响社区的帮扶等[①]；另外 260 亿欧元将用于"褐煤矿区的发展计划"。截至 2019 年 9 月，已有 6 亿欧元被计划用于 11 个项目和倡议，包括建设新的产业园区、发展数字能源经济等。其次是向褐煤发电企业提供补偿。已确定莱茵集团（RWE）将获得 26 亿欧元，德国东部的利雷雅格集团（LEAG）将获得 17.5 亿欧元，联邦政府与尤尼佩尔公司（Uniper）、安能集团（EnBW）等企业的赔偿方案谈判仍在进行。再次是面向硬煤发电厂提供拍卖补偿机制，2020~2026 年，德国联邦网络管理局（Bundesnetzagentur）将多次为面临退役的硬煤电厂进行装机容量拍卖，此类电厂可以投标将要脱机的容量，并提出相应赔偿报价，政府将基于事前制定的上限金额、最终的拍卖结果补偿企业。最后是面向褐煤矿场和煤电厂 58 岁以上员工提供"调整性津贴"和养老金补偿，经费预算为 50 亿欧元，资助期限预计到 2040 年以后。

三 德国弃煤的成因

对于德国弃煤的进展，有必要深入挖掘顺利表象背后的成因，尤其解释立场不同、诉求迥异的各方为何能在短时间内达成共识、推动能源体系的大幅度调整。

（一）民众在气候变化、能源转型上的高度共识

近年来，德国民众日益将气候变化视为国家的重大威胁。2017 年初，英国社会研究中心对 18 个国家进行了关于气候变化议题的民意调查，44% 的德国受访者选择"极其担心"或"非常担心"气候变化，居所有被调查国家的首位，41.5% 的德国受访者选择"一定程度的担心"，仅有不到 15% 的受访者表示不担心或无所谓[②]。2018 年、2019 年，德国民众连续两次经历达

[①] 四州分别为北莱茵 - 威斯特法伦州、萨克森州、勃兰登堡州和萨克森 - 安哈尔特州。

[②] Jocelyn Timperley, "Germans Most Worried about Climate Change, Analysis Shows," *Carbon Brief*, 12 December 2017, https://www.carbonbrief.org/germans-worried-climate-change-analysis-shows，最后访问日期：2020 年 5 月 15 日。

到历史峰值的酷暑①，干旱气候重创农业生产，森林火灾频发，国民对全球变暖有了更深刻的危机感。根据民调机构迪麦颇公司（Infratest Dimap）2020年1月发布的调查结果，27% 的受访者将气候变化选为"德国最迫切的问题"，仅次于"难民问题"，居第二位，比 2017 年的调查结果增长了 18 个百分点，增幅超过其他所有问题②。

推动能源转型是德国的一个全民共识。根据德国可再生能源协会连续多年的调查，2012～2019 年，支持扩大可再生能源使用的受访者比例始终高于89%③。如此高的支持率不仅源于民众对自然环境的关心，也由于可再生能源技术在德国较为成功的推广，形成了能源转型时代的乐观主义态度，即民众愿意相信"即使转型需要面对诸多重大挑战，在前期需要承担大量经济成本，但这一进程最终会产生巨大收益"④，同时更倾向认为可再生能源开发足够保障国家能源供应安全。

德国民众对气候变化的担忧、对能源转型的压倒性支持塑造了弃用煤电的主流民意。根据德国可持续发展高级研究院（IASS）2017 年对 7500 名居民的调查，63% 的受访者支持彻底淘汰煤电，仅有 11% 的受访者反对这一动议；即使在四个产煤州，支持弃煤的比例也都高于反对弃煤的比例，尤其是在北莱茵－威斯特法伦州，支持弃煤的受访者比例高达 60%，反对的比例仅为 12%，与全国平均水平相当。⑤ 2017 年以后，弃煤的民意基础继续保持高位稳定，德国电视二台 2019 年 1 月的调查显示，73% 的受访者认为"快速

① 《地球"高烧不退"，德国创下有气温纪录以来最暖一年》，中新网，2019 年 3 月 27 日，http://dw.chinanews.com/chinanews/newsContent? id = 8792513&pageSize = 6，最后访问日期：2020 年 5 月 15 日；Freja Eriksen，"2019 was Germany's Third-warmest Year on Record – Meteorological Service，" *Clean Energy Wire*，6 January 2020，https://www.cleanenergywire.org/news/2019-was-germanys-third-warmest-year-record-meteorological-service，最后访问日期：2020 年 5 月 15 日。

② "Germans Most Worried about Refugees, Climate Change，" *DW News*，10 January 2020，https://www.dw.com/en/germans-most-worried-about-refugees-climate-change/a – 51947417，最后访问日期：2020 年 5 月 15 日。

③ Benjamin Wehrmann & Julian Wettengel，"Polls Reveal Citizens' Support for Energiewende，" *Clean Energy Wire*，2020，https://www.cleanenergywire.org/factsheets/polls-reveal-citizens-support-energiewende，最后访问日期：2020 年 5 月 15 日。

④ Miranda Schreurs，"The Politics of Phase-out，" *Bulletin of the Atomic Scientists* 68（2012），p. 38.

⑤ Daniela Setton，Ira Matuschke & Ortwin Renn，"Social Sustainability Barometer for the German Energiewende 2017，" *IASS*，November 2017，https://www.iass-potsdam.de/en/output/publications/2017/social-sustainability-barometer-german-energiewende – 2017 – core-statements，最后访问日期：2020 年 5 月 15 日。

弃煤是一件重要的事情"①。

强大的社会共识促使参与决策的各方无须从"是否应该弃煤"这个原则问题开始探讨，把关注点直接聚焦在"何时弃煤、如何弃煤"这些执行面的问题。弃煤民意对煤炭产业及维护该产业的政治势力形成了无形的"刚性约束"，使他们无法抗拒社会的主流意见，意识到与其顽固抗拒转型，不如尽早为自身争取发展机遇与有利补偿。同时，弃煤民意对主张弃煤的团体形成了正向激励，使他们更愿意投入资源、精力去加速发展这项事业，提出更具变革效应而非小修小补的政策主张。社会共识的另一积极影响是维护了转型过程中的社会团结，不同阵营具备了对话与合作的基本前提，在推动能源体系失稳的同时不至于触发政治体系的整体"失稳"。

（二）执政者的态度转变与政治技巧

历史上，联盟党、社民党与煤炭产业都有着长期的互助性联系，热衷强调煤炭对国家经济安全的重要性，两党的政治人物也比较迎合煤炭产业的游说集团和工会势力，煤炭工人大多也是两党（尤其社民党）的铁杆支持者。在 2017 年 9 月的联邦议院选举中，联盟党仅获得支持率大幅缩水的"惨胜"，社民党创下历史上的最低得票纪录，在选举结束后的一段时间，两党在弃煤议题上仍持相对保守的态度。例如，2017 年 10 月，基民盟的能源政策代表托马斯·巴雷斯（Thomas Bareiß）表示德国能源系统无法同时承受弃核、弃煤的双重压力②。在 2017 年底的组阁谈判中，煤电问题成为联盟党、自民党和绿党的争论焦点，绿党提出应立即关闭 20 座污染最严重的煤电厂，但联盟党、自民党则认为关停幅度过大，拒绝接受这一条件。最终，弃煤议程上的严重分歧构成了三党未能组建执政联盟的一个主因。

在 2018 年 2 月联盟党、社民党组成内阁后，两党支持弃煤的态度日渐清晰，无论煤炭委员会决议的达成还是两个法案的出台，默克尔和联邦环保部部长斯文嘉·舒尔策（Svenja Schulze）多次"亲上火线"，发挥政治领导

① Frank Jordans, "Germans Favor Swift End to Coal Use as Decision Nears," *Phys. org*, 25 January 2019, https://phys. org/news/2019 – 01 – germans-favor-swift-coal-decision. html, 最后访问日期：2020 年 5 月 15 日。

② Benjamin Wehrmann, "CDU & Greens' Energy Politicians Clash over Germany's Coal Exit Speed," *Clean Energy Wire*, 10 October 2017, https://www. cleanenergywire. org/news/cdu-greens-energy-politicians-clash-over-germanys-coal-exit-speed, 最后访问日期：2020 年 5 月 15 日。

力推进决策，尤其协调产煤州的立场。例如，基民盟党员、北莱茵－威斯特法伦州州长阿明·拉舍特（Armin Laschet）长期捍卫煤炭产业的生存空间，在弃煤议题上比较保守，但在默克尔的持续影响下，他最终改变态度，并表示"我们达成的弃煤时间表是雄心勃勃的，也是务实的"①。再如，2018 年10 月，在煤炭委员会争论方案最白热化的时候，三个东部煤炭州（即萨克森州、勃兰登堡州和萨克森－安哈尔特州）的州长曾联合提出 600 亿欧元的联邦援助要求，将其作为地方愿意弃煤的条件，但在政党内部的游说下，他们最终还是接受了联邦政府主导的、规模相对"缩水"的援助方案。另外，基社盟由于巴伐利亚州只有几个规模较小的煤电厂，不存在利益受损的紧迫感，立场更是倒向绿党，催促默克尔在 2030 年前完全弃煤。造成上述改变的根本原因是民意压力，而且这种压力有增无减，通过 2018～2019 年的数次地方选举及欧洲议会选举不断传给执政党，让其意识到选票正在不断流向倡导激进弃煤的绿党②，较大比例的选民对两党应对气候变化的表现始终不满意，政党在煤电议题上态度不明、久拖不决的中间路线只会降低自身的支持率。同时，两党也看到一小部分的选民站在了"反对放弃煤电"的一边，并将选票投向了拒绝承认气候变化、煽动民粹主义的选择党，但两党不会因小失大，只能在"保煤"与"弃煤"两个选项中做出明确决断，满足多数人的政策偏好。

执政党还展现出一定的政治技巧，这体现在煤炭委员会的设置上。该委员会集合了 28 名与弃煤议题密切相关的行为体代表，呈现多中心协同治理的典型特征③。委员会的工作主要是通过协商民主的形式，让各方的利益诉求得到直接表达，最终形成一份较能体现社会共识且具有可操作性的决议报告。这一机制还使弃煤决策在很大程度上"去政党化"，让这个充满争议的议题从复杂的多党政治中相对抽离出来，避免决策因政党间的权力斗争一再拖延。对于联盟党、社民党而言，它们也减轻了决策压力，既能对支持弃煤

---

① Brian Parkin, Birgit Jennen, William Wilkes, "Merkel Spends Big to Kickstart Germany's Stalled Coal Exit," *AFR*, 16 January 2020, https://www. afr. com/world/europe/merkel-spends-big-to-kickstart-germanys-stalled-coal-exit－20200117－p53s8e，最后访问日期：2020 年 5 月 15 日。

② 2018 年 10 月，在黑森州和巴伐利亚州的地方选举中，基民盟（或基社盟）和社民党的选票均比上次选举下降 10 个百分点以上，而绿党的选票均大幅上升，在两个州都仅次于基民盟（或基社盟），位列第二。在 2019 年 5 月的欧洲议会选举中，绿党在德国的得票率为 20.5%，仅次于基民盟，远超社民党，获得建党以来的最好成绩。

③ 28 名代表的构成如下：5 名煤炭煤电企业代表、4 名产业联盟（或协会）代表、3 名工会组织代表、7 名产煤区的民意代表、5 名科学界代表、3 名环保组织代表、1 名政府代表。另有 3 位联邦议员参与讨论，但无投票权。

的选民做出交代，也能消解和转移反对弃煤的选民的不满情绪，煤炭委员会从选举政治角度看是一个相对两全的办法。

（三） 支持弃煤团体的呼吁与谋划

在整个决策进程中，有三个主要的支持弃煤团体：绿党、环保团体和一些智库机构。它们各自发挥所长，持续制造舆论压力，提出解决方案，采取治理行动。

绿党基于其一贯环保立场，长期指责默克尔的气候政策是"基本失败的"，并把淘汰煤电、完全依靠可再生能源发电作为其主要的气候治理主张。2017 年联邦议院选举后，绿党率先提出系统的煤电治理方案，包括立即关闭 20 座燃煤电厂、联邦政府尽快制定弃煤路线图、2030 年实现完全弃煤等[①]。这些主张虽然未能获得机会实施，但绿党无疑在议程设置、目标设定等方面发挥了"领头羊"作用，令执政党担心失去在"弃煤"议程上的话语权。在联邦政府启动弃煤决策后，绿党始终支持整个进程，并适时展现实用主义立场，强调应该关注能源转型对煤矿产区民众的负面影响，试图塑造兼顾环境保护与经济发展的人民党形象。

"环境运动在德国可持续发展历程当中是重要的助推器。"[②] 不少环保团体从 2017 年开始频繁通过游行示威向政府施加压力，有时甚至直接前往煤炭开采地、煤电厂阻挠正常生产活动。其中，出现两个影响广泛的社会运动。一个是围绕汉巴赫森林的抗争。汉巴赫森林位于科隆以西，面积 550 公顷，是欧洲留存最古老的原始森林。拥有土地所有权的莱茵集团准备于 2018 年 10 月清除 100 公顷森林以扩大煤炭开采，于是从 2018 年夏天开始，汉巴赫森林成为德国乃至欧洲环境活动分子开展抵抗运动的象征性"战场"，大量环保团体在森林中安营扎寨，阻挠莱茵集团的行动，滞留森林的示威人员最多时超过 4000 人，德国警方于 9、10 月对滞留人员多次采取强制清场行动。汉巴赫森林的命运及由其引发的纷争一时成为德国的舆论焦点，虽然环保人士的运动最终被中止，但 2020 年 1 月，联邦政府与北莱茵－威斯特法伦州政府、莱茵集团协商后达成共识，汉巴赫森林将得到完整保留。这一事

---

① Benjamin Wehrmann, "CDU & Greens' Energy Politicians Clash over Germany's Coal Exit Speed," *Clean Energy Wire*, 10 October 2017, https://www.cleanenergywire.org/news/cdu-greens-energy-politicians-clash-over-germanys-coal-exit-speed，最后访问日期：2020 年 5 月 15 日。

② 吴畏、石敬琳：《德国可持续发展模式》，《德国研究》2017 年第 2 期，第 7 页。

件强化了德国社会本已形成的弃煤共识，淘汰煤电从一个单纯的能源转型议题升级为一个更具道义正当性、情感感召力的"保护森林"运动，起到了很好的社会动员作用。另一个是瑞典少女格蕾塔·通贝里（Greta Thunberg）发起的、呼吁各国加快气候治理的"星期五为未来"运动①。这一学生运动自 2018 年 11 月开始在欧美国家扩散，2019 年全德约有 500 座城市出现了"星期五为未来"游行，参与人数达到数十万的规模。2019 年 4 月 12 日，德国"星期五为未来"运动的组织者在汇集全国学生意见的基础上，向政府递交正式建议书，明确提出在年底前关闭 1/4 的煤电厂、2030 年前完全弃煤的主张。"星期五为未来"运动的声势令政治人物无法忽略青少年的诉求，默克尔多次表态支持学生，这也间接助推了弃煤进程。

一些智库机构长期关注能源转型，为推动弃煤提供了研究报告和政策建议，代表性机构包括能源转型智库 Agora、环境顾问委员会（SRU）、生态社会市场经济论坛（FOS）、德国经济研究所（DIW）等。它们的专业意见构成了决策各方的重要依据，发挥了智库在社会治理中的"知识提供者"角色的作用。例如，能源转型智库 Agora 在 2018 年 2 月发布《煤炭共识：十一大原则》报告，获得较大的社会影响力，其中很多建议（如尽快召集"国家煤炭共识圆桌会议"、逐步在 2040 年前退出煤电、建立"结构转型基金"等）都被政府和参与弃煤决策的行为体所采纳。

（四）煤炭产业的适应性调整

煤炭产业企业虽持续表达各种抵制或延缓关停的意见，但它们也担心如果未来绿党执政或煤电的经济性完全消失，它们将面临更严峻的压力和更少谈判"筹码"，所以总体保持了理性态度与适应转型的姿态，将关注点放在了争取政府的补偿上。这也导致煤炭产业企业在很多时候与支持弃煤的团体并不构成冲突关系，后者甚至主动协助它们向政府争取权益。

造成这种情况的原因主要有两点。一是大型电力运营商业企业已启动业务转型，放弃煤电成为它们的既定战略方向。位于鲁尔区的莱茵集团拥有德国较大比例的在运煤电装机，但它积极调整业务布局，目前已是欧洲第二大的可再生能源发电商。再如，位于巴登－符腾堡州的安能集团虽然拥有煤电

___

① 张锐：《欧美气候治理中的中小学生参与：以通贝里发起的"星期五为未来"运动为例》，《少年儿童研究》2020 年第 3 期，第 42～52 页。

厂，但一直明确支持弃煤[1]，积极开发新能源，2018 年该公司 74.8% 的投资都流向了可再生能源和电网扩建领域。二是煤炭产业的工会采取了配合态度。在历史上，德国煤矿工人曾是能够影响国家政局走向的群体，但随着产业日益萎缩，煤炭行业的从业人数从 1990 年两德统一时的 12 万人减少到 2018 年的 2 万余人，一半员工的年龄在 50 岁以上[2]，这样的就业规模意味着他们政治能量和话语权的式微。面对弃煤进程，煤炭产业工人的主要代表——德国矿山、化学和能源工会（IG BCE），德国服务行业工会（Verdi）和德国工会联合会（DGB）将自身塑造为维护转型正义的代表，积极为劳工争取有利的补偿方案与未来就业机会，正如 IG BCE 的一位领导人这样描述他们的诉求："最重要的事情是保住我们的工作，至于能源从何而来并没那么重要。"[3] 这种务实态度促使 2018 ~ 2019 年德国产煤地区并未爆发过激的或持续的劳工抗议活动，并未发生一些观察者担忧的工人抗争，也使行业工会成为了推进决策进程的积极力量。例如，2018 年 11 月，煤炭委员会的谈判曾一度陷入僵局，IG BCE 表示希望促成委员会在年底前达成成果，而非半途而废。

（五）欧盟的引导

除了国家内部的原因外，德国弃煤决策也受到了欧盟层面的压力。一是欧盟 2018 年 12 月制定的电力市场指令。"容量机制"是欧盟国家煤电厂获得补贴的主要来源[4]，也是欧盟电力市场改革的难点。根据新的规定，新建电厂自发电之日起如果化石燃料排放二氧化碳超过 550 克/千瓦时，将不能参加"容量机制"；现有电厂如果化石燃料排放二氧化碳超过 550 克/千瓦时

---

① 安能集团的表态与其股东结构有密切关系，巴登 - 符腾堡州州政府和该州地方政府持有该公司超过 95% 的股份，另外，自 2011 年 3 月以来，绿党一直是该州的第一大党。

② Noah Gordon, "East German State Elections Pose Litmus Test for Coal Exit Plans," *Clean Energy Wire*, 16 August 2019, https://www.cleanenergywire.org/news/east-german-state-elections-pose-litmus-test-coal-exit-plans, 最后访问日期：2020 年 5 月 15 日。

③ "Thousands Protest German Coal Phaseout," *DW News*, 24 October 2018, https://www.dw.com/en/thousands-protest-german-coal-phaseout/a-46019342, 最后访问日期：2020 年 5 月 15 日。

④ 此处的"容量机制"实为目标容量机制，指通过合同对一部分仅在容量短缺情况下使用的发电容量和需求响应进行约定，在这种机制下，一些即将退役或停用的发电厂须保持备用状态，以应对电力紧缺的状况。对于这些加入机制的电厂，政府补贴成为它们唯一的收益来源。该政策的初衷是维护能源安全，但从欧盟一些国家的实践来看，容量机制成为延续煤电厂寿命、拖延能源转型的争议性工具。

且年平均装机排放超过 350 克/千瓦时，2025 年 7 月 1 日后将不再享受"容量机制"支持①。这一规定倒逼德国、波兰等煤电大国政府减少对煤电厂的援助，使老旧的煤电厂不能再以"备用电源"为由获得财政补贴，加速其关停进程。二是碳价的不断上涨。由于 2019 年 1 月实行的"市场稳定储备"机制大幅减少碳配额的供给，欧盟碳交易市场的平均价格已从 2017 年 5 月的 4.38 欧元/吨飙升至 2019 年 6 月的 25 欧元/吨②。随着欧盟排放交易体系从 2021 年将进入第四阶段，碳排放配额年减降率升至 2.2%，2023 年前的碳价有望升至 35～40 欧元/吨的区位③。上述政策促使德国执政者必须在国家层面提前应对，为煤炭产业尽快找到平稳过渡之路。

根据"体系失稳"决策互动框架和本部分探讨，我们可以勾勒出德国弃煤决策的互动图景（见图 3），这也揭示了决策较为顺利达成的原因。在整个过程中，虽曾出现不同阵营的观点交锋，政治体系出现一定程度的波动，但各方的合作面大于对抗面、冲突面："尽快淘汰煤电"的主流民意奠定了各方开展协同治理的共识基础，将事关煤电前途的决策聚焦到"弃煤时间表"与"扶持计划"两个核心内容，兼顾了转型效率与转型正义；支持弃煤的团体主要通过社会动员、建言献策发挥影响；煤炭产业展现出顺应潮流、予以配合的理性态度；执政者坚定转型决心，积极整合各方诉求，推动联邦州的配合和弃煤方案的出台，并以立法形式保证决策的权威性与稳定性。德国互动图景与前文提出的理论框架之间存在些许不同，造成这种调整的原因是德国实践的特殊性，表现为以下两点：一是德国煤炭产业企业基本接受转型的必要性与必然性，并没有完全站在支持转型的团体的对立面或扮演强硬反对者的角色，其将行动重点放在了"争取补偿"上，从而具有了维护体系稳定、避免谈判破局的良好意愿；二是在本国政治体系之外，德国的转型受到欧盟这一超国家行为体的有力影响，这种情况与德国向区域组织让渡了一定程度的能源主权密切相关。

---

① 傅聪：《欧盟气候能源政治的新发展与新挑战》，人民网，2019 年 3 月 20 日，http://world. people. com. cn/n1/2019/0320/c187656 – 30986349. html，最后访问日期：2020 年 5 月 15 日。

② Lewis Pegrum，"The Price of Polluting is About to Take Off—Will You be Affected？" *CRU*，2 July 2019，https://www. crugroup. com/knowledge-and-insights/spotlights/2019/the-price-of-polluting-is-about-to-take-off-will-you-be-affected/，最后访问日期：2020 年 5 月 15 日。

③ Claire Stam，"EU Carbon Prices Expected to Rise Quickly and Accelerate Energy Transition，" *EURACTIV*，21 August 2018，https://www. euractiv. com/section/energy/news/eu-carbon-prices-expected-to-rise-quickly-and-accelerate-energy-transition/，最后访问日期：2020 年 5 月 15 日。

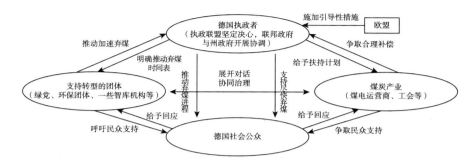

图 3　德国弃煤决策的互动图景

资料来源：笔者自制。

四　展望：德国后煤电时代的政治挑战

尽管德国实现了能源转型的突破性进展，但在煤电加速退出能源体系的过程中，仍然会面临以下突出的政治挑战。

第一，弃煤决策尚未解决的问题。首先是达特恩 4 号硬煤电厂（Datteln 4）的处置，该发电厂隶属于尤尼佩尔公司，装机容量 1.05 吉瓦，总投资超过 12 亿欧元，原计划 2020 年投产。2019 年 1 月，煤炭委员会建议不再启用任何新的煤电站，但联邦政府对此并未做出明确表态。2019 年底，经济与能源部部长彼得·阿尔特迈尔（Peter Altmaier）表示："由于复杂的赔偿金计划，政府决定对达特恩 4 号开绿灯。"[①] 2020 年 5 月底，电厂正式投入运营，尤尼佩尔公司也未提出该电厂未来的退役计划。绿党、自民党和左翼党一直反对达特恩 4 号的启用，绿党领导人安娜琳娜·巴尔博克（Annalena Baerbock）表示："达特恩 4 号的发电将中断弃煤进程，破坏煤炭委员会的辛勤工作。"[②] 从 2020 年开始，环保组织展开了持续的抗议活动，"矿区终结"

---

① Soren Amelang & Benjamin Wehrmann, "Government, Mining States, Utilities Fix Path for Germany's Coal Phase-out," *Clean Energy Wire*, 17 January 2020, https://www.cleanenergywire.org/news/government-mining-states-utilities-fix-path-germanys-coal-phase-out, 最后访问日期：2020 年 5 月 15 日。

② Soren Amelang & Benjamin Wehrmann, "Government, Mining States, Utilities Fix Path for Germany's Coal Phase-out," *Clean Energy Wire*, 17 January 2020, https://www.cleanenergywire.org/news/government-mining-states-utilities-fix-path-germanys-coal-phase-out, 最后访问日期：2020 年 5 月 15 日。

（Ende Gelände）、"去煤欧洲"（DeCOALonize Europe）等一些激进环保组织封锁了电厂周围的装载设备和带式输送机，开展扰乱生产秩序的"占领运动"。显然，如何妥善安排这一巨额投资的煤电厂仍是德国执政者需要处理的棘手议题。其次是硬煤电厂及其所在的地方政府（主要是北莱茵-威斯特法伦州）对于拍卖补偿方式表示不满，它们认为联邦政府将它们与褐煤电厂区别对待，通过拍卖装机获得的补偿势必远远少于政府给予褐煤电厂的直接补偿。目前，硬煤电厂及其利益攸关方仍希望争取更多补偿或延长电厂的关停时间。

第二，选择党热衷利用弃煤议题煽动民粹情绪。相比原西德地区的煤炭矿区，原东德地区的矿区经济结构单一[1]，适应能源转型的产业调整严重滞后，所以面对弃煤进程，矿区民众出现了不安全感及对联邦政府的怀疑态度。选择党"趁虚而入"，在原东德地区的矿区提出"弃煤必须停止"的口号，指责"西德对东德进行道德绑架"，强调目前的转型只是迎合"气候变化的谎言"，将导致大面积失业，割裂矿区曾经拥有的光荣历史与工业传统等[2]。这些言论迎合了原东德地区一些民众对弃煤的反对，扩大了极右翼政党的政治市场。在2019年5月欧洲议会选举中，选择党获得了依赖煤炭的勃兰登堡和萨克森地区最大的选票份额；在同年10月图林根州的地方选举中，选择党的票数大幅增长，一跃成为州议会的第二大党。默克尔感受到这种民意压力，她表示"煤炭产区的人们投票支持极端主义政党，因为他们感到权利被剥夺，这意味着我们必须以人们可接受的方式进行结构转型"[3]。

第三，关于可再生能源的政治纷争开始凸显。在弃核、弃煤之后，德国势必进入一个以可再生能源为能源主体的新时代，但社会出现了自相矛盾的民意倾向，民众一方面普遍支持加快发展可再生能源，另一方面也会因个人利益或错误偏见抵制具体项目，尤其针对风电与电网项目。风电项目频繁遭遇所谓"邻避"运动（Not in My Backyard），即社区居民反对在其住宅附近

[1] 在德国目前的三大主要褐煤产区中，有两个位于原东德地区，分别是毗邻波兰的劳西茨矿区和莱比锡附近的中部德国矿区。

[2] Joseph Nasr, "Save Coal, Lose Youth Vote? Far-right German Party Faces Climate Policy Revolt," *Reuters*, 29 May 2019, https://www.reuters.com/article/us-germany-afd-idUSKCN1SZ1KD, 最后访问日期：2020年5月15日。

[3] Joseph Nasr, "As End Looms for Coal, German Mining Region Shifts Right," *Reuters*, 12 April 2019, https://www.reuters.com/article/us-germany-politics-coal-idUSKCN1RN0PD, 最后访问日期：2020年5月15日。

安装大型风电机组，反对理由一般包括风电发电机破坏景观、产生噪音、影响土地价格和野生动物等。2018～2019 年，德国风电场的审批程序的耗时翻了 3 倍，达到 700～800 天，该国目前有超过 1000 个居民组织与风电场存在法律纠纷，几乎每一个风电场的规划建设都遭遇到社区的诉讼①。新建和扩建电网项目是德国能源转型的重要组成部分，德国尤其需要大规模建设南北方向的高压电网，将北方丰富的风电输送至南方大城市和工业中心。但是，许多民众和环保组织认为架设大型电网是"对自然环境的侵蚀"，破坏了自家窗前原本的景观，有些民众毫无依据地担心邻近电网会对健康造成危害。公众的抵制已经成为德国电网建设的最大阻碍，大量工程被延宕，德国政府很早提出了新建或改造 7700 公里电网的计划，但截至 2019 年中期，仅完成了 1100 公里。显然，德国围绕可再生能源的政治纷争在接下来一段时间将会更多出现，社会对于新能源的正确认知与理性态度仍需持续塑造。

五 结语

德国的弃煤决策及相关影响对我国能源转型具有重要参考价值。我国是煤炭生产和消费大国，煤炭、煤电产业的规模也远超世界其他国家，这意味着煤炭产业的转型乃至"退出"面临更多困难、更严峻的挑战。国家能源局的《能源生产和消费革命战略（2016—2030）》指出"实现煤炭转型发展是我国能源转型发展的立足点和首要任务"②，该报告提出了煤炭产业变革的基本思路，包括严格控制煤炭消费总量、依法依规淘汰煤炭行业的落后产能、推动煤炭清洁高效开发利用等。对照德国经验，本文提出以下建议。一是政府有必要持续提升应对气候变化、实施能源转型的社会共识，使各部门决策者、能源产业和社会公众对中国能源革命的走向形成较为统一的看法，减少不必要的争议、纷争。二是在国家层面尽早启动减煤时间表、路线图的制定，明确转型的时间进度，厘清各能源相关机构的责任分工，避免决策反复

---

① 《德国电网发展计划：将在 2035 年可再生能源发电提高到 65% 的目标》，南方能源观察，2010 年 1 月 10 日，http://www.nengyuanjie.net/article/33450.html，最后访问日期：2020 年 5 月 15 日。

② 《能源生产和消费革命战略（2016—2030）》，国家能源局，2016 年 12 月，https://www.ndrc.gov.cn/fggz/zcssfz/zcgh/201704/W020190910670685518802.pdf，最后访问日期：2020 年 5 月 15 日。

或行动仓促，实现煤电的有序淘汰。三是加强能源治理机制的创新，如构建协商机制，促进利益攸关方开展平等、理性的对话，建立煤电退出的监测评估机制，密切跟踪转型的效果、出现的问题，对具体政策进行动态调整。四是尽早谋划煤炭大省的系统转型方案，破除对传统资源型经济的路径依赖，处理好产业再造、员工再就业、环境修复等问题，实现创新驱动发展。

经济卷

德国大联盟政府经济政策剖析[*]

殷桐生[**]

摘　要：2005 年 5 月 22 日，德国社民党在北威州大选失利，施罗德为了摆脱困境，化被动为主动，宣布提前进行联邦议院大选。经过种种曲折和意外，组成了黑红大联盟政府。11 月 11 日，经过 4 周的谈判，两党终于提出了其联盟协议，核心是经济政策，口号是"整治、改革、投资三和弦"。本文对新政府的经济政策进行了分析和梳理，以求深入探讨德国大联盟政府的经济政策。

关键词：大联盟　增值税　"整治、改革、投资三和弦"　基尼系数

2005 年德国大选的过程和结果不要说芸芸众生难以预料，就连各路专家学者也都三缄其口。由于德国各主要政党均有"色彩"标志，于是在大选之前，人们便玩起了"拼彩盘"游戏，黑黄联盟、红绿联盟、（红黄绿）交通灯联盟、（黑黄绿）牙买加联盟、红红绿联盟被一一拼起，又被一一撤去，最后出现的竟然是人们希望出现而又不敢想象其出现的黑红大联盟。

一　大联盟政府的出现是形势的产物

其实黑红大联盟的出现应该说是合乎形势发展的产物。理由至少有下列四点。

---

*　本文首次发表于《国际论坛》2006 年第 4 期，第 64～68 页。
**　殷桐生，北京外国语大学德语学院教授。

第一，雅尔塔体系瓦解后，资本主义国家主要政党之间在内政和外交方面的利益、方针、政策和路线上都出现了空前的趋同现象。随着世界进入了后冷战时期，帝国主义和无产阶级革命的时代也转变成了和平与发展的时代。国际上敌对阵营消除，国内阶级斗争缓和，新的挑战和机遇涌现，每个大党对此的感知几乎是相同的，即便是像德国的联盟党和社民党这样历史上存在严重分歧的两个政党，在政见上也开始日益趋同，两者合作的可能性增加并开始了合作，特别是《2010议程》这一全方位的改革方案便是综合各方意见，并经朝野诸党共同批准的产物。因此，成立大联盟政府，尽管还不能说是水到渠成，至少也应该是顺理成章的。

第二，德国国内出现了近似1966年第一次组成大联盟政府时的形势。1966年的德国，从外交上来说，面临开奏"东进序曲"的局面，从扎根西部、抗衡东部，发展到西东兼顾、左右逢源；从内政上来说，德国经济正陷入战后的第一次经济危机之中，迫切需要两党联合，共渡难关；从党派政策来说，执政的联盟党开始接受社民党打开东方的政策，实施"以接近求变化"的外交政策和以需求为导向的凯恩斯经济政策。与此同时，作为反对党的社民党则通过"哥德斯堡易帜"接受了联盟党坚持的与西方结盟的对外政策和社会福利市场经济体制的对内政策，也就是说，两党的根本政策出现了重大的趋同。如今的德国，尽管1998年和2005年出现过两次政权更迭，但从外交上说，都是继承大于变更；从内政上来说，随着施罗德放弃了社民党传统的需求导向经济政策，大力推行联盟党惯用的供给导向经济政策，组成大联盟政府的前提已经出现。

第三，改革的需要。根据政治经济学的基本观点，执政党政府执行某种经济政策总是同它谋求连续执政有关。因此，新上台的执政党一般都执行"先停后进"的政策，也就是说，先执行紧缩政策，再推行膨胀政策，先控制通货膨胀，稳定经济，以获得信任，再发展经济，以获取民众对自己连任的支持。因此不少经济学家把新政府的执政意图归纳为前两年抓适应，后两年争选票。其实，抓适应也是为了争选票。这一点在当前的德国显得尤为重要。这是因为德国经济得了"重病"，大凡具有正常理智的政治家和经济学家是很容易看清的。但看清是一回事，治疗却是另一回事，从看清到治疗再到治愈不仅有一段很长的路要走，而且路上潜伏着无数难以克服的障碍，因为这里涉及的是体制问题，是平民百姓赖以维系的福利问题，这对"一个党在台上，一个党在台下"的资本主义国家来说是一个"生死抉择"的问题，因为只要一触动削减福利这一敏感神经，就会丢失选民，就会导致执政党下台。施罗德算是吃了豹子胆，他1998年一上台就试图触动这根神经，结果一下子就丢掉了6个州的执政大权。因此，德国经济改革需要深化，深化改革需要动大手术，而这就需要社会共识，首先是两大政党达成一致，也就是说，需要一个大联盟政府。

第四，民心之所向，民意之所求。从2002年到2005年，时间仅仅过去了3年，德国的朝野上下、东西南北，对德国需要大联盟政府的意愿日益显现。2005年3月，《星期日世界报》以"德国需要大联盟吗？"为题在网上对44名各阶层著名人士进行了采访。其中除1人不愿明确表态外，其余的43人中有24人表示"需要"，19人虽然表示"不需要"，但其中部分人仍然强调，需要两党之间的合作，如果"真正出现危机"，也同意建立大联盟。随着提前大选的日益迫近，这种愿望越发强烈。愈来愈多的人认识到没有大联盟政府，德国的经济改革将一事无成。只有从这一角度出发才能真正理解德国大选的选票为什么呈如此分散的格局。广大选民既不希望黑黄联盟获得过半选票，也不希望红绿联盟获得过半选票，因为只有在这样的前提下，组成大联盟政府才有可能。大联盟成立后，阿兰斯巴赫研究所对526名经济界、政界和管理层的高层决策人物进行了调查。结果是，75%的人认为默克尔（Angela Merkel）是位坚强的总理，3/4的人认为，大联盟政府将能执政4年，52%的人相信大联盟政府能带领德国前进。[1]

说建立大联盟政府是民心之所向，民意之所求，讲的是一种不断发展的理智意向，绝不是说没有反对意见。在德国，无论是选前或是选后，反对大联盟政府的都仍大有人在，主要来自反对党中的经济界和工会人士。突出的理由有两个：一是联邦议院缺少强有力的反对派，无法真正实现议会民主；二是两大党过去积怨太深，今天既难于合作，也难于联合执政，即便联合执政，也是同床异梦。应该说，这些担心并非杞人忧天，因为这是事实，或基于事实的分析。而且不管大联盟能支撑多久，"分手"总是迟早要发生的。但有两个问题人们却不得不加以考虑。

问题之一是，两大党如做不出成绩，它们又如何能获得更多的选票，同另一个或另两个小党来联合组阁？问题之二是，当前的德国面临严重的经济问

---

① Claudia Ehrenstein, "Deutsche Führungskräfte halten Angela Merkel für eine starke Bundeskanzlerin," *Die Welt*, 21 Dezember 2005, https：//www.welt.de/print-welt/article185704/Deutsche-Fuehrungskraefte-halten-Angela-Merkel-fuer-eine-starke-Kanzlerin.html.

题，大难当前首先需要的就是党与党之间的理解、共识和合作，因为无论是从国家与民族的利益出发，还是从党派的利益出发，其都必须全力以赴应对困难，因为覆巢之下岂有完卵？因此，德国两大党早已从异床异梦发展到异床同梦。如今，同床异梦肯定不会少见，但同床同梦显然会愈来愈多。

二 大联盟政府主要的经济政策

2005 年 11 月 11 日，联盟党和社民党公布了题为《以勇气和人道共同为德国奋斗》的联盟协议。发展经济在协议中居于突出的地位，核心思想是所谓的"整治、改革、投资三和弦"。①

"整治"就是指整治财政，强调既要增收又要节支，力争在 2007 年将德国当年的财政赤字控制在《马斯特里赫特条约》规定的 3% 的范围内，并按照《基本法》的规定，使当年的投资额超过债务额，前提是必须补齐每年 350 亿欧元的缺口。采取的主要措施如下。（1）节支。如节约行政经费支出，减少补贴，减少税收优惠，坚持将失业补助同社会救济金合并为二档失业金；2007 年要削减联邦对法定医疗保险的补贴，从 2008 年开始完全取消；不再向联邦就业中心提供补贴，联邦不再提高对法定养老保险的补贴额度，废除私人住宅补贴，削减对"钟摆族"的一次性交通费补贴；等等。（2）增收。从 2007 年开始将增值税从 16% 提高到 19%，这样一来可以增加 100 亿欧元的收入，其中的 1/3 用来削减附加工资，1/3 用来整治联邦财政，1/3 用来整治各州财政；将非经营性所得税的最高税率从 42% 提高到 45%，该税俗称"富人税"；从 2007 年开始将养老保险费从 19.5% 提高到 19.9%；从 2007 年起对私人让与所得的利益一次征 20% 的税；星期日和节日的工资补贴如超过每小时 25 欧元可以免税，但要交纳福利保险费；将工商业中低水平就业的一次性缴费提高到 30%。

"改革"是指改革社会福利体制，着重降低社会福利费率。主要措施是：将工资附加成本降至 40% 以下；把失业保险费从 6.5% 降至 4.5%；把子女津贴的支付年限从 27 岁降低到 25 岁，同时引进一年的父母津贴，以代替原来为期两年、每月最高可达 300 欧元的教育津贴，额度相当于全部净收入的

---

① "Gemeinsam für Deutschland. Mit Mut und Menschlichkeit," *CDU*, 11 November 2005, https://archiv. cdu. de/system/tdf/media/dokumente/05_11_11_Koalitionsvertrag_Langfassung_navigierbar_0. pdf？file = 1.

67%，但最高不超过每月 1800 欧元；从 2012 年到 2035 年将退休年龄提高两岁，每年提高一个月，最近又决定提前在 2029 年实现；放松解雇保护，规定新聘雇员试用期最长可为两年，试用期内不享受解雇保护，新建企业的试用期可以延长至 4 年；等等。

把"投资"升格为三和弦之一，明确宣布 2006 年新增债务为 410 亿欧元，而投资只为 230 亿欧元，债务额远远超过投资额，因而也就违反了《基本法》的第 115 条，属"违宪行为"，这在联邦德国历史上从未有过，但政府同时宣布 2007 年就将改变这一非常状态；设立总额为 250 亿欧元的未来基金，用来资助 5 个重点领域，即对中产阶层、交通、科研和技术、家庭开业和家庭资助领域进行投资；在 2008 年前投入 45 亿欧元来改善折旧条件，3 亿欧元整修旧有建筑，以便提高企业投资的积极性；对交通基础设施新增投资 43 亿欧元；等等。[①]

大联盟的经济政策一经公布，便给堆积如山的德国经济改革方案又增加了一个新的版本，而且是一个定稿的版本，是一个法定的、全国都必须执行的版本，因而也就不可能不引起强烈的反响。但值得注意是，该联盟协议在三个党的党代会上均获压倒性多数通过。

三 是大步改革还是小步改革

改革是当前德国的一个最为关键的问题。正因为如此，人们对大联盟政府提出的"整治、改革、投资三和弦"的口号和对联盟协议中有关改革的篇幅如此之少感到难以理解。说实在的，所谓三和弦的提法，乍看起来，无论是从经济理论的角度，还是从实际内涵的角度似乎都难以自圆其说，如整治中就包含大量的改革内容，而投资只是经济增长的三大手段之一，列入总纲似乎有点不伦不类，再说也完全可以归并入整治范畴之内。正因为此，著名经济学家鲁道夫·希克尔（Rudolf Hickel）教授便斥责大联盟是个"经济盲"[②]，而

---

① 综合联盟协议、默克尔的《政府声明》（Regierungserklärung）和《2006 年度经济报告》（Jahreswirtschaftsbericht 2006）的相关数据，分别摘自 2005 年 11 月 11 日《世界报》（Die Welt），2005 年 11 月 30 日的德国联邦政府网站（www. bundesregierung. de）以及 2006 年 1 月的德国商务部网站（www. bmwi. de）。

② Rudolf Hickel, "Neues Deutschland: Der Wirtschaftswissenschaftler Professor Rudolf Hickel kritisiert Koalitionsvertrag," *Presseportal*, 14 November 2005, https://www. presseportal. de/pm/59019/749228.

更多的人则指责大联盟削弱了改革，把改革置于了次要地位，因为同《2010 议程》相比，联盟协议涉及的改革力度显然要小得多。于是默克尔连忙在其政府声明中解释说：整治战略是长期的，而改革和投资则在时间上领先，我们的这一方案最终会成为"整治、改革、投资三和弦"。她还特别赞扬了前任总理施罗德的改革决心，并表示将继续执行《2010 议程》。① 显然，大联盟政府并不想放弃改革，也不会放弃改革，因为离开了改革德国肯定没有前途。然而如今的德国重病缠身，积重难返，已经经受不住改革的巨大压力和阻力。从长计议，变迈大步为迈小步，不失为一种策略。正因为此，默克尔才在其政府声明中大胆承认，大联盟政府执行的就是小步政策。②

对于所谓的三和弦方案也应进行具体、细致的分析。笔者认为，采取这样的提法至少有以下一些理由。一是，大联盟政府已经改变了振兴德国经济的切入点，从改革体制转为整治财政，但整治财政又要以改革和投资为前提。因为两党都认为，当前要振兴德国经济必须首先整治财政，只有整治好财政才能增强国内外投资者和消费者对德国财政、金融和税收政策连续性的信心，才能推动经济和就业的增长，默克尔则进一步强调说："当前德国的财政已经处于灾难的境地，没有人能把数学废除。"③ 二是，大联盟政府执行的依然是西方盛行的供给经济政策，经济学家乌利西·里普尔特将其称为"社会民主主义包装下的新自由主义政策"④，其典型做法就是从紧缩的财政政策和货币政策切入，带动整个经济的发展。三是，德国投资疲软已经是一个不争的事实，必须突出，方能扭转。四是，整治财政和加大投资易于短期见效，因而也易于增强人们对执政联盟的信心。五是，当前德国的经济改革方案多如牛毛，两党也已经有了一个基本共识，那就是《2010 议程》，但如今正式执政，总要提出一些新理念、新思想。因此笔者认为，对于这些提法上的变化不必过多指责，关键是其能否真正见效。

---

① Angela Merkel, "Regierungserklärung," *Die Bundesregierung*, 2005, http://www. bundesregierung. de.

② Angela Merkel, "Regierungserklärung," *Die Bundesregierung*, 2005, http://www. bundesregierung. de.

③ "Rede von Bundeskanzlerin Dr. Angela Merkel auf der Pressekonferenz am 12. November 2005," *Die Bundesregierung*, 12 November 2005, https:// www. bundesregierung. de/breg – de/service/bulletin.

④ Ulrich Rippert, "Merkels Regierungserklärung: Neoliberale Politik in sozialdemokratischer Verpackung," *WSWS*, 2 Dezember 2005, https://www. wsws. org/de/articles/2005/12/merk – d02. html.

四　是增加税费还是削减税费

无论从哪个角度看，税制改革，不论是增税还是减税，都是衡量一国政府经济政策的重要标准。众所周知，供给经济政策的核心就是减税。出人意料的是，联盟党在此次大选中却举起了增税的旗帜。显然，这是出于迅速整治财政的需要，但也说明，资本主义政党的传统供给经济政策正日益实用主义化，有了愈来愈多的版本。

但是，税制改革历来涉及千家万户的利益，大联盟政府要增税的决定，特别是提高增值税税率的决定一出台便在德国社会引起了一场轩然大波，各类不同阶层人士群起而攻之，经济学家迪特马尔·海宁（Dietmar Henning）斥之为"对人民的宣战"[①]。如果不是因为大联盟在联邦议院拥有绝对多数优势，默克尔在政府报告中讲到这一问题时恐怕真会招架不住。

其实，当今的世界几乎已经没有一个发达国家的政府在改革时会只向人们赠予，而不向人们索取。其总是在赠予之时不忘索取，在索取之时提醒人们不要忘了其赠予，并称之为结构改革。当前，多数发达国家都执行供给经济政策，因为这有利于企业家、有利于雇主，于是便出现了一场减税竞赛。然而，片面地强调某一方面，必然带来新的不平衡。例如，减税是供给经济政策的一个重要特点，但一味减税必然会使财政失衡。"拉弗尔曲线"中关于减税会增收的论说也日益为严酷的现实所否定。于是，供给经济政策便日益强调，税制改革必须是有减有增的。问题是增多少，减多少。对于债台高筑的德国政府来说，当然是增得多，减得少，因为只有从这一剪刀差上得益，其才能生存下去。于是人们便嘲讽地说，过去红绿联盟用减税没有办成的事，现在大联盟却想用增税来实现。然而由于所有纳税人都不希望增税，于是在增加间接税率的同时减少直接税率，在增加商品税时减少劳动税费便成了一种新的选择，因为后者直接涉及纳税人的利益，是明的，增加难以被接受；而前者只间接涉及纳税人的利益，是暗的，增加较易被接受，而增值税当然就成了德国增税的首选税种。

提高增值税率有利有弊。其利是，可以用新增的增值税收入降低工资附

---

① Dietmar Henning, "Kriegserklärung an die Bevölkerung," *WSWS*, November 2005, https://www.wsws.org/de/articles/2005/11/koal - n15.html.

加成本，降低失业保险费，而且不会提高出口价格，更不会导致欧洲央行增息，从而影响欧盟经济复苏，而且执行方便，见效快；其弊则是，增值税不考虑个人的能力和贡献，这种表面上的公正却掩盖着事实上的不公正。此外，提高增值税率很可能会加剧通货膨胀，这自然有碍景气状况的改善。

五　是重视结构问题还是忽视结构问题

从大联盟的经济政策中人们看到了对经济结构问题的重视。结构问题是一个被历届联邦政府忽视的问题。因为，联邦德国从建国到 20 世纪 60 年代中期第一次经济危机前基本不存在结构问题，但此后结构问题便越来越严重，人们已经明显感觉到结构需要改革，只是碍于它的全局性和复杂性，历届政府几乎都是雷声大、雨点小地走走过场而已，直到《2010 议程》出台，政府才算把结构问题放在了较为适当的位置。

当前德国经济结构问题主要表现如下。（1）结构性失业急剧上升，目前德国的 500 多万失业大军中，3/4 系结构性失业，增长性失业只占 1/4。出现结构性失业的主要原因，首先是商品需求结构的变化。技术进步、产品更新和过程更新一方面需要大量有知识的高素质劳动力，另一方面又削减了大量的就业岗位。其次是宏观调控不力，市场机制失灵，政府过分加大社会福利保障力度。此外，涌入的移民也抢走了大量的饭碗。（2）马克和欧元的增值削弱了德国许多经济部门的竞争能力。（3）世界经济竞争加剧，国际分工日益深化。德国在高科技领域落后于美日，在原料和劳动密集型领域与发展中国家相比也不占优势，而环保标准的提高又大大削减了利润，提高了社会成本，这就进一步导致了德国经济在国内外竞争方面的能力削弱。（4）能源和原料价格上涨，进一步引发了消费、投资、出口方面的结构问题。（5）新经济出现后，德国反应迟钝，虽然后来逐步赶上，但已带来新的结构问题。如今德国虽然仍能保持世界第一出口大国的位置，但倚仗的主要还是"传统"的出口商品。（6）三个产业的非均衡发展加重了德国的结构问题：在德国的国内生产总值中第一产业产值大幅下降；第三产业产值大量增加；第二产业产值不仅同样大幅度地下降，而且出现了严重的结构问题。（7）消费需求和投资需求下降，国家需求上升，抑制了私人的消费需求。（8）地区结构问题主要是：各地区的自然区位优势不同，就业密度不同，工资水平也不同，加上城市化和区域密集化问题日渐突出，农业地区的负担和困难不断加重。德国统一后，东西差距尤显突出。总的来说，由于各类部门未能及时适应国内外条件的巨大变化，德国经济结构问题日趋严重，而且渗透到了各个部门、各个领域。

联盟协议的经济政策部分几乎都充斥了"结构"二字，说明大联盟政府已经感觉到结构问题的严重性和普遍性，并准备动用行业结构调整工具、市场调节工具、市场要素调节工具和国家财政干预手段等来实施结构改革，然而仍未做专题阐述，但愿不是虚晃一招。

六　是强调增长还是强调稳定

联邦德国自 1967 年以来始终把（币值）稳定放在经济发展目标的首位，强调稳定是增长的前提。但稳定和增长是两回事，稳定并不等于增长。德国经济强调稳定很多年了，但并未见明显增长。强调稳定固然保证了德国经济没有大的起落，却给经济的增长带来重大的制约，特别是《马斯特里赫特条约》的趋同标准就显得尤为明显。随着德国国债和赤字的连年超标，施罗德和德国经济界的一些泰斗们也逐渐看清了这一问题的症结所在，在《2010议程》中大胆地把增长和就业放在了突出的地位，同时对《马斯特里赫特条约》的赤字和债务趋同标准提出质疑和批评。

然而，读完大联盟政府的相关文件，尽管其中也不乏增长、就业是政府工作核心之类的表述，但实在看不到相应有力的举措。相反，"稳定"两字尽管出现的频率不高，但与之相关的论述和举措却比比皆是。这就不能不令人担心，决策人恐怕又重新回到了旧有立场，不敢把经济增长放在突出的地位，尽管他们也强调，经济增长半个百分点，就会多带来 25 亿欧元的税收收入和 23 亿欧元的社会福利保险费的收入。要知道，节流是重要的，但是有限的，而开源才是根本的，是无限的。

七　是突出效益还是突出公正

德国是一个发达国家，是世界第三经济大国，劳动生产率很高，经济效益也很高。但由于种种原因，长期以来，至少是理论界和媒体一直把争取社会福利公正作为主攻方向，即使经济增长已经陷入停滞，大批德国人已经"越来越懒"，他们还是没有改变主张。大联盟政府的经济和福利政策同样也被深深地打上了这一烙印，各类文件中频频出现的"公正""人道""机会均等""反对歧视""民主""自由"，无不是以这一思想为基础的。

通过人民的努力和斗争，通过理论界和媒体的宣传、论证和呼吁，也通过某些政治家们的具体实施，在德国这样一个资本主义国家内能够取得今天这样的社会公正是十分不易的。根据调查和统计，1995年德国的基尼系数是0.30，日本0.25，法国0.33，英国0.36，美国0.41；2001年德国的基尼系数依然是0.30，英国则为0.361，爱尔兰0.339，美国0.408；2003年德国的基尼系数降至0.274，大大低于0.40的警戒线，低于大多数发达国家。

从效益来看，应该说德国也达到了很高的水平，在2001年按市场价格统计的人均劳动生产率方面，德国是5.3万欧元，相当于15个欧盟国家的平均数；2002年按购买力标准统计的劳动生产率以欧盟为100，则德国是103.9，而美国是115.1。这就是说，在效益指标上德国在欧盟各国中居中游，而在公正指标上则居上游。如果按大联盟的目标，要在十年内使德国经济跃居欧盟国家的前三位，那德国在这一领域首先需要突出的显然不应该是公正，而应是效益。德国针对严重的"德国病"，开了一个又一个"药方"，但疗效甚微。如今增加了"大夫"，又改动了"药方"，能否见效，这是一切研究德国经济的人们所特别关心的。

德国应对国际金融危机政策评析
——特点、成效与退出战略[*]

——❀❀❀——

史世伟[**]

摘　要：同世界其他主要经济体一样，德国政府也实施了银行救助和经济振兴计划来降低当前金融危机的影响。但德国的秩序自由主义传统和强调规则的经济政策理念使其应对政策与美国明显不同。文章认为，德国危机应对政策的特点是秩序政策优先，主张重塑国际金融秩序并率先提出加强国际金融监管的具体建议。在经济温和复苏后，德国政府坚决从扩张性财政政策中退出，坚持财政平衡对中长期实现经济可持续发展的必要性。近年来德国推进结构改革从而提高了德国经济的国际竞争力，因此，尽管德国经济振兴计划的资金数额相对较小，却取得了很好的成效。

关键词：德国　金融危机　退出战略　经济政策

一　导言

2008 年秋天以来，世界经历了 1929 年后最严重的一次金融危机。目前，金融危机的影响虽然还远未消除，但危机的高峰已过，世界经济开始复苏。这次金融危机对世界经济产生了巨大的冲击，不过，由于世界各国政府加强协调，

　＊　本文首次发表于《经济社会体制比较》，2010 年第 6 期，第 32 ~ 42 页。

＊＊　史世伟，对外经济贸易大学外语学院教授。

采取了果断和规模巨大的干预措施，使金融危机对实体经济的影响并未像危机开始时预测的那么大。总结这次危机中各主要国家政府应对措施的经验并对其进行比较，具有重大的理论和现实意义，有助于今后更好地防止这类危机的发生。

本文试图对受金融危机打击最重的发达工业国之一——德国的应对危机措施进行评析。本文的主要观点是：虽然德国政府也像其他一些主要工业国家一样采取了非常规的救市措施以及经济振兴计划，但是德国政府仍旧坚持秩序政策优先于过程政策、稳定和可持续性优先于需求刺激和赤字财政的社会市场经济的基本理念。虽然德国政府推出的经济振兴计划的资金数额不是很大，但效果比较明显。德国政府率先着手从 2011 年实施退出战略，把整顿财政作为经济政策的优先目标，这可能在短期牺牲一些增长和就业，但从长期来看，有利于无通胀、稳定、可持续的增长。过度的虚拟经济扩张正是这次金融危机爆发的根源，德国政府采取的政策有助于世界经济重新回到重视实体经济、依靠技术创新的轨道。

本文列举了一些重要数据，但文章的重点不在于对德国政府应对措施的细节进行描述和探讨，而是力图从经济学原理出发，对德国应对措施的特点和成效进行阐释和评价。这些特点一方面源于德国在危机前的宏观经济状况，另一方面则来自德国经济体制的制度特征和经济政策理念。为了突出结构和制度因素在政府应对措施中的作用及其对政策成效的影响，本文区分了危机的短期冲击和长期影响，以及政府在应对经济短期衰退和促进长期增长方面采取的不同政策。

在资料使用方面，由于本文研究内容的现实性，文章一方面采用了世界和德国国内各主要权威的经济统计数据库的统计数据、欧盟及德国政府的政策文件和德国重要经济学家的研究成果，另一方面也采用了新闻出版物提供的一些相关的事实材料（如德国《明镜周刊》网络版经济栏目、《管理杂志》网络版等）。

二 国际金融危机对德国的短期冲击和长期影响

（一）短期冲击

这次席卷全球的金融危机从 2007 年秋美国次贷危机开始，到 2008 年 9 月 15 日美国四大投资银行之一雷曼兄弟的破产达到高潮，再到 2008 年第四季度开始显著地影响到世界各国的实体经济。由于金融部门遭受严重打击，银行流动性严重不足①，舆论认为这次金融危机对欧美经济冲击的严重程度将不亚于 1929 年的世界经济危机，它在世界主要工业国家引起严重的经济衰退，德国当然不能幸免。与世界其他主要经济体相比，德国经济更加依赖出口，2008 年，德国经济的对外依存度（出口占国内生产总值的比例）高达 47.2%②。因此，德国遭受的打击尤其惨重。根据德国联邦政府 2009 年底对德国经济的预测，德国国内产值 2009 年将下降 6%，而德国六大经济研究所和德意志联邦银行的预测分别为 −6.3% 和 −6.2%，并预测微弱的增长最早也只能在 2010 年发生；失业情况将十分严重，2010 年德国的失业人数将比 2009 年增加 100 万人，达到 440 万人③。由于各国都及时采取了果断的救市和景气刺激措施，经济衰退并没有像预测的那样严重。实际上，根据国际货币基金组织的数据，德国 2009 年国内生产总值同 2008 年比较下降了 5.3 个百分点（欧元区平均增长 −4.2%，美国 −2.7%，中国 8.7%）。而经济恢复也比预料的快，世界各主要经济体的经济衰退在 2009 年第二季度末见底，之后开始缓慢的恢复过程。根据各权威机构的最新预测，2010 年欧元区平均增长率将达到 0.7% ~ 0.9%，德国则为 1.2% ~ 2.0%；相比之下，美国的预计增长率为 1.8%，中国为 9.0%。通货膨胀率将一直保持低水平：德国的居民消费价格指数 2009 年仅上涨 0.2 个百分点，2010 年预计上升至 1%。2009 年，德国的统计失业人数仅增加了 164000 人，同比增加 0.4 个百分点，由 7.8% 增加到 8.2%。2010 年前 3 个月德国的失业率为 8.5%，同比仅增加了 0.3 个百分点④。根据最新的数据，4 月和 5 月德国的失业率分别为 8.1% 和 7.7%，专家们预测全年失业率将为 8%，远不会达到德国总体经济评价专家委员会 2009 年 11 月预测的 9.4% 的水平⑤。

---

① 根据国际货币基金组织 2009 年 4 月公布的数据，到 2010 年，这次金融危机给银行带来的损失总计将达到 4 万亿美元。

② 中国为 36.5%，法国为 26.2%，而美国和日本则分别仅为 13.5% 和 17.4%。数据来自国际货币基金组织数据库。

③ 明镜周刊网站，http://www.spiegel.de/wirtschaft/unternchmen/0, 1518, 648808, 00.html，最后访问日期：2010 年 6 月 1 日。

④ Sachverständigenrat zur Begutachtung der gesamtwirtschaftlichen Entwicklung, "Die Zukunft nicht aufs Spiel setzen," Jahresgutachten 2009/10, 2009, https://www.sachverstaendigenrat – wirtschaft.de/fileadmin/dateiablage/download/gutachten/ga09_ges.pdf.

⑤ 明镜周刊网站，http://www.spiegel.de/wirtschaft/soziales/0, 1518, 697908, 00.html，最后访问日期：2010 年 6 月 1 日。

（二） 长期影响

目前，这次金融危机最困难的阶段似乎已经过去，但金融危机对经济的影响还将持续很长时间。根据欧盟委员会利用宏观经济模型进行的模拟测算（QUEST Ⅲ），由于受到金融危机的影响，2009～2020 年欧盟总体潜在经济增长率①将由 2% 下降至 1.5%。作为一个需求饱和的发达工业国，受到人口老龄化的影响，德国在欧盟内部属于低增长国家，所以对德国 2009 年至 2020 年的经济潜在增长率的预测为 1%。专家预测 2014 年德国的国内总产值同比将增长 1.8%②。

正像前面已经提到的那样，这次金融危机的深度和广度是自 20 世纪 30 年代世界经济危机以来未有的。美国在 2000 年互联网泡沫破灭后，在实体经济方面无法找到新的增长点，为了维持较高的经济增长率、保持经济的活力和广大居民的高消费水平，开始利用虚拟经济来促进经济增长，特别是通过大银行的金融创新来刺激经济，银行和对冲基金的金融衍生产品层出不穷，特别是资产证券化产品（即资产担保证券 ABS 和债权抵押债券 CDO）的增长非常迅速。根据国际货币基金组织的统计，资产证券化产品由 2000 年的 5000 亿美元增加到 2007 年的 2.6 万亿美元，其中，债权抵押债券从 1500 亿美元增加到 1.2 万亿美元。由于银行通过出售这种证券化产品转移了风险，致使其信贷约束大大减少，得以扩大信贷规模和延长贷款的还款期限。资产担保证券大部分是住房抵押担保证券，因此，在 2007 年夏美国房价大幅度下跌之后，次贷危机出现，抵押担保证券市场的崩溃使美国银行陷入困境。美国银行危机迅速蔓延到欧洲。由于国际化经营的大趋势和欧洲经济一体化的深入，欧洲银行持有大量美国抵押担保证券，亏损不能避免。在虚拟经济泡沫破灭后，银行出现前所未有的困难，一些银行需要政府救助，其他银行则不得不用去杠杆化的方式来控制风险，造成信贷和银行间业务的严重紧缩。这样的情况还要维持较长一段时间。

---

① 潜在经济增长率是指一国（或地区）经济所生产的最大产品和劳务总量的增长率，或者说一国（或地区）在各种资源得到最优和充分配置的条件下，所能达到的最大经济增长率。

② Paul J. J. Welfens, "Überwindung der Bankenkrise und Wachstumspolitik: Nationale und europäische Optionen. Beitrag für den EIIW-IEW-Workshop Zukunftsfähige Wirtschaftspolitik Deutschlands-Bankenstabilisierung, Strukturwandel und Wachstum," Europäischen Instituts für Internationale Wirtschaftsbeziehungen, 2009, p. 10.

另外，长期存在的世界经济不平衡将因这次金融危机的影响而被放大。2003～2009 年德国一直是世界货物出口冠军，2004～2007 年，出口对增长的贡献率高达 60%。2008 年后，由于受到金融危机的影响，德国的主要出口目的国——美国和欧盟各国（特别是所谓 PHIGS 国家）的财政赤字大幅度扩大，已经无法再通过借债来弥补经常性项目的亏空。这些国家将采取贸易保护主义等手段来抵御德国的出口。所以，德国面临结构调整的压力，需要减少出口，扩大内需，这当然不是一蹴而就的事。

因此，德国经济中长期的增长有许多不确定性，能否实现经济中长期增长在很大程度上取决于德国政府采取的经济政策是否成功。

三　德国政府采取的应对措施及其特点和成效

（一）德国政府应对金融危机采取的应急措施

德国在 2006 年、2007 年连续出现较高的经济增长率，长期困扰着德国经济的国家财政赤字在 2008 年下降为零，经常性项目也有较大的盈余。所以，德国政府在金融危机爆发的初期曾经认为，这次由美国次贷危机引起的金融危机对德国经济的影响不大。但到 2008 年第三季度，金融危机对德国的影响开始显现出来。2008 年 9 月，受美国次贷危机的影响，德国地产融资抵押银行（Hypo Real Estate，HRE），出现了 700 亿到 1000 亿欧元的惊人资金缺口，濒临破产。2008 年 10 月，金融危机对德国实体经济的负面影响开始显现出来。当月德国制造业的销售量指数与 2007 年同期相比，下降了 3.4 个百分点。之后情况不断恶化，2008 年的德国经济前三个季度运行良好，国内生产总值同比分别增长了 2.8%、2.0%、0.8%，但是第四季度出现明显下滑，同比增长为 −1.6%[①]。这时，德国政府才认清这场危机的本质和波及范围，开始采取应对措施。截至 2009 年 4 月，德国政府共推出了一套一揽子的救市计划以及两套经济振兴计划，主要包括如下内容。

1. 金融市场稳定基金（Sonderfonds Finanzmarktstabilisierung，SoFFin）

德国濒临破产的银行中包括了那些对整个系统而言重要的金融机构，如德国地产融资抵押银行，一旦它们倒闭将给整个国民经济带来不可估量的后

---

① 丁纯、瞿黔超：《金融危机对德国经济与社会的影响以及德国的对策》，《德国研究》2009年第 2 期，第 19 页。

果。因此，联邦政府首先出台的应对金融危机的措施就将目标确定为稳定银行和金融系统，维持并重新刺激银行间的贷款往来。2008 年 10 月 17 日，德国议会通过了《金融市场稳定法》，决定设立金融市场稳定基金，采取的措施如下。（1）由联邦财政部提供债务和应付款项担保，担保金的总金额为 4000亿欧元。截至 2009 年 3 月，共发放了 1430 亿欧元的担保金，其中大部分向地产融资抵押银行提供。（2）国家注资参股企业，以维持其资金流动性，防止对整个金融系统重要的金融机构破产。为此，联邦政府设立了一个数额暂为 1000亿欧元的特别基金（Deutschlandsfonds），资金开支的有效期暂定为截至 2009年 12 月 31 日（后又延长至 2010 年 12 月 31 日）。但除少数外，德国政府并没有对银行和其他企业实行大规模国有化，到 2009 年 4 月，基金仅用了 117 亿欧元。① 另外，欧洲中央银行用扩张性的货币政策来配合德国等欧元区国家的财政手段以维持流动性，从 2008 年 10 月起，欧洲中央银行在 7 个月内将主导利率由 4.25% 降至 1%，同时采用购买政府债券、对银行无限量现金拍卖等非常规措施向市场注入流动性，降低了金融市场的不确定性②。

2. 第一套经济振兴计划

除了稳定金融市场的措施外，大联合政府于 2008 年 11 月 13 日推出《保经济增长促就业的一揽子措施》，这个经济振兴计划规定 2009 年和 2010年拿出 700 亿欧元的预算资金来刺激经济。为此，2009 年联邦财政赤字上升至国内生产总值的 3.3%，国家负债总额占国内生产总值的比例为 73.2%③。

3. 第二套经济振兴计划

大联合政府于 2009 年 3 月 2 日向联邦议院提交了《德国经济增长与稳定促进法》并获得议院批准通过。第二套经济振兴计划投入总额为 515 亿欧元。

（二）德国应对措施的特点

相比于德国经济衰退的严重程度，德国政府在应对措施中的财政资金投

---

① 〔德〕赖讷·克伦普、拉尔斯·欧·皮尔茨：《德国应对世界经济危机的措施》，王程乐译，《德国研究》2009 年第 2 期，第 27～28 页。

② Sachverständigenrat zur Begutachtung der gesamtwirtschaftlichen Entwicklung, "Die Zukunft nicht aufs Spiel setzen," Jahresgutachten 2009/10, 2009, p. 42, https://www.sachverstaendigenrat - wirtschaft. de/fileadmin/dateiablage/download/gutachten/ga09_ges. pdf.

③ 丁纯、瞿黔超：《金融危机对德国经济与社会的影响以及德国的对策》，《德国研究》2009年第 2 期，第 18 页；〔德〕赖讷·克伦普、拉尔斯·欧·皮尔茨：《德国应对世界经济危机的措施》，王程乐译，《德国研究》2009 年第 2 期，第 27～28 页。

入数额相对较少①。这次金融危机的直接影响是银行间的融资困难，鉴于银行信贷对德国经济运行的重要性，德国政府为德国银行之间的信贷往来提供了 4000 亿欧元的担保金，但与美国等国不同，银行是否需要担保由各银行自行决定和申请。由于大多德国银行基于自身声誉的考虑没有申请政府担保，实际上政府担保金的使用率不高。德国政府为克服经济衰退制订的两套经济振兴计划投入的财政资金约为 1200 亿欧元。但由于在第一套经济振兴计划中的一些措施包括一些政府已经实施的项目，两套经济振兴计划在 2009 年和 2010 年实际投入的资金为 800 亿欧元，而同时期美国经济振兴计划投入的资金为 5770 亿欧元（7850 亿美元），中国则为 4300 亿欧元（40000 亿元人民币）。德国政府也因此受到一些美国政客和经济学家的批评，认为德国对全球经济恢复的贡献过少。② 另外，德国是 G20 中最积极推进退出战略的国家。德国政府从一开始就对把大量财政资金注入经济表示忧虑，特别关注政府的资金来源问题③。根据宏观经济学的一般理论，政府如果增税，会增加企业的负担，减少投资，这不符合政府经济增长和稳定就业的目标。在独立的中央银行制度约束下，政府也不可能通过向中央银行透支来弥补收入与支出的缺口。所以，政府只有举债这个选择。但政府大量举债会对经济的可持续性产生威胁。首先，政府的年度财政赤字和总债务水平过高会造成利率上升，从而会抑制投资，从长期来看不利于经济增长。其次，当期的政府债务会成为下一代人的负担，有悖于代际公平。这对于德国这样的人口老龄化和存在着移民限制的国家的影响尤其严重。最后，在中央银行采取扩张性货币政策的前提下，政府扩张性的财政政策会带来通货膨胀的危险。虽然在经济衰退时，物价水平较低，但是随着经济振兴计划的效果的显现，物价水平会上升，一旦形成通货膨胀的预期，对实体经济的影响很大。

　　德国在历史上曾经遭受过两次恶性通货膨胀的打击，所以对于通货膨胀

---

① 德国的经济振兴计划的规模小是相对而言的，毕竟德国政府拿出当年国内生产总值的 3%，即当年联邦预算的 40% 投入经济振兴计划，远远超过了英国（1.4%）和法国（0.6%）。

② 德国的数据来源：http://www.focus.de/finanzen/news/konjunkturprogramme-struktur-gegen-die-krise_aid_363693.html，美国和中国的数据来源：http://www.leap2020.eu/Das-unvermeidliche-Scheiten-der-amerikanischen-und-chinesischen-Konjunkturprogramme-Die-Grenze-der-hochstmoglichen_a3926.html，最后访问日期：2010 年 6 月 12 日。

③ 根据凯恩斯主义的宏观经济理论，政府可以运用扩张和紧缩的财政政策熨平经济景气周期的影响。在经济衰退时，政府要减税和增加政府预算支出，达到刺激经济、扩大总需求的目标；在经济高涨时则采取反方向的操作。

尤其敏感。第二次世界大战后，德国强调经济的稳定发展，通货膨胀率总体低于其他主要发达工业国家的水平。所以，德国决定在 2011 年执行退出战略，尽快将国家年度预算赤字和公共总债务降下来。为此，德国联邦和各州政府制定了《新债务限额》并将其写入联邦《基本法》（宪法）。这项法案于 2009 年 6 月 11 日在联邦参议院获得通过。它规定：联邦政府要将其预算赤字限制在国内生产总值的 0.35%，达到目标的时间为 2016 年，为此，联邦政府从 2010 年起每年需在联邦预算中节约 100 亿欧元，而各州政府从 2020 年起则不再允许举债[①]。德国政府这样做的目的是尽早放出德国政府决心整肃财政纪律的明确信号，让人们知道在尽快实行退出战略上没有选择的余地。而在什么时候实行退出战略的问题上，德国和以其为主要代表的欧盟国家同美国产生了分歧。下面对德国应对措施的特点及其原因做一些分析。

1. 德国与美国在克服经济危机的总体战略方针上的不同有深刻的体制原因

第二次世界大战后建立的德国社会市场经济体制深受德国弗莱堡学派秩序自由主义的影响，在维护市场自由和社会公正的同时，强调秩序政策先于过程政策[②]。按照秩序自由主义的理念，政府的首要任务是通过立法建立和维持市场经济运行的框架条件，而不是对经济做"点"上或相机抉择（ad hoc）的干预。因此，克服金融危机的关键是各主要国家通过协调对改革国际金融市场秩序达成共识。改革的内容主要包括：将特大银行拆分，重建金融市场的竞争秩序；对评级机构的工作程序进行改革，避免评级公司同证券发行者直接发生业务联系；对金融机构过度投机所获得的高利润收税，借此降低由金融投机造成的金融市场的异常波动风险；对投资基金，如对冲基金以及金融衍生产品进行更加严格的监管。当然，德国提出的这些建议在 G8 或 G20 国家的协调中很难得到全部认可，因此，德国只能在民族国家范围内率先制定一些规则（比如最近政府通过了对"裸卖空"的禁令），希望这些规则在不远的将来至少在欧盟范围内能够得到实施。

根据秩序自由主义的思想，建立一个有运作绩效的市场经济需要奉行一系列相互联系的"建构原则"和"调节原则"。"建构原则"包括一个有运作能力的价格体系、币值稳定、开放的市场、私有产权、契约自由、经营责

---

① 明镜周刊网站，http://www.spiegel.de/politik/deutschland/0,1518,630084,00.html，最后访问日期：2010 年 6 月 12 日。
② 史世伟：《欧洲一体化与欧盟经济宪法——一个制度和演化经济学的分析视角》，《欧洲研究》2007 年第 1 期，第 3～4 页。

任完全自负、经济政策的稳定性。而"调节原则"则包括垄断调节、收入政策（收入与财产再分配）、纠正外部效应和预防非正常供给。[①] 对于吸取金融危机的教训和克服金融危机而言，"建构原则"中的"经营责任完全自负"和"经济政策的稳定性"有极其重要的指向作用。在危机中一些政府对私人银行实行了国有化[②]，但对经营不善的银行的大规模资金扶持或国有化违背了"经营责任完全自负"的建构原则。因此，必须将国有化作为在非常环境下的临时措施来对待，一旦这些银行脱离困境，国家则马上退出，将银行交由私人组织来经营。为了有效地控制金融部门的系统风险，即所谓的"too big to fall"（大而不倒）问题，对大金融机构加强监管、维护金融领域的竞争秩序是非常必要的。

在秩序自由主义市场经济的"建构原则"中，"币值稳定"同样占有重要的位置。因此，德国社会市场经济的奠基者们非常坚持作为币值稳定维护人的中央银行的独立性。德国这个传统被欧洲中央银行继承下来，并得到了制度上的保证。目前，欧元区对于通货膨胀采取零容忍态度，欧洲央行的通货膨胀率目标是低于 2%。欧洲经济学家普遍相信，欧洲中央银行在条件成熟时会坚决地实行退出战略，紧缩银根，而不会迫于各国政府的政治压力继续使流动性泛滥。美国对通货膨胀的容忍度却要高得多[③]。

与统一货币政策比较，欧元区各自为政的财政政策才是实行退出战略的隐患。为了欧洲经济长期、稳定增长，1999 年引入欧元时，德国政府坚持通

---

① 史世伟：《欧洲一体化与欧盟经济宪法——一个制度和演化经济学的分析视角》，《欧洲研究》2007 年第 1 期，第 3～4 页。

② 相对于美国，德国政府并未对银行进行大幅国有化，主要是帮助在收购德累斯顿银行后陷入融资困境的德国商业银行。

③ Sachverständigenrat zur Begutachtung der gesamtwirtschaftlichen Entwicklung, "Die Zukunft nicht aufs Spiel setzen," Jahresgutachten 2009/10, 2009, p. 7, https://www.sachverstaendigenrat - wirtschaft. de/fileadmin/dateiablage/download/gutachten/ga09_ges. pdf. 美联储在格林斯潘时代长期的低利率政策被认为是美国出现金融泡沫，最终导致这次金融危机爆发的重要原因。在德国，德国统一使西德政府不得不为东德重建增加政府支出，1992 年的财政赤字达3.2%。而独立的德意志联邦银行则坚持货币紧缩。联邦银行的反方向操作使德国的名义利率在 1992 年达到了创纪录的 9.2%，但同时将通货膨胀率控制在 5.3%的低水平，成为政策组合的范例。参见〔美〕多恩布什、费希尔《宏观经济学》，李庆云、刘文忻校译，中国人民大学出版社，1998。最近，由于希腊爆发了主权债务危机，欧洲中央银行通过二级市场购买了一些被评级机构认为有问题的希腊国债。这项举措引起了一些德国经济学家的质疑，认为这是欧洲央行在法国影响下对其独立和稳健原则的偏离。但实际上，欧洲央行的购买行为主要是出于增加流动性的考虑，属于金融危机影响下的非常规手段。

过了加入欧元区的六条趋同标准。在欧元区建立后，这些标准中的一部分作为《稳定与增长公约》被加入《欧洲联盟条约》（即《马约》）中①。但在欧元引入至今的 10 年中，包括德国在内的许多欧元区国家都没能完全遵守《稳定与增长条约》的财政约束。目前，一些欧元区国家有较高或很高的结构性国家财政预算赤字。最近爆发的希腊和西班牙等国的国家主权债务危机使欧元区各国财政政策的协调更加迫在眉睫。因此，德国政府一再呼吁欧元区各国整肃财政纪律并建议欧盟委员会为此获得采取必要惩治措施的权力。目前，美国的财政预算赤字和总债务比欧元区国家的平均水平还要高，但由于美国在国际金融体制中具有霸权地位，美国可以通过强势美元和美元国债吸引大量的外国资金来弥补国内资金的不足。

德国同美国在体制上的另一个重大区别是，德国的社会保障体系更加完善。完善的社会保障体系在经济波动中起到了自动稳定器的作用②。在经济衰退时，政府的福利开支加大，帮助在经济困难中失去工作的人解决生计问题，扩大总需求。这实际上是另一种形式的经济刺激计划③。

2. 德国 2005 年进行了较成功的经济社会体制改革，经济竞争力增强，经济状况整体上较好

德国经济从 20 世纪 90 年代中期以来长期受"德国病"的困扰，这主要表现在经济增长常年低于平均水平、失业率过高、公共债务过高、社会福利开支过高和劳动成本过高。2005 年，社会民主党和绿党联合政府对税收、劳动市场以及社会保障体系进行了较大动作的改革，目标是减轻企业负担，促进劳动市场灵活化。2006 年，德国进入了新一轮景气高涨后，体制改革的成效开始显现。劳动市场灵活化取得了效果，政府的就业服务和培训系统的效率有了很大的提高，经济增长率上升明显，失业率自 20 世纪 80 年代以来第一次降至 8% 以下，国家收入大幅增加，政府预算在 2008 年达到平衡。另外，德国社会伙伴关系发挥了较大的作用。面对全球化背景下日益激烈的国

---

① 《稳定与增长公约》保留了六条标准中的两条，即国家年度财政预算赤字不得超过国内生产总值的 3%，公共总债务不得超过国内生产总值的 60%。2004 年，欧盟首脑会议又对《稳定与增长条约》做了修改：除非经济增长率低于潜在增长率，欧元区国家要在中长期保持财政平衡。

② 丁纯、瞿黔超：《金融危机对德国经济与社会的影响以及德国的对策》，《德国研究》2009 年第 2 期，第 22 页。

③ 根据德国政府的计算，德国失业人数每增加 10 万人，德国联邦预算的劳动市场政策开支就需增加 200 亿欧元。

际竞争，德国工会采取了工资增长低于生产率增长的工资政策。根据德国汉斯－伯克勒基金会的一项调查，单位工资成本（它反映劳动成本与生产率增长的关系）在德国从 1998 年至 2008 年中期几乎没有增长，而在荷兰、法国、波兰、西班牙和丹麦则增长了 20%～35%[1]。这大大增强了德国相对其他欧盟国家的竞争力，使德国的出口不断增加，形成了德国出口导向型的增长模式。此外，欧洲统一大市场形成后，德国银行业受到了巨大的挑战。德国一方面保留了由信贷银行、储蓄银行和合作银行三大支柱构成的银行体系，另一方面则积极推动银行间的兼并重组，使银行的规模更加合理，能够适应欧盟范围内的竞争。由于这几年经济运行良好的惯性，德国实体经济虽然在 2009 年遭遇巨大的冲击，但远不至于崩溃。根据德国工商总会的一项问卷调查，德国中小企业中只有 19% 的企业认为自身的信贷环境受到金融危机的影响，而其中更是只有 3% 的企业认为由于金融危机完全得不到贷款[2]。所以，德国金融危机后的信贷状况至多只能用"有一定的困难"来描述，还达不到"贷款困境"的程度。在这种情况下，以默克尔为首的大联合政府拒绝了工会和一些经济学家建议的数额达 1000 亿欧元的第三套经济振兴计划[3]。

3. 红黑联盟上台后，坚持欧盟 2000 年"里斯本战略"中提出的竞争力战略，强调通过创新、教育、减税、减少官僚主义来实现增长

由于红绿联盟和大联合政府在结构改革方面取得了一定的成绩，由以上届联邦总理默克尔为首的联盟党与自由民主党组成的德国新政府总体上采取了德国自 20 世纪 80 年代中期开始但被德国统一中断的供给导向的经济政策，把政策重点放在促进增长上，而不是通过再分配扩大需求。新政府尤其重视教育和创新在提高德国经济的竞争力、减小德国在高科技方面同拥有世界顶尖水平的国家的差距、使德国经济走上长期增长轨道方面发挥的作用。另外，新政府认为，增长目标能否实现取决于企业是否有一个良好的投资环境和完善的基础设施。因而，必须继续对德国的经济社会体制进行深入的改革，通过减税、减少工资附加成本以及政府审批为企业减负。减税会使政府

---

① 管理杂志网站，http://www. manager-magazin. de/untermehmen/atikel0，2828，664275，00. html，最后访问日期：2010 年 6 月 17 日。

② DIHK（Deutscher Industrie-und Handelskammertag），"Wirtschaftslage und Erwartungen-Sonderauswertung 'Kerditkonditionen' Ergebnisse der DIHK-Umfrage bei den Industrie-und Handelskammern，" 2010，http://www. dihk. de/，最后访问日期：2010 年 6 月 17 日。

③ 明镜周刊网站，http://www. spiegel. de/politik/deutschland/0，1518，620806，00. html，最后访问日期：2010 年 6 月 20 日。

的收入减少，而目前政府还面临削减债务的宪法约束，因此，凯恩斯主义的扩张性财政政策必须结束。当然，新政府上台时（2009 年 10 月）经济稍有好转，德国还不能马上从经济振兴计划中退出。为了减少失业和由此带来的有效需求的下降，新政府决定将雇用短工的政府补贴发放到 2012 年 3 月，延长了 15 个月①。此外，为了不破坏经济稳定，政府还把原本 2010 年就要实行的退出计划推迟到了 2011 年。

（三）德国应对措施的成效

从 2008 年第四季度和 2009 年前两个季度德国经济的下滑程度来看，德国政府采取大规模的救市措施和经济振兴计划是完全正确的。正是由于包括德国在内的世界各主要工业国和新兴市场国家实施的应对举措，先前预测的最坏结果才没有出现，而且经济复苏也比先前的预测来得早，来得快。

德国应对措施中最重要的是果断地对银行进行了救助。根据德国央行和金融监管局对 20 家德国银行的初步调查得出，在金融危机爆发时，德国银行体系所持不良证券的规模接近 3000 亿欧元，其中 1/4 应被减记。除上面提到的地产融资抵押银行以及为中小企业提供信贷的德国工业银行（IKB）外，问题最严重的是几家大型私有银行，即德意志银行（Deutsche Bank）、德累斯顿银行（Dresdner Bank）以及德国商业银行（Commerzbank），而业务范围主要在国内的公有储蓄银行和合作银行的情况相对较好，坏账不多。但私有信贷银行毕竟占德国银行总资产的 46.9%②，其坏账必然拖累其向企业提供信贷。因此，德国政府果断向银行伸出救助之手，注入资金，进行担保，甚至进行国有化，保证了经济的正常运转。

在德国政府的经济振兴计划中，大量资金用于对经济增长有长期影响的基础设施投资、对企业的税收减免以及对中小企业的扶助，属于短期的景气刺激举措主要有两项。（1）对企业雇用短工的补贴。当雇主选择实行短时工作制（Kurzarbeit）而非解雇人员时，雇员工资的 60%（适用没有孩子的雇员）或 67%（适用有一个孩子的雇员）由政府来支付。企业为雇员缴纳前 6 个月社会保障费的 50%，以后的 100% 由国家来支付。雇佣关系从 2009 年开

① 管理杂志网站，http://www.manager-magazin.de/unternehmen/artikel/0,2828,690412.00.html，最后访问日期：2010 年 6 月 20 日。

② 丁纯、瞿黔超：《金融危机对德国经济与社会的影响以及德国的对策》，《德国研究》2009 年第 2 期，第 21 页。

始的，上述补贴适用 24 个月；从 2010 年开始的，则适用 18 个月。根据德国
联邦劳动局（BA）的调查，这项政策从稳定就业角度来看是非常成功的。
2009 年，德国联邦劳动局共为短工补贴支付了 50 亿欧元，挽救 30 万个工作
岗位，共有 22% 的企业使用了这项补贴。2010 年为此项补贴支出 47 亿欧
元，预计保住工作岗位 53 万个。实际上会更多，2010 年第一季度就有
60000 家企业的 85 万名雇员使用了这项补贴。可以说这项政策用较小的成
本，获取了很大的收益。[1] 如果没有 2005 年以来的劳动市场灵活化改革，这
项举措则会由于缺乏法律基础而无法实施。（2）轿车以旧换新补贴。如果车
主将一辆保有 9 年以上的轿车报废，购买新车或使用一年以内的旧车，车主
则可以得到 2500 欧元的政府补贴。以旧换新补贴在德国制造了一个汽车产
销高潮，政府为此支出 50 亿欧元。2009 年 9 月补贴停止，德国共有 200 万
人利用了这项补贴。2009 年，德国国内新车登记数达到 1992 年以来的新高
（380 万辆），比 2008 年增加了 23%。汽车购买使 2009 年德国的私人消费比
2008 年增加了 0.4 个百分点。如果没有这项补贴，2009 年德国的私人消费
将由于经济衰退下降 0.5 个百分点[2]。虽然这项政策也受到一些人的质疑，
比如，补贴取消以后汽车产业可能会遭受灾难性的打击，但鉴于汽车产业对
德国的重要性（每 7 个工作岗位中就有 1 个与汽车有关），这项政策对缓解
汽车产业的减员压力起到了重要作用。事实证明，由于 2009 年第三季度以
来世界经济开始恢复，德国汽车的出口上升，弥补了内需的下降。2010 年头
5 个月德国国内汽车新注册量同比下降了 28%（德国国内生产的汽车占有的
市场份额为 71%），但出口却增加了 49%，尤其是向中国和美国的出口有大
幅度的提高，特别是世界对德国高档车的需求出现了猛烈的增长。需求的增
加必然引起企业增加雇工人数[3]。

　　总的来看，德国的经济振兴计划虽然规模不算大，但是在短期还是带来
了较大的收益。

---

① 管理杂志网站，http://www.manager-magazin.de/unternehmen/artik/，2828，686200，00. ht-
ml，最后访问日期：2010 年 3 月 31 日。
② 明镜周刊网站，http://www.spiegel.de/wirtschaf/untemehmen/0，1518，683220，00. html，最
后访问日期：2010 年 6 月 21 日。
③ 管理杂志网站，http://www.manager-magazin.de/unternehmen/artikel/0，2828，698311，00.
html，最后访问日期：2010 年 6 月 21 日。根据德国《管理杂志》2010 年 5 月 27 日的报道，
由于汽车销售量的好转，梅赛德斯 - 奔驰公司提前一个月终止了对 10 万名雇员的短工合同，
重新支付给他们全额工资。从 6 月起，奔驰和宝马公司又开始雇用新的工人。

四　德国摆脱中长期增长乏力的政策

为了应对经济中长期增长乏力的挑战，德国政府采取了下列措施。

（一）加强金融监管，完善市场经济框架条件

前面已经提到，德国是加强金融监管、建立世界金融新秩序的积极倡导者。德国政府认为，这是避免此类金融危机重演的根本保证。除上面已经提出的建议外，德国还提出要切实加强对银行自有资本的监管，防止银行为了赢利铤而走险。为了使银行今后能够为自己的错误经营行为承担责任，而不是在困难时求助于国家，德英法率先通过了征收银行税的决定。同时，为了对金融机构的过度投机进行限制，三国还决定征收金融市场交易税。

（二）整顿国家财政，提高经济发展的可持续性

为了落实政府每年减少 100 亿欧元债务的决定，德国联邦议院最近通过了政府的一揽子节约措施①。虽然德国舆论界和民众对节约措施的具体项目有较大的争议，特别是政府在诸如失业补助金这样的社会福利开支方面的节省遭到很多人的反对，但是德国举国上下对于通过厉行节约、整顿财政来保障经济可持续发展表示一致赞同。为了防止在经济复苏尚不稳定的情况下政府的收支出现大的不平衡，德国政府把原本计划从 2011 年开始实施的减税措施推迟到了 2014 年。

鉴于欧盟内部长期存在的财政纪律松懈的状况，德国的这一举措无疑具有示范效应。在 6 月 17 日召开的欧盟峰会上，欧盟 27 国一致同意厉行节约。目前，法国与英国相继效仿德国，通过了自己的政府开支节约计划。德国、法国政府和欧洲中央银行还建议对《稳定与增长公约》进行改革，引入更加严格的审查和惩罚机制。目前看来，虽然最近爆发的希腊主权债务危机使开始复苏的世界经济蒙上一层阴影，但德国政府的立场在欧盟内部得到了认同。欧盟各国开始认识到，经久的政府预算赤字对经济增长的长期危害要大于经济可能走入的第二次衰退。而厉行节约必然导致执行退出战略。欧盟

---

① 《联邦政府减少赤字一系列措施》，《德国快讯》2010 年第 11 期，第 4～5 页。

和国际货币基金组织通过的 7500 亿欧元的救助计划虽然缓解了欧元危机，但是如果不能从根本上消除产生危机的根源，即陷入危机的政府的超高的财政赤字和公共债务负担，债务危机还会在更多的国家爆发。此外，财政政策的从紧并不意味着货币政策也从紧。欧洲中央银行行长特里谢最近表示，由于今年与明年温和复苏的势头可见，而通货膨胀率却没有明显提高，欧洲中央银行将使指导利率保持在目前的低水平①。

（三）增加在未来领域的研发投入和加强创新，提高经济的竞争力

欧洲长期增长缓慢的根本原因在于创新不足，增加在未来领域的投资和政府与企业的研发投入早已经是欧盟 2000 年制定的"里斯本战略"的主要内容。为此，德国联邦政府制定了 2006～2009 年德国高技术战略，在 4 年的时间里拿出 150 亿欧元对包括信息与通信技术、航天航空、汽车与交通技术、微系统技术，直至纳米技术、生物技术和材料技术等 17 个领域的创新与技术政策进行支持。制定这种政府促进科技发展的中长期战略在德国是史无前例的。德国和欧盟要力争实现以知识和创新为基础的"灵巧增长"，以提高资源效应、增进"绿色"、强化竞争力为内容的"可持续增长"，以扩大就业、促进社会融合为目标的"包容性增长"②。在这届政府预算中，教育与科研经费不但没有削减，而且还要增加 120 亿欧元（到 2013 年）。因为德国政府认为，教育是关键的未来增长投资领域。另外，德国政府决定到 2015 年将政府的教育经费比例提高到国内生产总值的 10%③。结构僵化也是欧洲经济停滞不前的重要原因。所以德国在 2005 年进行了劳动市场和削减社会福利开支的改革，使长期困扰德国的失业问题得到缓解。目前，德国政府重点要解决的是减少官僚主义和不合理的税费，为企业松绑。根据欧盟的一项研究，结构改革和供给导向的经济政策对经济增长有很大的促进作用（见表 1）。

---

① 明镜周刊网站，http://www.spiegel.de/wirtschaft/soziales/0, 1518, 701991, 00.html，最后访问日期：2010 年 6 月 23 日。

② 《欧盟峰会：债务危机刺激变革加速》，新浪网，2010 年 6 月 18 日，http://www.sina.com.cn，最后访问日期：2010 年 6 月 18 日。2005 年，德国联邦政府还通过了到 2010 年将研发投入从国内生产总值的 2.56% 提高到 3% 的目标。

③ "Wachstum, Bildung und Zusammenhalt Koalitionsvertrag zwischen CDU, CSU und FDP, 17. Legislaturperiode," Berlin, 2009, p.51.

表 1　欧洲经济复苏计划中部分结构改革措施对经济增长的影响

单位：%

改革措施	对国内生产总值的影响		
	短期影响（1 年）	中期影响（5 年）	长期影响（20 年）
资本风险溢价降低 1%	0.18	0.88	1.8
行政负担降低 10%	0.42	0.57	0.69
新创立企业的进入壁垒降低 10%	0	-0.01	0.02
工资提价幅度降低 1%	0.03	0.24	0.33
能够使就业提高 1% 的工资提价幅度降低	0.09	0.98	1.14
劳动税率降低 1%	0.48	0.21	-0.14
中技术劳动者的比例提高 1%	0	0.04	0.17
高技术劳动者的比例提高 1%	0.01	0.06	0.26
政府投资占 GDP 的比例提高 1%	1.07	0.10	0.07
投资税收减免占 GDP 的比例提高 1%	1.75	009 *	0.10

　＊原表格数据如此，疑有误。

　注：结果均来自用 QUEST Ⅲ 进行的模拟测算。欧洲经济复苏计划由欧盟委员会于 2008 年 10 月制定，它包括（1）政府财政投入、扩大内需、促进经济尽快复苏和（2）进行结构性改革两个方面，对欧盟各国的经济振兴计划具有指导意义。

　资料来源：European Commission, "Impact of the Current Economic and Financial Crisis on Potential Output," European Economy Occasional Papers 49, Directorate-General for Economic and Financial Affairs, 2009, p. 39。

五　结语

这次国际金融危机暴露了以美国为主导的世界经济体系的弊端，这既包括全球经济的运行体制的弊端，也包括市场经济的指导原则的弊端。德国应对金融危机的政策的重点是：改造市场经济运行的基本框架，重建世界市场和金融秩序，同时对劳动市场管理和社会保障体系进行结构性变革；在经济复苏态势已经明显后，要坚决从政府经济振兴计划中退出，保证政府财政和经济增长的可持续性。目前看来，德国这一理念至少在欧盟内得到了广泛的认可。法国和西班牙已相继推出了社会保障和劳动市场体系的改革。美国奥巴马政府虽然一再对德国政府力主尽快从经济振兴计划中退出表示疑虑，担心这会影响世界经济的恢复，但是鉴于美国更加严重的财政赤字和公共债务以及超高的经常性项目赤字，其也不得不同意整顿政府财政是一项极其紧迫的任务。作为金融危机始作俑者的美国已经无法凭借实力和道义上的优越感来强迫德国接受其政策理念。目前，美国经济复苏的势头虽然好于欧洲，但前所未有的高失业率使美国政府疲于应付，奥巴马政府重振制造业的计划在美国低储蓄率、惊人的国家预算和经常性项目双赤字的宏观经济环境下不易实现。

德国之所以能够提出一套不同于美国的应对经济危机的方案，是因为德国长期投资于实体经济和基础设施，增强了经济特别是制造业的国际竞争力，国家财政状况相对较好，外贸盈余较多，这提升了德国在世界经济中的影响力和话语权。而在多元化的时代，以德国社会市场经济为主导的欧洲经济和社会模式与美国的自由主义经济模式之间的竞争仍将长期存在。

德国可持续发展模式[*]

———— ❦ ❧ ————

吴　畏　石敬琳^{**}

摘　要： 德国可持续发展模式是在合作联邦主义与社会市场经济体制的基础上，通过传承传统思想资源，完善法律制度，开展民间环境运动，实现政党绿色转型，强化企业社会责任，重构社会整合，依靠政府、市场与社会之间相互合作与互动而形成的。2002 年以来推出的《国家可持续发展战略》及其进展报告，对于德国的经济、社会和环境政策转向可持续发展发挥了重要作用，并为当今世界的绿色经济、绿色增长和绿色发展提供了可资借鉴的实践经验。

关键词： 德国　可持续发展　国家战略　基本建制　社会整合

　　德国可持续发展模式是在合作联邦主义与社会市场经济体制的基础上，通过传承传统思想资源，完善法律制度，开展民间环境运动，实现政党绿色转型，强化企业社会责任，重构社会整合，依靠政府、市场与社会之间相互合作与互动而形成的。根据咨询机构 "双重公民有限公司"（Dual Citizen LLC）2016 年发布的 80 国《全球绿色经济指数》，德国在感知指数上排名第一，在表现指数上排名第五。① 杜特（Andreas Duit）也将德国列为八个建成

---

　*　本文首次发表于《德国研究》2017 年第 2 期，第 4～24 页。

**　吴畏，华中科技大学哲学系教授；石敬琳，中南财经政法大学马克思主义学院讲师。

①　Dual Citizen LLC，"The Global Green Economy Index 2016：Measuring National Performance in the Green Economy," 2016, p. 10, http://dualcitizeninc.com/GGEI - 2016.pdf，最后访问日期：2017 年 6 月 6 日。

环境国家（established environmental state）① 之一。德国的可持续发展为当今世界的绿色经济、绿色增长和绿色发展提供了可资借鉴的理论探索与实践经验。

一 德国可持续发展的思想渊源与历史沿革

德国可持续发展不仅有其深厚的思想渊源，并且与德国政治、经济、社会和文化的发展历程紧密结合在一起。德国的立法机构、政党组织、民间社会、科教机构、工商部门基于各自的社会功能和发展定位，在联邦、州和地方三个层面推动着德国从环境保护到生态现代化再到可持续发展的发展道路转型。

（一）德国可持续发展的思想渊源

一般认为，可持续发展概念是由国际环境与发展研究所的创始人沃德（Barbara Ward）在 20 世纪 70 年代早期提出的②。虽然可持续发展与进步、增长、发展等概念存在着意义和语境上的相关性，但实际上这个概念在不同国家有不同的思想来源。德国可持续发展的思想渊源涉及对可持续性和世界整体性的理解。德国可持续性的渊源可追溯到中世纪的林业管理实践。德国林业与矿业管理部门高级官员卡洛维茨（Hans Carlvon Carlowitz，1645 – 1714）在 1713 年的《造林经济学》（*Sylvicultura Oeconomica*）中强调对森林资源的可持续使用（nachhaltende Nutzung，英译为 lasting use 或 sustainable use），这意味着在采伐成年树木与确保有足够的未成年树木来取代之间保持平衡。到了 19 世纪，这种实践导致了可持续林业（nachhaltige Forstwirtschaft）概念的提出③。

世界整体性的渊源可追溯到德国科学家洪堡（Alexander von Humboldt，

---

① 杜特把环境国家定义为把提供环境公共产品作为其核心职责的国家。德国、奥地利、英国、瑞典、法国、芬兰、荷兰和丹麦已是建成（established）环境国家。而 20 世纪 60、70 年代的环保先驱日本和美国现在分别是部分和弱（partial and weak）环境国家。参见 Andreas Duit, "The Four Faces of the Environmental State: Environmental Governance Regimes in 28 Countries," *Environmental Politics* 25 (2016), p. 83。

② Jacobus A. Du Pisani, "Sustainable Development —Historical Roots of the Concept," *Environmental Sciences* 3 (2006), p. 91.

③ Christiane Beuermann & Bernhard Burdick, "The Sustainability Transition in Germany: Some Early Stage Experiences," *Environmental Politics* 6 (1997), p. 84.

1769 – 1859）的世界观念。可持续性隐含的一个前提是自然系统的完整性。洪堡意味深长地使用"Cosmos"一词来命名其著作，并以此来强调世界的整体性，"我们希望理解和描述宇宙整体（universal all），'cosmos'一词代表着宇宙（universe）、世界秩序及其饰物"①。洪堡同时也意识到了人类对自然世界的控制与利用是自然系统完整性受到影响甚至被破坏的根源，他指出："当人类思想开始试图服从于对于物理现象世界的控制，努力通过冥思苦想来洞察鲜活自然的繁茂和自然力量的自由却又有限的混合特征时，人感觉自己从一开始就达到了一定的高度，好像他拥有广阔的视域，个别事物在不同组群中混合在一起，并像笼罩在蒸汽中一样出现。"② 尽管洪堡不可能在他所处的年代判断人类通过思想和实践影响和改变世界的全部结果，但他基于对各种因素高度复杂的分析得出结论，人类为了其未来发展和尽早抵消负面结果的影响，要从所犯的系统性错误和差错中吸取教训③。

此外，德国的思想先贤们，如图拉、马克思、恩格斯、李特尔、施密特胡森、海克尔、默比乌斯、特罗尔、拉贝④等哲学家、文学家和生态学家对新出现的人与自然环境之间的矛盾进行了深入思考，并探索如何维护自然环境的可持续性。这些宝贵的思想资源会以各种不同的方式存在于民族精神和文明的传承与创新当中，例如，在理解和翻译欧盟法律文本当中的"sustainability"时，至少出现了 8 个德文词：umweltverträglich、nachhaltig、dauerhaft、beständig、zukunftsfähig、dauerhaftumweltgerecht、tragfähig、durchhaltbar⑤。至于这些思想资源能否被现实激活，并以何种方式显现其实践力量，既取决于经济社会发展方式的演进情况，又取决于其能否进入大众思想观念和政党意识形态。

（二）德国的环境立法、运动和政策

环境立法、环境运动与绿色政治是德国可持续发展历史演进的三个重要

① Alexander von Humboldt, *Cosmos: A Sketch of the Physical Description of the Universe*, translated by E. C. Otté（New York：Harper & Brothers Publishers, 1858）, p. 79.
② Alexander von Humboldt, *Cosmos: A Sketch of the Physical Description of the Universe*, translated by E. C. Otté（New York：Harper & Brothers Publishers, 1858）, p. 79.
③ Ottmar Ette, "Everything Is Interrelated, even the Errors in the System：Alexander von Humboldt and Globalization," translated by Vera M. Kutzinski, *Atlantic Studies* 7（2010）, p. 115.
④ 江山：《德国生态意识文明史》，学林出版社，2015，第 2 页。
⑤ Christiane Beuermann & Bernhard Burdick, "The Sustainability Transition in Germany：Some Early Stage Experiences," *Environmental Politics* 6（1997）, pp. 86 – 88.

推动力量。在德国的工业化进程当中，环境立法几乎是同步跟进的。作为基于法律合作主义的被动排斥型国家①，德国在环境立法上有使用传统规制工具的强烈偏好，主要运用了许可和颁布标准等指令和控制方法。《水权法案》和《工厂法案》可追溯到 19 世纪。1845 年，普鲁士工业法规第一次把为防止有害的和令人不适的排放损害或危害健康与财产而制定的规定系统化和成文化；20 世纪 60 年代，大气污染法律就存在于州层面；关于航空噪音、加铅燃料、废物处理、滴滴涕（DDT）和排放控制等的一系列新环境法在 20 世纪 70 年代早期通过；1994 年环境保护被写进《基本法》，环境保护成为国家目标。由于在联邦和州两个层面有着很多的法律规定，而且很多都非常详细，德国形成了世界上最复杂的环境保护法律系统②。

　　环境运动在德国可持续发展历程当中是重要的助推器，深刻影响着环境立法、环境政策和政党政治的变迁。德国环境运动在地方、州和联邦三个层面通过以不同方式组成的团体和组织来开展。20 世纪 60 年代，关于人口膨胀、自然资源枯竭和环境污染的讨论主要是决策者的事，但这些议题在 70 年代早期得到普及，并影响着当地居民的参与积极性③。地方居民因担心周围的环境退化而成立了公民倡议团体，一些团体在 1973～1976 年联合起来形成了联邦环境保护公民倡议协会（BBU）。由自然科学和社会科学的大学教授组成的德国环境顾问委员会于 1971 年成立。工业委员会也参加这个委员会的会议，这个机构激发了早期关于环境政策的环境运动。但环境团体或组织对环境政策的影响相对滞后。关于废水和化学品的议案分别于 1976 年和 1980 年通过④。即使在 1982～1987 年，州政府和企业仍然是环境政策的主导者，而不是环境组织。20 世纪 80 年代，德国环境运动走向制度化，大

①　基于国家与运动之间的相互关系，德雷泽克（John S. Dryzek）区分了四种理想国家类型：主动包容型国家（扩张合作主义，如挪威）、主动排斥型国家（威权自由主义，如英国）、被动包容型国家（多元主义，如美国）和被动排斥型国家（法律合作主义，如德国）。参见 John S. Dryzek et al. , *Green States and Social Movements: Environmentalism in the United States, United Kingdom, Germany, and Norway* (Oxford: Oxford University Press, 2003), p. 7。

②　Martin Jänicke & Helmut Weidner, "Germany," in Martin Jänicke & Helmut Weidner, eds. , *National Environmental Policies: A Comparative Study of Capacity-Building* (Berlin Heidelberg: Springer – Verlag, 1997), p. 138.

③　Dieter Rucht & Jochen Roose, "The German Environmental Movement at a Crossroads?" *Environmental Politics* 8 (1999), p. 60.

④　John S. Dryzek et al. , *Green States and Social Movements: Environmentalism in the United States, United Kingdom, Germany, and Norway* (Oxford: Oxford University Press, 2003), p. 141.

型环保组织成为其主要行动者，道德抗争开始和专业市场结合起来，对抗策略被对话策略和合作策略取代，这使得环境关注逐步在政治议程中取得优先地位。20 世纪 90 年代，环境议题被置于更宽广的经济和社会问题背景下，导致环境运动面临严重的认同难题。90 年代中期后，"可持续发展"逐步成为环境争论的主要框架。随着"21 世纪议程"在地方层面展开，环境运动进行了机制创新，并以民间社会的全球与地方行动者（glocal）的形象出现。

直到 1969 年，基于对环境保护的全面性概念的理解，环境政策才发展为联邦德国的国家政策。这一年在西德，由社会民主党和自由民主党组成的中左翼联合政府首次执政，尽管其竞选活动与政党宣言都不太强调环境议题，但在 1969 年 10 月给联邦议院的正式官方声明中把解决环境问题作为政府的主要任务之一。德国环境政策经历了五个不同的发展阶段：1969～1974 年，环境政策被确立为改革政策；1975～1982 年，关注生态与关注经济被视为相互排斥的；1983～1990 年，生态议题被制度化；1991～1995 年，全球化经济的反弹占上风并掩盖了环境问题；1996 年以后，生态矛盾被提上可持续发展议程[1]。环境政策的变化在德国是由五种主要力量来推动的，即地方和州政府的作用、联邦环境建制的影响、欧盟的作用和国际环境政策的影响、环境政策工具选择的特殊传统的影响，以及非政府组织的作用[2]。

（三）德国政党的绿色转型

德国环境运动最重要的现实结果之一就是绿党的诞生和发展，以及主要政党的绿色转型。

绿党发展史与 20 世纪 60～70 年代兴起的新社会抗议运动紧密相连。在 20 世纪 70 年代，反核电的新左派学生运动、市民行动团体与运动持续地登上政治舞台，它们的主要主张是：关闭整个核工业、引进生态税、提高可再生能源使用率和节约能源、实现公共交通全覆盖、改革农业政策并增加有机食品生产。在下萨克森州出现的环境主义小政党激发了本来在地区和州层面上分隔的运动团体参与更为统一的选举活动过程。由于选举法的限制，1979 年的欧洲议会选举促使这些环境主义小政党和其他运动走向更加正式的组织。

---

① Karl-Werner Brand, "Dialectics of Institutionalisation: The Transformation of the Environmental Movement in Germany," *Environmental Politics* 8 (1999), pp. 38 - 42.

② Wolfgang Rüdig, "The Environment and Nuclear Power," in Stephen Padgett & William E. Paterson, eds., *Developments in German Politics 3* (Durham: Duke University Press, 2003), p. 249.

在 1979 年 3 月的法兰克福会议上，决定成立一个"不同的政治联盟/绿党"（SPV/Die Grünen）。这是一个半正式的但充分合法的组织框架，它在选举中得到了 3.2% 的选票，但没能跨过进入议会的门槛。在 1979 年末举行的大会上，这个联盟决定成立正式的政党组织，这出于两个主要原因：一是正式政党授权选出 1980 年联邦选举的候选人，二是只有重组而非新成立的政党才能获得州资金。1980 年 1 月在卡尔斯鲁厄举行的大会上，绿党（Die Grünen）成为全国性政党。在 1980 年联邦选举中，除了反核问题和围绕北大西洋公约组织双轨政策的争论，和平运动的发生也成为绿党扩大影响和选举成功的重要原因[1]。1990 年，因为忽视两德统一所带来的政治、经济和社会问题，其不合时宜的口号"每个人都在讨论德国，我们在讨论天气"导致了绿党第一次联邦竞选失利。1993 年，绿党和原东德的联盟 90（Bündnis 90）联合组建"联盟 90/绿党"（仍沿袭"绿党"的称呼），把环境保护和维护生态平衡纳入政党纲领，把环境问题的解决与未来社会的规划——可持续发展联系起来[2]。

1998 年绿党和社会民主党组成政党联盟，并获得了 1998 年至 2002 年（后于 2002 年赢得连任，共同执政至 2005 年）的执政权。在《德国社民党和绿党联合执政协议》当中，两党把"生态现代化"作为政府政策目标，并提出进行"生态税改革"[3]。2002 年，绿党推出《我们的未来是绿色的》的政党纲领，表明了更鲜明的绿色发展立场："作为生态政党，我们的目标是保护因过度工业开发和资源过度使用而受到威胁的生命自然基础。实现保护不能指望时光会倒流，而是需要当今产业社会的持续变革。生态对我们现代社会来说，是一个基本的维度……我们一些关键项目，旨在根据我们的基本价值理念去实现社会的现代化，而不是仅仅依照传统结构去应对挑战。我们期望通过这种方式，指引着现代化沿着绿色的轨道前进。"[4] 同年，社会民主党和绿党联合推出《国家可持续发展战略》。绿党的最大贡献可能是将一种新型的绿色政治思维和未来

---

[1] Sebastian Bukow, "The Green Party in Germany," in Emilie van Haute, ed., *Green Parties in Europe* (Abingdon: Routledge, 2016), p. 178.

[2] 王芝茂：《德国绿党的发展与政策》，中央编译局出版社，2009，第 6 页。

[3] 《德国社民党和绿党联合执政协议》，载上海国际问题研究院编《国际形势年鉴 1999》，上海教育出版社，1999，第 413 页。

[4] Alliance 90/The Greens, "Party Program and Principles: Our Future Is Green," 2002, pp. 9 – 17, http://www. gruene. de/fileadmin/user_ upload/Dokumente/145643. green – party _ program _ and _ principles. pdf，最后访问日期：2017 年 6 月 6 日。

选择融入了现实政治。

20 世纪 70 年代以前，社会民主党一直没有将生态环境问题作为战略性课题讨论。1983 年，社会民主党在联邦选举中失利，环境立场问题被认为是其落选的重要原因之一。社会民主党的绿化过程有两个重要标志。第一个标志是 1989 年社会民主党的新党纲《柏林纲领》。党纲所使用的"对生态和社会负责的经济"、"生态革新"和"有质量增长"的概念反映了社会民主党的共识——凡是在生态方面不合理的事，就整个经济而言也是不合理的；生态并不是经济的添加物，保护生态环境是有责任感的经济行为的基础[1]。《柏林纲领》第 4 章第 4 节"对生态和社会负责的经济"提出：竞争经济对资源的无节制的消耗和失控的技术革新趋势，导致了对原料的浪费和对自然生存基础的破坏。它在这一节的子标题"生态革新"下指出：国家必须抵御各种对生态的危害，并且推广有益于环境的产品和生产程序。对于我们经济所进行的这种生态改造包括产品设计、生产过程、原料消费和已消耗原料的回收利用以及物质新陈代谢过程的一体化。这种生态改造要求人们从生态角度评价使用的原材料、联系和生产程序，它还包括一切形式的能源获取和能量转化。生态改造的重点必须是化学工业、交通业和农业。

第二个标志是社会民主党 2007 年的党纲。这个党纲用"可持续发展"取代了"生态革新"，并把后者融入了前者。党纲第三部分中的"3.5 可持续发展与有质量增长"明确提出："在过去，进步主要根据数量增长来理解。今天，受迫于快速的气候变化、生态系统的过度承载和世界人口的增长，我们要给发展一个能把它变成进步的未来新方向。我们通过把经济活力、社会正义和生态责任结合起来去实现可持续的进步。这要求有质量的增长与减少资源消耗结合起来……我们也需要为未来世代保护生命的自然基础。"[2] 此外，党纲还提出了可持续发展的具体路径——"我们赞成通过科学和经济进步、教育与培训来实现可持续发展"，以及它的工业政策："具有战略性的工业政策必须是生态的工业政策。生态市场激励是有质量增

---

[1] 张世鹏译《德国社会民主党基本原则纲领（1989 年制定纲领的柏林党代表大会通过，1998 年莱比锡非常党代表大会补充）》，https://www.marxists.org/chinese/Second-International/marxist.org-chinese–2International–1989.html，最后访问日期：2017 年 6 月 6 日。

[2] Social Democratic Party of Germany, "Hamburg Programme: Principal Guidelines of the Social Democratic Party of Germany," 2007, p. 24, https://www.spd.de/fileadmin/Dokumente/Beschluesse/Grundsatzprogramme/hamburger_programm_englisch.pdf，最后访问日期：2017 年 6 月 6 日。

长的驱动器。"① 社会民主党的绿色转型的成功实践主要体现在社会民主党——绿党执政联盟在可持续性上取得的四个成就：第一是双方同意分阶段退出核电；第二是成功地引入了环境税；第三是 2000 年推出了《可再生能源法案》；第四是于 2002 年正式推出《国家可持续发展战略》。

1950 年成立的基督教民主联盟（其前身是 1945 年 7 月成立的天主教中央党）在其于 1978 年第 26 次联邦党代会上通过的《基督教民主联盟的原则与纲领》的第 3 章第 3 节"生活与居住环境"当中，提及"为生活设计城镇、组合城市、农村地区、住房所有制"四个方面②，并没有把生态与环保议题纳入自己的考虑范围。但在 1994 年第 5 次党代会通过的以"基于责任的自由"为标题的《基督教民主联盟的原则与纲领》当中，第 3 章"走向生态与社会市场经济"提到生态与市场是经济不可或缺的两个方面。这种经济形态，一方面有利于基督教民主联盟核心价值观的实现，"我们支持生态与社会市场经济观念，是因为我们看到，比起其他系统来，它为把我们的基本价值——自由、团结和正义——变成现实提供更好的机会"；另一方面，它有利于实现个人的自由与责任，"竞争原则与社会和生态的经济系统相互联系与相互决定，我们想要以个人主动性得到提升、越来越多的人参与社会经济进步、环境得到有效保护的方式，来发展生态与社会市场经济"。③

2007 年基督教民主联盟发布了第 21 次党代会通过的政党宣言《自由与安全：德国原则》，提出了"在全球化世界中复兴社会市场经济"，摒弃了 1994 年"生态与社会市场经济"的提法。这一宣言提到可持续性是其政策的一个基本点，具体出现在第 6 章第 2 节"保护自然资源"中的第 234 条："可持续性原则是基督教民主联盟政策的一个不可或缺的部分：我们要保护并传给后代一个明天值得生活的世界。未来世代拥有经济发展、社会福利和环境完整的权利。"④ 该党对可持续发展的重要贡献之一是，在 2010 年与基

① Social Democratic Party of Germany, "Hamburg Programme: Principal Guidelines of the Social Democratic Party of Germany," 2007, p. 26, https://www.spd.de/fileadmin/Dokumente/Beschluesse/Grundsatzprogramme/hamburger_programm_englisch.pdf, 最后访问日期：2017 年 6 月 6 日。

② Christian Democratic Union, *Principles and Programme of Christian Democratic Union of Germany*, translated by Adolfo Reyes & Horst E. Schneider (Melle: Knoth, 1979), pp. 26 – 27.

③ CDU – Bundesgeschäftsstelle, *Freedom through Responsibility: Principles and Programme of Christian Democratic Union of Germany*, translated by Bonnscript GmbH (Bonn: Union – Betriebs – GmbH, 1994), pp. 40 – 43.

④ Christian Democratic Union, *Freedom and Security: Principles for Germany* (Berlin: Konrad-Adenauer Siftung, 2008), pp. 46 – 48.

督教社会联盟一起联合自由民主党推出了"能源转向"（Energiewende）战略，规划了德国 2050 年前的能源发展路线，德国总理默克尔承诺德国将于 2022 年全面淘汰核电①。政府还根据变化的社会、经济、环境、科技状况及时对"能源转向"战略进行调整，分别于 2014 年和 2016 年修订 2000 年版的《可再生能源法案》，旨在推动可再生能源成为可持续发展的可靠的经济和环保的支柱。另一个贡献是，在 2016 年 11 月基于《气候行动计划 2020》，该党与基督教社会联盟联合社会民主党通过了《气候行动计划 2050》，规划了德国 2050 年前的气候保护路线。尽管该计划的通过被一再拖延，内容也被讨价还价地缩减，但仍然承诺到 2050 年二氧化碳排放较 1990 年减少 95% 这一目标。

二　《国家可持续发展战略》及其相关的基本建制

1992 年德国成为"21 世纪议程"的参与国，同意遵守和执行里约联合国环境与发展大会上通过的相关决议，这表明德国政府决心致力于可持续发展②。之后，本着"全球思考，当地行动"的座右铭，联邦各州陆续开展了本地的"21 世纪议程"。"可持续发展"是一种通过代际契约的方式，把当代人的需要和后代人的生活前景联系起来的发展模式，它要求通过某种方式来设计对双方都公平的长期发展③，这种发展致力于经济竞争、社会公平和生态可持续。关于可持续发展的这种理解构成了《国家可持续发展战略》的基本概念框架。为了推动战略的实施，德国形成了新的联邦建制，并规定了相关机构和部门的职能和责任，同时充分协调联邦、州与地方的统一行动。

（一）《国家可持续发展战略》及其进展报告

《国家可持续发展战略》在推出时确立了四个基本发展目标：代际公正、

---

①　"Atomdebatte：Merkel pirscht sich an Ausstieg 2022 heran," *Spiegel Online*，https：//www. spiegel. de/politik/deutschland/atomdebatte-merkel-pirscht-sich-an-ausstieg－2022－heran-a－764062. html，最后访问日期：2017 年 6 月 6 日。

②　Christiane Beuermann & Bernhard Burdick，"The Sustainability Transition in Germany：Some Early Stage Experiences," *Environmental Politics* 6（1997），pp. 83－107.

③　The Federal Government，"Perspectives for Germany—Our Strategy for Sustainable Development," 2002，p. 1，https：//www. bundesregierung. de/resource/blob/998220/354630/3c4a42c0e125a732 407d16b5420d7c6e/perspektives-for-germany-langfassung-data. pdf？download＝1，最后访问日期：2017 年 6 月 6 日。

品质生活、社会凝聚和国际责任。2004 年开始，每隔四年，联邦政府以"进展报告"（Fortschrittsbericht）的形式，根据现实情况对《国家可持续发展战略》加以修订和更新（见表1）。

表1　德国《国家可持续发展战略》及其进展（2002～2012）

	2002 战略	2004 战略	2008 战略	2012 战略
目标/指标	代际公正、品质生活、社会凝聚、国际责任			
子目标/指标	1. 资源保护 2. 气候保护 3. 可再生能源 4. 土地利用 5. 生物多样性 6. 国家债务 7. 为未来经济稳定性做准备 8. 创新 9. 教育和培训 10. 经济繁荣 11. 流通性 12. 营养 13. 空气质量 14. 健康 15. 犯罪 16. 就业 17. 家庭 18. 机会平等 19. 外国公民融入 20. 发展合作 21. 开放市场	同 2002 战略	1. 能源和原材料生产率 2. 温室气体排放 3. 可再生能源占能源消费的比例 4. 为住房和交通增加土地使用 5. 物种多样性和地表质量 6. 国家赤字占国内生产总值（GDP）的比重 7. 与 GDP 有关的固定资本形成总额 8. 私人和公共的研发支出占 GDP 的比重 9. 18～24 岁未获学校毕业证书以及未接受培训的人数占该年龄段人口的比例；25 岁大学毕业生人数占该年龄段人口的比例；学位课程学生配额 10. 人均 GDP 11. 货运强度；客运强度；货运中的铁路和内河运输 12. 氮过剩与有机农业 13. 空气污染 14. 过早死亡率；抽烟和肥胖率 15. 入室盗窃 16. 就业率 17. 0～2 岁、3～5 岁儿童全日制护理率 18. 性别工资差异 19. 留学生未获得毕业证书的比例 20. 官方发展援助支出占国民总收入的比例 21. 从发展中国家进口*	同 2008 战略

续表

	2002 战略	2004 战略	2008 战略	2012 战略
战略关键点/主要实施点	1. 高效利用能源 2. 保证流通性 3. 健康生产 4. 塑造人口变化 5. 发展新理念——教育攻势和大学改革 6. 企业创新 7. 减少土地使用	1. 高效利用能源 2. 保证流通性 3. 健康生产 4. 承担国际责任	1. 气候和能源 2. 可持续原材料产业 3. 人口变化 4. 养活世界	1. 可持续经济活动 2. 气候和能源 3. 可持续水政策
战略附加点/个别领域		1. 老龄人口在经济和社会中的潜能 2. 包含可再生能源的新能源供应结构 3. 燃料策略 4. 减少土地使用	1. 可持续交通 2. 可持续消费、生产以及可持续增长 3. 保护和开发自然资源 4. 健康 5. 社会整合；人口与移民 6. 贫困的全球挑战 7. 通识和专业教育 8. 研发 9. 金融和经济工具	1. 可持续和稳定的金融政策 2. 可持续流通性 3. 可持续消费和生产 4. 维护和管理自然资源 5. 健康 6. 社会包容；人口和移民 7. 贫困的全球挑战 8. 教育和培训 9. 研发
新提法/亮点		1. 提出可持续作为一种"社会进程" 2. 提出联邦部门在战略中的作用 3. 提出联邦州在战略中的作用	1. 提出可持续作为"综合指导原则"和"优先级" 2. 提出"可持续管理"以及"可持续管理"的"机构能力" 3. 提出可持续发展战略的实施需要跨部门合作	1. 提出要重视和保持金融市场稳定 2. 提出要提高"可持续管理"的效率 3. 强调地方作用，提出可持续需要联邦、州和城市伞形组织的协调合作运作 4. 提出可持续经济活动需要"企业社会责任"（CSR） 5. 设置可持续发展的主要优先序列

续表

修订背景	2002 战略	2004 战略	2008 战略	2012 战略
	1. 社民党与绿党联合执政 2.《联合国千年宣言》 3. 可持续发展委员会建立	1. 社民党与绿党联合执政 2. 德国可持续发展议会顾问委员会成立	1. 基民盟/基社盟与社民党联合执政 2. 次贷危机 3. 联邦统计局受委任	1. 基民盟/基社盟与自民党联合执政 2. 次贷危机和欧债危机 3. 里约热内卢20国峰会

* 德国联邦统计局参与后，将 21 个子目标细化为了更具监测操作性的新 21 个子目标。其中，1～9 对应代际公正，10～15 对应品质生活，16～19 对应社会凝聚，20～21 对应国际责任。

资料来源：笔者根据相关文件自制。The Federal Government, "Perspectives for Germany——Our Strategy for Sustainable Development," 2002, https://www. bundesregierung. de/resource/blob/998220/354630/3c4a42c0e125a732407d16b5420d7c6e/perspektives – for – germany – langfassung – data. pdf? download = 1, 最后访问日期：2017 年 6 月 6 日；The Federal Government, "Progress Report 2004: Perspectives for Germany——Our Strategy for Sustainable Development," 2004, https://www. nachhaltigkeitsrat. de/fileadmin/user_upload/English/pdf/strategy_2004/Progress_ Report_2004. pdf, 最后访问日期：2017 年 6 月 6 日；The Federal Government, "Progress Report 2008 on the National Strategy for Sustainable Development：For a Sustainable Germany," 2008, http://www. bundesregierung. de/Content/DE/_Anlagen/Nachhaltigkeitwiederhergestellt/2009 – 05 – 13 – fortschrittsbericht – 2008 – englisch. pdf? _blob = publicationFile, 最后访问日期：2017 年 6 月 6 日；The Federal Government, "National Sustainable Development Strategy 2012 Progress Report," 2012, https://www. bundesregierung. de/Content/EN/StatischeSeiten/Schwerpunkte/Nachhaltigkeit/Anlagen/2012 – 06 – 07 – fortschrittsbericht – 2012 – englisch – barrierefrei. pdf? blob = publicationFile&v = 2, 最后访问日期：2017 年 6 月 6 日。

《国家可持续发展战略》先后经历了四次修订，四个基本目标贯穿始终。它包含两个关键原则：一是经济、社会和环境目标的整合，二是发展过程中利益相关方的广泛参与。战略设计中又包含着三个核心原则：一是国家所有权（country ownership）与承诺，二是全面协调的政策过程，三是确定目标、提供资源以及监管[1]。蒂尔斯（Ralf Tils）用纵向与横向整合、参与、执行机制、监测和评价五个策略范畴来检视德国《国家可持续发展战略》，得出了这样的结论——《国家可持续发展战略》显示了德国以行政执行为导向的政策理念，它的意图非常有价值。但它不是这种政治策略——能把彻底解决问题的冲突机制、行政可实践性与德国政党体制中的执政绩效统一起来[2]。

---

[1] Aleg Cherp, Clive George, Colin Kirkpatrick, "A Methodology for Assessing National Sustainable Development Strategies," *Environment & Planning C – Government & Policy* 22 （2004）, pp. 915 – 916.

[2] Ralf Tils, "The German Sustainable Development Strategy：Facing Policy, Management and Political Strategy Assessments," *European Environment* 17 （2007）, p. 174.

为了提升管理的有效性，联邦德国政府于 20 世纪 70 年代运用财政实力扩大了其在政策制定领域的角色定位；而在政策执行领域，联邦各部没有设立自己的官僚亚结构（bureaucratic substructure）代表各部执行政策①，这导致政策制定从管理中分离出来②。这种行政管理结构一直延续到两德统一之后，导致了联邦政府与州、市地方政府在公共政策领域扮演着不同角色——联邦政府专注于政策设计，而州、市政府集中于政策执行。在可持续发展上，主要表现为联邦政府在中央层面上制定阶段目标、建立国家机制、划分权力责任、履行机构职能，州、市政府在地方层面上参与政策咨询、动员社会参与、推进关键项目。联邦与州、市地方政府协调共建可持续德国。

（二）可持续发展的国家建制及机构能力

《基本法》第 20 条规定，德意志联邦共和国为民主、社会之联邦国家。国家建制包括立法、行政、司法三个支柱和联邦、州、地方三个级别。《基本法》第 21 条第 1 款规定，"国家为将来之世代，负有责任立法，以及根据法律与法之规定经由行政与司法，于合宪秩序范围内保障自然之生活环境"。政府作为可持续发展战略的倡议者和推动者责无旁贷，但可持续责任并不能只留给政府③。2004 年，联邦议院设立机构，正式加入可持续发展的"社会进程"中来，代表着可持续发展在立法层面的巨大进步。德国为可持续发展建立了一套完整的国家机制（见图 1）。德国可持续发展议会顾问委员会设定议程，设置监督程序，强化立法评估，推动可持续发展融入常规的议会工作规程；德国联邦总理府负责制定框架，规划路线，编制进展报告向各界展示战略实施状况和利益相关方参与情况；总理府直接领导的可持续发展国务秘书委员会充分发挥其沟通、协调作用，开展社会咨询，召开专家会议，编制行动计划，引导制定决策；联邦各部开展关键项目，进行配合、协调，形成政策组合拳，保障可持续发展战略的有效实施。

---

① Peter Katzenstein, *Policy and Politics in West Germany: The Growth of a Semisovereign State* (Philadelphia: Temple University Press, 1987), pp. 9-10.

② Hans-Ulrich Derlien, "German Public Administration: Weberian Despite 'Modernization'," in Krishna K. Tummala, ed, *Comparative Bureaucratic Systems* (Lanham: Lexington Books, 2003), pp. 118-119.

③ The Federal Government, "Progress Report 2004: Perspectives for Germany— Our Strategy for Sustainable Development," 2004, p. 14, https://www.nachhaltigkeitsrat.de/fileadmin/user_upload/English/pdf/strategy_2004/Progress_Report_2004.pdf, 最后访问日期：2017 年 6 月 6 日。

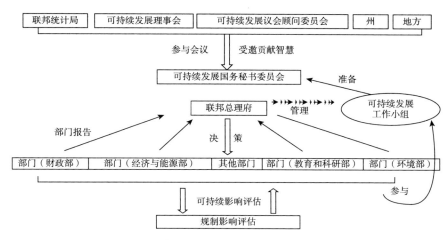

图 1　德国可持续发展相关的国家建制

资料来源：The Federal Government,"Progress Report 2008 on the National Strategy for Sustainable Development: For a Sustainable Germany," 2008, p. 34, http://www. bundesregierung. de/Content/DE/_Anlagen/Nachhaltigkeitwiederhergestellt/2009 - 05 - 13 - fortschrittsbericht - 2008 - englisch. pdf? _blob = publicationFile, 最后访问日期：2017 年 6 月 6 日；The Federal Government,"National Sustainable Development Strategy 2012 Progress Report," 2012, p. 32, https://www. bundesregierung. de/Content/EN/StatischeSeiten/Schwerpunkte/Nachhaltigkeit/Anlagen/2012 - 06 - 07 - fortschrittsbericht - 2012 - englisch - barrierefrei. pdf? blob = publicationFile&v = 2, 最后访问日期：2017 年 6 月 6 日。笔者根据相关文件自制。

在联邦政府层面，各参与机构在可持续发展战略中各司其职。具体来说，可持续发展理事会为政府出谋划策，搭建社会对话平台；环境部负责管理总规划；财政部利用金融、财政和税收等政策工具，推动国家、市场、社会在可持续战略中的交叉融合；经济与能源部实施计划，推动德国向可持续能源体系转型；教育与科研部负责可持续发展的各项研究和创新；联邦统计局负责可持续发展指标数据的收集、整理与发布（见表 2）。

表 2　德国可持续发展的机构能力（institution competency）

机构	角色	主要任务	实际可持续的关键项目
可持续发展议会顾问委员会	议会的延伸机构	帮助和监督联邦政府在议会层面、国家层面、欧盟层面、联合国层面上，以合适和多领域的方式实施可持续发展战略；对可持续影响进行评估①	可持续影响评估等

续表

机构	角色	主要任务	实际可持续的关键项目
可持续发展理事会	联邦政府的建议机构	为国家可持续战略提供咨询和建议；促进公众关于可持续议题的讨论；规定具体的可持续行动领域②	卡罗维茨（Carlowitz）项目；可持续城市/与可持续城市的市长们对话；《可持续代码》（2011、2015）；"愿景 2050：对话能力"；等等
联邦环境部	联邦政府部门之一	负责《国家可持续发展战略》中的气候、能源、交通、噪音、水体、土壤、化学品安全等环境议题和公众健康议题以及管理碳排放交易；提供与环境有关的公共服务③	环保图书馆（Fachbibliothek Umwelt）等
联邦财政部	联邦政府部门之一	通过金融、预算、税收等基于价格调控的政策工具影响德国的可持续发展；为可持续转型提供和分配资金；为公众提供关于可持续公共财政的定期信息④	环境税—能源税
联邦经济与能源部	联邦政府部门之一	通过经济政策，引领德国在可再生能源、保护能源资源、电网扩建、能源储备、能源效率、建筑能耗和环保建筑、能源研发和创新、消费者和能源市场信息、能源数据与能源预测、欧洲能源供应、科技合作等方面的前进方向⑤	"能源转向"
联邦教育和科研部	联邦政府部门之一	支持德国在以下领域进行可持续能力研究：生物多样性、能源、地理科学、社会、绿色经济、气候、土地管理、海洋和极地研究、资源效率、水管理和未来城市；为以未来为导向的行动提供决策工具；提供可持续知识教育平台⑥	优先研究序列：绿色经济；未来城市；能源转型等
联邦统计局	联邦内政部的下设机构，它的第三方身份是：中立的服务提供者	监测可持续发展战略目标/指标的实施⑦	发布《可持续指标报告》（2006、2008、2010、2012、2014）

注：①Parliamentary Advisory Council on Sustainable Development, "Rules of Procedure for the Parliamentary Appraisal of the Sustainability Impact Assessment in the Framework of Regulatory Impact Assessment," 2015, pp. 1 - 2, http://www.bundestag.de/blob/382874/80726832b28c50dd4acc5fdca976ce6b/18_procedata. pdf, 最后访问日期：2017 年 6 月 6 日。

续表

②German Council for Sustainable Development, "Mandate Given to the German Council," https://www. nachhaltigkeitsrat. de/en/the-council/mandate-given-to-thegerman-council/, 最后访问日期: 2017 年 6 月 6 日。

③The Umweltbundesamt, "About Us—Our Mission," http://www. umweltbundesamt. de/en/theuba/about-us, 最后访问日期: 2017 年 6 月 6 日。

④Federal Ministry of Finance, "Long Term Sustainability of Public Finances in Germany: An Interim Update," 2014, http://www. bundesfinanzministerium. de/Content/EN/Standardartikel/Topics/Fiscal _ policy/Articles/2014 – 03 – 25monthly-reportlong-term-sustainability-public-finances. html, 最后访问日期: 2017 年 6 月 6 日。

⑤Federal Ministry for Economic Affairs and Energy, "Energy— The Energy Transition," http://www. bmwi. de/EN/Topics/energy. html, 最后访问日期: 2017 年 6 月 6 日。

⑥Federal Ministry of Education and Research, "Flagship Initiative Energiewende," "Flagship Initiative Green Economy," http://www. fona. de/en/topics, 最后访问日期: 2017 年 6 月 6 日。

⑦Federal Statistical Office of Germany, "About Us—Our Mission," https://www. destatis. de/EN/AboutUs/OurMission/OurMission. html, 最后访问日期: 2017 年 6 月 6 日。

资料来源: 笔者自制。

(三) 各级政府的协调行动

可持续发展在德国是一个跨区域的议题。尽管联邦政府在政策设计上力求科学合理,但实际操作环节却要复杂得多。卡赞斯坦曾用"合作联邦主义"(cooperative federalism) 来描述德国的政治特征,它包括横向协调 (horizontal coordination) 和纵向协调 (vertical coordination) 两种机制,它们是各级政府协调行动的基础。从合法性来看,德国《基本法》第 91 条第 1 款和第 2 款规定联邦和州政府在环境保护、高等教育等领域要共享权力,完成"联合任务" (Gemeinschaftsaufgaben);第 104 条第 1 款第 4 项规定联邦政府有义务在环境保护、交通、建筑等领域提供投资补贴。合作联邦主义机制在使得州、市根据地方特别关切和民众多元利益奉行不同政策的同时,也使公民在不同形式的社会集合体中兼顾参与,追求地方层面和联邦层面的共同目标,自治、辅助、团结是合作联邦主义的三个基础①。

可持续发展是一个复杂和系统的议题,它需要各级政府在享有自治权之外,更加注重团结、互助和协调。在德国可持续发展战略中,地方政府的一项关键任务就是将可持续发展的指导原则——自然环境保护和代际公正——从抽象原则具体化到人们日常生活中去,使得空泛的原则落到实处,并为日常决策行动

① Hugo Cyr, "Autonomy, Subsidiarity, Solidarity: Foundations of Cooperative Federalism," *Constitutional Forum* 23 (2014), p. 21.

提供选择①。因其更为接近市民、地方当局、公司和社会组织，联邦州、市扮演着形式多样的可持续参与行动的发起者和促进者的角色，并起着倍增器的作用。

从纵向协调来看，为了提升可持续管理的效率，德国需要建立新的合作组织来创新联邦—州—市政府之间的协调行动机制，可持续发展工作小组（AG Nachhaltigkeit）应运而生。2008 年 12 月，联邦各州决定联合成立可持续发展工作小组，并于 2009 年 4 月联合发布《联邦政府和联邦各州关于可持续发展长远合作的愿景》报告。在此报告中，可持续发展工作小组提出了联邦—州—市三级可能合作的三个领域：可持续采购联盟、减少新土地消耗/评价工具、可持续指标/目标。以可持续采购联盟为例，联邦环境部通过了《德国各州在绿色采购领域的规定》，该文件从法律、法令、条例、行政规定、建议等方面规范了各州绿色采购的目标、原则和方法，以及采购评估标准②；各个州、市在绿色信息技术、绿色节能、地方公共交通、来自可持续森林的木制品、标准、数据/监测、可持续建造③等方面，遵循环境部制定的绿色采购规定，进行协调一致的行动。

从横向协调来看，州、市政府主要通过民主参与和榜样力量④两种方式来推动可持续发展。民主参与指政府鼓励各地区之间、各地区内部的利益相关者进行各种形式的线上线下交流讨论，包括进行咨询、举办论坛、举办展览、举行会议、进行辩论等；榜样力量主要指，根据区域特性，某些地区在某些特定领域，如在探索可持续服务中心建设、生物能源村庄建设、可持续教育等方面，扮演着引领者的角色，引导着其他地区的可持续发展。

---

① The Federal Government, "National Sustainable Development Strategy 2012 Progress Report," 2012, p. 223, https://www. bundesregierung. de/Content/EN/StatischeSeiten/Schwerpunkte/Nachhaltigkeit/Anlagen/2012 - 06 - 07 - fortschrittsbericht - 2012 - englisch - barrierefrei. pdf？blob = publicationFile&v = 2，最后访问日期：2017 年 6 月 6 日。

② Federal Ministry of the Environment, "Regulations in the German Länder in the Field of Green Public Procurement," 2011, pp. 2-3, http://www. umweltbundesamt. de/sites/default/files/medien/461/pub - likationen/4227. pdf，最后访问日期：2017 年 6 月 6 日。

③ The Federal Government, "National Sustainable Development Strategy 2012 Progress Report," 2012, pp. 46 - 48, https://www. bundesregierung. de/Content/EN/StatischeSeiten/Schwerpunkte/Nachhaltigkeit/Anlagen/2012 - 06 - 07 - fortschrittsbericht - 2012 - englisch - barrierefrei. pdf？blob = publicationFile&v = 2，最后访问日期：2017 年 6 月 6 日。

④ The Federal Government, "National Sustainable Development Strategy 2012 Progress Report," 2012, pp. 223 - 227, https://www. bundesregierung. de/Content/EN/StatischeSeiten/Schwerpunkte/Nachhaltigkeit/Anlagen/2012 - 06 - 07 - fortschrittsbericht - 2012 - englisch - barrierefrei. pdf？blob = publicationFile&v = 2，最后访问日期：2017 年 6 月 6 日。

三　德国可持续发展的社会责任及其整合

阿德勒（Emanuel Adler）与波略特（Vincent Pouliot）把欧洲文明看作一种典型的"实践共同体"文明，它是以行动而不是属性或身份来界定文明的。实践共同体是具有社会学习机制的共同体，蕴含着共有知识的共同实践，它由具有社会意义和有效性的"社会行事"（social doing）来塑造和界定①。德国可持续发展实践体现了欧洲"实践共同体"文明形式。在德国可持续发展模式中，企业、消费者和民间社会是可持续发展的主要实践者：企业是生产者，消费者是应用者，包括各种组织在内的民间社会是宽泛意义上的利益相关方。随着企业、雇主、商会、雇员、工会、公民、社会组织所构成的集中化社会（centralized society）的形成，民间社会日益影响公共政策的走向。

（一）规范企业社会责任

根据德国联邦统计局 2014 年的统计数据，在德国代码为 B to N（except K）和 S95 的行业部门中，共有 216 万家公司，其中 99.3% 为中小型公司（SMEs）。99.3% 的中小型公司为德国提供了 60% 的就业岗位，0.7% 的大型公司为德国贡献了 60% 的总营业额。② 在为许多人提高生活质量的同时，企业如果不受规控，它将会是自然资源、劳动力资源、制造产能、消费市场的套利者③。早在 2002 年战略中，联邦政府就将可持续经济描述为企业承担其生产和产品责任的发展模式④；在 2012 年战略中，联邦政府把"企业社会责任"提升到更加重要的位置，甚至将它作为德国社会市场经济模式的基本要

① Emanuel Adler & Vincent Pouliot, eds. , *International Practices* (Cambridge：Cambridge University Press, 2011), pp. 335 – 337.

② René Söllner, "The Economic Importance of Small and Medium-sized Enterprises in Germany," *Wirtschaft und Statistik* 1 （2014）, https：//www. destatis. de/EN/Methods/WISTAScientificJournal/ Downloads/the-economic-importance-soellner – 12014. pdf；jsessionid = 02D9B81613600F174F0D2 433BE59130F. live731？_blob = publicationFile，最后访问日期：2017 年 6 月 6 日。

③ United Nations Environment Programme, "Uncovering Pathways towards an Inclusive Green Economy," 2015, p. 17, http：//www. unep. org/greeneconomy/Portals/88/documents/GEI% 20Highlights/ IGE_NARRATIVE_SUMMARY. pdf，最后访问日期：2017 年 6 月 6 日。

④ The Federal Government, "Perspective for Germany—Our Strategy for Sustainable Development," 2002, p. 13, https：//www. bundesregierung. de/resource/blob/998220/354630/3c4a42c0e125a73 2407d16b5420d7c6e/perspektives – for – germany – langfassung – data. pdf？download = 1，最后访问日期：2017 年 6 月 6 日。

素之一[①]，认为在法定要求之外，企业应当志愿地承担起社会责任，强化负责任的公司行为。联邦劳动与社会保障部是"企业社会责任"的中央主管部门，负责"企业社会责任"在德国及全球范围内的推进。

2011 年和 2015 年，可持续发展理事会代表联邦政府发布了《可持续代码》报告第一版和第二版，呼吁企业在公司核心运营中规划、实施和控制可持续发展。《可持续代码》提供了一个非财务绩效的报告框架，这个报告框架包含 20 条标准以及许多精选的定量表现指标，可以为不同规模和法律架构的公司、组织所用。通过向理事会提交符合性声明（declaration of conformity），企业的可持续表现能以透明与可比较的数据化方式呈现出来[②]。

表 3　德国企业社会责任标准与指标

	企业社会责任的 4 个表现领域			
	策略	流程管理	环境	社会
20 条标准 （criteria）	1. 策略分析与行动 2. 重要性 3. 目标 4. 价值链的深度	5. 责任 6. 规则与流程 7. 控制 8. 激励方案 9. 利益相关方参与 10. 创新与产品管理	11. 自然资源的使用 12. 资源管理 13. 与气候相关的排放	14. 就业权益 15. 机会均等 16. 职业资格 17. 人权 18. 企业公民 19. 政治影响 20. 遵守法律政策
表现指标[①] （performance indicators）	无	5～7： G4 - 56/ EFFAS - S06 - 01/ EFFASS06 - 02 8： G4 - 51a 9： G4 - 54 10： G4 - EN6/G4 - FS11[②] EFFASE13 - 01/ EFFAS V04 - 12[③]	11～12： G4 - EN1/G4 - EN3/ G4 - EN8/G4 - EN23， EFFASE04 - 01/ EF- FASE05 - 01/ EFFAS E01 - 01 13： G4 - EN15/G4 - EN16G4 - EN17/G4 - EN19 EF- FAS E02 - 01	14～16： G4 - LA6/G4LA8/G4 - LA9/G4 - LA12/G4 - HR3 EFFAS S03 - 01/ EFFAS S10 - 01 EFFAS S10 - 02/ EFFAS S02 - 02 17： G4 - HR1/G4 - HR9/G4 - HR10/G4 - HR11/ EFFAS S07 - 02II

---

① The Federal Government，"National Sustainable Development Strategy 2012 Progress Report，" 2012，p. 126，https://www. bundesregierung. de/Content/EN/StatischeSeiten/Schwerpunkte/Nach-haltigkeit/Anlagen/2012 - 06 - 07 - fortschrittsbericht - 2012 - englisch - barrierefrei. pdf？ blob = publication File&v = 2，最后访问日期：2017 年 6 月 6 日。

② The Sustainability Code 官网，http://www. deutscher-nachhaltigkeitskodex. de/en/application/glos-sary. html？ tx_smileglossary_pi1％5Bword％5D = 13，最后访问日期：2017 年 6 月 6 日。

续表

企业社会责任的 4 个表现领域			
策略	流程管理	环境	社会
			18： G4 – EC1 19： G4 – SO6/EFFASG01 – 01 20： G4 – SO3/G4 – SO5/G4 – SO8EFFASV01 – 01/EFFAS V02 – 01

注：①德国"企业社会责任"表现指标借鉴自欧洲金融分析师联合会（EFFAS）的 ESG（Environment, Social and Governance）指标以及全球报告倡议组织（GRI）的 G4 表现指标。

②Global Reporting Initiative, "G4：Sustainability Reporting Guidelines," 2015, pp. 21 – 23, https://www. globalreporting. org/resourcelibrary/GRIG4–Partl–Reporting–Principles–and–Standard–Disclosures. pdf, 最后访问日期：2017 年 6 月 6 日。

③European Federation of Financial Analysts Societies, "KPI for ESG：A Guideline for the Integration of ESG into Financial Analysis and Corporate Valuation Version 3. 0," 2010, p. 18, http://www. effas–esg. com/wp–content/uploads/2011/o7/KPIs_for_EsG_3_0_Final. pdf, 最后访问日期：2017 年 6 月 6 日。

资料来源：German Council for Sustainable Development, "The Sustainability Code. Benchmarking Sustainable Economy," 2015, pp. 10 – 15, http://www. nachhaltigkeitsrat. de/uploads/media/RNE_The_Sustainability_Code_Text_no_47_Ilanuary_2015. pdf, 最后访问日期：2017 年 6 月 6 日。笔者自制。

但这种约束却十分有限。"企业社会责任"作为联邦政府提出的自愿性解决方案，到《可持续代码》第二版发布时，只有 80 家公司向可持续理事会提交了 165 份符合性声明[1]。环境政策的实施必然伴随着成本增加和竞争力削弱，环境政策只有与社会经济特征、企业经营伦理相兼容，其推行才是可持续的。如何超越传统的"强制要求"或"自愿协议"[2]，在可持续发展领域中创新咨询架构，为企业的决定权提供更大的自由度，保证企业

[1]　German Council for Sustainable Development, "The Sustainability Code—An Established Standard for Reports with Non – financial Parameters," 2015, p. 13, http://www. deutscher-nachhaltigkeitskodex. de/fileadmin/user_upload/dnk/dok/The_Sustainability_Code_PPT-presentation. pdf, 最后访问日期：2017 年 6 月 6 日。补充说明：此数据在 The Sustainability Code 官网的 database 中有实时更新，参见 http://www. deutscher-nachhaltigkeitskodex. de/en/home. html, 最后访问日期：2017 年 6 月 6 日。

[2]　Angelika Zahrnt et al. , "Sustainability—Made in Germany：The Second Review by a Group of International Peers, Commissioned by the German Federal Chancellery," 2013, p. 24, http://sandkasten. werkstatt-n. de/filead – min/_migrated/media/20130925 _Peer _Review _Sustainability _Germany _2013. pdf, 最后访问日期：2017 年 6 月 6 日。

实行改革的活动范围和稳定期望，改善企业信息和决策基础以及相应的竞争政策①，建立新的合作模式和新型合作伙伴关系，需要德国政企并肩探索。

（二）对消费者的绿色引导

虽然消费属于个人自由范畴，即处于经济关系之中的消费者拥有平等和自由的选择权利，但消费者也是经济建构的结果，因此消费可以成为治理的对象。科拉克（John Clarke）认为，消费和治理之间存在着三种关系：作为受规制事物的消费、集体消费概念、作为公共服务消费者的个体意象②。

消费者行为直接影响着企业的产品和服务创新方向，并日益成为社会转型的压力源。虽不能强行规制消费行为，但可以通过提供不同的消费选择，驱使消费朝向不同的方向。生态标签是德国促进消费模式转型的重要举措之一，它是针对消费者产品和服务而实施的一种标签系统，是指导消费者把生态关心纳入消费考虑的一种可持续措施。"蓝色天使"（Der Blaue Engle）是由德国联邦内政部发起的，由联邦环境部通过的，旨在保护人们和保护环境的环境标签活动，开始于 1978 年③，它为将近 1500 家企业的 12000 种环境友好型产品提供环境标签认证和评级，相对独立，其标签认证和评级有着严格标准。1992 年，欧盟出台了生态标签体系，并陆续对该体系进行了修订和完善。作为欧盟成员国的德国还在更广程度上参与使用欧盟生态标签。欧盟委员会认为，通过为原料提取、产品生产、产品使用和产品处理的循环过程贴标签，为消费者提供清晰易懂的信息，帮助消费者识别产品和服务，可以降低生产—消费给环境带来的负面影响④，进而引导绿色消费、提高可持续发展能力。作为"灯塔项目（2015）"（Leuchtturmprojekt 2015）的子项目之一，联邦经济合作和发展部提出了"产品封章"（Siegel nach Produktgruppen）的可持续消费倡议⑤，此倡议意在通过对天然石材、纺织品、纸品、手

① 〔德〕弗里德希·亨特布尔格、弗莱德·路克斯、马尔库斯·史蒂文：《生态经济政策：在生态专制和环境灾难之间》，葛竞天等译，东北财经大学出版社，2005，第 133 页。
② John Clarke, "Consumption as the Object of Governance," in Mark Bevir, ed., *Encyclopedia of Governance* (California: Sage Publications, 2006), pp. 146 – 147.
③ The Blue Angel 官网，https://www.blauer-engel.de/en/blue-4angel/what-is-behind-it/an-environ-menta-label-with-along-history，最后访问日期：2017 年 6 月 6 日。
④ Europe Commission 官网，http://ec.europa.eu/environment/ecolabel/index_en.htm，最后访问日期：2017 年 6 月 6 日。
⑤ Siegelklarheit 官网，http://www.siegelklarheit.de/home，最后访问日期：2017 年 6 月 6 日。

提电脑、木材、食品、洗涤和清洗剂等产品进行科学的密封认证和管理，鼓励公民进行可持续购物并做出个人贡献。

消费在某种意义上是一种性别实践。女性是最主要的消费群体，女性消费者主要有两种类型：基于审美和造型的享乐消费者和基于满足他人需要的关怀消费者①。基于审美和造型需要的女性消费，主要集中于服装业，德国人均衣履（clothing and foot wear）消费稳定在个人家庭消费支出的 4.5% ~ 4.6%②。德国经济合作和发展部在"产品封章"倡议的基础上，推出了"可持续纺织"的设想③，意在通过改革纺织业，连接起可持续发展的三个维度：经济（产业增长）、环境（生产和消费的绿化）和社会（保障工人健康权利和提供体面工作）。

（三）民间社会的责任培育

如亚里士多德所言，人们生活在共同体之中，会追求某种共同善。可持续发展作为一种"共同善"，只有扎根于民间社会，才能获得不竭的动力源泉。可持续发展的德国模式体现了德国的"参与型政治文化"，民间社会通过愈加踊跃的公民自愿参与，活化介于国家与个人及家庭之间的公民共同生活有机体，为社会未来的治理及发展提供源自公民群体的珍贵人力资源，具有无法取代的核心价值和地位④。

《国家可持续发展战略》把社会凝聚作为四大主要目标之一。社会凝聚既是可持续发展的目的，也是实践可持续发展的手段。可持续发展作为目的，需要民间行动。德国可持续发展十分注意运用伦理与道德等软实力工具，来引导和鼓励社会各方共同参与可持续发展的进程。比如可持续代码、生态标签、消费者信息系统、可持续购物篮、德国可持续日、社会对话、奖励计划、咨询建议等倡议和活动，都成为软工具箱里的常用工具。可持续发

① Niveen Abi Ghannam & Lucy Atkinson, "Good Green Mothers Consuming Their Way through Pregnancy: Roles of Environmental Identities and Information Seeking in Coping with the Transition," *Consumption Markets & Culture* 19（2016）, p. 452.
② Federal Statistical Office of Germany, "Consumption Expenditure—Germany," https://www.destatis.de/EN/FactsFigures/SocietyState/IncomeConsumptionLivingConditions/ConsumptionExpenditure/Tables/PrivateConsumption_D.html, 最后访问日期：2017 年 6 月 6 日。
③ Federal Ministry for Economic Cooperation and Development, "The Partnership for Sustainable Textiles," 2014, http://www.bmz.de/en/publications/type_of_publication/information_flyer/flyer/booklet_textiles.pdf, 最后访问日期：2017 年 6 月 6 日。
④ 叶阳明：《德国政治文化之发展》，五南图书出版股份有限公司，2009，第 220 ~ 221 页。

展作为手段，有利于社会凝聚。贸易、产业急剧的结构性变化，导致政治权力的碎片化和公共生活中的多元价值冲突，在某种程度上削弱了福利国家加强社会凝聚的能力。可持续发展战略作为一种参与式决策，以及一种参与式实践，为加强社会凝聚提供了新的契机，有利于创建新的社会共识。

培育民间社会关于发展责任的认知，增强其关于可持续发展的意识，是一项长期而艰巨的任务。尽管德国采取了设计路线、确定社会行动者、明晰责任、提升能力、赋权和动员等具体举措，但可持续发展战略的实施归根结底取决于文化认同和责任共担。在民间社会中形成广泛认同的可持续文化，能有效地缩小认知和行动之间的差距。

培育广泛认同的可持续文化，首先是要在价值观层面形成社会共识。可持续性价值观在德国是通过对"什么价值是重要的"这一问题的公共探讨来凝聚共识的。可持续发展理事会的使命之一就是通过"愿景2050：对话能力"等项目，推进公众关于可持续议题的讨论，增强公众意识，进而形成社会关于可持续发展的共识。其次，有赖于各个层次的可持续教育以及各个社会组织的共同努力。教育是塑造可持续文化的基本途径。德国在 20 世纪 80 年代就把环境主题先后纳入了生物学、地理学、化学和政治教育的课程和教科书①。很多州响应联合国教科文组织的倡议，于 2009 年开展了"未来学校"（Schule der Zukunft）教育活动（活动时间为 2009～2015 年），把可持续的主题、议题、项目等融入学校课程设计、教学大纲之中②；科学家联盟、环保主义者组织、福利组织、教堂、学校、基金会、俱乐部、非政府组织等都成为培养公民责任、实践可持续能力的重要行动者。

德国可持续发展模式在其形成和发展过程当中包含了六个不可或缺的方面：思想资源、环境运动、绿色政治、法治传统、企业社会责任与社会整合。缺少思想资源，德国不可能成为可持续发展的引领者；没有环境运动，德国可持续发展就缺乏坚实的动力机制；缺乏绿色政治，就无法形成可持续的价值原则和政治共识；离开法治传统，就无从做好顶层设计和预防措施；

---

① Hansjörg Seybold & Werner Rieß, "Research in Environmental Education and Education for Sustainable Development in Germany: The State of the Art," *Environmental Education Research* 12 (2006), pp. 47–63.

② Sella Oneko, "Sustainability Education Picks up in Germany," *DW News*, http://www.dw.com/en/sustainability-education-picks-up-in-germany/a–17087861, 最后访问日期：2017 年 6 月 6 日。

推卸企业社会责任，就无法实现经济的绿色转型；没有社会整合，可持续发展的社会基础就不牢固。

但是德国可持续发展模式也存在着几个主要问题。第一，合作联邦主义国家模式不利于形成集中统一的长效决策与行动机制。执政联盟内部的政党分歧会影响到可持续重大问题决策的一致性和连续性，并导致国家在引领可持续发展方面缺乏系统性和前瞻性。《气候行动计划2050》的出台过程就是例子。第二，社会市场经济模式不能自我适应绿色经济转型。虽然企业具有竞争性市场主体地位，但如果政府不加大对企业提供绿色公共产品和进行绿色经济技术创新两方面的政策支持力度（例如，联邦经济与能源部涉及可持续的关键项目只有"能源转向"这一选项），就会像自愿性"企业社会责任"的落实情况一样，企业会基于现实利益考量而选择不作为或少作为。第三，德国可持续发展模式存在着明显的国家中心主义倾向。德国在全球绿色发展中承担"国际责任"的积极性和主动性不高，虽然《国家可持续发展战略》把"国际责任"作为四个主要目标之一，但2008战略与2012战略当中的"国际责任"具体指标只有两项非预期性内容（见表1）。

还应该看到德国的可持续发展转型，在国内面临人口结构老化、能源短缺、政企合作难和转型融资匮乏四大主要挑战①；在国际上面临国际难民政策引发德国国内政治分裂和社会分裂、恐怖主义和民族主义在欧洲蔓延、英国脱欧导致欧盟力量衰减、欧洲协作更为困难等现实难题。如何不让可持续发展议题淹没在诸多议题之中，坚守可持续发展立场，完善可持续发展模式，实现可持续发展目标，德国将面临更为复杂的挑战。

---

① Angelika Zahrnt et al. , "Sustainability—Made in Germany：The Second Review by a Group of International Peers, Commissioned by the German Federal Chancellery," 2013, p. 23, http：//sandkasten. werkstatt-n. de/filead-min/_migrated/media/20130925_Peer_Review_Sustainability_Germany_2013. pdf, 最后访问日期：2017年6月6日。

德国创新驱动发展的路径及特征分析[*]

———✦———

陈 强 霍 丹[**]

摘 要： 作为全球创新领先国家，从战后恢复至今，尤其是两德统一之后，德国联邦政府通过制定连续的战略规划、合理的政策设计和制度安排，以及切实有效的各类行动举措以创新驱动国民经济及社会发展，成效十分显著。本文对德国创新驱动发展的路径进行了梳理，从中归纳出德国创新驱动发展的特征，最后形成对我国实施创新驱动发展战略的若干启示。

关键词： 德国 创新驱动发展 创新战略 科技创新

随着全球经济竞争的日益加剧，发展创新驱动型经济已经被各发达国家和地区提到战略高度。德国历史上就是一个非常注重科技创新的国家，在 20 世纪初就已经走在世界科技发展的前列。作为二战的发起者和战败国，德国的经济和社会发展遭受毁灭性的打击，同时流失了大量优秀的科技人员，科技发展整体水平一度落后。二战后，德国政府高度重视科技创新的发展，制定了一系列促进科技创新的战略规划并辅以政策举措，不断增加科技投入，建立完善的科技管理体系和研发体系，德国因此重新回到了科技大国和创新强国的行列。根据欧洲创新记分牌（European Innovation Scoreboard，EIS）2013 年对欧盟 28 个成员国创新绩效的测评结果，德国创新整体绩效位于瑞士之后，居第 2 位，属于创新领先国家。欧洲工商管理学院与世界知识产权组织联合发布的《全球创新指数 2013》（Global Innovation Index，GII）报告

---

* 本文首次发表于《德国研究》2013 年第 4 期，第 86 ~ 100 页。

** 陈强，同济大学经济与管理学院教授；霍丹，思爱普（中国）有限公司实施顾问。

显示，2013 年德国创新指数在全球居第 15 位，居于世界前列①。欧盟于 2013 年初发布 2012/2013 年度"创新经济体"排名，其中仅次于瑞典居第 2 位的德国，"在知识资产（专利申请、应对社会挑战类专利申请）、创新者（与创新生产、营销有关的中小企业数）方面占有绝对优势"②。历经战前兴盛阶段、战后恢复阶段、科技振兴阶段及平稳发展阶段，1990 年德国步入统一发展阶段，其创新驱动发展也进入新时期。国际上关于德国创新的系统性研究主要集中在欧洲经济研究中心（ZEW）的研究成果，其中里希特（Georg Licht）等学者在 1995 年比较全面地概述了德国国家创新体系的运作机制③，为其他研究德国创新的学者提供了参考依据。本文将重点对两德统一之后的德国创新驱动发展路径进行梳理，总结该阶段创新驱动发展的特征及成功经验，从中获得对我国实施创新驱动发展战略具有借鉴价值的启示。

一　德国创新驱动发展的路径分析

在世界经济继续下行、欧债危机持续恶化的背景下，德国经济却能一枝独秀，这与其实行的创新驱动发展战略密不可分。为促进德国的创新活动，联邦政府致力于通过制定战略规划和政策法规，建立和完善创新体系。

（一）战略规划层面：将创新置于国家发展的核心位置

德国政府高度重视战略规划对科技创新的引领作用。为保障战略规划的有效实施，20 世纪 80 年代以来，德国政府先后出台一系列法规以不断强化战略规划的宏观引领作用。1982 年，联邦政府制定促进创建新技术企业的计划，将建立更多高技术公司作为国家的一项战略措施。1996 年 7 月，德国内阁通过《德国科研重组指导方针》，明确了德国科研改革的方向。1998 年，联邦政府颁布《INFO2000：通往信息社会的德国之路》白皮书，有力推动了德国信息产业的发展。

2002 年 2 月 16 日，联邦议院通过联邦政府提交的《高校框架法第 5 修

① World Intellectual Property Organization（WIPO），"The Global Innovation Index 2013，" WIPO，2013，p. 10.
② 陈晓刚：《瑞典德国丹麦芬兰创新能力突出》，《中国证券报》2013 年 3 月 29 日，第 A5 版。
③ Georg Licht, Wolfgang Schnell, Harald Stahl, "Results of the German Innovation Survey 1995," Zentrum für Europäische Wirtschaftsforschung, 1995.

正法（草案）》，为在大学建立青年教授（Junior Professor）制度提供了联邦法律依据。2004年11月，联邦政府与各州政府签订《研究与创新协议》，规定大型研究协会（马普学会、亥姆霍兹联合会、弗劳恩霍夫协会、莱布尼兹科学联合会）的研究经费每年保持至少3%的增幅①。2006年，联邦教研部制定《科技人员定期聘任合同法》，规定将公立科研机构研究人员的定期聘任合同的最长期限放宽至12年或15年，以留住青年科技人才②。同年，联邦政府首次发布《德国高科技战略》报告，继续增加科技投入特别是17个创新领域的投入，以确保德国未来在世界上的竞争力和技术领先地位③。2012年3月28日，德国政府推出《高科技战略行动计划》，计划从2012年至2015年投资约84亿欧元④，以推动在《德国高科技战略2020》框架下的10个未来研究项目的开展。2012年10月，联邦议院通过《科学自由法》，即《关于非大学研究机构财政预算框架灵活性的法律》。2013年1月16日，德国联邦内阁通过《联邦政府航空战略》，以保持德国航空工业在欧洲乃至全球的竞争力。标准在德国工业体系中拥有举足轻重的地位，"工业4.0"是德国面向未来竞争的总体战略方案。2013年4月，在汉诺威工业博览会上，德国正式推出《保障德国制造业的未来：关于实施"工业4.0"战略的建议》，旨在支持德国工业领域新一代革命性技术的研发与创新，确保德国强有力的国际竞争地位。⑤

表1　德国主要的创新战略法规与政策文件

战后恢复振兴阶段	统一前后调整阶段	21世纪至今
《德意志联邦共和国基本法》	《促进创建新技术企业》计划	《高校框架法第5修正法》
《核研究核技术发展规划》	《德国科研重组指导方针》	《研究与创新协议》
	《循环经济与垃圾法》	《科技人员定期聘任合同法》
	《多媒体法》	《德国高科技战略》报告

---

① 张卫平、杨一峰：《2006年德国科技发展综述》，《全球科技经济瞭望》2007年第3期，第11～19页。
② BMBF, "The High-Tech Strategy for Germany," Press Release by the Federal Research Ministry, Berlin, 2006, p. 27.
③ BMBF, "The High-Tech Strategy for Germany," Press Release by the Federal Research Ministry, Berlin, 2006, p. 27.
④ BMBF, "Die Bundesregierung, Zukunftsprojekte der Hightech-Strategie (HTS-Aktionsplan)," Bonn, 2012, p. 16.
⑤ 郭政：《标准引领德国工业升级——德国工业4.0中的标准化战略及其启示》，《上海质量》2013年第10期，第22～26页。

续表

战后恢复振兴阶段	统一前后调整阶段	21 世纪至今
	《INFO2000：通往信息社会的德国之路》	《高科技战略行动计划》
	《21 世纪信息社会创新和就业行动计划》	《科学自由法》
		《联邦政府航空战略》 《保障德国制造业的未来：关于实施"工业 4.0"战略的建议》

资料来源：笔者自制。

（二）政策与机制设置层面：深化政府科研体制和科研机构改革

作为二战战败国，德国在 20 世纪 50 年代的科技政策重点是恢复科研及教育体制，重建被战争摧毁的教育基础设施和大学研究中心，同时恢复科学学会的工作，并建立新的科研促进机构。通过大幅增加科研经费、不断调整科技行政管理部门、新建一批科研机构及大力引进先进技术，到 20 世纪 60 年代末，集中协调型的科技体制初步建立，多层次、配套齐全的科研机构基本定型。德国强大的创新能力与其分工明确、统筹互补、高效运作的多层次科研系统密不可分。科研机构的改革和发展为完善德国科学研究体系、增强科技创新能力奠定了重要基础。德国的科研系统结构如图 1 所示。

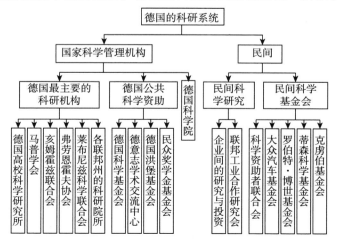

图 1　德国的科研构成系统

资料来源：笔者自制。

德国科研系统的各组成部分各司其职，共同推动德国科研体制和科研机构的改革，尤其是以马普学会（Max-Planck-Gesellschaft，MPG）、亥姆霍兹联合会（Helmholtz-Gemeinschaft Deutscher Forschungszentren，HGF）、弗劳恩霍夫协会（Fraunhofer-Gesellschaft，FhG）、莱布尼兹科学联合会（Leibniz-Gesellschaft，WGL）为代表的四大科研机构发挥了决定性作用（见表2）。例如，马普学会持续为来自世界各地的科学家提供一流的研究环境，架起了科学界与经济界的桥梁[①]；亥姆霍兹联合会成立由政府、科技界、经济界及社会团体代表人物组成的参议会，共商发展战略，加强各大研究中心之间及其与企业的合作，从而提高了科研体系的灵活性[②]。

表 2 德国主要科研机构的改革和发展历程

MPG	1948 年 2 月马普学会成立； 2009 年 11 月德国马尔堡大学—马普学会合成微生物学中心成立； 2010 年 5 月马普人口老龄化生物学研究所在科隆奠基； 2011 年 2 月创建智能系统研究所； 2012 年 3 月首次在非洲设立马普研究小组，加强传染病基础研究； 2013 年 1 月与耶路撒冷希伯来大学合作成立脑研究中心，与丹麦大学合作成立了马普—奥登斯生物人口老龄化统计学研究中心
HGF	2001 年改组正式成立亥姆霍兹联合会； 2009 年底德国 16 个联邦州都有 1 个亥姆霍兹研究中心； 2011 年 9 月下旬资助 20 个新建的青年科学家小组； 2012 年 1 月 1 日原属莱布尼兹科学联合会的基尔海洋学研究所正式并入亥姆霍兹联合会，更名为基尔—亥姆霍兹海洋研究中心，2 月新成立三个能源联盟，7 月资助 11 个虚拟研究所 3000 万欧元
FhG	1949 年 5 月建立弗劳恩霍夫协会； 2009 年 5 月新设弗劳恩霍夫—奥地利应用研究有限公司； 2011 年 11 月弗劳恩霍夫协会与其他机构共同成立卡尔斯鲁厄技术区创新联盟； 2012 年 5 月在韩国成立"弗劳恩霍夫生物医药项目研究中心"
WGL	1997 年由"蓝名单科学联合会"正式改名为"莱布尼兹科学联合会"； 2001 年成立知识媒体研究中心； 2004 年成立知识产权及技术转移中心 Leibniz X； 2011 年 3 月与德意志学术交流中心联合设立国际奖学金

资料来源：笔者自制。

在德国所获得的欧盟第七研究框架计划经费中，马普学会、亥姆霍兹联合会、弗劳恩霍夫协会、莱布尼兹科学联合会分配到的经费占比为 26.8%[③]。这四大科研机构从 2005 年到 2010 年各自所接收的由联邦和州共同资助的金额

① Max-Planck-Gesellschaft，"Das Wissenschaftsmagazin in der Max-Planck-Gesellschaft 2011，" 2011，http：//www. mpg. de/4316779/MPF_2011_1. pdf，最后访问日期：2013 年 6 月 20 日。
② Helmholtz Association，"Helmholtz Association 2005：Programmes – Facts – Figure，" Bonn，2005.
③ Gemeinsame Wissenschaftskonferenz（GWK），"Pakt für Forschung und Innovation Monitoring – Bericht 2011，" Bonn，2011，p. 39.

有明显的区分侧重，并呈上升趋势，在整体科研机构的资助总额中同样占了较大的比重，如图 2 所示。

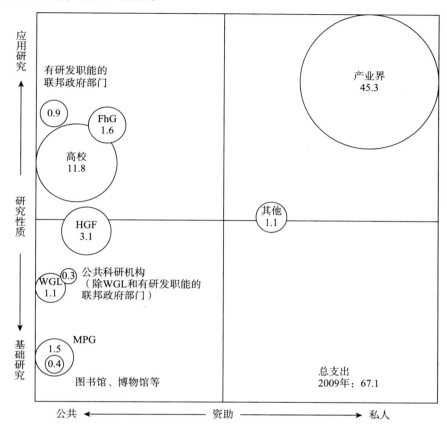

图 2　2009 年德国研发支出的分配情况（单位：十亿欧元）

资料来源：BMBF，"Bundesbericht Forschung und Innovation 2012," Berlin, 2012, p. 39。

（三）行动举措层面：有针对性地解决创新驱动发展中的问题

1. 政府加大对技术创新的投入力度

自 1990 年两德统一后，德国研发投入总量逐年大幅度增加（见图 3）。作为一个统一的联邦制国家，德国联邦政府和 16 个州政府各自行使科技管理职能，每个州对其教育都具有立法权，并进行研发活动资助，每个州约有 50% 的公共研发支出来自州政府①。联邦政府和州政府的共同目标是，到

①　陈强、鲍悦华等：《德语国家科技管理的比较研究》，化学工业出版社，2012，第 32~35 页。

2015 年，将德国研发投入占国内生产总值的比例提高到 3%①。2012 年 12 月，德国科学资助者联合会公布，2011 年德国的研发投入为 746 亿欧元，约占国内生产总值的 2.9%，几乎实现了 3% 的目标，远高于欧盟 2% 的平均水平②。

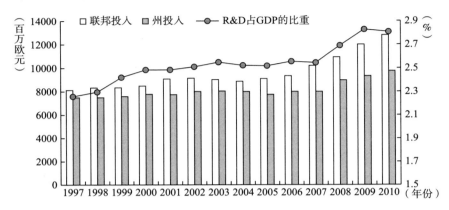

图 3　德国研发（R&D）支出总额及占国内生产总值（GDP）的比重

资料来源：Statistisches Bundesamt, "Nationalaccounts," https：//www. destatis. de/EN/FactsFigures/Indicators/LongTermSeries/NationalAccounts/lrvgr02. html，最后访问日期：2013 年 6 月 20 日；BMBF, "Bundesbericht Forschung und Innovation 2012," Berlin, 2012, p. 8。

德国研发支出的增加促进了研发创新活动，使得研发人员的数量不断增长，德国全时当量研发人员的数量从 2000 年的 48.5 万人增长至 2010 年的 54.9 万人，2011 年达到 56.71 万人③。

2. 促进区域创新的均衡发展

德国统一之时，东部的生产力水平远较西部落后。1990 年德国国内生产总值为 27643 亿马克，其中东部仅为 2443 亿马克，所占份额不足 10%④。因此，科尔政府制定了振兴东部的战略，并按市场经济的要求对德国东部的科研机构实施重组，进一步完善德国的研究开发体系。

---

① Bundesministerium für Wirtschaft und Technologie, "Nationales Reformprogramm Deutschland 2011," Berlin, 2011, p. 9.

② BMBF, "Forschungsausgaben steigen auf historischen Rekordwert," Berlin, 2012, http：//www. bmbf. de/press/3382. php，最后访问日期：2013 年 6 月 20 日。

③ GWK, "Steigerung des Anteils der FuE – Ausgaben am nationalen Bruttoinlandsprodukt（BIP）als Teilziel der Lissabon – Strategie und der Strategie Europa 2020," Bonn, 2013, p. 5.

④ 孙晓峰：《落后区域发展应充分发挥地区优势——德国统一后重建东部经济的启示》，《经济问题》2000 年第 10 期，第 22～24 页。

1990 年德国政府启动"东部工业研究特别促进计划",加快提升贴近经济的科技开发能力,建立工业研究新机制。针对东部企业的技术革新需求,联邦研究与技术部于 1994 年启动"产品更新计划",并为其提供 1.5 亿马克,以支持东部及东柏林的企业更好利用新技术和新材料开发新产品[①]。仅通过"东部研究任务计划"和"东西部研究任务计划",联邦教研部共向东部地区企业提供了 3.2 亿马克的研究开发项目(见表 3)。五年内东部地区的企业获得资助的比例比西部地区高 10% 以上[②]。1991 年至 1996 年,联邦教研部在其管辖范围内为东部地区的转轨和重建提供了总计 170 亿马克的资助。经过近七年的重建,新联邦州的科研体系转轨基本结束[③]。

表 3   德国统一后面向东部的创新计划

时间	计划	资助额
1990 年	东部工业研究特别促进计划	50% 的补贴
1994 年	产品更新计划	1.5 亿马克
1995 年	东部研究任务计划	3.2 亿马克
	东西部研究任务计划	
1998 年	东部研究开发共同项目促进计划	2 亿马克(到 2000 年)
1998 年	在新联邦州和柏林促进和支持建立技术性企业的计划	5 亿马克(到 2000 年)
1998 年	德国东部州创新行动计划	—
1999 年	"东部创新区"的主导项目	5 亿马克(1999 年至 2005 年底)
1999 年	修订《高校建设促进法》	偿还前科尔政府多年来在这方面的欠账[①]
2001 年	创新地区计划	1.5 亿至 1.6 亿马克[②]
2001 年	东部新研究资助计划	1.5 亿马克(到 2003 年)[③]
2002 年	"创新能力中心:确保人才和创造杰出"计划	追加 7000 万欧元(2009 年 12 月至 2016 年)[④]
2009 年	"新联邦州尖端研究与创新"计划	1000 万至 1400 万欧元(为期五年)
2009 年	东部的 11 个地方尖端研究项目	1.35 亿欧元[⑤]

① 国家计委规划司、科技司产业技术政策课题组:《产业技术政策的国际比较研究(课题报告)》,1998 年 3 月,http://www.sdpc.gov.cn/fzgh/yjdt/t20050602_6113.htm,最后访问日期:2013 年 6 月 20 日。
② 国家计委规划司、科技司产业技术政策课题组:《产业技术政策的国际比较研究(课题报告)》,1998 年 3 月,http://www.sdpc.gov.cn/fzgh/yjdt/t20050602_6113.htm,最后访问日期:2013 年 6 月 20 日。
③ 薛顺震:《1997 年德国科技发展综述》,《全球科技瞭望》1998 年第 5 期,第 24~33 页。

续表

时间	计划	资助额
2012 年	"2020 年创新伙伴关系"计划	5 亿欧元（2013 年至 2019 年）[6]

注：①史文瑞：《1999 年德国科技发展综述》，《全球科技经济瞭望》2000 年第 4 期，第 15～18 页。

②Alexander Eickelpasch, Martina Kauffeld, Ingo Pfeiffer, "The InnoRegio – Program: A New Way to Promote Regional Innovation Networks – Empirical Results of the Complementary Research," 42nd Conference of the European Regional Science Association "From Industry to Advanced Services: Perspectives of European Metropolitan Region", Dortmund, 2002, p. 17.

③赵长根：《2001 年德国科技发展综述》，《全球科技经济瞭望》2002 年第 4 期，第 21～24 页。

④BMBF, "Forschungsministerium stärkt Leuchttürme der Spitzenforschung in Ostdeutschland," 2009, http://www.bmbf.de/press/2751.php, 最后访问日期：2013 年 6 月 20 日。

⑤Annette Schavan, "Wir stärken die Spitzenforschung in Ostdeutschland," BMBF, 2009, http://www.bmbf.de/_media/press/pm_20090518 – 109.pdf, 最后访问日期：2013 年 6 月 20 日。

⑥BMBF, "Zwanzig20 – Partnerschaft für Innovation," Press Release by the Federal Research Ministry, Bonn, 2012, p. 4.

资料来源：笔者自制。

自 1998 年以来，联邦政府以目标明确的资助措施推动东部各州开展贴近经济的研究活动。通过建立"创新区"、"创新论坛"和"创新技术协作中心"，大大提升了东部地区的研发强度、创新能力及企业的市场竞争力。此外，联邦教研部还推出了名为"东部创新区"的主导项目，目的是通过建立新型合作模式，推动企业开展以市场为导向的技术创新产品和服务项目研发活动[1]。2009 年为有针对性地提升德国东部研究基地的实力，联邦教研部专门推出了"新联邦州尖端研究与创新"资助计划[2]，以强化东部大学和研究机构已经形成的特色，扩大德国东部可持续的研究合作。2010 年德意志研究联合会（Deutsche Forschungsgemeinschaft, DFG）的分类统计数据表明，东部 6 个州的工业研发人员不足德国工业研发人员的 1/10，仅占 9.7%[3]，但呈现出良好的发展态势。无论是新联邦州还是柏林，尖端技术行业企业在数量上已经超过德国的平均水平，相比西部地区增长更为明显。

3. 注重加强创新驱动载体的建设

推进集群式创新是德国创新驱动发展的重要路径选择。通过构建产业集

---

① 史文瑞：《1999 年德国科技发展综述》，《全球科技经济瞭望》2000 年第 4 期，第 15～18 页。

② Annette Schavan, "Wir stärken die Spitzenforschung in Ostdeutschland," BMBF, 2009, http://www.bmbf.de/_media/press/pm_20090518 – 109.pdf, 最后访问日期：2013 年 6 月 20 日。

③ GWK, "Dritte Fortschreibung des Berichts, Steigerung des Anteils der FuE – Ausgaben am nationalen Bruttoinlandsprodukt（BIP）bis 2010 als Teilziel der Lissabon – Strategie," Bonn, 2010, p. 5.

群来提高企业的生产效率，发挥集群的创新载体效应。

联邦政府通过 Bio Regio（生物区）计划推动生物产业集群的形成和初步发展，后续的接应计划吸收了 Bio Regio 计划的成功实施经验，带动德国其他高技术产业全面发展，促进了产业集聚。高技术产业的蓬勃发展无法掩盖东部地区的经济落后，为促进区域均衡发展，2001 年政府以区域创新理论为指导，在东部地区实施 Inno Regio（创新地区）计划，通过创新网络激发中小企业的创新能动性，从而促进集群主体间的合作。创新集群的成功转型有效提升了德国的区域竞争力，然而，大量的集群策动也导致德国区域间的过度合作和竞争，造成政府资源的浪费。因此，2005 年政府发动了 GA-networking（GA 网络）计划，重点对并行发展的集群进行有效的管理和协调①。

从上述三个计划可以看出德国集群策动遵循的路径是从单个集群内部主体间的合作到集群整体的创新，从单个集群创新转型到集群之间的合作。这对德国高技术产业集群发展、集群创新网络的构建、集群之间的竞争合作等形成了明显的正向效应，既提升了德国高技术企业的创新能力，又推动了区域均衡发展，同时还实现了对各创新集群的统筹和协调管理。

4. 积极推进与新兴国家的国际合作

为积极参与全球的科技合作和竞争，有效利用全球创新资源，德国政府及其研究机构积极推进与新兴国家的国际合作。2008 年 2 月，联邦政府发布《加强德国在全球知识社会中的作用：科研国际化战略》，该战略明确了德国参与国际科技合作的四大目标，目标之三即"加强与发展中国家的长期科技教育合作"②。联邦教研部下设的国际事务办公室（IB）的国际科技合作项目则更多聚焦于发展中国家，在 2011 年国际事务办公室资助的国际科技合作项目中，与发展中国家合作的项目数及金额均在 80% 以上。从合作对象国来看，在 2011 年合作项目数及合作金额排名前 10 的国家中，新兴国家占了很大的比重③，具体如图 4 所示。

马普学会、弗劳恩霍夫协会秉持"立足德国，遍布世界"的理念，发展

---

① 陈强、赵程程：《德国政府创新集群策动的演化路径研究及启示》，《德国研究》2011 年第 3 期，第 57～63 页。

② BMBF, "Deutschlands Rolle in der globalen Wissensgesellschaft stärken: Strategie der Bundesregierung zur Internationalisierung von Wissenschaft und Forschung," Press Release by the Federal Research Ministry, Berlin, 2008, p. 5.

③ Internationales Büro des BMBF, "Jahresbericht 2011," Bonn, 2012, http://wwwinternationales-buero. de/_media/IB_lahresbericht_2011_barrierefrei. pdf, 最后访问日期：2013 年 6 月 20 日。

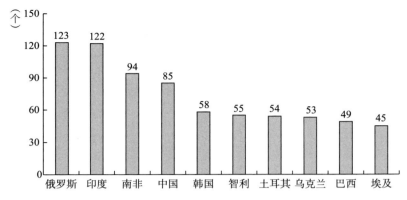

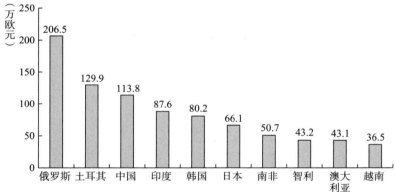

**图 4　2011 年联邦教研部国际事务办公室资助的国际科研合作
项目数量和金额排名前 10 的国家**

资料来源：Internationales Büro des BMBF, "Jahresbericht 2011," Bonn, 2012,
http://wwwinternationales - buero. de/_media/IB_lahresbericht_2011_barrierefrei. pdf,
最后访问日期：2013 年 6 月 20 日。

全球合作网络，提高其科技竞争力。其中，主要从事应用导向型研究的弗劳恩霍夫协会在德国之外开展了诸多国际活动。协会总部有其自己的战略目标，但并没有为各研究所的国际活动制定自上而下的中心战略计划，而是鼓励研究所实施自我管理，弗劳恩霍夫协会在中国的发展策略恰好体现了这一点。

近几十年来，弗劳恩霍夫协会在中国的活动日趋活跃，与中国科学院、中国工程院等签署了一系列的框架式协议，协会的重点越来越趋向于与中国顶尖机构（如清华大学）的合作。同时，协会加快了与中国合同研发的合作步伐，数据显示，中国市场的合同签订数量正在赶超目前亚洲最大的市场——日本。一项对弗劳恩霍夫协会各研究所负责人的调查结果显示，在弗

劳恩霍夫协会与第三国合作的重要性排位中，与中国合作的重要性居第 7
位，而针对未来与第三国合作的重要性排位，中国则被排在首要位置①。

对于弗劳恩霍夫协会而言，中国既是合作伙伴又是研究实施地，在协会
开展国际合作创新的过程中，中国变得日益重要。在复杂的中国市场环境中
摈弃自上而下的中心战略计划，通过在个体项目中展示能力，争取信任，从
而逐步增加合作机会仍将成为弗劳恩霍夫协会今后的路径选择。

5. 新兴产业领域的创新追赶

除了在传统的高新技术产业发展方面具有非常强的国际竞争力外，德国
也特别重视发展战略性新兴产业。生命科学和生物技术是 21 世纪最重要的
创新领域之一，德国政府不断增加对生命科学领域的创新要素投入，以促进
新兴产业领域的创新追赶。

2005 年起，政府加大了对以生命科学为代表的可持续研究领域的研究与
发展的资助力度。2010 年通过高科技战略在生命科学领域的项目资助达 50
亿欧元②，以此进一步促进未来行业的创新。德意志研究联合会 2012 年的年
报显示，德意志研究联合会共拥有预算 25 亿欧元，联邦政府资助 67.1%，
州政府资助 32.7%。其中德意志研究联合会对生命科学领域的资助经费约占
资助总额的 39%，为各学科中最高③，具体如图 5 所示。

联邦政府还进一步加强生命科学领域科研基础平台的建设：2006 年，在
海德堡开始建设新的先进生命科学培训中心；2007 年至 2009 年，在生命科
学领域为马普学会增添了 3 个特殊型的"新研究所"来扩大其投资组合，并
筹备了技术成熟的创业公司——波恩凯撒研究中心的"生命科学孵化器"来
推动发明创新成果的转化利用；2010 年德意志研究联合会在"生命科学成
像质谱分析"资助计划内为德国 9 所大学配备最高资助标准的总额为 580 万
欧元的质谱分析设备④，在大型设备资助计划下为 3 所大学的生命科学专业

---

① 薛澜、柳卸林、穆荣平等译《OECD 中国创新政策研究报告》，科学出版社，2011，第 422 ~
429 页。

② BMBF，"The High-Tech Strategy for Germany," Press Release by the Federal Research Ministry,
Berlin, 2006, pp. 84 – 86.

③ DFG，"Deutsche Forschungsgemeinschaft Jahresbericht 2012: Aufgaben und Ergebnisse," Bonn,
2012, p. 160.

④ DFG，"Mit Großgeräten Biomarkern und Signalstoffen auf der Spur," Bonn, 2011, http://
www.dfg.de/service/presse/pre-ssemitteilungen/2011/pressemitteilung_nr_52/index.html，最后访
问日期：2013 年 6 月 20 日。

提供近 500 万欧元为其配备新型的动态核极化 - 核磁共振（DNP - NMR）设备①，以保持并扩大德国在生命科学领域的领先地位。

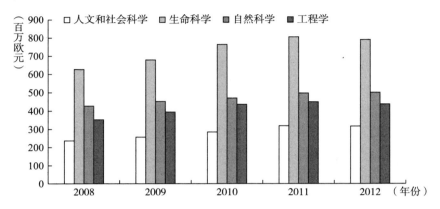

图 5　近年来德意志研究联合会对各学科领域的资助金额

注：资助金额仅为对单个项目和合作项目的资助。

资料来源：DFG，"Deutsche Forschungsgemeinschaft Jahresbericht 2012：Aufgaben und Ergebnisse，" Bonn，2012，p. 160。

在加强基础平台建设的同时，政府十分重视新兴产业领域的国际合作，如与俄罗斯的科技合作由生物技术合作扩展至生命科学领域；2011 年，《关于建立中德生命科学创新平台的联合声明》为两国生命科学领域的科研人员奠定统一的行动基础，双方共同开展理论研究、技术创新以及产品创新，进一步开发生命科学领域的创新选题。

2012 年 11 月，经联邦政府与柏林州政府的同意，德国最大的医科大学与马克斯 - 德尔布吕克分子医学中心合作成立柏林健康研究所。该所旨在将医学和生命科学相结合，开辟生命科学研究的新领域②。

二　德国创新驱动发展的主要特征

德国很早就注重创新能力的建设，以政府为主导推行了一系列战略规

---

① DFG，"Neuartige Magnetresonanz - Technologie gibt genauere Einblicke in die Struktur der Materie，" Bonn，2011，http：//www. dfg. de/service/presse/pressemitteilungen/2011/pressemitteilung_nr54/index. html，最后访问日期：2013 年 6 月 20 日。

② BMBF，"Bund und Land einig über die Gründung des Berliner Instituts für Gesundheitsforschung，" Bonn，2012，http：//www. bmbf. de/press/3370. php，最后访问日期：2013 年 6 月 20 日。

划，并辅以有针对性的政策举措，成为世界上创新领先国家之一。本文通过对德国创新驱动发展路径的分析，归纳其创新驱动发展的主要特征。

（一）注重创新战略的连续性和创新政策的系统性

德国在创新战略制定和政策设计方面，特别注重不同背景下战略决策的连续性及政策制度的系统性。2006 年，德国首次发布《德国高科技战略》报告，从国家层面系统地提出高科技发展战略，确定了旨在增强德国创新力量的明确政策路线。《德国高科技战略》提出从科研到创新直至最终占领市场的一体化战略，有效地实现了科研成果与市场需求的结合。为应对全球科技创新竞争发展的新形势，2010 年 7 月，德国内阁通过由联邦教研部主持制定的《德国高科技战略 2020》，在 2006 年《德国高科技战略》的基础上汇集了德国联邦政府各部门最新的研究和创新政策举措，立足于开辟未来的新市场，确定了 5 个重点关注领域[①]。在战略规划的指导下，政府相应地推出系统性的创新政策。高科技战略发布后，联邦政府分别在能源领域、生物技术领域、纳米技术领域、交通领域、航空领域、健康研究领域等出台了一系列政策，来配合创新战略的实施。联邦政府对战略制定连续性和政策设计系统性的重视使得德国在不同时期不同领域的科技发展都有明确的路径可循，具有高度的前瞻性、针对性和灵活性。

（二）形成对内整合、对外聚合的良性互动机制

德国的科研体系结构完整，科研机构配套齐全、分工明确，研究力量配置合理，这与德国政府对内整合创新体系、对外聚合创新资源的机制建设密不可分。德国创新政策的制定注重发挥多元主体的作用，将政府、企业界、科技界以及其他社会力量全部纳入创新网络，通过紧密合作和信息共享实现创新知识的产品转化。在联邦层面，联邦教研部是负责科研与教育活动的主要部门，联邦经济与技术部则负责技术政策的制定。政府资助的非营利研究机构代表了德国科学研究的核心力量，其中马普学会主要从事自然科学、生物科学、人文科学和社会科学等领域的国际顶尖水平的基础研究；弗劳恩霍夫协会则以研究应用技术为主，致力于科研成果的转化；亥姆霍兹联合会主

---

① BMBF, "High-Tech Strategy 2020 for Germany," Press Release by the Federal Research Ministry, Berlin, 2010, pp. 12 – 19.

要从事基础性研究、预防性研究和关键技术研究；莱布尼兹科学联合会从事问题导向的研究，同时也提供咨询与服务。企业是创新的主体，推动着科技成果的转化。德国政府通过政策引导，将科研机构、高校、企业联结为紧密的创新合作伙伴，充分发挥各类创新主体的作用，使之共同致力于创新驱动发展。

同时，随着创新资源在国际范围内的高速流动，德国政府致力于通过广泛科技合作筹措全球创新资源。与西欧国家和北美国家的合作以尖端科研、大型科研基础设施联合建设、青年科学家培养与交流等为主；与独联体国家、中国、印度、南美国家等的合作旨在在国际范围内开发创新潜能，吸引发展中国家学生来德国学习并留住优秀人才，宣传德国作为研究目的地国家的优势和吸引力，促进国家间技术转移等[1]。

（三）突出企业的创新主体地位

在德国实现研发投入占国内生产总值的 3% 的目标的进程中，企业是最重要的主体，承担着德国近 2/3 的研发支出。在过去的十几年里，企业显著地增加了其自身研发投入，从 1999 年的 334 亿欧元增加至 2012 年的 512 亿欧元，占国内生产总值的比重也从 1.67% 增长至 1.94%[2]。企业连续十几年增加研究经费投入，强化自主创新，这使其成为技术创新的主力军。

除此之外，政府还推出一系列计划和行动措施支持企业的发展创新：至 1996 年联邦教研部投入 3 亿马克，推出"质量保障计划"以支持中小企业建立完善的质量保障系统和提高质量管理水平，资助范围达 6000 家企业[3]；颁布《中小企业远程工作计划》及《企业技术创新风险分担计划》，逐步改变企业的组织结构，促使中小型企业形成联盟；联邦经济与技术部的《中小企业创新与未来技术计划》将技术资助作为继续开发的重点；通过高科技战

---

[1] BMBF, "Deutschlands Rolle in der globalen Wissensgesellschaft stärken: Strategie der Bundesregierung zur Internationalisierung von Wissenschaft und Forschung," Press Release by the Federal Research Ministry, Berlin, 2008, p. 5.

[2] Statistisches Bundesamt, "Research and Development," https://www.destatis.de/EN/FactsFigures/SocietyState/EducationResearchCulture/ResearchDevelopment/Tables/ResearchDevelopment-Sectors.html, 最后访问日期：2013 年 6 月 20 日。

[3] 国家计委规划司、科技司产业技术政策课题组：《产业技术政策的国际比较研究（课题报告）》，1998 年 3 月，http://www.sdpc.gov.cn/fzgh/yjdt/t20050602_6113.htm，最后访问日期：2013 年 6 月 20 日。

略投资 150 亿欧元，将德国建成"创意之国"，建立有利于高科技小企业创业和创新型中小企业发展的政策环境①；2012 年 2 月，联邦政府决定继续拓宽德国创新型初创企业的融资途径，为德国企业募集更多的风险资本，进一步提升德国在国际创新竞争中的地位。

（四） 强调区域、产业的协调均衡发展

在创新驱动发展的过程中，德国十分重视区域、产业等的协调均衡发展。作为德国区域发展战略的重要原则，"实行均衡发展"被写入德国宪法，且政府先后制定并出台《促进经济稳定与增长法》《联邦改善区域结构共同任务法》《联邦空间布局法》《联邦财政平衡法》等一系列法律法规。面对两德统一时东西部地区巨大的经济差距，联邦政府在研究项目资助方面向东部地区倾斜，制定了振兴东部的战略，以联邦教研部发起的"德国东部州创新行动计划"为中心，启动了各种有针对性的资助计划，提升东部地区的创新能力。作为老牌工业强国，德国的装备制造工业基础雄厚。依托高端制造业等传统优势产业，德国加速发展战略性新兴产业，在研发资助、基础平台建设、国际合作等方面，联邦政府都予以重点扶持，以实现创新追赶的目标。

三　德国创新驱动发展的启示

通过上述对德国创新驱动发展路径及特征的分析，可以获得以下几点启示，以期形成对我国创新驱动发展的借鉴。值得注意的是，在借鉴德国经验时，应充分考虑两国在政治体制、经济基础、法制建设、社会管理、传统文化、民众素质以及所处不同发展阶段等背景因素上的不同。

（一） 建立和完善创新驱动发展的顶层设计

德国从二战后就开始将科技创新摆在国家发展全局的核心位置，在战后恢复阶段、科技振兴阶段、平稳发展阶段、统一发展阶段分别针对其不同的发展现状和侧重进行了创新驱动发展的顶层设计，制定了不同的

---

① BMBF, "The High-Tech Strategy for Germany," Press Release by the Federal Research Ministry, Berlin, 2006, p. 99.

创新驱动发展战略规划，并针对不同阶段的战略规划颁布了相应的法律法规作为保障措施，同时辅以系统性的政策设计和标准化的行动计划。完善的顶层创新体系极大地提升了德国的创新能力，推动德国成为全球创新强国。

（二）重视发挥公共科研机构在国家创新体系中的作用

战后德国科研机构的主导模式是以著名的马普学会、亥姆霍兹联合会、弗劳恩霍夫协会、莱布尼兹科学联合会为主体的公共科研机构模式，这一模式以其完善的治理结构、高效的组织运营、高水平的创新能力和卓越的科研绩效而得到国际社会的高度评价。德国政府通过立法明确四大公共科研机构的功能定位，保障科研机构的研究方向及其功能定位的一致性。我国政府深化科技体制改革可以以此为参考，借鉴德国经验充分发挥我国科研院所在国家创新体系中的特殊作用。

（三）增加创新要素投入，形成同向合力

为提升德国的自主创新能力，联邦政府和州政府逐年增加创新要素投入。稳步增长的研发经费和研发人员数量保证了德国研发创新的领先水平和实力提升。为促进科技创新要素和社会生产要素的紧密结合，德国政府参与或扶持组建了一系列创新联盟，并在全国范围内邀请各界代表开展创新对话，加强创新主体间的联系。各类政策与创新要素的投入形成同向合力，使德国的创新活动走上了又快又好的发展道路。对我国而言，应加大旨在提高自主创新能力的战略性投资，将之作为发展科技创新活动的强大支撑条件，并辅以配套的政策措施，构建完善的科技创新支持体系。此外，还应建立符合中国特色的科技投入管理模式，合理地规避不必要的"重复立项"，确保较高的科研经费使用效率。

（四）推动区域创新能力均衡发展

两德统一之后，联邦政府通过各种促进计划和资金注入，帮助东德地区提升技术创新能力，取得明显成效。由于地理、资源、要素等的差异，同时随着经济的不平衡发展，我国各地区的技术创新能力极不均衡，并有进一步扩大的趋势。创新能力差异的扩大将严重制约落后地区的经济发展，中央政府应当积极借鉴德国东部技术创新重建过程中的成功经验，出台相关政策，

加大研发投入力度，促进落后地区的技术创新能力提升，进而推动社会经济的均衡发展。

（五） 以新兴产业发展引领转型创新

一百多年的创新努力使得德国不仅传统工业而且高新技术产业在全球都具有较强的竞争力，尤其以集群为载体的创新驱动方式有效地提升了产业的创新能力，促进了整个产业的创新发展。德国在 2006 年出台的《德国高科技战略》，确定了广泛而又明确的关于增强德国创新力量的政策路线，以支持其战略性新兴产业的创新发展[①]。"实施创新驱动战略，加快转型发展步伐"是我国今后推动科学发展的主题。在转变经济发展方式的过程中，我国应以新兴产业的发展来引领转型创新。首先应制订完善的新兴产业发展路线图，并发挥好企业作为创新主体在新兴产业发展中的作用，加快实现创新追赶。其次，政府还应建立相应的预警机制，充分发挥市场调节的作用，形成有序、良性、合理发展的局面。

（六） 制定更具针对性的国际科技合作策略

德国联邦教研部设置的下属部门德意志研究联合会、国际事务办公室、德意志学术交流中心作为其国际科技合作的主要实施部门，大力开展国际科技合作活动。德国在实施科研国际化战略，尤其是战略目标三"加强与发展中国家的长期科技教育合作"的过程中，特别注重根据合作对象的需求特点选择合适的机构，为其量身定制研究项目[②]。我国在制定国际科技合作战略时同样应该提升政策的针对性，针对不同类型的国家选择不同的合作领域，制定不同的合作策略，以提升自主创新效率。

---

① BMBF, "The High-Tech Strategy for Germany," Press Release by the Federal Research Ministry, Berlin, 2006, pp. 27 – 99.

② BMBF, "Deutschlands Rolle in der globalen Wissensgesellschaft stärken: Strategie der Bundesregierung zur Internationalisierung von Wissenschaft und Forschung," Press Release by the Federal Research Ministry, Berlin, 2008, p. 5.

德国"工业4.0"：内容、动因与前景及其启示[*]

丁 纯 李君扬[**]

摘 要："工业4.0"是德国版的再工业化战略，以提高德国制造业的竞争力为主要目的，目前已经上升为德国的国家战略。它的主要内容可以概括为"1个核心"、"2重战略"、"3大集成"和"8项举措"。从实施动因上分析，在后危机时代德国日益感受到来自内部的隐忧和来自外部的挑战，从而提出"工业4.0"方案加以应对。其中，外部挑战可区分为短、中、长期挑战，内部隐忧涉及德国制造业劳动力成本上升和竞争力下降的双重压力，以及制造业规模相对萎缩的现实。展望未来，由于德国具有多次产业升级的经验、良好的教育体系和丰富的人力资源，以及雄厚的制造业基础，"工业4.0"将会取得一定的成效，并给相关产业带来可观的收益。针对德国的再工业化，我国有必要居安思危，做到正视挑战，勇于迎接挑战，努力发展高端制造业，但同时对低端制造业亦不可完全偏废。

关键词：工业4.0 再工业化 工业革命 智能生产 德国

一 引言

德国"工业4.0"是由德国产、学、研各界共同制定的以提高德国工业

---

[*] 本文首次发表于《德国研究》2014年第4期，第49～66页。

[**] 丁纯，复旦大学经济学院教授；李君扬，上海安硕信息技术股份有限公司风险咨询总监。

竞争力为主要目的的战略。德国"工业4.0"这一概念问世于2011年4月在德国举办的汉诺威工业博览会，成型于2013年4月德国"工业4.0"工作组发表的名为《保障德国制造业的未来：关于实施"工业4.0"战略的建议》的报告，进而于2013年12月19日由德国电气电子和信息技术协会细化为"工业4.0"标准化路线图。目前，"工业4.0"已经上升为德国的国家战略，成为德国面向2020年的高科技战略的十大目标之一[①]。

之所以称为"工业4.0"，是因为德国认为迄今为止人类已经经历了三次工业革命[②]：18世纪末引入机械制造设备的"工业1.0"，20世纪初以电气化为基础导入大规模生产方式的"工业2.0"，始于20世纪70年代建立在IT技术和信息化之上的"工业3.0"。而支撑"工业4.0"的则是物联网技术和制造业服务化倾向的兴起。

"工业4.0"战略由技术进步触发，但究其实质则是德国版的发达国家"再工业化"战略，是德国2006年提出的《德国高科技战略》和2010年《德国高科技战略2020》的升级版。在全球制造业竞争加剧的背景下，德国尽管因其强大的制造业传统而表现较好，但依然能感受到产业空心化和传统制造业向外转移的威胁，因而未雨绸缪地提出了这一工业升级的战略。

二 德国"工业4.0"的内容

解剖德国政府的"工业4.0"战略[③]，简单可以概括为"1个核心"、"2重战略"、"3大集成"和"8项举措"。

（一）1个核心

"工业4.0"的核心是"智能＋网络化"，即通过信息物理系统（Cyber-

① 德国政府下属的高科技战略网站，http://www.hightech-strategie.de/，最后访问日期：2014年7月31日。

② Henning Kagermann, Wolf-Dieter Lukas, Wolfgang Wahlster, "Industrie 4.0: Mit dem Internet der Dinge auf dem Weg zur 4.0 Industriellen Revolution," 2011, http://www.ingenieu.de/Themen/Produktion/Industrie-40-Mit-Internet-Dinge-Weg-4-industriellen-Revolution，最后访问日期：2014年7月31日。

③ 本小节内容主要参考 VDE/DKE, "Die Deutsche Normungs-Roadmap Industrie 4.0," Frankfurt, 2013; BMBF, "Umsetzungsempfehlungen für das Zukunftsprojekt Industrie 4.0: Abschlussbericht des Arbeitskreises Industrie 4.0," Berlin, 2013; BMBA, "Zukunftsbild Industrie 4.0," Berlin, 2014。

Physical Systems，CPS），构建智能工厂，实现智能制造的目的。CPS 建立在信息和通信技术（ICT）高速发展的基础上。（1）通过大量部署各类传感元件实现信息的大量采集；（2）将 IT 控件小型化与自主化，然后将其嵌入各类制造设备从而实现设备的智能化；（3）依托日新月异的通信技术实现数据的高速与无差错传输；（4）无论是后台的控制设备，还是在前端嵌入制造设备的 IT 控件，都可以通过人工开发的软件系统进行数据处理与指令发送，从而达到生产过程的智能化以及方便人工实时控制的目的。

（二）2 重战略

基于 CPS，"工业 4.0" 通过采用双重战略来增强德国制造业的竞争力。一是 "领先的供应商战略"，关注生产领域，要求德国的装备制造商必须遵循"工业 4.0" 的理念，将先进的技术、完善的解决方案与传统的生产技术相结合，生产出具备 "智能" 与乐于 "交流" 的生产设备，为德国的制造业增添活力，实现 "德国制造" 质的飞跃。该战略注重吸引中小企业的参与，希望它们不仅成为 "智能生产" 的使用者，也能成为 "智能生产" 设备的供应者。

二是 "领先的市场战略"，强调整个德国国内制造业市场的有效整合。构建遍布德国不同地区，涉及所有行业，涵盖各类大、中、小企业的高速互联网络是实现这一战略的关键。通过这一网络，德国的各类企业就能实现快速的信息共享，最终达成有效的分工合作。在此基础上，生产工艺可以重新定义与进一步细化，从而实现更为专业化的生产，提高德国制造业的生产效率。除了生产，商业企业也能与生产单位无缝衔接，进一步拉近德国制造企业与国内市场以及世界市场之间的距离。

（三）3 大集成

具体实施中需要 3 大集成的支撑：（1）关注产品的生产过程，力求在智能工厂内通过联网建成生产的纵向集成；（2）关注产品整个生命周期的不同阶段，包括设计与开发、安排生产计划、管控生产过程以及产品的售后维护等，实现不同阶段之间的信息共享，从而实现工程数字化集成；（3）关注全社会价值网络的实现，从产品的研究、开发与应用拓展至建立标准化策略、提高社会分工合作的有效性、探索新的商业模式以及考虑社会的可持续发展等，从而实现德国制造业的横向集成。

ICT 的不断发展，为 3 大集成的可实现性提供了保证。相关的技术如下。

（1）机器对机器（Machine to Machine，M2M）技术，用于终端设备之间的数据交换。M2M 技术的发展，使得制造设备之间能够主动（而不是被动！）地进行通信，配合预先安装在制造设备内部的嵌入式软硬件系统实现生产过程的智能化。

（2）物联网（Internet of Things，IoT）技术。其应用范围超越了单纯的机器对机器的互联，将整个社会的人与物连接成一个巨大的网络。按照国际电信联盟（ITU）的解释，这是一个无处不在（Omnipresent）与时刻开启（Always On）的普适网络社会（Ubiquitous Network Society）。[①] 知名的信息技术研究和分析公司——高德纳（Gartner）咨询公司预计，至 2020 年，加入物联网的终端设备将达到 260 亿台，是 2009 年 9 亿台的约 30 倍。[②]

（3）各类应用软件。包括实现企业系统化管理的企业资源计划系统（Enterprise Resource Planning，ERP）、产品生命周期管理系统（PLM）、供应链管理系统（SCM）、系统生命周期管理系统（SysLM）等。这些系统在"工业4.0"中进一步发挥协同的作用，成为企业进行智能化生产和管理的利器。

（四）8 项举措

（1）实现技术标准化和开放标准的参考体系。这主要是出于联网和集成的需要，没有标准显然无法达成信息的互换，而开放标准的参考体系，包括公开完整的技术说明等资料，有助于促进网络的迅速普及与社会各方的参与。

（2）建立模型来管理复杂的系统。由于"工业4.0"具有跨学科、多企协同和异地合作等特性，这必然对整个系统的管理提出了很高的要求。只有事先建立并不断完善管理模型，才能充分发挥"工业4.0"的功效。

（3）提供一套综合的工业宽带基础设施。这是实现联网的基础，以保证数据传输的高速、稳定与可靠。

（4）建立安全保障机制。这是因为：第一，安全生产必须予以保障；第二，在传输与储存过程中需要维护信息安全；第三，整个系统应具有健全的容错机制以确保人为失误不会酿成灾难等。

---

① 国际电信联盟网站，http://www.itu.int/osg/spu/publications/internetofthings，最后访问日期：2014 年 7 月 31 日。

② 高德纳咨询公司网站，http://www.gartner.com/newsroom/id/2636073，最后访问日期：2014 年 8 月 1 日。

（5）创新工作的组织和设计方式。"工业 4.0"的高度自动化和分散协同性，对社会生产的组织和设计方式提出了新的要求，需要探索与建立新的生产协作方式，让员工能高效、愉快与安全地进行生产活动。

（6）注重培训和持续的职业发展。在"工业 4.0"中，员工需要面对的生产设备和协作伙伴的范围远远超过了目前生产方式的要求范围，而且工作环境的变化速度也显著加快。面对上述两方面的挑战，员工的持续学习就变得尤为重要。只有全社会拥有大量的合格员工，"工业 4.0"的威力才能真正得以体现。

（7）健全规章制度。它涉及企业如何进行数据保护、确保数据交换过程中的安全性、保护个人隐私、协调各国的不同贸易规则等。

（8）提升资源效率。"工业 4.0"所说的资源，不仅包括原材料与能源，也涉及人力资源和财务资源。德国联邦教育与科研部（BMBF）和德国机械设备制造业联合会（VDMA）倡议的"效率工厂"（Effizienzfabrik），就可作为今后各企业提升资源效率的重要参考。此外，可以建立各类可量化的关键绩效指标体系（KPI），这些也是评估企业资源利用效率的可靠工具。

三　德国实施"工业 4.0"的动因

德国是欧洲乃至全球制造业发达的经济体，也是全球第三、欧洲第一大商品出口国，其生产的汽车、化工产品、电子产品以及机械产品广受好评。即便席卷欧盟的欧债危机对德国造成重大影响，以制成品出口拉动的德国经济也依然能在欧洲"鹤立鸡群"。不过，在后危机时代德国也日益感受到一些隐忧，从而提出"工业 4.0"方案来加以应对。这些隐忧部分缘自外部挑战，部分归结于德国自身。其中，外部挑战可区分为短、中、长期挑战，内部隐忧涉及德国制造业劳动力成本上升和竞争力下降的双重压力，以及制造业规模相对萎缩的现实。

（一）德国制造业面临的一系列外部挑战

1. 短期内面临出口下滑

在后危机时代，大多数发达经济体进入"低增长与高失业并存"的所谓"新常态"（New Normal），而自去年下半年以来，新兴经济体的经济发展也遭遇一些不利因素的影响。这两方面因素叠加导致外部需求下降，从而使得德国的出口略显疲态，改变了自两德统一以来出口一路高歌猛进的趋势（见图 1 和图 2）。德国联邦统计局的数据指出，2013 年德国出口同比下降了 0.2%①，进入 2014 年，德国的出口形势也未见大的改观：1～5 月，虽然在经过季节调整后的大多数月份，德国出口的同比增速为正，但是环比数据却大多为负，最近的 5 月环比下降 1.1%②。预测未来，德国 2014～2015 年的出口增幅将小于进口增幅（见表 1），由此延续了 2013 年以来的趋势。比较欧债危机爆发后德国出口迅速反转的历史，上述现象或许预示着某种趋势性的变化。德国出口一直以产品的技术含量高、质量好而非价格低廉取胜。因此如何能继续保持出口的比较优势和汲取此前 IT 竞赛中落后于美国从而失去市场和出口份额的教训，这些问题促使德国工业界和政府提出"工业 4.0"战略，希冀通过结构改革与产业升级来进一步增强竞争力，保持德国以制造业商品出口为主的出口优势。

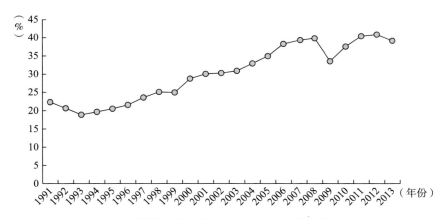

图 1　两德统一后德国出口占国内生产总值的比重

资料来源：德国联邦统计局，https：//www. destatis. de，最后访问日期：2014 年 7 月 24 日。

---

① "Germany's Foreign Trade 2013：Export － 0. 2% ；Import － 0. 9% ，"德国联邦统计局，https：//www. destatis. de/EN/FactsFigures/NationalEconomyEnvironment/ForeignTrade/OverallDevelopment/Current. html，最后访问日期：2014 年 7 月 30 日。

② 1～4 月的环比增速分别为 2.3% 、－1.3% 、－1.8% 和 2.6% 。数据来源："Germany's Foreign Trade 2013：Export － 0. 2% ；Import － 0. 9% ，"德国联邦统计局，https：//www. destatis. de/EN/FactsFigures/NationalEconomyEnvironment/ForeignTrade/OverallDevelopment/Current. html，最后访问日期：2014 年 7 月 30 日。

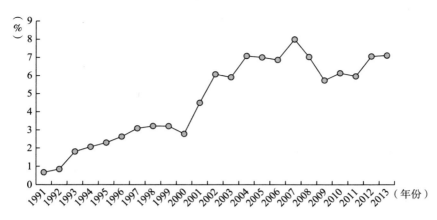

图 2　两德统一后德国外贸盈余占国内生产总值的比重

资料来源：德国联邦统计局，https://www.destatis.de，最后访问日期：2014 年 7 月 24 日。

表 1　2012~2015 年德国进口和出口的同比增长率

单位：%

	2012 年	2013 年	2014 年	2015 年
出口	3.2	0.9	5.7	6.3
进口	1.4	1.5	6.2	7.0

注：2014 年和 2015 年为预测数据。

资料来源：Anja Rossen, "Konjunkturaufschwung festigt sich," *Wirtschaftsdienst* 94（2014），p. 451。

2. 中期内感受产业升级压力

自 21 世纪头一个十年的最后几年起，科学应用技术上又一次出现了较大进步，包括无线电通信技术（如 4G、5G、射频识别技术、短距低功耗双向无线通信协议 ZigBee、近距高频的近场通信技术）、3D 打印技术、物联网技术等。据预计，2020 年全球物联网行业的终端设备销售额为 1.9 万亿美元，产生的利润（包括服务费）将达 3000 亿美元①。这些信息技术和制造业的结合代表着未来工业发展的方向，必将带来相关产业的突破和重构，作为全球顶尖的制造业强国的德国敏锐地感知了这种趋势和挑战，不希望像 20 世纪 80 年代那样被动调整和应对，"工业 4.0"无疑成为其一个坚实的抓手。

---

① 高德纳咨询公司网站，http://www.gartner.com/newsroom/id/2636073，最后访问日期：2014 年 8 月 31 日。

3. 长期内面对双重竞争压力

至今尚未完全走出欧债危机泥沼的欧盟，在采取各项救助与财政整顿措施的同时，立足长远，提出了"再工业化"战略，期望通过产业结构升级与制造业回归来重振经济。早在2010年，欧盟提出"欧洲2020战略"，其三大发展重点中的"智能增长"就涵盖了"再工业化"的主要内容，而于2012年10月发布的《指向增长与经济复苏的更强大的欧洲工业》①，就更明确地设定了"再工业化"战略的目标，即到2020年将工业占欧盟国内生产总值的比重由当时的15.6%提高到20%。在成员国层面，包括法国、英国以及西班牙在内的许多国家纷纷制定了相应的"再工业化"战略，如英国2011年发表的《强劲、可持续和平衡增长之路》报告中提出了6大优先发展行业，法国于2012年新成立了生产振兴部（Ministère du Redressement Productif）来重振法国工业，西班牙于2011年以"再工业化援助计划"的方式，由政府出资约4.6亿欧元来资助国内的再工业化项目等。

在欧盟之外，美国和日本也在积极推进再工业化。作为对20世纪80年代起虚拟经济不断膨胀导致次贷危机爆发的反思，以及出于削减贸易赤字和提高就业率的考虑，美国政府积极采取了一系列推进国内"再工业化"的措施：2009年12月公布《重振美国制造业框架》，2010年8月提出《制造业促进法案》，2011年6月和2012年2月相继启动《先进制造业伙伴计划》和《先进制造业国家战略计划》。除政府外，美国制造商协会于2011年11月发布了《美国制造业复兴计划——促进经济增长的四大目标》的报告，在客观分析的基础上，系统性地提出了促进美国制造业复兴的具体措施。

作为传统的制造业和对外贸易大国，日本也提出了多项旨在发展本国制造业的战略举措。在战略方面，在2009年12月至2012年10月的不到3年的时间里，日本政府提出了5轮经济振兴对策，提升日本工业的竞争力是这些振兴对策的重要内容②。安倍政府上台后，在采取扩张性货币政策与财政政策的同时，也关注制造业的复兴。在2013年6月提出的"日本再兴战略"中，将产业再兴战略作为今后三大重点战略之一，并提出了紧急结构改革、雇佣制度改革、推进科技创新、实现世界最高水平的IT社会、提升地区竞争力和支持中小企业的6项具体措施。2014年6月，日本政府再次强调了这

---

① European Commission, "A Stronger European Industry for Growth and Economic Recovery," COM (2012) 582 final, Brussels, 2012.

② 日本内阁府，http://www.cao.go.jp/，最后访问日期：2014年7月31日。

一战略。在战术方面，日本对某些具体的产业也给予了高度关注。比如对于新兴的 3D 打印技术，日本政府就采取了大力扶持的态度，将其列入 2014 年的产业重点，并计划在这一年投入 45 亿日元，以期在未来能达到将 3D 打印速度提高 10 倍、精度提升 5 倍的目标①。

新兴经济体的蓬勃发展也对德国的外部竞争力构成了长期挑战。从 20 世纪中后叶起，包括德国在内的许多发达国家将部分制造业转移到具有成本优势的发展中国家。这种转移在给发达国家造成产业空洞化的同时，产生溢出效应，促进了新兴国家的产业升级与经济增长，反过来对发达国家的制造业造成了较大的竞争压力。有资料显示，新兴 11 国（E11）② 在 2001～2012 年的名义国内生产总值从 4.8 万亿美元上升至 18.8 万亿美元，增长了将近 3 倍，占二十国集团（G20）总的国内生产总值比重从 16.6% 提高至 32.7%。不仅如此，在反映技术进步的全要素生产率（TFP）方面，"21 世纪以来 E11 国家的平均增长速度约为 0.7 个百分点，比七国集团（G7）经济体平均高出 0.6 个百分点"③。具体产业方面，印度倚仗计算机和软件业等高端制造业成为"世界办公室"，中国更是于 2010 年超过美国成为世界第一制造大国④，被称为"世界工厂"，其结果就是发达国家的贸易优势日渐丧失，中国成为世界第一货物贸易大国⑤。欧盟统计局的数据也显示，在对德国极其重要、占德国出口比重一半以上的欧盟市场，中国对欧出口和顺差在 2002～2013 年分别增长了 21 倍和 14 倍，中国占整个欧盟从盟外进口的比重从 9.6% 上升至 16.6%。不仅如此，近年来的贸易结构也向有利于中国的方面转化：比较欧债危机前后的 2009 年与 2013 年，欧盟从中国进口的机械和运输设备的比重占欧盟同类商品进口的比重从 28.78% 上升至 31.94%，占欧盟从中国全部进口商品的比重从 47.39% 上升至 49.70%，同期对华出口机

---

① 経済産業省「平成 26 年度経済産業政策の重点」、2013、12 頁。

② 它们是指二十国集团中的 11 个新兴经济体，即阿根廷、巴西、中国、印度、印度尼西亚、韩国、墨西哥、俄罗斯、沙特阿拉伯、南非和土耳其。

③ 《博鳌亚洲论坛新兴经济体发展 2013 年度报告》，对外经济贸易大学出版社，2013，第 45、49 页。

④ 数据参见《中国超过美国跃居全球第一工业生产大国》，中华人民共和国商务部网站，2011 年 3 月 16 日，http://www.mofcom.gov.cn/aarticle/i/jyjl/m/201103/20110307450325.html，最后访问日期：2014 年 7 月 31 日。

⑤ 数据参见《中国 2013 年成为世界第一货物贸易大国》，中华人民共和国商务部网站，2014 年 3 月 1 日，http://www.mofcom.gov.cn/article/ae/ai/201403/20140300504001.shtml，最后访问日期：2014 年 7 月 31 日。

械和运输设备的比重占全部对华出口的比重则从 58.60% 下降至 57.74%[①]。

显然，在其他发达国家再工业化战略的竞争催逼和新兴经济体的追赶下，以制造业为主要重点和比较优势的德国必须通过构建和实施"工业4.0"来"强身固本"。

（二）"德国制造" 自身的隐忧

1. 劳动力成本上升

自 2002 年 1 月 1 日欧元正式流通以来，德国的劳动力成本的增速低于欧元区的平均增速。特别是自德国施罗德政府于 2003 年启动名为《2010议程》的改革，通过削减过高的劳动力成本来增强德国竞争力以来，德国的单位劳动力成本在一段时期内呈现负增长。欧债危机爆发后，德国经济在危机中的欧洲 "鹤立鸡群"，以此为基础，并在其他因素的共同作用下单位劳动力成本的增速自 2011 年起开始超越欧元区的平均增速（见图 3）。而且，德国大联合政府于 2013 年 11 月推出的每小时 8.5 欧元的最低工资制度将进一步推高劳动力成本。有评论认为，最低工资制度有可能成为今后四年影响德国经济增长的两个关键因素之一[②]。

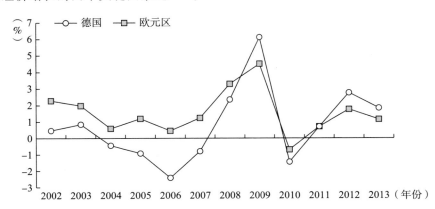

图 3　欧元正式流通以来德国和欧元区的单位劳动成本增长率

资料来源：OECD, http://www.oecd.org/statistics/, 最后访问日期：2014 年 7 月 31 日。

劳动力成本的较快增长，虽也有助于促进德国国内消费，但是对于德国制造业的竞争力亦构成消极影响，德国亟待通过技术进步来夯实制造业的竞

---

① 欧盟统计局，http://epp.eurostat.ec.europa.eu，最后访问日期：2014 年 7 月 11 日。

② Sebastian Dullien, "Makroökonomische Folgen des Koalitionsvertrags," *Wirtschaftsdienst* 94 (2014), p. 2.

争力基础。

2. 德国创新能力有待增强

从达沃斯世界竞争力排名来看，德国从 2009 年的第 7 位①上升至 2013 年的第 4 位②。不过仔细分析后发现，德国竞争力的提高主要在于两个方面。

（1）"劳动力市场有效性"的提高，从 2009 年的第 70 位提升至 2013 年的第 41 位，主要因为德国在劳动力市场进行的改革起到了积极作用。

（2）"高等教育"从第 22 位上升到第 3 位，其中德国"教育系统质量的提升"（从第 27 位升至第 14 位）起到了较大作用。

而构成德国竞争力的"创新"指标，虽总体地位有所提升（从第 7 位升到第 4 位），但这应归功于"政府对先进技术的购买"（从第 45 位升至第 17 位）和"科学家与工程师可得性"（从第 35 位升至第 17 位）的增加，其他几个有关"创新"的指标，如"企业对于研发的投入"保持名次不变，"创新能力"和"科研机构质量"的名次甚至还各自下降了一位。

世界知识产权组织的报告从另一个侧面印证了德国的创新能力有待增强。在《全球创新指数 2008—2009》的报告中，德国在欧债危机前居第 2 位③，而在《全球创新指数 2014》的报告中，德国的创新指数排名下滑至第 13 位，而且这种下滑是全面的，投入与产出分别从第 10 位和第 2 位下滑至第 19 位和第 8 位。④

世界知识产权组织的另一份有关专利申请的报告也指出，德国 2013 年的专利申请量比 2012 年下降了 4.5%，而美国则增加了 10.8%，排在第 2 的日本也微增 0.6%，中国的增速更是高达 15.6%。中国现在已经在年度申请量上以 21516 件超过德国 17927 件的 20%，居世界第 3 位。不仅如此，在申请专利的前 50 所大学中，德国大学的身影已然消失；前 50 家公司中德国公司只有 3 家，排名最高的博世公司（BOSCH）为第 7 位，中国的中兴和华为分列第 2 位和第 3 位。⑤

---

① World Economic Forum, "The Global Competitiveness Report 2009 – 2010," Geneva, 2009, pp. 13, 152 – 153.

② World Economic Forum, "The Global Competitiveness Report 2013 – 2014," Geneva, 2013, pp. 15, 194 – 195.

③ WIPO, "The Global Innovation Index 2008 – 2009," New Delhi, 2009, pp. 9, 11, 13.

④ WIPO, "The Global Innovation Index 2014: The Human Factor in Innovation," New Delhi, 2014, pp. xxiv, 16, 18.

⑤ WIPO, "Patent Cooperation Treaty Yearly Review 2014: The International Patent System," Geneva, 2014, pp. 10, 33, 39 – 41.

德国专利和商标局的统计也证明，直至2013年，德国专利申请的前三个领域依然是车辆、工程元件和基础电子器件，比重都较2009年提高了约1个百分点，而当年电子计算以及电子通信方面的专利申请比重之和比排名第3的基础电子器件的比重还低2.3个百分点。①

因此，德国的创新态势迫切需要科研机构、大学以及工业界和政府来联合推进，而"工业4.0"战略显然能作为一个重要的推手。

3. 制造业比重有所下降

两德统一以后，制造业在德国经济中的地位变化可明显分为三个阶段：第一阶段，1991～1996年为快速下降阶段，在此期间，因多重因素（如"去工业化"倾向、两德统一后原东德地区工业大幅萎缩等），制造业比重从30.2%下降至24.8%；第二阶段，1997～2008年，德国对制造业的重视程度有所提升，如德国政府于1995年提出了"2000年生产计划"，提出应用信息技术来促进制造业的现代化和提高制造业的水平，为此投入4.5亿马克的资金等②，因此德国制造业有所恢复，其比重总体上保持在25%上下波动；第三阶段，2009～2013年，即欧债危机阶段，其中2009年制造业大幅滑坡，其比重降至23.4%，之后虽有所恢复，但自2011年后制造业比重难挽颓势，2013年比2008年低0.4个百分点（见图4）。

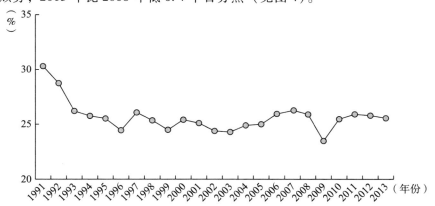

图4 两德统一后德国制造业（不含建筑业）占国内生产总增加值的比重

资料来源：德国联邦统计局，https://www.destatis.de，最后访问日期：2014年7月24日。

---

① German Patent and Trade Mark Office（DPMA），"Annual Report 2009，" Berlin，2009，p. 10；German Patent and Trade Mark Office（DPMA），"Annual Report 2013，" Berlin，2013，p. 10.

② 信息化和工业化深度融合知识干部培训丛书编写委员会编《信息化与再工业化知识干部读本》，电子工业出版社，2012，第115页。

　　进一步比较制造业和国内生产增加值后可以看出，20世纪90年代中期以前德国制造业的衰弱不仅表现为在经济中的比重降低，其绝对产值也日渐减少。而自2005年起德国制造业的增速开始超越国内生产总值的平均增速，但是这一良好态势被危机打断，总体上看2009年以后德国制造业产值的增速再度慢于国内生产总值的增速（见图5）。总之，德国制造业需要在新形势下借助"工业4.0"来继续维护和发展。

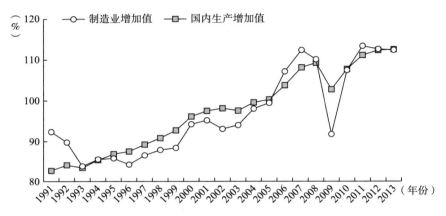

图5　两德统一后德国制造业与国内生产增加值的指数变化趋势（2005年=100）

资料来源：德国联邦统计局，https://www.destatis.de，最后访问日期：2014年7月24日。

四　德国"工业4.0"的发展前景

　　德国"工业4.0"尚需多年的开发、实施才能完全转变为现实。不过，这一理念在德国已经得到广泛传播，形成了一定的共识。只是各类企业对这一概念的接受程度存在差异，规模越大或技术含量越高的企业越容易接受"工业4.0"的理念①，雇员人数在500～999人的大企业以35%的接受度高于小企业（雇员人数在20～99人）的21%；高技术企业以47%大幅领先一般企业的22%。以西门子公司为例，其位于德国安贝格市的电子制造厂已成为全欧洲最先进的数字化工厂，制造印刷电路板等电子产品时的出错率仅为

---

① Stefan Heng, "Industry 4.0：Upgrading of Germany's Industrial Capabilities on the Horizon," Deutsche Bank Research, 23 April 2014, p.12.

百万分之十二①。德国政府更是积极推进，2014 年 8 月提出了"数字化议程"，就是希望通过促进先进信息技术的广泛应用，为"工业4.0"的发展提速。

展望未来，"工业4.0"的成效依然值得期待。德意志银行的一份研究报告引用德国国家科学与工程院（acatech）的结论，乐观估计"工业4.0"可帮助德国企业提高 30% 的劳动生产率。② 此外，德国信息技术、电信和新媒体协会（BITKOM）与弗劳恩霍夫协会（FhG）共同进行了一项研究，认为"工业4.0"除了可以显著提升德国制造业的水平外，也将使六大行业受益：至 2025 年，六大行业将多创造 787.7 亿欧元的产值，每年增速上升 1.7个百分点。③

表2   2013～2025 年德国六大行业通过"工业4.0"达到的预期效果

单位：亿欧元，%

行业	行业增加值	每年的额外增速
汽车	148.0	1.5
机械设备	230.4	2.2
电气设备	120.8	2.2
信息通信	140.5	1.2
化工	120.2	2.2
农林	27.8	1.2

资料来源：BITKOM/Fraunhofer, "Industrie 4.0 – Volkswirtschaftliches Potenzial für Deutschland," Berlin, 2014, pp. 5 - 8。

无论从历史经验还是现实条件看，德国都确实具有一系列支持"工业4.0"战略取得一定成效的有利因素。

（一）历史上多次直面技术进步的挑战并成功完成转型

由于受到政治不统一等因素的影响，德国在第一次工业革命中进展不

---

① 杨漾、王心馨、李跃群：《德国工业4.0 | 探访工业4.0时代：西门子的"工业3.X"》，澎湃新闻网，2014 年 8 有 18 日，http://www.thepaper.cn/newsDetail_forward_1267410，最后访问日期：2014 年 8 月 31 日。

② Stefan Heng, "Industry 4.0 Upgrading of Germany's Industrial Capabilities on the Horizon," Deutsche Bank Research, 23 April 2014, p. 7.

③ BITKOM/Fraunhofer, "Industrie 4.0 – Volkswirtschaftliches Potenzial für Deutschland," Berlin, 2014, pp. 5, 7 - 8.

大，1820～1870 年人均国内生产总值的年增长率为 1.09%，低于英国的 1.26%①。不过，迈向统一的德国却是第二次工业革命的领军者，新科技与新发明层出不穷，德国经济也因此在 1870～1913 年以 1.63% 的年均增速超过了英国的 1.01%②。

虽然第三次工业革命领航者的接力棒传到了美国手中，但德国在传统的机械制造、化工化学、电力电气等行业中依然通过不断的技术进步保持住了在全球竞争中的优势地位。特别是在"北落"（指以鲁尔区为代表的煤钢等传统产业的衰弱）的大背景下，形成"南起"（巴伐利亚等南部地区兴起了电子、生物技术等新兴产业），让德国制造业焕发出新的活力③。

1990 年两德统一后，德国经济经历短暂的统一景气后陷入长期停滞，然而在不到 10 年的时间内，德国经济重现活力并于本轮金融危机中在欧洲"一枝独秀"，其背后的主要原因虽然是施罗德政府实施了《2010 议程》改革，降低超过社会承受能力的社保水平和增加劳动力市场活力，但是德国在制造业领域适时进行的一系列针对性调整也产生了一定的作用，如在 20 世纪 90 年代提出的面向制造业升级的"制造 2000 计划"、"制造 2000 + 计划"和"微系统 2000 计划"等，以及 21 世纪内以提升信息化水平为宗旨的《2006 年德国信息社会行动纲领》和《2006～2010 信息化行动计划》等④，这些措施对"工业 4.0"战略的出台做了有益的铺垫。

（二）发达的实体经济为"工业 4.0"的推进提供动力及奠定基础

西方发达国家进入以服务业为主导的所谓后工业社会以后，德国的制造业依然占有重要地位，这与德国的民族秉性、历史传统和知识结构等密切相关。资料显示，2013 年，以汽车、机械、化工和电气为代表的四大支柱产业占德全部制造业产值的 40% 以上，占全德出口的比重也达到 48.2%⑤。且

---

① 〔英〕安格斯·麦迪森：《世界经济千年史》，伍晓鹰、许宪春、叶燕斐、施发启译，北京大学出版社，2003，第 180 页。
② 〔英〕安格斯·麦迪森：《世界经济千年史》，伍晓鹰、许宪春、叶燕斐、施发启译，北京大学出版社，2003，第 180 页。
③ 丁纯：《联邦德国经济重心南移初探》，《世界经济文汇》1991 年第 4 期，第 27～32 页。
④ 信息化和工业化深度融合知识干部培训丛书编写委员会编《信息化与再工业化知识干部读本》，电子工业出版社，2012，第 115 页。
⑤ 德国联邦统计局，http://www.destatis.de，最后访问日期：2014 年 8 月 31 日。

制造业提供了全德1/4以上的工作岗位①，占国内生产总值的比重超过30%，分别比美国、英国和法国高出10.6、9.6和11.4个百分点，比另一个制造业大国日本也高出4.6个百分点②。正是由于制造业在德国国民经济和出口中起到了中流砥柱的作用，德国在面临压力时有动力推进产业升级，同时发达的制造业也必将为产业升级提供坚实的基础。

（三）德国良好的教育体制与发达的科研能力是“工业4.0”成功的保证

德国具有重视国民教育的传统，并且认为“高效的教育体系是决定一国教育和人力资源水准的关键因素”③。早在1763年，普鲁士“就已经重申了普遍义务教育的要求”④，并且在长期实践中逐步形成了具有德国特色的多层次人才育成体系，尤其是独树一帜地开展双元制职业教育，为德国制造业源源不断地输送了大量高素质的技术工人。

德国的研发体系大体由高校、科研机构以及企业三部分组成⑤。德国的大学主要从事基础研究，但也承接企业委托研发的任务，近年来政府通过精英倡议计划来进一步提升德国顶尖大学的综合实力与全球知名度；专业科研机构以四大学会——马普学会（MPG）、弗劳恩霍夫协会（FhG）、亥姆霍兹联合会（HGF）和莱布尼兹科学联合会（WGL）为主，其在基础理论与应用技术研究方面都起到了重要作用，政府资助是其主要资金来源；德国企业作为市场竞争的参与者，对于研发亦极为重视，每年将大量资金投入研发活动。欧盟公布的2013年各行业研发资金50强排行榜显示，在2013年研发投入超过2260万欧元的企业中，德国以130家企业占据欧盟首位，比重达到欧盟上榜企业数的25%，其中汽车制造商大众汽车以95亿欧元荣登榜首，研发支出超过主要竞争对手丰田汽车研发支出的比例达35%，其他德国公司

---

① Statistisches Bundesamt, "Statistisches Jahrbuch 2013," Wiesbaden, 2013, p. 500.
② CIA, https://www.cia.gov/library/publications/the-world-factbook/fields/2012.html，最后访问日期：2014年7月22日。
③ Arne Schmidt, "Bildungsausgaben in Deutschland: Bildungsfinanzbericht als Teil der Bildungs-berichterstattung," *Wirtschaftsdienst* 94 (2014), p. 376.
④ 邢来顺：《德国工业化经济——社会史》，湖北人民出版社，2003，第90页。
⑤ 陈强、霍丹：《德国创新驱动发展的路径及特征分析》，《德国研究》2013年第4期，第86~100页。

如戴姆勒－奔驰、博世与西门子也进入前 20 位。①

尽管拥有上述有利条件，德国"工业 4.0"的发展依然存在一些制约因素。从科技角度看，首先，德国在研发方面的投入有待进一步增加，根据经济合作与发展组织（OECD）的数据，美国和日本的研发投入占国内生产总值的比重分别为 2.83% 和 3.26%，德国为 2.80%②；其次，在应用科技强大的背后，基础科研的短板亟待补齐，否则这将成为德国制造迈向更高层次的障碍，譬如，培养高端研究人才的德国大学在全球高等教育方面的地位与德国的经济实力并不相称，根据近期某项全球大学的综合排名，德国排名最高的慕尼黑大学也仅居第 48 位③；再次，德国在与"工业 4.0"密切相关的信息技术、通信技术等方面也非全球行业领导者，智能制造能实施到何种程度尚存疑问；最后，正如前文所述，发达国家普遍把再工业化列入国家的优先发展方向，中国也即将推出《中国制造 2025》规划，德国面临的外部竞争压力不容小觑。从经济环境看，当前整个欧盟经济增长迟缓，如欧元区在今年第二季度经济增长出现停滞，德国经济更是萎缩 0.2%，为两年内首次出现负增长，反观美国，其 2014 年第三季度的国内生产总值实现了 3.5% 的正增长；财政方面德国虽然实现了预算平衡，但是公共债务负担依然较重，2014 年第二季度的公共债务占国内生产总值的比重高达 75.4%。这些因素都将限制德国政府和企业在科研方面的大规模投入，从而不利于与美国等先进国家之间展开竞争。

五 对中国的启示

"工业 4.0"是当前遍及发达国家的"再工业化"浪潮的一部分，这将对后危机时代的中国产生重大影响。正如 2012 年卫维克·维德瓦（Vivek Wadhwa）在《华盛顿邮报》发表的文章《为什么说现在轮到中国担心制造业了》所言：三项技术进步——人工智能（Artificial Intelligence）、机器人（Robotics）和数字制造技术（Digital Manufacturing），正在改变制造业的版

---

① European Commission Joint Research Centre, "The 2013 EU Industrial R&D Investment SCORE – BOARD," Brussels, 2013, pp. 16 – 32.

② 2010 年数据来源：OECD, http://www.oecd.org/statistics, 最后访问日期：2014 年 7 月 31 日。

③ 数据参见《美杂志公布世界大学 500 强 排名前 10 中 8 所是美国的大学》，《广州日报》2014 年 10 月 31 日，第 A12 版。

图,而三者互相融合则将引发制造业的又一场革命,发达国家将借此重新夺回制造业的优势。① 面对挑战,我国又该如何应对呢?

首先,我们要正视挑战,认识到发达国家可以充分运用先进制造设备和先进制造技术来提高制造业的生产效率。这种变化将减少简单劳动的数量,增加对劳动者知识和技能以及高端服务业的需求,从而对我国劳动密集型产业模式形成冲击。工业机器人的迅速普及就是一个鲜明的实例。根据国际机器人联合会(International Federation of Robotics, IFR)的数据,2013 年,全球工业机器人的销售量的增速为 2% ,而 2014~2016 年的年均增长率预计将达到 6% 。② 2011 年,富士康科技集团总裁郭台铭表示,未来 3 年内将新增100 万台机器人取代人力。③ 由于目前全球工业机器人的主导企业集中在欧美国家,如德国的库卡(KUKA)公司,中国相关产业的发展相对滞后。可以想见,欧美机器人制造企业将成为产业升级的最大赢家,发展中国家的成千上万名产业工人将会丢失饭碗。

其次,要勇于迎接挑战。德国曾经比我国更早经历产业升级的阶段。当时,德国勇于直面技术进步的挑战,通过积极努力顺利完成转型。当前,德国在初步克服了欧债危机的困境后,面对新兴经济体的挑战,毅然提出"工业 4.0"战略。这种直面困境的态度尤其值得我们借鉴。在具体方法上,我国可以采取以下立场与措施。

第一,化挑战为机遇。德国的"工业 4.0"及其他发达国家的"再工业化"也为我们提供了一定的机遇。正如习近平主席今年 3 月在访德期间在《法兰克福汇报》上发表的文章所言:"全球新一轮科技和产业革命呼之欲出,世界各国争相调整、适应,抓紧实施必要改革。中国决心顺应时代潮流,全面深化改革,抓住实现国家现代化、实现民族复兴的历史机遇。"④ 笔

---

① Vivek Wadhwa, "Why It's China's Turn to Worry about Manufacturing," *The Washington Post*, 10 January 2012, https://www.washingtonpost.com/national/on-innovations/why-its-chinas-turn-to-worry-about-manufacturing/2012/01/10/gIQAoRVJpP_story.html, 最后访问日期:2014 年 7 月 22 日。

② "IFR Press Release: The Robotics Industry is Looking into a Bright Future," *IFR*, 18 September 2013, http://www.ifr.org/news/ifrpress-release/therobotics-industry-is-lookinginto-a-bright-future - 551, 最后访问日期:2014 年 7 月 22 日。

③ 彭勇、乌梦达:《富士康:未来 3 年增 100 万台机器人取代人力》,新华网,2011 年 8 月 1 日,http://news.xinhuanet.com/it/2011 - 08/01/c_121753725.htm, 最后访问日期:2014 年 7 月 22 日。

④ 《习近平在德国〈法兰克福汇报〉发表署名文章》,新华网,2014 年 3 月 28 日,http://news.xinhuanet.com/world/2014 - 03/28/c_119997636.htm, 最后访问日期:2014 年 7 月 22 日。

者认为，机遇体现在两个方面。（1）力争实现跨越式发展。新技术启动期尚存较多的技术空白点，这为研发能力日渐提高的我国企业提供了赶超的机遇。改革开放30多年来，中国积累了相当的资本与技术，在制造业领域已经具备了一定的全球竞争力，如通信领域的中兴、华为，装备与机械制造业的三一重工、振华港机等，中国移动的4G网络建设也走在世界前列。在新兴的3D打印领域，也涌现了一批创新性企业，它们还联手北京航空航天大学、清华大学等共同于2012年10月成立了中国3D打印技术产业联盟①，并于2014年6月在青岛成功举办了世界3D打印技术产业大会与产业联盟理事会②。（2）寻求现有条件下的互利合作。先进制造业也无法完全脱离传统制造，发达国家开发先进技术必然将创造新的需求，或者提供新的制造手段，这些都是我国可以利用现有优势大展身手之处，比如华晨宝马在沈阳的铁西工厂就充分利用了西门子LIS超宽带实时定位识别系统来大幅提高企业的生产效率③。

第二，国家要进行顶层设计。"工业4.0"就是德国针对再工业化的顶层设计，为未来德国工业发展描绘了细致的发展蓝图，反映出德意志民族特有的认真与严谨。此外，为推进"工业4.0"战略的落实，德国三大工业协会——德国信息技术、电信和新媒体协会，德国机械设备制造业联合会以及德国电气和电子工业联合会（ZVEI）共同建立了"第四次工业革命平台"办事处以进行必要的组织与协调，还开设了网站（http://www.plattform-i40.de），将之作为信息发布与公众交流的平台④。这一做法值得我们仿效。

面临经济结构转型压力的我国较早就意识到制造业升级的重要性。党的十八大报告就明确指出：牢牢把握发展实体经济这一坚实基础，实行更加有利于实体经济发展的政策措施，强化需求导向，推动战略性新兴产业、先进制造业健康发展，加快传统产业转型升级。党的十八届三中全会进一步明确

---

① 《中国3D打印技术产业联盟正式成立》，新华网，2012年10月17日，http://news.xinhua-net.com/fortune/2012-10/17/_123833693.htm，最后访问日期：2014年7月22日。

② 世界3D打印技术产业联盟网，http://www.world3dassociation.com/，最后访问日期：2014年8月1日。

③ 杨漾、王心馨、李跃群：《德国工业4.0|探访工业4.0时代：西门子的"工业3.X"》，澎湃新闻网，2014年8月18日，http://www.thepaper.cn/newsDetail_forward_1267410，最后访问日期：2014年8月31日。

④ Organisation & Gremien，http://www.plattform-i4o.de/plattform/organisation，最后访问日期：2014年8月1日。

了全面深化改革的总体部署，为全面推进我国的经济结构调整给出了战略性指引，并且给出了改革路线图和时间表。当前，工信部正在编制《中国制造2025》规划。这一规划的一大特征就是没有遵循传统的、以"五年"为限的中短期计划编制惯例，尊重产业升级与转型的客观规律，编制中长期的十年规划，并且邀请中国工程院院士参与起草。因此，笔者认为《中国制造2025》值得期待，它或将成为中国版的"工业 4.0"战略，为中国在未来从工业大国成长为工业强国规划好切实可行的路线图。

第三，重视制定产业标准并采取开放式的体系结构。德国"工业 4.0"的主要目的是再次占领全球制造业的制高点。除了在经济上获得现实利益外，抢先制定行业标准将更为长远地确立德国制造的优势。因此，德国在 8 项举措中将实现技术标准化放在最为优先的位置。我们对此必须给予高度重视，积极从事先进技术研发并力争成为科技革新红利的受益者，为了做到这一点，完全有必要采取开放式的体系结构。这一方面是网络化体系需要大量的接入者，开放一定的技术标准能吸引更多厂商和消费者的加盟，产生网络规模效应；另一方面也更有利于开展国际合作，与包括德国在内的发达国家一起分享技术与市场。

第四，强化人才培养。在"工业 4.0"中，具有知识与技能的劳动者显得尤为重要，实际上成为"工业 4.0"战略能否取得成功的关键。早在 2008年的德累斯顿教育峰会上，联邦和各州政府就确定了至 2015 年将教育和科研经费占国内生产总值的比例提升至 10%（2011 年为 9.3%）的目标，其2012 年教育支出的国内生产总值占比为 6.6%[1]，而我国国家财政性教育经费的支出近年来虽有较大增长，但是占国内生产总值的比例于 2012 年也仅达到 4.28%[2]。在"工业 4.0"中，（1）只有掌握了专业技能的人员才能操控智能制造的自动化设备；（2）增加了对电子工程、信息技术、机械专业的复合型人才的需求；（3）智能制造的多学科、跨地域和大数据特性，对管理人员提出了更高的要求；（4）需要大量的高端服务业从业人员从事智能制造的配套工作。鉴于此，我国在继续推进高等教育发展不松懈的前提下，可借

---

[1]　Arne Schmidt, " Bildungsausgaben in Deutschland： Bildungsfinanzbericht als Teil der Bildungs-berichterstattung," *Wirtschaftsdienst* 94（2014），p. 377.

[2]　《关于 2012 年全国教育经费执行情况统计公告》，中华人民共和国财政部网站，2014 年 1 月 8日，http：//www. mof. gov. cn/zhengwuxinxi/bulinggonggao/tongzhitonggao/201401/t20140108_1033541. html，最后访问日期：2014 年 8 月 1 日。

鉴德国的经验，加强职业教育体系建设，重视在职人员的岗位培训，为制造业发展做好人才储备。

第五，还需注意"高低结合"，不犯"去低端工业化"的错误，即全民追求高端而全盘放弃低端制造业。这是因为：（1）我国依然面临较大的就业压力，2013年已被媒体称为高校毕业生"史上最难就业年"，2014年毕业生又增加28万，再创历史新高，失业人口压力很大①；（2）我国还是发展中国家，劳动力成本的比较优势尚存，根据国际劳工组织的数据，2009年中国制造业平均月工资为2728元，而德国达到2312欧元，西班牙为1858欧元，美国是2674美元，中国约相当于德国的1/7，西班牙和美国的1/6②；（3）中国在低端制造业已经形成完整的产品供应链，同时背靠广大的消费市场，这是大部分比中国工资水平更低的发展中国家所无法比拟的，因此中国对外资仍具有较强的吸引力；（4）我国区域之间差异较大，只要善加引导，完全可以通过建立区域间的产业梯度来实现产业高、中、低端制造业的合理布局。因此，"削足适履"以求高端制造业并不可取，全面均衡发展才是正道。

---

① 《未来6年中国6000万人或失业　就业形势将日趋严峻》，中国网，2014年1月13日，ht-tp://www.china.com.cn/info/2014－01/13/content_31170941.htm，最后访问日期：2014年8月1日。

② ILO，"ILO Global Wage Database 2010，" http://w.ilo.org/legacy/english/pro-tection/travail/pdf/wagedatabasel0.xls，最后访问日期：2014年8月1日。

德国可再生能源发展的经验及启示[*]

—————※·◆◎◆·※—————

朱苗苗^{**}

摘　要：21 世纪以来，德国政府不断细化对可再生能源发展的规划，积极通过立法确定可再生能源的发展目标、标准和规范，并采取上网优先、保障补贴、加大投资等举措进行政策扶植和推动相关科技创新。德国在可再生能源利用领域取得了一定的成绩，可再生能源发电量在德国电力总消费量中所占比重已近 30%，德国可再生能源发展的经验值得我国借鉴和参考。

关键词：德国　可再生能源　《可再生能源法》　能源转向

21 世纪以来，德国通过立法等手段不断细化对可再生能源发展的规划，经过一段时间的努力，德国在可再生能源利用方面取得了可观的成绩，尽管其进一步发展面临诸多挑战，但仍有许多政策和经验值得参考和借鉴。

一　德国促进可再生能源利用的主要政策措施

（一）以强制收购补贴体系为核心的政策设计

为推进可再生能源的发展，德国政府在 2000 年出台《可再生能源法》，并在 2004 年、2009 年、2011 年、2012 年和 2014 年分别进行补充修订。虽经多次修订，但其核心原则没有改变，即可再生能源电力具有优先上网权和

　　*　本文首次发表于《经济纵横》2015 年第 5 期，第 115 ~ 119 页。
　　**　朱苗苗，同济大学德国问题研究所/欧盟研究所副教授。

收购权，且长期以固定价格补贴。《可再生能源法》确定的强制收购补贴体系主要包括以下内容：可再生能源产生的电力具有优先上网权；可再生能源产生的电力具有优先收购及输送权；每度电有固定收购价格，保持 20 年不变（从投产年算起）；影响入网收购电价的技术因素包括发电站的类型、大小及系统功效；根据技术和市场的发展趋势下调收购标准，即所谓的补贴"逐年递减率"，如，光伏电力收购补贴为 0.45～0.62 欧元/千瓦时，每年首次运行的新设备补贴率都比上一年首次运行的新设备补贴率递减 5%～6.5%；在所有电网运营商和发电商间建立平衡机制，以平衡可再生能源发电的额外成本；根据该法律产生的补贴费用不列入国家财政预算外开支；定期监测及评议，进行广泛的研究与分析；联邦政府在《能源方案》中确定的可再生能源目标具有法律约束性。[①]

在《可再生能源法》的指导下，德国政府又相继出台对可再生能源发展进行整体规划的《能源方案》《可再生能源国家行动计划》及加快可再生能源推广应用的《可再生能源供热法》《生物发动机燃料份额法》《生物发动机燃料可持续性规定》。《能源方案》是德国政府的能源规划，包括对可再生能源的扩建、开发和促进措施等内容，发展目标是：可再生能源在用电总量中的占比到 2020 年至少为 35%，2030 年至少为 50%，2040 年至少为 65%，2050 年至少为 80%[②]。《可再生能源国家行动计划》除了确定可再生能源在国家能源总消费中的占比的目标，还具体包括针对可再生能源发电、供热、制造生物发动机燃料、利用生物气和地热、可再生能源在建筑中的运用等制定的标准和措施。《可再生能源供热法》规定，新建建筑（包括公共建筑）的所有者必须部分用可再生能源满足该建筑的供热和制冷需求，即所谓的可再生能源的"使用义务"，业主可自行选择太阳能光伏、生物质能（固态、液态和气态）、地热能和环境热能；计划进行大规模改造的旧公共建筑也必须部分使用可再生能源以满足供热和制冷需求。《生物发动机燃料份额法》规定，从 2010 年开始，根据燃料中含有的不同物质，生物燃料在发动机燃料中的比例应为 6.25%，但从 2015 年开始，该比例必须考虑气候保护因素，并根据温室气体排放标准需要规定生物燃料的最低比例，到 2020 年该比例须达到 7%。《生物发动机燃料可持续性规定》规定，生物发动机

① BMWi, "Ester Monitoring-Bericht (Kurzfassung)," Berlin/Mannheim/Stuttgart, 2011, p. 3.
② BMWi, " Energiekonzept," 2010, http://www.bmwi.de/DE/Themen/Energie/Energiewende/energiekonzept.html，最后访问日期：2013 年 5 月 6 日。

燃料（包括乙醇汽油 E10 中包含的生物乙醇）和用于发电的植物油如果想得到补贴，必须提交其具有可持续性和环保性的证明。另外，根据此项规定，生物发动机燃料在整个生产链和供应链中与化石燃料相比至少必须减排 35%（从 2017 年后为 50%）。

德国计划通过构建以可再生能源为依托的新能源体系，使其成为世界上能源效率最高、最环保的国家，同时保障能源价格的可支付性及较高的社会福利水平。德国相继出台了《可再生能源市场刺激计划》、《输电网络开发计划》及《海上风电输电网络开发计划》。通过这些计划，德国政府计划到 2020 年由可再生能源供热的部分达 14%（2013 年前三个季度的比例为12.1%）[1]。2011 年 8 月，德国政府通过决议委托四大输电网运营商[2]每年制定输电网扩建计划，以应对不断变化的能源经济框架条件。从 2012 年起，输电网运营商与联邦网络局共同制定《输电网络开发计划（草案）》。2013年，德国政府首次公布《海上风电输电网络开发计划》，对未来 10～20 年海上风力发电电力输送网建设的技术条件、特性、时间节点及费用做出详细说明和规定。

（二）强调能源结构平衡与市场化改革相结合

大规模保障性补贴推动了德国新能源产业的超常规发展，但同时也大幅推高了电价。补贴不是从联邦预算中拨款，而主要由"可再生能源分摊费"来支出，最终由电力消费者承担。随着保障补贴政策的执行，可再生能源的补贴成本快速上升，德国的电力零售价格也从 2000 年的 14 欧分/千瓦时上升到 2013 年的约 29 欧分/千瓦时，民众所承担的可再生能源分摊费大幅增加。2013 年，在居民零售电价中，可再生能源分摊费达 5.39 欧分/千瓦时，相应的电力生产、传输和销售成本为 14.42 欧分/千瓦时。鉴于此，德国政府在 2009 年引入增长通道的概念，将补贴的递减率与装机容量挂钩。2012年，通过修订《可再生能源法》进一步收窄通道，将每年光伏发电的装机容量限定为 250 万～350 万千瓦，且设定补贴光伏的上限为 5200 万千瓦，表明政府对可再生能源的政策由"过度支持"向"适度支持"的发展转变。2013 年底，德国政府颁布的新版《可再生能源法》规定，首先，除光伏发

---

① AG Energiebilanzen e. V., "Energieverbrauch in Deutschland. Daten für das 1. bis 3. Vierteljahr 2013," Berlin, 2013, p. 5.
② 德国境内的四大输电网运营商分别是 50Hertz Transmission、Amprion、TransnetBW、Tennet T。

电外，对风力发电和沼气发电的年度新增规模设定补贴上限。按规定，光伏发电的年扩建量缩小为 240 万～260 万千瓦（总量），如果超出，针对超出部分的上网电价则迅速累进下调，增加越多则电价下降越快；陆地风力发电每年的新增扩建规模为 240 万～260 万千瓦；大大降低了海上风力发电的发展目标，2020 年为 650 万千瓦，2030 年为 1500 万千瓦；沼气发电的每年扩建规模被限定为 10 万千瓦。其次，在可再生能源发展中全面引入市场机制。即自 2015 年起，新设备的运营商平均将仅获约 12 欧分/千瓦时，而现有设备目前的平均上网价格约为 17 欧分/千瓦时。按照新规定，强制上网电力价格将只针对 500 千瓦以下的设备，从 2016 年起仅适用于 100 千瓦以下的设备，而大型设备发电只能遵循以市场为主的弹性价格标准。再次，为加快市场化改革，改变可再生能源所发电力由电网企业收购后再进入电力市场的模式，即如想获得政府补贴，可再生能源发电企业就要自己负责销售。又次，严格限定工业企业的可再生能源分摊费的减免范围，规定只针对电价在其参与国际竞争中起决定性作用的用电密集型企业，以保障该类企业的国际竞争力和就业。最后，将现有设备发电用于自己消费的企业仍无须支付可再生能源分摊费，但今后新上的大型自发自用设备一般要缴付全额可再生能源分摊费。同时规定，企业使用可再生能源或高效热电联产自发自销设备只需减缴可再生能源分摊费，2015 年、2016 年、2017 年分别需缴纳全额可再生能源分摊费的 30%、35%、40%，而拥有 10 千瓦以下且每年至多使用 10 兆瓦时电力的自产自销设备的企业仍不需要缴纳可再生能源分摊费。《新可再生能源法》主要强调了公平和效率原则，主张能源结构平衡和可再生能源的市场化发展。

（三）通过投资补贴推动可再生能源的推广和应用

德国对可再生能源的投资补贴主要分两种方式：一是联邦经济与技术部下属的联邦经济与出口管制局负责实施的投资补贴，该补贴主要用于资助独栋和双户房屋的私人投资者进行的小型项目；二是德国复兴信贷银行向企业或社区的大型供热项目提供的带有还款补助金的低息贷款。2012 年，通过前一种方式获得资助的小型项目有 74779 个，比 2011 年增加 26%；通过后一种方式获得的贷款共计 2724 笔，总额约为 3.65 亿欧元。此外，在政府引导下的公共投资对可再生能源的发展也发挥了重要作用。德国投资环境总体上支持可再生能源的利用，与其他国家相比，德国可再生能源项目的资金成本相对较低。从可再生能源的投资看，2012 年德国在全球名列第三，仅次于中国和美国。

（四）大力支持可再生能源科技创新工程

德国可再生能源的利用及其成本的降低在很大程度上依赖于科学技术的创新。德国政府大力促进该领域的科技创新：联邦经济与技术部负责能效的提高和协调联邦层面的能源研究；联邦教育与科研部负责基础研究；联邦食品、农业和消费者保护部负责生物质能领域的科研促进措施。在德国政府2005年启动《第五次能源研究计划》时，对太阳能光伏的资助大约占联邦环境部对可再生能源全部预算的46%，其次是地热能和风能。从2008年起，国家从战略上对可再生能源供应体系做了重新调整，将可再生能源体系整合进能源供应体系，将这一领域也纳入促进政策的重点。2011年8月，德国发布《第六次能源研究计划》，确定未来几年联邦政府促进能源技术创新政策的基本方针。2011~2013年，约有47亿欧元用于促进能源研究，旨在在能源转向的框架内加速能源供应体系的改建，其重点领域有可再生能源、能源效率、储能器、电网技术及将可再生能源整合到能源工业系统中。2013年，德国从国家财政和能源与气候基金（EKF）中拿出大约1.86亿欧元用于支持可再生能源领域的科研与开发，相比2012年增加3150万欧元，比2004年增加3倍。

二 德国可再生能源利用取得的成效

（一）可再生能源利用率不断提高

2000~2013年，德国可再生能源的利用不断增加，2013年可再生能源在终端能源消费量中的占比为12%，比2011年增长0.7%。2013年，德国一次能源总消费量比2012年同期增加2.6%，其中，可再生能源使用总量增加5.8%。在发电方面，可再生能源发电量在德国电力总消费量中的占比逐年提升，2011年以后超过20%（见图1）。可再生能源发电设备的扩建速度也非常快，主要由于太阳能光伏、生物质能发电设备的增加。由于气候原因，2013年的风力发电量比2012年略微下降，水力发电有所减少，可再生能源发电、石煤和褐煤发电增加，而燃气发电与核电明显减少。在供热方面，2012年的德国可再生能源供热增加至1440亿千瓦时，在终端供热消费量中占比为9.4%，2013年为9.1%。可再生能源在终端供热消费量中的占比从 2000 年的 4.0% 增加到 2013 年 9.1%，离制定的 2020 年达到 14% 的目标仅有 4.9% 的差距。

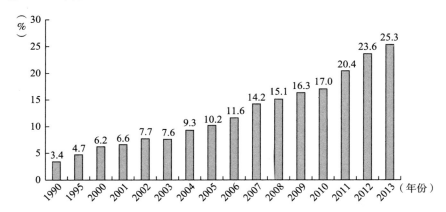

图 1　可再生能源发电量在德国电力总消费量中的占比

资料来源：BMU，"Erneuerbare Energien in Zahlen，" Berlin，2014，p. 11。

（二）可再生能源发展带来的经济效益不断增加

从可再生能源发展带来的经济效益看，德国与其他国家相比优势明显（见表 1）。2012 年，在欧盟国家中，德国可再生能源创造的销售额为 342.6 亿欧元，位居第一①。可再生能源发展为德国带来的工作岗位数量也在欧盟国家中名列前茅，占欧盟可再生能源行业就业岗位的 32%。根据《2014 全球可再生能源现状报告》，2013 年德国可再生能源行业直接或间接带来的工作岗位为 37.1 万个，占欧盟可再生能源行业就业岗位的 49%。

表 1　2012 年欧盟部分国家可再生能源销售额

单位：百万欧元

	太阳能光伏	风能	固体生物质能	生物发动机燃料	生物气	地热	太阳热能	小型水力	地源热泵	总计
德国	12420	5180	7525	3680	2075	160	1240	450	1530	34260
意大利	4600	1950	1180	1300	1900	600	400	600	1825	14355
法国	2430	1910	1560	2470	290	60	430	300	1870	11320
英国	1500	6000	525	850	600	<5	50	170	160	9860

---

① BMU，"Erneuerbare Energien in Zahlen，" Berlin，2014，p. 5.

续表

	太阳能光伏	风能	固体生物质能	生物发动机燃料	生物气	地热	太阳热能	小型水力	地源热泵	总计
丹麦	1400	7380	435	220	40	<5	110	<5	208	9803
西班牙	800	3850	1405	1830	105	0	500	200	100	8790
瑞典	60	1230	2745	560	50	15	10	280	600	5550
奥地利	390	740	2550	500	75	15	345	510	212	5337
波兰	14	1260	1990	580	50	30	241	80	65	4310
荷兰	1500	1000	320	660	100	80	60	0	500	4220
比利时	1400	1000	320	310	70	40	50	10	64	3264
芬兰	<1	120	2280	250	20	0	<5	45	400	3121
希腊	1800	200	290	120	30	<5	200	55	0	2700
罗马尼亚	5	1300	1010	180	<5	25	20	95	5	2645
保加利亚	1500	200	285	10	0	<5	<10	110	175	2295
欧盟其他国家	938	1090	3259	990	288	115	280	350	284	7594
欧盟 27 国	30758	34410	27679	14510	5698	1160	3951	3260	7998	129424

注：1. 数据统计的是可再生能源的生产、营销、发电设备的安装及设备运营与维护创造的销售额。2. 小型水力指装机功率小于 10 兆瓦的发电站。3. "＜5" 的数据原文如此，估计无具体数据。4. 列表中有些国家的数据相加与总计数据略有差别，是由四舍五入造成的。

资料来源：BMU，"Erneuerbare Energien in Zahlen," Berlin，2014，p. 55。

三 德国可再生能源发展对我国的启示

（一） 建立可再生能源强制收购补贴体系

可再生能源强制收购补贴体系在可再生能源发展的起步和推进阶段是必需的，但政策的决策过程要尽可能精简。首先，尽管我国已是全球最大的风电装机国和太阳能光伏制造国，但要发展成为可再生能源强国，在坚持可再生能源强制收购、固定电价、电价附加和费用分摊等政策的同时，针对补贴上收难和发放滞后的问题①，有必要完善政策细节和进行效果评估，但对补

---

① 预计 2015 年，补贴额度约为 1000 亿元/年，但现在每年只能上收 200 亿 ~ 250 亿元，缺口近 800 亿元。此前，国家发展和改革委员会文件要求自 2013 年 9 月 25 日起，将除居民生活和农业生产用电之外的其他可再生能源用电电价附加标准由每千瓦时 0.8 分提高到 1.5 分。

贴的分配应逐步引进招投标等市场手段，以更好地发挥政策的引导作用。其次，在国际能源价格持续走低的情况下，可再生能源产业的发展尤其需要国家在政策和资金上的支持，以帮助企业平稳度过困难期。最后，从长远发展看，我国还应抓紧出台可再生能源配额制，对地方政府、发电企业和区域电网形成明确的指标约束和激励及惩罚机制，协调项目和电网规划，从制度上克服可再生能源发电所面临的并网、调度及电网建设和改造等方面的障碍。上网电价补贴适用于可再生能源发展的起步阶段，但随着技术进步和规模效应所带来的开发成本降低，在可再生能源发展逐步步入成熟阶段后，配额制的推行将更有利于可再生能源的健康发展。

德国的经验表明，还要控制好补贴的规模和指向，渐序推进市场化改革。一方面，为克服可再生能源初始发展的成本瓶颈，国家的补贴政策是必需也是必要的；另一方面，要相应控制好对可再生能源的补贴规模，避免形成过度补贴，最终危及可再生能源的长远发展。德国经验表明，国家对新能源的补贴政策也应包含补贴递减机制，在技术和市场比较成熟的领域还可借助拍卖和竞标等市场手段来引导和规范，以防止产业发展的无序和失控。同时，在可再生能源成本分担机制的制定中，要体现效率和公平原则，既要保证企业的国际竞争力，还要防止向消费者转移过多的成本。

（二）政府在资助可再生能源新技术发展中应承担主要责任

可再生能源发展最终还是要实现市场化，彻底摆脱补贴，其主要路径就是依靠技术创新来不断降低成本。长期以来，德国政府的大力资助对推动可再生能源相关技术创新发挥了重要作用。对此，我国仍要继续加大政策倾斜和投资支持，帮助企业降低或分担投资可再生能源新技术的风险，加快推进关键技术和装备项目建设，包括：高容量储能系统和高性能动力电池，多能互补分布式供能系统关键装备的系统集成，大功率风电机组整机及大型轴承、变流器等关键零部件的制造技术，兆瓦级光伏电站逆变、控制系统技术，太阳能热发电关键装备生产，等等。

（三）推进可再生能源的可持续发展

在当前情况下，可再生能源不是简单的越多越好。补贴的电力大规模进入电网，势必推高电价并对传统能源形成挤出效应，而在可再生能源发电仍受制于自然条件的情况下，整个电力系统的可靠性也将面临挑战，最终会威胁到可再生能源的可持续发展。为稳步推进能源结构转型，以及确保电网稳定运行，避免出现大起大落，一是我国应结合经济发展较快、能源需求大的现实，科学规划传统能源和可再生能源的结构比例，合理评估和确定可再生能源的阶段性发展目标，尤其是年度扩建规模。二是加强智能电网规划和建设，以提高可再生能源并网输送能力和电网的稳定性。

（四） 做好可再生能源能效评价

能效被德国政府视为可持续的能源转向的第二支柱。我国 1998 年就已实施《节能法》，并与联合国开发计划署共同启动了"中国终端能效项目"等诸多能效规划，但德国的一系列评价体系和标准，包括引入第三方专家评估委员会的做法，对我国在工业、建筑、交通等领域制定和完善节能标准和推广新能源应用方面都具有重要的参考价值。

社会文化卷

"融入"的现实困境与文化冲突

——德国的移民政策和外来移民运动[*]

伍慧萍[**]

摘　　要： 德国在很长时间里自视为单一民族国家，直到进入 21 世纪，才正式承认自己为移民国家。德国目前的移民规模及结构组成与其移民历史传统尤其是二战以来数十年的移民运动密切相关。自二战以来，德国经历了几次大规模的移民运动。随着移民从德国社会的临时现象转变为不可逆转的趋势，德国成为社会文化意义上的移民国家，移民所带来的社会问题也日渐成为公众关注的重要论题和政党竞争的焦点，而在法律意义上的转变则是一个长期渐进的过程。由于历史文化传统根深蒂固，德国的移民政策处处可见民主共和国家理念和种族文化国家观念的冲突，这导致德国的移民政策更多是在矛盾和妥协之间摇摆。

关键词： 德国　移民国家　移民运动　移民政策　穆斯林

一　德国移民的规模与生存现状

（一）德国目前的移民规模

德国在很长时间里自视为单一民族国家，除了为数不多的索布人、丹麦人和犹太人等，绝大多数人是德意志人，因此，直到 21 世纪，德国才正式承认自身为移民国家。德国处于事实上的移民国家和多元文化状态的历史，则可以

　＊　本文首次发表于《人民论坛·学术前沿》2014 年第 8 期，第 44～53 页。
　＊＊　伍慧萍，同济大学德国研究中心副主任，教授。

追溯到 19 世纪。当时，德国的鲁尔区矿山中就雇用了相当数量的波兰、奥地利、俄罗斯移民[1]。表 1 列出了 2007～2009 年德国的外国人口发展，如果论及有移民背景即父母之中至少有一方是外国人的移民人口，则将近 1/5 的德国人都可以归入此列，严格意义上的外来移民则需将已入籍的那部分排除在外。照此标准，2010 年，在外国人中央登记处（AZR）正式登记的外来移民人口为 675 万人[2]，占总人口的 8% 以上，在欧盟各国当中，德国的外国人比例处于中等水平。

表 1　2007～2009 年德国的外国人口统计

单位：万人

移民人口规模			
	2007 年	2008 年	2009 年
人口	8225.7	8213.5	8190.4
有移民背景的人口	1541.1	1556.6	1570.3
登记在册的外国人口	674.5	672.8	669.5
当年入籍人数	11.3	9.4	9.6

资料来源：Statistisches Bundesamt, "Ausländische Bevölkerung-Fachserie 1 Reihe 2," 2010, https://www.destatis.de/DE/Themen/Gesellschaft-Umwelt/Bevoelkerung/Bevoelkerungsstand/Methoden/Erlauterungen/auslaendische-bevoelkerung.html。

德国外来人口的最主要来源是其他欧洲国家，尤其是其他欧盟成员国。不过，如果论及单个国家，则最大的移民群体无疑来自土耳其。加上已经入籍以及来自其他伊斯兰国家的人数，德国移民群体分布的一个显著特征是穆斯林人数众多，粗略估计在 300 万～400 万人。其他较大的移民群体分别来自意大利、波兰、希腊、克罗地亚、俄罗斯等欧洲国家（见表 2）。

表 2　2010 年德国外国人口的来源国

单位：万人

国籍	总数	男性	女性
总数	675362.1	344381.4	330980.7

---

[1] Armin Laschet, *Die Aufsteigerrepublik Zuwanderung als Chance* (Köln: Verlag Kiepenheuer & Witsch, 2009), p.115.

[2] Statistisches Bundesamt, "Ausländische Bevölkerung-Fachserie 1 Reihe 2," 2010, https://www.destatis.de/DE/Themen/Gesellschaft-Umwelt/Bevoelkerung/Bevoelkerungsstand/Methoden/Erlauterungen/auslaendische-bevoelkerung.html.

续表

国籍	总数	男性	女性
欧洲	537475.2	275002.8	262472.4
欧盟27国	244333.0	128386.5	115946.5
希腊	27668.5	15031.1	12637.4
意大利	51754.6	30490.8	21263.8
奥地利	17524.4	9234.1	8290.3
波兰	41943.5	20346.3	21597.2
欧盟候选国	192860.7	100116.6	92744.1
克罗地亚	22019.9	10698.4	11321.5
土耳其	162948.0	85263.3	77684.7
欧洲经济区（EWR）国家/瑞士	4466.1	1970.0	2496.1
欧洲其他地区	97108.4	45212.7	51895.7
波黑	15244.4	7847.3	7397.1
俄罗斯	19127.0	7311.3	11815.7
非洲	27143.1	15392.1	11751.0
美洲	21521.3	9869.9	11651.4
亚洲	82435.1	40211.8	42223.3
大洋洲	1189.5	645.0	544.5
无国籍或者不明	5597.9	3259.8	2338.1

注："欧洲经济区（EWR）国家"数据不包括欧盟成员国。
资料来源：Ausländerzentralregister（AZR）。

（二）德国外来移民的生存现状

总体而言，目前居住在德国的外来移民在教育、就业、社会接受度以及政治参与等领域始终处于不利境地，生存状况低于德国民众平均水平。由于很多移民对其子女教育的忽视，移民教育素质欠佳，"社会背景被继承到下一代"①。经合组织"国际学生评估项目"（PISA）测验结果显示，移民子女的辍学率偏高，且更多就读于水平相对较低的普通中学②。

---

① Yasemin Karakasoglu, "Da werden jahrelange Errungenschaften kaputt gemacht," *Neue Gesellschaft Frankfurter Hefte* 11 (2010), p. 16.
② Yasemin Karakasoglu, "Da werden jahrelange Errungenschaften kaputt gemacht," *Neue Gesellschaft, Frankfurter Hefte* 11 (2010), p. 16.

　　语言和教育是通往成功的钥匙，教育水平低无疑直接影响到劳动力市场上的机遇，包括德国联邦统计局在内的各个机构所做的众多调查显示，移民家庭子女相对于德国人的失业风险高一倍，许多移民子女因为德语水平太低，没有普通中学毕业文凭或者无法接受完整的职业培训，难以找到工作。在 25～65 岁的人群当中，有移民背景的人的失业率几乎比没有移民背景的高出一倍①，即便是在就业者中，有移民背景的人也主要供职于制造业、贸易和餐饮业等低收入行业，在公共部门任职的职员和公务员的比例相应偏低，领取失业救济金的比例也高于非移民②。

　　在移民的政治参与方面，根据哥廷根马克斯 - 普朗克多元宗教与多元民族社会研究所（MPI-MMG）针对 2001 年至 2011 年所有德国大城市市议会的研究结果，德国的市议会并未体现人口的多元化，有移民背景的议员在总人口中的比例远远低于无移民背景的议员的比例。在德国 10 万以上人口的大城市中，有移民背景的人口的比例平均为 27%，但 4670 名市议会议员中只有 4% 的议员有移民背景。德国联邦议院 620 名议员中也只有 20 人具有移民背景，尤其是联盟党和自民党等保守政党提供给移民的从政机会太少③。

　　造成这一现状的原因并不是移民缺乏政治参与热情，各大政党即便是吸收移民加入议会，也更多只是出于议题相关性的考虑，让他们参与移民政策主题或与其来源国相关的事务，而不是去处理更为宽泛的议题。

　　不过，需要认清的一个事实是，由于不同的外来移民群体中存在着较大的教育差距，德国移民的生存现状也因来源国不同而存在极大差异。根据德国联邦移民与难民局的移民调查，在德国生活的五个最大外国人群体（土耳其人、意大利人、波兰人、希腊人、前南斯拉夫人），多数极好地融入了当地社会，能够较好掌握德语，与德国人保持良好关系。德国的移民融入问题在很大程度上存在于穆斯林尤其是土耳其人当中，这一群体融入德国社会及劳动力市场最为艰难。例如，许多土耳其人只是受过短期训练的工人，而大多数波兰人或希腊人都接受过良好的职业资格培训，拥有相应学历；近 2/3 在德国生活的波兰人和 60% 的希腊人拥有初中甚至高中学历，而土耳其人中达到这一受教育程度的比例仅为 41%；20% 的土耳其人德语差

---

①　德国世界报网站，http://www.welt.de，最后访问日期：2010 年 1 月 26 日。

②　德国世界报网站，http://www.welt.de，最后访问日期：2007 年 5 月 4 日。

③　Karen Schönwälder, Cihan Sinanoglu, Daniel Volkert, "Vielfalt sucht Rat: Ratsmitglieder mit Migrationshintergrund in deutschen Großstädten," Heinrich Böll Stiftung, MPI-MMG, 2011, p. 36.

或者不说德语；超过 15% 的土耳其人以领取哈茨四失业金为生，而希腊人当中这一比例仅为 7.6%①。

近年来，随着穆斯林移民日益增多，伊斯兰教迅猛发展，许多德国人充满疑虑地看待以穆斯林为主的外来移民及其带来的挑战，抵触穆斯林的社会风气大有在各个政治层面蔓延之势。在德国备受争议的扎拉青曾于 2010 年出版《德国正在自取灭亡》一书，宣扬穆斯林没有融入能力和融入意愿，批判德国穆斯林融入政策失败，这一观点代表了很多德国民众的认知。根据德国阿兰斯巴赫研究所（Allensbach）2010 年 9 月的民意调查结果，55% 的德国人认为穆斯林移民群体所带来的财政和社会福利负担超过经济效益，移民的受教育程度低于德国的平均水平，生育子女数却超过德国的平均水平②。对于外来移民尤其是穆斯林移民的偏见和抵触情绪充斥着德国主流社会，形成了扎拉青过激观点得以传播的社会土壤。不过，根据上文提及的马克斯 - 普朗克多元宗教与多元民族社会研究所的研究结果，有移民背景的市议员中有 40% 是土耳其裔，这就完全否定了人们对于土耳其裔移民自我封闭、不愿意融入主流社会的成见。

二 二战以来的移民运动历程

毋庸置疑，德国目前的移民规模及结构组成与其移民历史传统尤其是二战以来数十年的移民运动密切相关。尽管德国人口出生率一直处于较低水平，但并不欢迎长期居留的外来移民。自二战以来，德国经历了几次大规模的移民运动，涉及客籍劳工、难民及申请避难者、（晚期）回乡侨民以及欧洲一体化自由迁徙政策带来的共同大市场内部移民，历次移民运动带来的外来移民在语言、文化、宗教观、受教育程度、生活方式等方面大相径庭，这也给德国本土社会带来了前所未有的变化与挑战。

（一）客籍劳工

客籍劳工是联邦德国最主要的移民来源，客籍劳工移民模式有别于英法

---

① Migrantenstudie, "Türken sind die Sorgenkinder der Integration," *Die Welt*, 17 April 2010.
② "Mehrheit der Deutschen sieht Muslime als Belastung," *Die Welt*, http://www.welt.de, 最后访问日期：2010 年 10 月 30 日。

等老牌移民国家，而与新兴的移民国家奥地利十分类似①。在二战之后持久的"经济奇迹"的激励下，德国与土耳其、北非国家、南欧诸国签署客籍劳工招募协议（1955~1973年），不间断地从这些国家和地区招募大量劳工以满足劳动力市场的需求，其中尤以20世纪60年代的土耳其移民和60~70年代的南欧移民这两波工作移民潮规模最大。1957年后，德国对意大利裔劳工的吸引力下降，因此加紧推动非欧共体国家的劳务输入，在60年代分别与西班牙和希腊（1960年）、土耳其（1961年）、摩洛哥（1963年）、葡萄牙（1964年）、突尼斯（1965年）、南斯拉夫（1968年）等国家签署劳工招募协议②。在招募政策的作用下，德国外国人占总人口的比例迅速地从1960年的1.2%增至1970年的4.9%以上，到了1973年，生活在联邦德国的外籍劳工人数达到了260万人③。

根据招募协议，客籍劳工只具有与工作许可相挂钩的临时居留身份，享受德国的社会福利保障，企业依照轮转制需要不停地更换劳工。客籍劳工多为低素质的体力劳动者，分布在采矿、钢铁、机械制造等领域，但也有少数护士（来自韩国、菲律宾）等受过专门培训的劳工。在"经济奇迹"期间，大批德国人实现了社会升迁，从普通工人转变为中产阶层的职员，移民在这一进程中"功不可没"，是他们填补了普通工人职位的空缺。由于政策上允许外籍劳工可以选择不回原籍，长期居留下来并将家庭成员接到德国团聚，企业也并不希望严格按照轮转制重复培训新员工，更由于德国社会福利和工资水平较之客籍劳工来源国极为优越，原本临时性的外来劳工不断推延返回本国的时间，生活重心渐渐转移到德国境内。1973年的石油危机导致招募停止，更促使大量外籍劳工改变自己的生活计划，积极争取家庭团聚并在德长期定居。

（二）难民及申请避难者

德国《基本法》第16条规定了避难的基本权利以及收容难民和审批避

---

① Han Entzinger, "The Dynamics of Integration Policies: A Multidimensional Model," *Researchgate*, January 2000, https://www.researchgate.net/publication/46601560_The_Dynamics_of_Integration_Policies_A_Multidimensional_Model.

② Armin Laschet, *Die Aufsteigerrepublik Zuwanderung als Chance* (Köln: Verlag Kiepenheuer & Witsch, 2009), p. 113.

③ Carolin Butterwegge, "Von der Gastarbeiter-Anwerbung zum Zuwanderungsgesetz, Migrationsgeschehen und Zuwanderungspolitik in der Bundesrepublik," Bundeszentrale für politische Bildung, 15 März 2005.

难申请的程序。避难问题从 20 世纪 80 年代早期以来一直是引发公众讨论的重点话题，但实际上难民规模远远不及客籍劳工的规模。

两德统一之后，向德国申请避难的人数于 1992 年达到了高峰，接近 40 万人，难民数量的增加引发国内舆论对所谓"经济难民"滥用避难权的疑虑，针对难民的极右翼暴力事件时有发生。随着国内有关讨论的激烈化，排外情绪在 1991~1992 年达到了顶点，1992 年 8 月发生在东部城市罗斯托克 - 利希滕哈根难民收容点的纵火事件是德国战后最严重的种族排外事件。在这一背景下，德国收紧了避难政策，1993 年生效的"避难妥协方案"通过第三国规定以及机场审查程序等新规定，大幅度限制了政治避难权的适用范围，在同一时间，新的避难程序法生效，给避难的基本权利的法律保障带来了极大变化，直接导致大批国内非法居留的劳务移民进入了建筑业、保洁与护理行业的地下经济部门。由于限制性政策的实施，与 20 世纪 90 年代初的高峰阶段相比，申请避难的人数自 90 年代末以来明显减少（见图 1）。

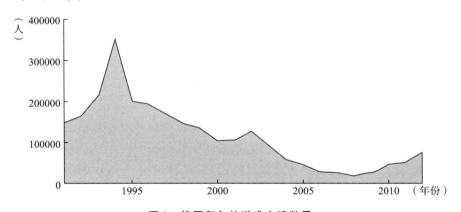

图 1　德国每年的避难申请数量

资料来源：Bundesamt für Migration und Flüchtlinge，"Aktuelle Zahlen zu Asyl," Juni 2013。

最近几年，向德国申请避难的人数又有了显著增加，从 2009 年的 2.7 万人增加至 2013 年的 10 万人[①]。目前，意大利兰佩杜萨的难民海难事件频发，这再度将难民政策提到欧洲各国政府的议事日程上，为此，德国也积极谋求欧盟成员国避难政策的协调和欧洲共同政策的出台。

————————————

① "Widerstand gegen Asylbewerberheime, Die Unwillkommenen," *Der Stern*, 16 Dezember 2013.

（三） 回乡侨民

德国传统上可以长期居留的人群除了受纳粹迫害的犹太人亲属和后代，还有一类就是所谓的回乡侨民，即在第二次世界大战结束之后从苏联和波兰、捷克斯洛伐克等东欧、南欧地区被驱逐出境的德意志人的后裔。1993 年的法律修订之后，其被称为"晚期回乡侨民"。德国《基本法》将此类人群及其后裔认可为德国族裔，允许其在一定条件下移居德国，加入德国籍并获得融入援助。自 1950 年起，共有 500 多万名回乡侨民及其家属移居德国，构成了除客籍劳工以外最大的移民人群，尤其在两德统一之后的 1991～1995 年，从中东欧地区迁徙至德国的"晚期回乡侨民"更是以每年 20 万人次的数量在增加[①]。20世纪 90 年代以前的回乡侨民往往具备良好的德语知识，融入德国社会相对容易。而在这之后的"晚期回乡侨民"尤其是来自苏联地区的侨民与德国之间的联系松散得多，德语水平也不及先前的回乡侨民，1990 年的《回乡侨民接收法》提高了对此类人群的语言要求，这些侨民面临与普通外来移民相似的语言和融入的困难，同样也不易为主流社会所接受。2005 年生效的《移民法》规定，陪同"晚期回乡侨民"入境的非德裔家庭成员也需要参加语言考试，这使得回乡侨民的移民势头明显放缓，到 2012 年大幅度缩减至 2000 人以下。

（四） 欧盟内部的自由迁徙

欧洲一体化赋予欧盟成员国公民自由迁徙的权利，欧盟内部的自由迁徙已然成为外来移民的一个重要来源。根据欧洲统计局的数据，2008 年底，德国外籍移民总数为 954.9 万人，占总人口的 11.6%，其中在欧盟外国家出生的外国人占德国总人口的 7.5%，在其他欧盟国家出生的占德国总人口的 4.2%[②]。

然而，由于欧盟各国内部既有的社会福利差距，德国国内的保守势力担心来自中东欧的廉价劳动力大规模"倾销"到高工资、高福利的德国，会冲击本国的就业市场，甚至加重社会保障制度的负担，带来"社会倾销"和"贫困移民"。正是出于这一担忧，德国直到 2011 年 5 月才向 2004 年就已加入欧盟的 10 个中东欧新成员国开放劳动力市场，对于 2007 年加入欧盟的罗

---

① Jan Schneider, "Aussiedler," *Bundeszentrale für politische Bildung*, 15 März 2005, https://www.bpb.de/kurz-knapp/lexika/glossar-migration-integration/270349/aussiedler/

② Eurostat, *Migrants in Europe, A Statistical Portrait of the First and Second Generation, 2011 Edition* (Luxembourg: Publications Office of the European Union, 2011), p. 29.

马尼亚和保加利亚，德国更是拖延到 2014 年 1 月才赋予其公民完全的自由迁徙和就业权利，而随着对这两个在中东欧新成员国中经济社会发展水平最低的国家的自由迁徙的准入期限临近，"蹭福利旅游"（Sozialtourismus）一词甚至成为德国 2013 年的年度最差词语，充分反映了老欧洲的社会心理和新老欧洲在内部移民中的矛盾。事实上，很多罗马尼亚和保加利亚的移民移居德国只是为了获得更高收入，根本不知道自己还能从德国申请福利金。德国融入与移民基金会专家委员会（SVR）2013 年 4 月的年度鉴定报告也证明，罗马尼亚和保加利亚自加入欧盟以来的自由迁徙是成功的，其移民受教育程度完全不在德国平均水平之下，就业率甚至高于德国平均水平[①]。

2008 年以来，深陷欧债危机的南欧国家向经济表现强劲的德国区内移民的趋势明显增强。经合组织的调查显示，2010 年下半年从重灾国希腊移民至德国的人数为 7437 人，而一年之后该数字就翻番至近 1.5 万人，同一时间来自西班牙的移民人数更是增加了近两倍（见表 3）。

表 3 2010 年以后从欧债危机国家迁入德国的移民趋势

单位：人

移民至德国的国家	2010 年下半年	2011 年下半年
希腊	7437	14889
爱尔兰	847	1177
西班牙	5789	13415
葡萄牙	3399	4441

资料来源：OECD，"Migrationsausblick，Griechen und Spanier suchen ihr Heil in Deutschland，" *Die Welt*，27 Juni 2012。

三 移民政策

（一）《国籍法》与《移民法》：对移民国家的承认

德国在二战之后方才成为事实上的移民国家，而其对移民国家状态的承

[①] Ulrike Pape，"Bulgarien/Rumänien：Deutschland blockiert Schengen-Aufnahme，Migration und Bevölkerung，" *Bundeszentrale für politische Bildung*，12 Dezember 2013，https://www.bpb.de/gesellschaft/migration/newsletter/175160/deutschland-blockiert-schengen-aufnahme？global = true& global-format-main = all&global-year = all.

认则更晚，这是因为建立在轮转制基础之上的客籍劳工模式具有显著的临时性和限制性的特征。由于客籍劳工模式在制度设计上着眼于短期移民，不带来社会影响和后果，这导致德国在很长一段时间里依据一部《外国人法》来处理外国人的出入境问题，没有专门针对移民出台相应的连贯性政策法规。随着时间的推移，这种模式的弊端日渐明显：首先，德国政府在政治话语上长期否认自身是移民国家，从而造成在移民政策上的无所作为，仅仅依靠现代国家理念中的福利制度来吸纳外来移民，不可否认的是，移民在机会均等的原则基础上被最大限度地纳入社会保障体制和就业市场，结构性融入取得巨大成就，但外来移民在融入意愿与语言融入、心理认同方面问题多多；其次，轮转制导致企业重复培训工人，不得不承担极高的用工成本。

20 世纪 80 年代初以来，移民从德国社会的临时现象转变为不可逆转的趋势，德国成为社会文化意义上的移民国，移民所带来的社会问题也日渐成为公众关注的重要论题和政党竞争的焦点，但其在法律意义上的转变则是一个长期渐进的过程，主要分以下几个步骤实现：第一，通过 1990 年的《外国人法》改革，降低了入籍的难度；第二，通过 2000 年的《国籍法》改革，有限制地引入了国籍获取方面的出生地原则，并在一定期限内容许双重国籍；第三，2005 年生效、2007 年修订的《移民法》标志着德国从非正式移民国迈向正式移民国，移民政策成为国家重点调控的政策领域；第四，通过 2006 年以来的融入峰会以及发起成立伊斯兰教联席会议等政治倡议活动，德国加紧引导移民更好地融入本土社会。

德国在《外国人法》中早有入籍一说，由于特殊的历史背景，从 1949 年建国到 1990 年两德统一，联邦德国有意坚持继承了 1913 年的帝国国籍法①。旧有的帝国国籍法始终坚持血统原则，集中表现为对回乡侨民的入籍没有任何限制，却严格控制客籍劳工的入籍，因此，与英国、法国、荷兰等西欧国家相比，联邦德国的外国人入籍率非常低。两德统一之后，分裂带来的历史包袱不复存在，联邦德国首先通过改革《外国人法》降低了外国人入籍的难度，其次，在 2000 年生效的新《国籍法》中修订了血统制，辅之以出生地原则，大幅度修改了外国人入籍条件的法律基础，其中涉及入籍的核心规定如下。

---

① Jürgen Gerdes & Thomas Faist, "Von ethnischer zu republikanischer Integration," *Berliner Journal für Soziologie* 16（2006），p. 316.

（1）具有外国国籍的父母在德国生出的子女根据出生地原则获德国国籍，前提是父母一方在德国国内合法居留满 8 年并持有居留权，或持有无限期居留许可满 3 年。但是外国人子女在 18 ~ 23 岁必须在德国国籍和父母原国籍之间做出选择，否则年满 23 岁即视为自动放弃德国国籍①。

（2）2000 年 1 月 1 日未满 10 岁的儿童同样可以提出入籍要求，前提条件同上。

（3）外来移民居留满 8 年以后就有权提出入籍要求，入籍的前提包括拥有有效的居留许可、掌握德语、拥护宪法、非政治极端主义者等。

作为政治妥协的产物，此次《国籍法》的修改放松了入籍规定，包括将已居留年限从之前规定的 15 年缩减至 8 年，并在原有的血统原则基础之上针对移民子女的国籍引入了相对宽容的出生地原则，但在此处采取了所谓的"选择模式"，即移民子女在年满 23 岁时必须做出选择，这事实上仍在尽可能地排斥双重国籍②。双重国籍一直是德国公众和政党争议的焦点话题，保守的联盟党认为拥有双重国籍影响到公民对国家的忠诚度，而左翼党和社民党则一直呼吁取消双重国籍的限制。在 2013 年底德国最新一届政府的《联合执政协议》中，联盟党就双重国籍做出让步，同意给予所有在德国出生的移民子女以双重国籍，这对于在德国出生的土耳其移民子女无疑是个好消息，因为他们不再需要选择国籍。当然，现行《国籍法》仍然有效，上述政策松动仅限于在德国出生的移民子女，并没有由此实施普遍的双重国籍规定，第三国移民在入籍时仍旧必须放弃原有国籍③。

20 世纪 90 年代末以来，德国的移民政策话语发生了重大转变，从无所作为到积极倡导，逐步完善移民政策理念，降低外来移民准入、居留和入籍的难度。2001 年，由前议长聚斯穆特（基民盟）领导的委员会发布《塑造移民，促进融入》报告，不仅承认了德国是一个移民国家的事实，而且对 21 世纪德国移民政策的调整提出了完整的理念和措施建议。2005 年 1 月，德国历史上首部《移民法》正式生效，对现行的《外国人法》进行了全面的修

---

① 许多外来移民不受此规定限制，如欧盟其他国家的公民、摩洛哥人、叙利亚人、伊朗人和阿尔及利亚人等。

② Jürgen Gerdes & Thomas Faist, "Von ethnischer zu republikanischer Integration," *Berliner Journal für Soziologie* 16 （2006）, pp. 314, 323.

③ Fatma Rebeggiani, "Deutschland: Migrationspolitische Ergebnisse des Koalitionsvertrags," *Migration und Bevölkerung*, 12 Dezember 2013.

改，分别对移民的居留许可、工作移民限制、避难申请、移民离开德国的义务、家庭团聚、移民融入当地社会、移民管理机构和移民救助机构的设立做出了详细规定，明确了德国各级政府尤其是联邦政府在移民方面的权力，简化了居留许可形式，减少了高素质人才的入籍手续，严格了驱逐出境条例，修改了政治庇护权。而在《移民法》中最重要的变化是涉及移民融入方面的具体规定，例如，要求移民参加融入必修课，以学习了解德国的语言和文化。《移民法》对于新移民着眼于从源头上进行疏导和限制，并给两个来自东欧的群体带来了限制和变化：进一步严格签证手续，规定陪同晚期回乡侨民入境的非德裔家庭成员也需要参加语言考试，而犹太人也必须接受在某种程度上类似评分制的"融入测试"。这一限制规定的出台使得回乡侨民和犹太人的移民势头明显放缓。而自 2007 年起，土耳其裔家属因家庭团聚迁往德国的前提是必须在土耳其通过德语测验，这一新规定同样增加了土耳其裔家属在德国团聚的难度。

由于《国籍法》和《移民法》中的上述规定的限制，事实上移民迁入的势头已经减缓，甚至出现部分移民迁出的情况。自新的《国籍法》生效以来，德国入籍数量反倒从 2000 年的 18.67 万人持续下降，2008 年更是达到 9.45 万人的历史低位①。

（二）移民的融入促进

2001 年德国移民事务独立委员会的《塑造移民，促进融入》报告真正开始全方位探讨融入问题的现状与对策②，以此为标志性转折点，21 世纪以来德国移民融入政策及其理念的建构主要从三个方面入手：首先是一系列官方文本的发布，包括《移民法》当中对于融入课程的设定；其次是融入促进措施手段的应用；最后是动员参与各方谋求共识，其重要标志是融入峰会和德国伊斯兰会议的召开③。

《移民法》首次将融入上升到法律任务的高度，正式承认和肯定移民现状，着眼于加强已有移民的融入，不断在政治、经济等方面完善法律和社会

---

① "Migration und Bevölkerung," Newsletter 6/2011, Netzwerk Migration in Europa, p. 2.
② 郑朗、伍慧萍：《新世纪德国移民融入政策及其理念分析》，《德国研究》2010 年第 4 期，第 12～19 页。
③ 郑朗、伍慧萍：《新世纪德国移民融入政策及其理念分析》，《德国研究》2010 年第 4 期，第 12～19 页。

框架条件。在德国联邦制的政体组织框架下，移民融入的工作主要由各联邦州具体负责，自 1978 年 12 月起，德国设立了联邦政府移民、难民与融入事务专员一职，意在从联邦层面统筹融入促进的各项工作，2013 年德国新一届内阁更是在历史上第一次委任土耳其裔的厄策谷兹担任这一职务。而《移民法》新创建了一个专门负责移民与融入事务的中央管理机构，即位于纽伦堡的联邦移民与难民局（BAMF），从而加大了政策协调的力度。

《移民法》提供了语言学习和入门课程等形式的融入促进活动，其中某些部分是强制性的，在此框架之下，德国政府将学习德语列为国家任务，制定国家融入计划，不断推出各种具体融入举措，设立有关融入现状的指标体系，签署融入协议，要求各级政府、宗教团体、社会团体广泛参与。2006 年以来，德国每年召开联邦、各州和乡镇以及外国人组织共同参加的融入峰会，具体目标包括提高移民子女的德语语言知识和受教育程度。2008 年 7 月，联邦内政部公开了包括 300 个问题的入籍国情测试题目录，将语言水平、国情知识和对民主法治国家的认可作为入籍的前提条件。2009 年，时任移民、难民与融入事务专员波穆尔着手设立融入现状的指标体系[1]。2013 年底，德国最新一届政府的《联合执政协议》重申了所谓"融入和欢迎文化"，其中强调指出德国将继续实施国家融入促进计划，提高公共部门中有移民背景的员工的比例，确立社会多样性的思想，反对行政部门尤其是警务和安全部门对于移民的歧视，制定可以衡量融入度的指标。

（三）专业人才战略

随着人口老龄化的加剧，德国人才荒问题日益突出，在卫生、自然科学和社会科学等领域缺少专业人才，估计德国企业到 2025 年将缺少 650 万名专业人才，即便充分扩大国内就业渠道，还是有 200 万人的缺口只能由移民填补。虽然工会及左翼势力极力反对，并希望优先保障国内就业，但经济界和自由主义政党都积极呼吁加大力度促进高级人才的移民，参与优秀人才的国际竞争，以应对日渐严重的专业人才荒[2]。

为了解决这一问题，德国政府采取了不同程度的应对措施，实施了各种专业人才战略。在 2000 年 8 月至 2003 年 7 月施罗德执政期间，德国政府就

---

[1]　Yasemin Karakasoglu, "Da werden jahrelange Errungenschaften kaputt gemacht," *Neue Gesellschaft Frankfurter Hefte* 11 (2010), p. 16.

[2]　"Migration und Bevölkerung," Newsletter 6/2011, Netzwerk Migration in Europa, p. 4.

曾经一度效仿美国的绿卡政策，在《外国人法》框架下推出了"绿卡计划"，放宽外籍计算机人才的入境条件，以提高德国经济在世界上的竞争能力，但由于居留政策过于保守，没有明显优势，最终只起到了临时过渡作用，甚至都没有达到 3 年内颁发两万张绿卡的预期计划目标。2005 年的《移民法》降低了高级人才入籍的门槛以及家属同行的难度，在《移民法》改革之前，独立从业者必须投资 100 万欧元，创造 10 个就业岗位，才被允许至少居留 3 年时间，而在 2005～2009 年的大联合政府执政期间，《移民法》的相关规定进一步放松，分别将要求缩减到了投资 50 万欧元和创造 5 个就业岗位。但是总体上，这些举措都没有收到明显的效果。

在解决高科技人才缺口以及人口迁出数量逐年上升的问题上，欧盟层面的指导性政策同样影响到德国相应政策的出台。欧盟理事会 2009 年 5 月 25 日签发了欧盟蓝卡指令（2009/50/EG），引入"欧盟蓝卡"，规定了外国留学生和科研人员等高层次人才入境和居留并从事高层次职业的条件。德国将欧盟蓝卡新政转化为了本国的法规实行，在这一框架内延长了对于外国留学生在读大学期间的打工时间和毕业后在德国的求职居留期限，并降低了获得欧盟蓝卡的难度，逐步放宽了非欧盟国家专业人才的最低收入标准要求，从每年毛收入 8 万多欧元的要求逐步降至 4.48 万欧元，在自然科学、数学领域的专业人才，以及工程师、医生和 IT 专家等某些特定急需的职业群体中，最低收入界限还可降低至 3.5 万欧元左右，从而接近德国的平均收入水平。

为应对人才需求，德国政府还出台了其他专业人才促进战略，一般情况下，根据德国居留法第 39 条规定，本国公民在就业中具有优先权，雇主在雇用非欧盟国家专业人才之前需要审核是否有本国的求职者适合该岗位①。2011 年 6 月 22 日，德国通过《保障专业人才构想》，降低国外电气工程师、医生、机械制造与汽车制造专业人才进入德国劳动力市场的难度，取消了德国针对医生和工程师职业实施的"优先权审核"，允许这些紧缺行业立刻在全球范围内招募专业人才。

四　结语

在应对社会与人口结构变迁的时代挑战中，移民成为包括德国在内的西

---

① "Migration und Bevölkerung," Newsletter 6/2011, Netzwerk Migration in Europa, pp. 3 – 5.

方发达国家的首选对策之一，然而，移民也是一把双刃剑，不仅带来了丰富多彩的文化习俗与生活方式，同时也不可避免地对客居国的社会文化生态带来冲击与挑战。在移民政治话语转变过程中，德国一度寄希望于多元文化主义的理念，致力于提高外来移民的政治参与度，贯彻机会平等的原则，实施反歧视的措施，这些政策举措都为移民政策注入了新鲜的血液，然而，多元文化主义的理想很快被社会分层和种族隔阂的现实所取代，德国总理默克尔就曾在 2010 年公开宣称"多元文化主义已经失败"。

由于历史文化传统根深蒂固，德国的移民政策仍然处处可见民主共和国家理念和种族文化国家观念的冲突，这导致德国的移民政策更多是在矛盾和妥协之间摇摆：一方面表现出对于福利国家模式的路径依赖特征，另一方面又在不断调整与完善移民政策，其宏观理念、法律基础和微观工具手段都经历了极大变化。德国正积极地探索移民与融入的最佳途径，从源头和过程两方面吸引和规范移民，同时坚定地贯彻民主共和的价值观念，引导移民以开放的心态理解德国社会，更好融入主流社会的经济社会体制与社会文化。

德国的地方事务治理及其对我国的启示*

—— ❦ ❁ ❦ ——

汤葆青**

摘　要： 德国的地方主要由城镇和县构成。地方事务是在地方这一地域内，体现地方居民的需求和利益，与地方居民的社会生活密切相关的公共事务。城镇事务为地方共同体之一切事务，其内容具有广泛性。县事务首先是超越其所辖的市或镇的事务，然后是针对其所辖的市或镇的补充性事务和平衡性事务。联邦宪法法院保障城镇事务的核心部分不受侵害，并通过比例原则来限制核心部分以外的事务。德国地方事务的相关研究能够给予我国在地方事务的内涵、地方事务与中央委托事务的区分、地方事务在各行政层级间的划分、地方事务范围的法律规定、地方事务的制度保障等方面以启示。

关键词： 地方事务　地方事权　地方性质　委托事务　制度保障

党的十九届四中全会提出"坚持和完善中国特色社会主义行政体制，构建职责明确、依法行政的政府治理体系"，而"健全充分发挥中央和地方两个积极性体制机制"是其重要内容。"两个积极性体制机制"的健全发挥需要"理顺中央和地方权责关系"，需要"规范垂直管理体系和地方分级管理体制"，需要"优化政府间事权和财权划分"。可以说，在"两个积极性体制机制"的健全发挥上，明确地方事权是关键。而关于地方事权，"地方"是一个区域称谓，是中央以下的行政区，"事权"指的是管理相关事务的权力。因此，地方事权可以理解为管理地方事务的权力。地方事务是地方事权

---

　*　本文首次发表于《德国研究》2020 年第 4 期，第 4 ~ 19 页。

　**　汤葆青，苏州大学中国特色城镇化研究中心研究员。

的事务标准，既是地方人大又是地方政府的事权范围。① 因此，对地方事权的研究可以从对地方事务的研究来入手。而且，就地方事务而言，我国《立法法》第 73 条第 1 款已经提出了"地方性事务"这一概念，因此，有必要对地方性事务（地方事务）进行一定的研究。

学界对地方事务的研究还很少，而且主要涉及立法方面的研究②，对于地方事务的一些基本问题还有待深入研究。而对于这些基本问题的研究，有必要在实践的基础上，以比较的视野，从其他国家的相关研究和实践经验中获得启示。基于此，本文将属于大陆法系国家的、有着良好地方自治制度的德国作为考察对象，试图对德国的地方事务治理展开研究。所谓地方事务治理，指的是地方政府等机关和社会组织为了提供公共服务、管理公共事务，而开展的规划、决策、实施、监督等一系列活动过程。地方事务治理主要围绕两方面内容展开：一是任务与责任归属，即一项地方事务是由哪一级地方政府承担治理任务和治理责任；二是领导与监督，即由谁负责制定治理目标，由谁负责监督、提供保障。③ 为了给我国地方事务治理提供启示，并对我国地方事务治理的上述两方面内容进行初步回答，本文将围绕德国的"地方"、地方事务的内涵和范围（针对第一个方面内容），以及地方事务的制度保障（针对第二个方面内容）来展开对德国地方事务治理的讨论。

一 德国的"地方"和地方事务的内涵

（一）德国的"地方"

德国的"地方"和地方事务的内涵是理解地方事务治理的基础。首先看德国的"地方"。德国作为联邦制国家，其联邦（Bund）和州（Bundesland）属于国家（Staat）建制，地方（Kommune）指的是州以下的行政层级。具体

① 叶必丰：《论地方事务》，《行政法学研究》2018 年第 1 期，第 16 页。
② 目前的研究主要有田芳《地方事务划分的立法困惑及其理论解答——以台湾地区地方自治的理论与实践为基础》，《台湾研究集刊》2008 年第 2 期，第 78 ~ 84 页；孙波《论地方性事务——我国中央与地方关系法治化的新进展》，《法制与社会发展》2008 年第 5 期，第 50 ~ 59 页；叶必丰《论地方事务》，《行政法学研究》2018 年第 1 期，第 16 ~ 27 页；张圆《论地方事务设定的合法性要件》，《法学杂志》2020 年第 1 期，第 132 ~ 140 页。
③ 曹正汉、聂晶、张晓鸣：《中国公共事务的集权与分权：与国家治理的关系》，《学术月刊》2020 年第 4 期，第 71 页。

来说，地方指的是城镇或乡镇（Gemeinde）和城镇联合体（Gemeindeverband）。① 城镇作为基层的行政单位，指（县辖）镇、县辖市（Kreisangehörige Stadt）和非县辖市（Kreisfreie Stadt）。城镇联合体主要指县（Landkreis），有些州还有其他形式的城镇联合体。其他形式的城镇联合体主要包括：巴伐利亚州的行政区（Bezirk）、北莱茵 – 威斯特法伦州的联合行政区（Landschaftsverband）分别是各自区域内的县和非县辖市的上级行政区；下萨克森州的联合乡镇（Samtgemeinde）是由一些较小的县辖镇组成的联合行政体，行政级别上也属于县辖镇。由于县是城镇联合体的主要表现形式，本文对德国地方事务治理相关内容的研究主要针对城镇事务和县事务的相关内容展开。

（二）地方的事务类型

关于德国地方事务的内涵，先来了解德国地方的事务类型。德国地方的事务类型在立法上按照双元体系（Dualistisches System）和一元体系（Monistisches System）的划分模式来区分。根据双元体系的划分模式，城镇的事务（类型）可以分为自治事务（Selbstverwaltungsangelegenheiten）和委托事务（Auftragsangelegenheiten）。下萨克森州、巴伐利亚州、莱茵兰 – 普法尔茨州等联邦州采用该划分模式。自治事务是指城镇作为地区团体（Gebietskörperschaft）有权履行的、属于自身管辖范围内的事务；委托事务指的是国家通过法律委托城镇履行的事务，从性质来看，属于国家事务（Staatliche Aufgaben）。② 自治事务还可以进一步分为自愿性事务（Freiwillige Aufgaben）和义务性事务（Pflichtaufgaben）。对于自愿性事务，城镇可以视情况来决定是否履行，以及如何履行；对于义务性事务，是否履行由法律规定，城镇只决定如何履行。③

根据一元体系的划分模式，城镇的事务可以分为非指令性事务（Weisungsfreie Aufgaben）和指令性事务（Weisungsaufgaben）。非指令性事务是不受指令约束的事务，指令性事务是国家指令城镇履行的事务。北莱茵 – 威斯特法伦州、巴登 – 符腾堡州、黑森州等联邦州采用该划分模式。按照双元体

① Christoph Gröpl, *Staatsrecht I: Staatsgrundlagen, Staatsorganisation, Verfassungsprozess mit Einführung in das juristische Lernen* (München: C. H. Beck, 2019), pp. 171 – 172.

② Hartmut Maurer, *Allgemeines Verwaltungsrecht* (München: C. H. Beck, 2011), p. 599.

③ Wilfried Erbguth, Thoma Mann, Mathias Schubert, *Besonderes Verwaltungsrecht: Kommunalrecht, Polizei-und Ordnungsrecht, Baurecht* (Heidelberg: C. F. Müller, 2015), pp. 95 – 96.

系的划分模式来看，非指令性事务应当属于自治事务。但不能将指令性事务一般性地归入自治事务，因为自治保障原则上排除国家的指令。①

由于双元体系的划分模式对事务性质（地区团体自身的事务或国家事务）的区分更为清晰，本文以双元体系的划分模式来展开讨论。同样，按照双元体系的划分模式，县的事务也可以分为县自治事务和县委托事务。其中，县自治事务又可以进一步分为县的自愿性事务和县的义务性事务。既然城镇的事务可以分为自治事务和委托事务，而委托事务在性质上又属于国家事务，为了简明起见，以下将德国的城镇自治事务直接称为城镇事务。同样，县自治事务称为县事务，地方自治事务称为地方事务。

（三）城镇事务和县事务的内涵

关于城镇事务，《基本法》第 28 条第 2 款第 1 句中的表述为"地方共同体之一切事务"（alle Angelegenheiten der örtlichen Gemeinschaft）。其中的"地方"（örtlich）意味着一定的区域相关性（Raumbezogenheit）②，从国家的行政层级来看，城镇处于基层，只有基层才是最贴近市民生活的，因此，"地方"就是城镇这一地域本身，或者是在城镇中的某一个具体的地点或区域。而"共同体"（Gemeinschaft）表明了一种社会联系③，即在城镇范围内因市民的社会生活所产生的一种联系。而且，"共同体"还表明了城镇事务的公共性。根据联邦宪法法院的解释，"地方共同体的事务"指的是来源于地方共同体或者与这样的共同体有着特别的关系的需求（Bedürfnisse）和利益（Interessen），它们通过地方共同体关涉（政治意义上的）城镇中人们的共同生活和共同居住，使得这样的需求和利益与城镇居民紧密地联系在一起。④ 也就是说，"地方共同体的事务"体现为因城镇居民的日常生活而产生的需求和利益。因此，德国城镇事务可以理解为：在城镇这一地域内，体现城镇居民的需求和利益、与城镇居民的社会生活密切相关的公共事务。同样，参照城镇事务的内涵，县事务可以理解为在县域内的、体现居民的需求

---

① Hartmut Maurer, *Allgemeines Verwaltungsrecht*（München: C. H. Beck, 2011），p. 601.

② Christoph Brüning, "Die Verfassungsgarantie der kommunalen Selbstverwaltung aus Art. 28 Abs. 2 GG," *JURA-Juristische Ausbidung* 37（2015），p. 595.

③ Christoph Brüning, "Die Verfassungsgarantie der kommunalen Selbstverwaltung aus Art. 28 Abs. 2 GG," *JURA-Juristische Ausbidung* 37（2015），p. 595.

④ BVerfGE, 79, 127（151f）.

和利益、与居民的社会生活密切相关的公共事务。当然，县作为镇和县辖市的上一行政层级，与镇和县辖市相比，县事务的范围有限，这在下文会详细讨论。

二 德国地方事务的范围

（一）地方事务区别于国家事务

对德国地方事务范围的考察，可以从地方事务区别于国家事务入手。与地方事务相反，德国国家事务是指超出地方领域的、体现国家利益的，并与国家的政治、经济和社会发展相关的公共事务。德国国家事务可以分为联邦事务和州事务。首先，这些事务在《基本法》第 73 条第 1 款的联邦专属立法事项[①]、第 74 条第 1 款的联邦和州竞合立法事项中得到体现。笔者从政治、经济、社会和环境保护四个方面对这些立法事项进行了大体上的分类（见表 1）。

表 1 德国联邦事务与联邦州事务

领域	联邦专属立法事项 （《基本法》第 73 条第 1 款）	联邦和州竞合立法事项 （《基本法》第 74 条第 1 款）
政治	1. 外交与国防 2. 联邦国籍 3. 迁徙、户籍登记、身份证明、护照、入境与移民、引渡 4. 联邦范围内打击恐怖主义 5. 联邦的公共服务 6. 联邦与州关于联邦安全的合作事项 7. 为联邦目的的统计 8. 武器和爆炸物的事项	1. 外国人停留和居留法 2. 难民和被驱逐人事项 3. 国家赔偿责任 4. 各州、城镇和其他公法团体法人的公务员，以及各州法官的权利和义务
经济	1. 货币、纸币和铸币、度量衡、时间和历法 2. 关税、通商、货物自由流通、跨国商品贸易和金钱交易等方面的规定 3. 联邦铁路的建设、维护、经营等事项 4. 营业权利保护，著作权和出版权	1. 经济法，涉及括矿业、工业、能源、手工业、商业、银行与证券交易等 2. 《基本法》第 73、74 条规定范围内的财产征收法 3. 土地、地产、自然资源和生产工具转为共有或以其他形式转为公营 4. 经济权利滥用的防止

---

① 除了《基本法》第 73 条第 1 款外，《基本法》其他一些条款也授予了联邦专属立法权，如《基本法》第 4 条第 3 款（战争服务的拒绝）、第 21 条第 5 款（政党）、第 38 条第 3 款（联邦议院选举）。参见 Christoph Gröpl, *Staatsrecht I: Staatsgrundlagen, Staatsorganisation, Verfassungsprozess mit Einführung in das juristische Lernen* (München: C. H. Beck, 2019), p. 293。

续表

领域	联邦专属立法事项 (《基本法》第 73 条第 1 款)	联邦和州竞合立法事项 (《基本法》第 74 条第 1 款)
		5. 农业和林业经济发展、粮食供应、远洋与沿海渔业、海岸防御等方面的规定 6. 道路交通方面的规定 7. 联邦铁路之外的其他铁路的规定 8. 土地分配 9. 水利事项
社会	1. 德国文化资产的保护 2. 邮政和电信 3. 对战争伤残者及阵亡家属的照顾，对前战俘的接济 4. 航空运输	1. 民法、刑法、法院组织、诉讼程序、律师、公证和法律咨询 2. 户籍事项 3. 社团法 4. 公共救济（不包括养育疗养院法） 5. 战争损害和修复 6. 航运方面的规定 7. 军人墓地、其他战争受害者和暴政受害者的墓地 8. 劳动法，包括企业组织、劳工保护、社会和失业保险等 9. 教育辅助与科学研究促进方面的规定 10. 城市土地交易、土地法、住宅津贴法、矿工住宅建筑法等方面的法律 11. 公共危害或传染性疾病危害的防止措施，医师等方面的许可，对药店、药品、医疗药物等方面的规定 12. 确保医疗院所的经济状况和医疗院所看护规则的规定 13. 食品等方面的法律、饲料法、农林苗种交易保护法、植物和动物保护方面的规定等 14. 人工生殖，遗传信息，器官、组织与细胞移植方面的规定 15. 狩猎事项 16. 区域规划 17. 大学院校的入学许可和结业规定
环境保护	1. 关于核能的制造、使用、危险防制等方面的事项	1. 废弃物处理、空气污染和噪音防制 2. 自然保护、景观维护

资料来源：笔者自制。

　　根据表 1，联邦专属立法事项侧重于政治领域，体现联邦利益，具有联邦范围的重要性，需要由联邦来统一规定。这些立法事项体现出的事务性质为联邦事务。而联邦和州竞合立法事项集中在经济和社会领域，这些立法事项体现了联邦或州的利益，具有联邦或州范围的重要性，需要由联邦或州来统一规定。这些立法事项体现出的事务性质为联邦事务或州事务。

其次，国家事务还可以从《基本法》第86～91条的联邦执法事项以及第91a～91e条的联邦和州的共同任务（行政合作）中得到体现。联邦执法事项包括：外交，联邦财务，联邦水路与航运，联邦边境防卫，联邦调查，社会保险，国防与军事，联邦国防部队，核能的制造、使用和危险防制等，航空运输，联邦铁路运输与经营，邮政与电信，联邦银行业务，联邦公路。联邦和州的共同任务包括：地区经济结构的改善；农业与海防的改善；对跨地区的科学研究和教学的资助；确认教育事业在国际上的能力，并提出与此相关的报告与建议；对任务履行所需要的信息技术系统进行的规划、建设和运用；确定信息技术系统之间的联系所需要的标准和安全需求；就确立和提高行政效率开展比较研究，并发布研究结果；为求职者提供基本保障。很明显，联邦执法事项所体现出的事务性质为联邦事务，联邦和州的共同任务所体现出的事务性质为联邦事务或州事务。①

总之，通过《基本法》第73条第1款的联邦专属立法事项、第74条第1款的联邦和州竞合立法事项，以及《基本法》第86～91条的联邦执法事项、第91a～91e条的联邦和州的共同任务等规定，国家事务基本上能够得到确定。

（二）城镇事务的范围

《基本法》对城镇事务的范围进行了概括性规定，即城镇事务为"地方共同体之一切事务"。其中，"一切"（alle）表明城镇事务的内容具有广泛性。

法律上很少对城镇事务的范围进行具体规定，《巴伐利亚州城镇组织法》第57条第1款对城镇事务的范围进行了说明，《巴伐利亚州宪法》第83条

---

① 除此以外还有州的执法事项，一般可以分为三类，一是联邦委托给州执行的事项，二是各州执行联邦法律规定的事项，三是各州自己的事项。第一类事项体现在《基本法》第87b～87e条、第89～90条中。这些事项在上述联邦执法事项中已经列出。第二类事项主要包括社会文化教育事业、卫生和健康事业、体育事业和区域环境保护。第三类事项主要包括州一级的行政事务和财政事务、法律事务和司法管理、制定关于家庭的政策、部分经济管理事务、移民定居及返乡住所事务、大部分高校管理事务、特定环境保护事务。关于第二类和第三类事项的列举，参见王浦劬、张志超《德国央地事权划分及其启示（下）》，《国家行政学院学报》2015年第6期，第39页。

第 1 款是唯一对城镇事务进行列举的条款①。以前者为例，该条款规定"城镇应当在自己的能力范围内完成和维护公共设施（Öffentliche Einrichtungen），这些公共设施根据当地社会关系，对经济、社会和文化福利，以及城镇居民的团体生活的促进是必要的，特别是这些设施关系到维持公共安全和秩序、消防安全、公共卫生、公共交通、健康，以及包括青少年福利、公共课程和成人教育、青少年体育锻炼、大众体育运动、文化和档案服务在内的公共福利；与此同时，自然和环境保护也应当受到重视。"可以说，该规定是对"地方共同体之一切事务"的解释，将城镇事务理解为城镇公共设施的建设和维护，这些公共设施事关城镇居民的基本生活和切身利益，并且也有利于提高城镇居民的生活质量和身心发展水平。

城镇事务的范围可以通过城镇在日常生活中所履行的事务和相关法律规定来具体确定。以下萨克森州为例来说明，该州的城镇事务可以分为基础供应与基础清理，社会发展，教育与文化，体育、业余时间和休闲，建筑工程，经济，危险防御，公共关系这几个方面（见表 2）。由于德国各州都实行相同的地方自治制度，其他州的城镇事务范围也大体相同。

表 2　德国城镇事务

领域	自愿性事务	义务性事务
基础供应与基础清理	能源供应；水供应；交通服务（《下萨克森州短途交通法》第 4 条第 3 款第 1 句）	污水处理（《下萨克森州水资源法》第 96 条第 1 款）；街道清理（《下萨克森州道路法》第 52 条第 1、2 款）
社会发展	健康照顾；对经济困难者的帮助；债务人帮助；房屋中介；妇女帮助；老年人帮助；对无家可归者的照顾；对战争受害者的照顾；对多子女家庭的帮助；外国人融入；药物咨询；残疾人照顾；对慈善工作的支持；动物保护；墓葬管理	儿童和青少年帮助（《下萨克森州关于执行〈儿童和青少年帮助法〉的法律》第 1 条第 2 款第 1 句、第 3 款）；日托托儿所的维护（《日托托儿所法》第 12 条第 1 款第 3 句，《社会法典》第 8 篇第 24 条第 1 款第 2 句、第 2 款）；公共游乐场建设（《下萨克森州游乐场法》第 10 条第 1 款）；通

① 《巴伐利亚州宪法》第 83 条第 1 款规定的城镇事务包括："城镇财产和城镇企业的管理；包括公路和道路在内的地方交通建设；对民众的水、光、气和电力的供应；确保饮食安全的机构建设；地方规划、房屋建设和房屋监管；地方治安和消防；地方文化保护；大众和职业教育事业、成人教育；监护人事务和福利事业；当地的健康事业；婚姻和母亲的事务咨询、婴儿护理；学校保健和青少年身体锻炼；公共浴场建设；墓葬管理；当地历史纪念碑和建筑物的维护。"

续表

领域	自愿性事务	义务性事务
		过行政力量对社会的帮助（《下萨克森州地方组织法》第 37 条第 1 款）；墓地管理（《下萨克森州墓葬管理法》第 13 条第 1 款的相关规定）
教育与文化	文化维续；文化资助；家乡风土文物的保护；艺术保护；促进民族理解；职业教育；成人教育；旅行活动	小学管理（《下萨克森州学校法》第 102 条第 1 款），包括学校设施建设、学校秩序维护（《下萨克森州学校法》第 108 条第 1 款第 1 句）
体育、业余时间和休闲	体育推广；体育设施建设；体育筹资；体育设施维护；交流促进；休假提供；社团维护；修养场所的建立	
建筑工程	房屋建设；建设用地供应；公共设施建设	建筑规划（《建设法典》第 1 条第 3 款第 1 句、第 2 条第 1 款第 1 句）；开发任务（《建设法典》第 123 条第 1 款）；城镇道路的建设（《下萨克森州道路法》第 48 条）
经济	旅游管理；基础设施供应；储蓄银行的持有（《下萨克森州储蓄银行法》第 1 条）；促进经济发展；融资；贷款；咨询服务；工艺支持；农业支持；援助服务；展览会举办；交通供应	
危险防御		防火和救援（《下萨克森州防火和消防法》第 1 条第 2 款、第 2 条第 1 款第 1 句）
公共关系	市民咨询服务；市民信息提供服务；城市推广	新闻信息（《下萨克森州新闻法》第 4 条第 1 款）

资料来源：Jörn Ipsen, *Niedersächsisches Kommunalrecht*（Stuttgart：Richard Boorberg, 2011），p. 102。笔者对表格内容做了一些补充。

对于以上城镇事务，城镇还可以通过制定规章（Satzung）来做更加细致的规定。当然，以上是对城镇事务范围的大致说明，随着经济社会的发展和城镇本身履行事务能力的变化，其事务范围都会发生一些变化。

（三）县事务的范围

关于县事务，《基本法》第 28 条第 2 款第 2 句规定为"法律所规定的事务"（im Rahmen ihres gesetzlichen Aufgabenbereiches），这表明县事务依赖于法律，是由法律塑造的（gesetzesgeformt）。那么，法律应当如何规定县事务？对于县事务范围的理解应当从县与其所辖的镇或市的关系来看。

　　根据《基本法》第 28 条第 2 款第 1 句，城镇事务为"地方共同体之一
切事务"，也即城镇能够履行的城镇地方大量的、与居民社会生活相关的事务。
作为镇或县辖市上级行政单位的县应当在此基础上来履行其相应的事务。

　　首先，县事务应当是超越所辖镇或市的事务（Übergemeindliche Auf-
gaben），即超出单个城镇本身的、影响到多个所辖镇或市的事务。比如，县
（跨城镇）的道路建设和维护，县对其所辖的镇或市垃圾的收集和集中处理。
根据《基本法》第 28 条第 1 款第 2 句，县是一个行政层级，拥有县民众直接
选举产生的代表机构，作为一个独立的行政层级，县应当具有自身的事务。而
超越所辖镇或市的事务则应当是县自身的事务。[①] 其次，从城镇自治和县自治
两者的协调来看，县的事务还可以是补充性事务（Ergänzende Aufgaben）和
平衡性事务（Ausgleichende Aufgaben）。补充性事务是指超出所辖镇或市履
行能力（Leistungsfähigkeit）的、需要由县来履行的事务，如对成人大学、音
乐学院的维护；平衡性事务是指超出所辖镇或市财政能力、需要由县来履行
的事务。[②] 从县的这两类事务可以看出，县对其所辖的镇或市具有辅助管辖权，
也即县与其所辖的镇或市之间贯彻了一个辅助性原则（Subsidiaritätsprinzip）。其
实，补充性事务和平衡性事务本身应当属于镇或县辖市事务，只有镇或县辖
市在履行能力上存在不足时才由其所属的县来履行。[③]

　　以下仍然以下萨克森州为例来对县事务的范围进行具体确定（见表 3）。
因非县辖市相当于县这一行政层级，其不仅能像镇或县辖市一样履行事务，
而且也能像县一样履行事务。

表 3　县/非县辖市事务

领域	自愿性事务	义务性事务
基础供应与基础清理	能源供应；水供应；（不属于义务性事务的）交通服务	垃圾处理（《下萨克森州废物法》第 6 条第 1 款第 1 句）；公共短途客运（《下萨克森州短途交通法》第 4 条第 1 款第 3 项）

---

① Otto Gönnenwein, *Gemeinderecht*（Tübingen: Mohr Siebeck, 1963），pp. 388 - 389.

② Horst Dreier, "Art. 28," in Horst Dreier（Hrsg.），*Grundgesetz Kommentar: Band II*（Tübingen: Mohr Siebeck, 2015），pp. 754 - 755; Andreas Engels, *Die Verfassungsgarantie kommunaler Selb-stverwaltung*（Tübingen: Mohr Siebeck, 2014），pp. 533 - 542.

③ Klaus Stern, *Das Staatsrecht der Bundesrepublik Deutschland*, *Band I: Grundbegriffe und Grundlagen des Staatsrechts*, *Strukturprinzipien der Verfassung*（München: C. H. Beck, 1984），p. 418.

续表

领域	自愿性事务	义务性事务
社会发展	养老院、护养院、残疾人护理院的建设和维护	医院的建设和维护（《下萨克森州关于执行〈医院经济保障和护理费规定的联邦法〉的法律》第1条）；对战争受害者的照顾（《下萨克森州关于贯彻〈战争受害者照顾法〉的法律》第1条）；社会救济（《社会法典》第12篇第3条第2款第1句、《下萨克森州关于执行〈社会法典〉第12篇的法律》第1条）；儿童和青少年帮助（《社会法典》第8篇第69条第1款、《下萨克森州关于执行〈儿童和青少年帮助法〉的法律》第1条第1款）
教育与文化	对音乐学院、成人大学、图片资料室、城市学校设在农村的轮休所的维护；对博物馆和音乐厅的建设和维护	学校管理（《下萨克森州学校法》第102条第2款）包括学校设施建设、学校秩序维护、视听材料的供应（《下萨克森州学校法》第108条第1、4款）；学生接送（《下萨克森州学校法》第109、114条）；其他费用的分摊（《下萨克森州学校法》第117、118条）
体育、业余时间和休闲	体育推广；体育设施建设；体育筹资；体育设施维护；交流促进；休假提供；社团维护；修养场所的建立	
建筑工程	房屋建设；建设用地供应；公共设施建设	建筑规划（《建设法典》第1条第3款第1句、第2条第1款第1句）；开发任务（《建设法典》第123条第1款）；城镇道路的建设（《下萨克森州道路法》第48条）
经济	旅游管理；基础设施供应；储蓄银行的持有（《下萨克森州储蓄银行法》第1条）；促进经济发展；融资；贷款；咨询服务；工艺支持；农业支持；援助服务；展览会举办；交通服务	
危险防御		防火和救援（《下萨克森州防火和消防法》第3条第1、2款）；急救服务（《下萨克森州急救服务法》第3条第1款第2项、第2款）；动物尸体清理（《下萨克森州关于执行〈动物副产品清理法〉的法律》第1条）

续表

领域	自愿性事务	义务性事务
公共关系	市民咨询服务；市民信息提供服务；城市推广	新闻信息（《下萨克森州新闻法》第4条第1款）

资料来源：Jörn Ipsen, *Niedersächsisches Kommunalrecht*（Stuttgart：Richard Boorberg，2011），p.102。笔者对表格内容做了一些补充。

与城镇一样，县和非县辖市也可以通过制定规章来对这些事务进行更为细致的规定。对于县的补充性事务和平衡性事务，如果该县所辖的市或镇有了相应的履行能力，可以将这些事务交由它们来履行。①

三 德国地方事务的制度保障

德国地方事务范围的确定首先有助于明确县与其所辖的市或镇这两个层级之间的事权划分，从而为良好的地方治理创造了条件。其次，也有助于进一步明确地方与国家之间的事权划分，从而有利于理顺地方与国家的关系，使其发挥好各自的职能。但在实践中，地方事务与国家事务的划分难免会出现一些问题，国家也容易以一定的方式来介入地方事务，进而给地方自治造成一些干预。而且，就地方来看，县与其所辖的市或镇之间也会存在事务管辖方面的纠纷。因此，地方事务的保障就成了关键。地方事务的保障是地方自治保障的重要内容。以下分别对城镇事务和县事务的制度保障展开讨论。

（一）城镇事务的制度保障

《基本法》第28条第2款第1句规定了城镇自治的保障，即"城镇在法律的范围内自负其责地处理地方共同体之一切事务的权利必须得到保障"。学界和司法实践将城镇自治（和县自治）保障作为制度保障（Institutionelle Garantien）来看待。城镇自治保障可以分为三个层次：制度性的权利主体保障（Institutionelle Rechtssubjektsgarantie）、客观的法律制度保障（Objektive Rechtsinstitutionsgarantie）和主体的法律地位保障（Subjektive Rechtsstellungs-

---

① Michael Nierhaus，"Art. 28，" in Michael Sachs（Hrsg.），*Grundgesetz Kommentar*（München：C. H. Beck，2014），p.1064.

garantie）。制度性的权利主体保障是对城镇这一建制的保护，即城镇是国家的组成部分，城镇的区域可以重新划分，城镇也可以因合并而取消，但城镇作为一种建制不能被取消；客观的法律制度保障包括对城镇事务的范围（城镇的完全管辖权）和城镇事务"自负其责"履行的保护，以及对城镇自治的法律保留（Gesetzesvorbehalt）的规定；主体的法律地位保障是对城镇的司法保护，也即城镇被保护的法律地位遭到侵害时，有权寻求司法保护。[①] 城镇事务的保障属于后两个层次。

城镇事务的这两个层次的保障可以结合起来理解，因为城镇事务的保障最终是通过司法保护来实现的[②]。城镇事务的保障也就是城镇事务的范围如何与法律保留协调起来。这里的"法律"可以是联邦和州的法律，也可以是法规（Rechtsverordnung）或者规章（Satzung），甚至是习惯法（Gewohnheitsrecht）和欧盟法。[③] 法律可以对城镇事务（城镇自治）进行规定，但这一规定却不应当成为对城镇事务的侵犯，否则就与保障的本意相违背了。

在司法实践中，联邦宪法法院于 1988 年 11 月 23 日在针对拉斯泰德镇（Rastede）提起的宪法诉愿的判决中提出了"核心部分"（Kernbereich）和"实质内容"（Wesensgehalt）的概念，即自治保障的核心部分和城镇自治的实质内容。联邦宪法法院认为"法律保留"使立法者对城镇自治的规定不是任意的，自治保障的核心部分对法律的规定确定了界限，城镇自治的实质内容是不允许受到侵犯的（nicht ausgehöhlt）。[④] 也就是说，城镇自治的实质内容（核心部分）是被绝对保护起来的。

而对于核心部分（实质内容）的理解，联邦宪法法院认为自治保障的核心部分的确定应当根据历史发展的特殊方式和自治的不同表现形式来把握，城镇自治的实质内容没有具体确定的或根据稳定的特征确定的事务内容

---

① Horst Dreier, "Art. 28," in Horst Dreier (Hrsg.), *Grundgesetz Kommentar: Band II* (Tübingen：Mohr Siebeck, 2015), pp. 719 – 721.

② 当城镇事务受到法律侵害时，根据《基本法》第 93 条第 1 款第 4 项（b），城镇有权向联邦宪法法院提起宪法诉愿，但如果该法律是州法律，则必须以不能向该州宪法法院提起宪法诉愿为前提。

③ Christoph Brüning, "Die Verfassungsgarantie der kommunalen Selbstverwaltung aus Art. 8 Abs. 2 GG," *JURA-Juristische Ausbidung* 37 (2015), p. 597; Klaus Stern, *Das Staatsrecht der Bundesrepublik Deutschland, Band I: Grundbegriffe und Grundlagen des Staatsrechts, Strukturprinzipien der Verfassung* (München：C. H. Beck, 1984), p. 415.

④ BVerfGE 79, 127 (146).

（Aufgabenkatalog）。① "实质内容" 为 "一种建制的本质，当一制度的结构和类型没有改变时，这一本质不能从该制度中抽出"②。实质内容没有具体确定的事务内容并不表明它空洞，相反，这一实质内容（核心部分）将随着社会历史的发展呈现出一定的表现形式和一定的差异性。其实，对于城镇事务来讲，核心部分就是城镇中最基本的、与居民的社会生活最相关的事务，如城镇街道清理、城镇历史文化建筑的维护、城镇公共娱乐设施建设、城镇文化活动的开展、对城镇特殊居民的帮助。

但除了核心部分，法律对城镇事务能够进行一定的限制。这一能够被限制的部分在学理上被称为边缘部分（Randbereich）。从联邦宪法法院的上述判决中可以得出：《基本法》第 28 条第 2 款第 1 句除了包括绝对受保护的核心部分，还包括相对受保护的边缘部分；对于边缘部分的限制必须要有为了公共利益的压倒性理由。③ 这一压倒性理由需要有一种审查式的测量标准，即审查法律对边缘部分的限制是否合适（geeignet）、必要（erforderlich）以及适当（angemessen），也即是否符合比例原则（Verhaltnismäßigkeit）④。当然，对城镇事务边缘部分限制的要求不仅针对国家，而且也针对县。

总之，城镇事务的制度保障首先是对核心部分的保障，其次是对边缘部分的限制要遵循比例原则的要求。只有这样，才能保障城镇事务、维护城镇事权，从而能够发挥好城镇自治的功能和城镇治理的积极性。

（二）县事务的制度保障

和城镇自治保障一样，县自治保障也分为三个层次。而县事务的保障也属于后两个层次（客观的法律制度保障和主体的法律地位保障）。与城镇的 "地方共同体之一切事务" 不同，根据《基本法》第 28 条第 2 款第 2 句的表述，县事务的内容为 "法律所规定的事务"。从理论上来讲，首先，法律应当规定（保障）县自身的事务，也就是县作为一个自治的地区团体所具有的超越其所辖的市或镇的事务。其次，法律可以规定县的补充性事务

---

① BVerfGE 79, 127 (146).

② Klaus Stern, *Das Staatsrecht der Bundesrepublik Deutschland, Band I: Grundbegriffe und Grundlagen des Staatsrechts, Strukturprinzipien der Verfassung* (München: C. H. Beck, 1984), p. 416.

③ Hartmut Maurer, "Verfassungsrechtliche Grundlagen der kommunalen Selbstverwaltung," *Deutsches Verwaltungsblatt* 19 (1995), p. 1044.

④ Hartmut Maurer, "Verfassungsrechtliche Grundlagen der kommunalen Selbstverwaltung," *Deutsches Verwaltungsblatt* 19 (1995), p. 1044.

和平衡性事务。关于法律对县事务的限制，在司法实践中，联邦宪法法院认为县在履行国家事务时，其行政能力不足以履行县事务的，可以构成对县事务的限制。① 与城镇的核心部分受到制度保障不同，县的核心部分没有受到绝对保护。一方面在于地方自治（自治事务）的制度保障侧重于城镇这一基层行政区；另一方面也与县这一行政层级的性质有关，即县除了是一个自治的地区团体外，还是国家的底层行政区，需要承担一部分国家事务。而在很多情况下，国家事务具有一定的优先性。当然，县如果认为县事务受到法律侵害，根据相关法律规定，也可以向联邦宪法法院或州宪法法院提起宪法诉愿。

四　总结与启示

（一）地方事务的内涵方面

根据《基本法》及相关法律对地方事务（城镇事务）的规定，结合地方自治的实践和联邦宪法法院的相关解释，德国地方事务的内涵得到了基本明确。从德国地方事务的内涵来看，其强调事务的地方性质（与地方居民的社会生活密切相关）和地方居民的需求和利益。结合德国地方事务的内涵、我国地方治理的实践和学者的相关研究②，本文尝试从事务的性质、受益范围和外部性影响程度三个方面来界定我国地方事务的内涵，即地方事务是具有地方影响力，体现地方居民利益，与地方的经济社会发展、地方居民的日常生活密切相关的公共事务。

德国地方事务的内涵明确后，有助于区分地方事务与委托事务，在此基础上，有助于地方事务的履行和地方自治功能的发挥。对于我国来讲，可以从明确地方事务的内涵出发，在此基础上区分地方事务与中央委托事

---

① BVerfGE 119，331（354f.）。
② 比如，孙波从事务所涉及的利益范围、事务实施的地域范围和事务性质这三个方面来界定地方性事务。参见孙波《论地方性事务——我国中央与地方关系法治化的新进展》，《法制与社会发展》2008 年第 5 期，第 56～57 页。余凌云提出将事务本质理论作为事权划分标准，将"事务性质"、"重要程度"和"影响范围"作为具体内涵的事权解释性构建。参见余凌云《警察权的央地划分》，《法学评论》2019 年第 4 期，第 42 页。

务，以及相应的地方事权与中央委托事权①。明确这一区分，不仅有助于厘清地方事务与中央委托事务的不同性质，而且有助于明确地方与中央的事务（事权）划分。② 我国中央与地方事权划分存在的问题，在一定程度上就和地方事务与中央委托事务区分不清有关。

（二）地方事务的范围方面

德国地方事务的范围在联邦、州和地方的纵向分权的基础上，通过相关法律的规定和实践，基本上得到了明确。该地方事务范围的确定能够给我们提供一些启示。

首先，地方事务范围的确定要以一定的国家与地方的纵向分权为基础。德国权力在联邦、州和地方之间进行了纵向划分。《基本法》第 73 条第 1款、第 74 条第 1 款、第 86 ~ 91 条、第 91a ~ 91e 条等条款基本明确了联邦和州的事权，《基本法》第 28 条第 2 款对地方事权进行了规定。对于我国来讲，在我国的纵向分权上，中央层面的事权（事务）基本上容易确定。像外交、国防、国家安全、国家重大决策的制定、国家大型项目建设、高新技术研发、重大的人事任免等就属于中央事务，这些事务通过我国《宪法》第62 条（全国人民代表大会职权）、第 67 条（全国人大常委会职权）、第 89条（国务院职权）等条款表现出来。但关键在于地方。在厘清地方事务与中央委托事务的基础上，地方事权的确定也就是地方各行政层级间事务的划分问题了。

其次，地方事务需要在地方各行政层级间合理划分。德国的地方事务以城镇事务为主，城镇事务为"地方共同体之一切事务"，其内容具有广泛性。县事务只是"法律所规定的事务"。对于我国来讲，也应当根据不同地方行政层级的特点来合理划分地方事务。与德国一样，我国的乡镇和县（不设

---

① 关于我国地方自主权与中央委托事权的区分研究，参见王建学《论地方政府事权的法理基础与宪法结构》，《中国法学》2017 年第 4 期，第 128 ~ 133 页。

② 有学者提出央地共同事务（事权），参见王浦劬《中央与地方事权划分的国别经验及其启示——基于六个国家经验的分析》，《政治学研究》2016 年第 5 期，第 53 ~ 54 页；余凌云《警察权的央地划分》，《法学评论》2019 年第 4 期，第 38 ~ 39 页。笔者认为，中央与地方，以及地方各行政层级通过合作来共同履行相关事务，是常有的事。比如上文讲述的德国《基本法》所规定的联邦和州的共同任务。但对这些共同履行的事务也可以从事务性质（国家事务、地方事务或地方哪个行政层级的事务）上进行区分，明确其主要事务的性质。在此基础上来确定不同的行政层级所应承担的具体事权、所应履行的具体事务。

区的市、市辖区）也直接面向市民的社会生活，并且承担了大量的事务。因此，在地方事务的分配上主要应当考虑这两个层级。这方面也有宪法上的依据，即我国《宪法》第 99 条（地方各级人民代表大会职权）和第 107 条（乡镇和县级政府的职权）的相关规定。但在乡镇和县的具体事务分配上，可以结合实际情况，即县相比较乡镇在履行地方事务上有着更好的条件和更大的职权，[①] 因此，在事务划分上可以偏重于县。乡镇应当与县在事务划分上做好协调，根据各自的职权来履行地方事务。

对于地级市（设区的市），一方面，将一些全市范围内重大的、跨县的事务分配给地级市；另一方面，可以参考德国的做法，考虑地级市对其所辖县拥有类似于补充性事务和平衡性事务的事务。同理，省也应当具有这两方面的事务。但省有其特殊性，省在政治功能上发挥了承上启下的作用，相比地级市和县，更接近中央，与中央关系更为密切，[②] 应当承担更多国家事务的职能。总之，乡镇和县侧重于与居民日常生活密切相关的事务，地级市和省侧重于超越乡镇和县的地方事务和中央委托事务。

最后，地方事务的范围应当通过法律来规定。在德国，规定地方事务具体内容的法律呈现出体系化的特点：在联邦层面，《基本法》第 28 条第 2 款对地方事务做了原则性的规定；在州层面，各州的宪法也对地方事务有原则性的规定，而且，各州还通过各专项立法来对地方事务（义务性事务）进行规范；在地方层面，城镇和县的代表机构还可以结合本地的实际情况，通过规章来对城镇和县事务（自愿性事务）、州制定的涉及地方事务（义务性事务）的法律规定进行更为详细的规定。

对于我国来讲，根据德国的经验，地方事务的原则性规定可以在宪法和相关法律中得到确定，而地方事务的具体规定可以交由省或地级市的地方性法规来进行。事实上，我国《立法法》第 73 条第 1 款已经规定了地方性法规可以就地方性事务进行立法。之所以将一些重要的地方事务的立法权交给省的权力机关，是因为省承接国家与地方社会，能够协调国家的意志和政策，根据全省的经济发展水平和社会整体情况来安排地方事务。当然，如果省的范围较大，或省内各地区的经济、社会或文化发展有较大差异，省可以与其下辖的地级市进行协作，根据地级市的实际情况和各自的职权，共同对

---

① 张五常：《中国的经济制度》，中信出版社，2017，第 144～145 页。
② 从历史上来看，省（行省）刚开始是中央派驻地方的行政机构，后来演变为一个稳定的地方行政区。参见周振鹤《中国地方行政制度史》，上海人民出版社，2014，第 75～76 页。

地级市所辖的县和乡镇的事务做出规定。

关于地级市对地方事务的立法规定，我国《立法法》第 72 条第 2 款规定设区的市可以就"城乡建设与管理、环境保护、历史文化保护等方面的事项"制定地方性法规。对于这三个方面事项，其范围是比较宽泛的。[①] 对于"等"字的理解，一些学者主张一定的开放性，即将"等"字理解为"同类型地区事务的不完全列举""等外等"[②]。这些立法事项可以参考德国地方事务的范围和本文对我国地方事务内涵的界定。

根据省或地级市对地方事务的立法规定，县的权力机关可以制定更为详细的规定，以便更好地履行这些事务。同时，对于一些习惯上已由县或乡镇履行的、省或地级市对此没有进行立法规定的事务，这些事务类似于德国地方的自愿性事务，县的权力机关在不违背上位法的前提下，可以制定详细的履行规定，从而便于行政机关依规行政。

（三） 地方事务的制度保障方面

在德国，地方事务可以以宪法诉愿的方式获得司法保障。这对于我国也有启示意义。一方面，可以借鉴德国联邦宪法法院规定的城镇事务的核心部分不能限制的内容，在高位阶的宪法、法律中对地方事务的核心部分进行原则性规定，使其得到宪法、法律的规范认可。在此基础上，地方事务不至于受到中央委托事务的过分挤压。另一方面，考虑到我国政治制度的特点，地方事务的保障目前主要是立法保障，也就是注重法律的效力位阶，地方事务的下位法规范不得与上位法规范（尤其是宪法、法律确定的地方事务的核心部分规范）相违背。当然，也有必要逐步探索地方事务的司法保障，注重司法保障与立法保障的协调。

另外，制度保障可以与法律保留相结合。根据德国的经验，从我国实际情况出发，我国可以在通过法律法规等确定地方事务范围的同时，作为例外保留国家或省以法定的方式介入地方事务的权力。尤其是对于一些可能具有

---

① 武增：《2015 年〈立法法〉修改背景和主要内容解读》，《中国法律评论》2015 年第 1 期，第 212 页；陈国刚：《论设区的市地方立法权限——基于〈立法法〉的梳理与解读》，《学习与探索》2016 年第 7 期，第 82 页。

② 陈鹏：《日本地方立法的范围与界限及其对我国的启示》，《法学评论》2017 年第 6 期，第 153 页；章剑生：《设区的市地方立法权"限制条款"及其妥当性》，《浙江社会科学》2017 年第 12 期，第 16～17 页。

一定的政治和社会影响力的地方事务，为了维护政治稳定和社会秩序，国家或省可以通过法定的方式来介入。① 这些地方事务类似于德国城镇事务的边缘部分，但法律法规对其进行限制应当考虑比例原则。

---

① 例如城市地铁建设，从性质来讲，地铁建设属于地方事务。但由于地铁项目投资风险大，地铁建设的事权不在地方，地铁建设需要国务院审批。参见曹正汉、薛斌锋、周杰《中国地方分权的政治约束——基于地铁项目审批制度的论证》，《社会学研究》2014 年第 3 期，第 32～33 页。

德国医疗保障制度：现状、问题与改革[*]

丁　纯[**]

摘　要： 以 1883 年引进的法定社会医疗保险制度为主干的德国医疗保障制度是全球仿效最多的成功模式，但近年来随着德国经济增长的趋缓、老龄化的加剧以及全球化的冲击，该制度在财政、社会团结和医疗服务提供效率等方面的问题日益凸显，成为默克尔政府经济社会改革的重点。本文在简要介绍德国医疗保障制度的现状和基本框架、问题及其成因的基础上，分析了默克尔政府医改的背景、德国各政党不同的改革草案及其背后的理念差异，评析了最终正式出台的改革法案的主要内容，指出这次以加强竞争为主要手段、涉及领域空前广泛、拥有多个目标的改革法案在方向上无疑是正确的，但作为一个大联合政府的多方妥协的方案，其实施结局如何尚难预料。

关键词： 德国　医疗保障制度　卫生基金　改革　默克尔

一　德国医疗保障制度的现状和结构

1883 年 6 月 15 日，俾斯麦时期的德国国会通过《工人疾病保险法》，借此建立起了全球第一个法定社会医疗保险制度。此后，经过（尤其是二战以来的）不断发展完善，形成了以法定疾病保险为主干的，包括医疗保险（含法定、私人疾病保险）、医疗服务和医药提供体系在内的完整、高效的医疗

---

[*] 本文首次发表于《欧洲研究》2007 年第 6 期，第 106～119 页。

[**] 丁纯，复旦大学经济学院教授。

保障制度① （见图 1），成为中国等全球 80 余个国家和地区竞相仿效的对象。

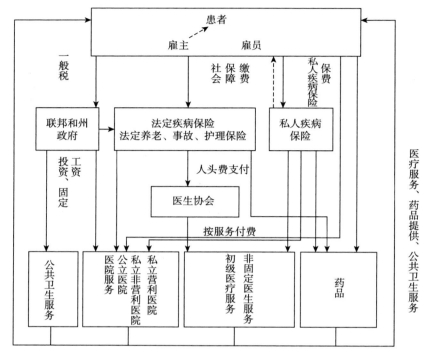

图 1　德国现行医疗保障制度的结构

资料来源：笔者自制。

（一）现状

从医保覆盖范围来看，截至 2007 年 3 月，法定疾病保险覆盖了全德人口的近 88%，约 7034 万人②，其中 78% 的人属于义务保险者及其家属，10% 的人为自愿参保者及其家属；其余近 10% 的人参加了私人疾病保险，约 840 万人，其中有 4% 为享受国家津贴的公务人员（包括退休者及其家属）；剩下约 2% 的人属于享受国家免费医疗的联邦国防军军人、民事服役者、警

---

① 有关医疗保障制度的定义和译法国内不完全统一，这里泛指包括医疗保险、医疗服务、医药等在内的大卫生概念，也称卫生体系。

② 德国联邦卫生部网站数据：http：//www. bmg. bund. de/cln_040/n_601098/SharedDocs/Download/DE/Datenbanken-Statistiken/Statistiken-Gesundheit/Gesetzliche-Kran-kenversicherung/Mitglieder-und-Versicherte/km1-07，templateId = raw，property = publication-File. pdf/km1-07. pdf，最后访问日期：2007 年 4 月 16 日。

察、社会救济接受者和避难申请者等。目前，德国只有 0.2% 的人没有医疗保险。从医保筹资和偿付来看，据《2006 年世界卫生报告》的数据，2003年德国的卫生总费用占 GDP 的 11.1%，人均约 3204 美元（按购买力平价计算），资金来源主要包括法定疾病保险缴费、公共税收、私人疾病保险缴费以及个人自费等（见表 1）。从医疗服务提供来看，每千名居民拥有的医生数为 36 人，每 10 万名居民平均拥有 912 张病床，4/5 的德国人对此体系表示满意[1]。从总体体制绩效来看，德国在世界卫生组织公布的全球国别医疗服务体系排名中居第 14 位，名列前茅[2]。

表 1 1970～2003 年德国医疗保障的资金来源

单位：%

资金来源	1970 年	1975 年	1980 年	1985 年	1990 年	1995 年	1998 年	2000 年	2003 年
公共开支总额	72.8	79.1	78.7	77.5	76.2	78.2	75.3	75.5	74.6
其中：法定疾病保险	58.3	66.7	67.0	66.3	65.4	68.2	66.4	67.7	66.8
其中：政府税收	14.5	12.4	11.7	11.2	10.8	10.0	8.9	7.8	7.8
私人开支总额	26.9	21.0	21.3	22.6	23.7	21.8	25.2	24.5	25.4
其中：个人自费	13.6	9.6	10.3	11.2	11.1	10.8	11.0	12.2	12.3
其中：私人疾病保险	7.5	5.8	5.9	6.5	7.2	6.6	7.7	8.2	8.6
其中：其他私人资源	5.8	5.6	5.1	4.9	5.4	4.4	6.5	4.1	4.5

注：个别年份的总费用的百分比加总不等于 100%，系原始数据的误差问题。

资料来源：OECD，"OECD Health Data 1999,"1999；OECD，"OECD Health Data 2001,"2001；联邦卫生部和联邦统计局；WHO Regional Office for Europe，"Gesundheitssysteme im Wandel：Deutschland,"2005，p. 70；等等。

（二）结构

医疗保险制度：主干是法定疾病保险（Gesetzliche Krankenversicherung，GKV）和私人疾病保险（Private Krankenversicherung，PKV）及法定护理保险，主要承担着医疗保障制度的筹资、医疗费用偿付等任务。

---

[1] Marion Caspers-Merk，"Der Aufbau eines solidarischen Krankenversicherungssystems und die Fianzierung sozialer Sicherungssysteme unter demographie-Aspekten,"No. 2，FES，Shanghai，2007，p. 25.

[2] 世界卫生组织编著《2000 年世界卫生报告》，王汝宽等译，人民卫生出版社，2000，第196 页。

法定疾病保险是德国医疗保险体系的脊梁，属于不以风险因素（如性别、年龄、身体健康情况和家庭状况等）计算保费的强制社会疾病保险，目的是为国民提供基本社会医疗保障。该保险的主要特点是参保人群覆盖面广：除个别类型职业人群如公务人员、自雇者等外，凡是年（月）收入在须参加法定义务保险限额（Versicherungspflichtgrenze）之下的公民（如 2007 年年收入为 47700 欧元、月收入 3975 欧元）均有义务参加，其没有收入来源的家属可以免费联保。年收入超过该数额的公民则可以自由选择参加法定疾病保险或私人疾病保险。在保费的缴纳和待遇的享受上，该保险则体现了自我承担责任和团结互助的原则。所有作为被保险人的雇员及其雇主须按其所参保的法定疾病保险机构要求的统一缴费率（即缴费占工资的百分比，2007年平均为 14.8%）各自承担一半缴费率（各 7.4%）的法定医保缴费，患病时则可获得同等的医疗待遇，而不论其实际缴费的多寡。

由于历史上法定疾病保险机构覆盖的人群是按行业与地域严格对口、归类划分、不许跨界（1996 年后放开）的，法定疾病保险机构至今还保留着不同的类型。目前，德国共有包括普通地方疾病保险机构、工人和职员替代疾病保险机构、企业疾病保险机构在内的 7 大类 250 余个法定疾病保险机构。在保险机构的管理上，德国推行高度自治、竞争和多样性的原则。由各类机构的全国协会自行与对应的医生和牙医协会缔结医疗保健服务提供和补偿的协议，并根据自己的经营状况依照现收现付的原则厘定各自的缴费率[①]，缺口由政府通过公共税收来填补。近年来，德国通过允许投保人自由调换法定疾病保险机构来加大它们彼此间的竞争力度，以提高效率。

私人疾病保险是法定疾病保险的补充，主要为收入超过法定疾病保险义务投保界限并自愿加入其中的高收入者、自雇者以及相关公务人员等少数人群提供全覆盖的、基本或补充的医疗保险。按风险等价原则收取保费，没有免费家属联保。由于采用基金积累制，有老年准备金积累；投保人一般不能中途调换保险机构，竞争程度因而较低。

医疗服务提供和补偿制度：德国的医疗服务提供一般可分成三大部分。（1）由私人开业医生提供的初级医疗和次级门诊医疗服务。（2）由医院提供的住院医疗服务，按所有权可分成联邦和州政府医院、私立非营利医院和私立营利医院三大类；按业务种类分，又可分为综合性医院、精神病院和护

[①] 因此，一般所称的法定疾病保险缴费率只是各类法定疾病保险机构的平均缴费率。

理康复院等三大类。（3）由公共机构提供的公共卫生服务。

对医生提供服务的补偿主要是按服务计点（Punktesystm）方式进行的，具体可分成两个层次：第一层是疾病保险机构和私人开业医生的地区性（一般为州）协会谈判，第二层再由各类法定疾病保险机构的全国性最高协会和医生协会组成的联邦委员会（Bundesausschuss）谈判决定按服务收费的总预算水平，然后疾病保险机构按保险参加者人数以人头费的方式支付给医生协会。接着，医生协会再按照事先制定的统一计值标准，对医生提供的服务进行审核、结算，再行支付，这意味着，每点服务的具体货币值是总预算费用和该地区所有医生提供服务的总点数的商。对单个医生来说，他提供的服务越多，则获得的点数越多，报酬也就越多，这有激励医生多提供服务和检查的倾向。但如果总体点数增加，则每点的单价会下降，收入则会减少。对医院的费用补偿一般分成两大部分，医院的基建和设备（通常以医院床位为代表）投资的费用来源于各州的财政，而医院的日常运营经费则来自疾病保险机构和未参保者的自付费用。

二　德国医疗保障制度的问题和成因

20 世纪 70 年代中后期以来，德国医疗保障制度的问题逐渐显现出来。

首先，体制的财政可持续性问题突出。一方面，总支出持续上涨（见表 2）。2004 年是 1960 年的近 31 倍，远远超过了同期经济增长，其占 GDP 的比重也从 1960 年的 4.8% 上升到近 11%。另一方面，筹资收入难以适应支出的增速，造成德国医疗保障体系，尤其是作为主干的法定疾病保险体系收支缺口日益扩大。法定疾病保险是以现收现付方式筹资的，因而直接表现在平均法定缴费率的持续上涨和作为补充来源的政府补贴的同步增长上（见表 3）。

表 2　德国 1960～2004 年医疗费用上涨情况

年份	1960	1965	1970	1975	1980	1985	1990	1995	1998	2004
总支出（亿马克）	145.3	235.2	423.6	901	1299	1690	2118	3593	3893	2340 *
占 GDP 的比重（%）	4.8	5.5	6.3	8.8	8.8	9.3	8.7	10.2	10.3	10.6
人均卫生支出（PPP $ **）	—	—	175	375	649	979	1279	2128	2339	3043

＊2004 年支出以亿欧元为单位。　＊＊按购买力平价估算的美元。
资料来源：OECD，"OECD Health Data 2006,"2006。

　　究其原因，主要是人口的老龄化，它对收支的影响是双重的。一方面，它使得患病（尤其是慢性病）和失能人口在总人口中的比例上升，医疗支出增加（在德国法定疾病保险中，每个退休金领取者的年平均医疗费用是非退休金领取者的近 2.5 倍[①]）。德国是欧洲几个老龄化进程发展最快的国家之一，65 岁以上老年人口占总人口的比重已从 1970 年的 13.2% 上升至 2000 年的 17.1%，高于 2000 年 OECD 国家 13.9% 的平均水平。另一方面，老龄化对实行现收现付制的德法定医保体制意味着赡养比例的恶化。一是在支出猛增的同时缴费人群减少了，医保筹资的进项少了。二是疾病谱从急性流行病转向慢性行为方式病，以及医疗、医药技术和产品需要不断进步完善，这些均推高了医疗成本。三是德国经济增长的趋缓，带来收入增长的下降和失业人数的上升，造成了缴费人数的下降和按收入百分比缴纳的保险费的减少。四是公众对自身健康的关注不断增加，刺激了医疗消费需求，增加了医疗费用。五是法定疾病保险保障的人群覆盖面逐步扩大，从 1960 年的 84% 增加到目前的近 90%。六是医务人员（尤其是医生）人数的增加、缺乏费用约束机制的事后第三方付费做法以及医生服务补偿的"计点"系统等制度性缺陷均促进了供方诱导，扩大了支出。值得一提的是，两德统一后东部保障制度的快速转型，也带来了巨额的转移支付负担。

表 3　1960～2007 年德国法定疾病保险平均法定缴费率变动情况

单位：%

年份	1960	1970	1980	1990	2000	2004	2005	2006	2007
西部	8.4	8.24	11.4	12.6	13.5	14.2	14.2	14.2	14.8
东部	—	—	—	18.7	13.8	14.2	14.2	14.2	14.8

　　资料来源：Institut der deutschen Wirtschaft Köln, *Deutschland in Zahlen 2007* (Köln：Deutscher Insituts-Verlag, 2007), p. 76。

　　医疗方面的入不敷出不仅影响了德国医疗保障制度本身的正常运行，而且在经济全球化冲击下，使其企业、个人和政府均不堪重负，到了筹资的极限，从而形成了对经济发展的严重掣肘。随着法定缴费率的不断提高，目前个别法定疾病保险机构的缴费率已达 16.7%。法定疾病保险缴费具有强制

①　Nobert Zdrowmyslaw & Wolfgang Duerig, *Gesundheitsökonomie* (Oldenburg：Oldenburg Verlag, 1999), p. 101.

性，作为非直接工资支出，和其他社会保障缴费一起提高了德国的劳动力成本。2005 年，德国平均小时工资以 2655 欧元在 OECD 国家中位居第三，弱化了德国企业的产品在全球化竞争中的优势，失业空前严重。同时，大量的医保补贴加重了德国财政的负担：2006 年德国各级政府的总债务达到了 14780 万亿欧元，占 GDP 的 64.1%，其中仅联邦政府就占 39.1%。因此，如何遏止医保费用的上涨、稳定医保缴费率已成为德国医疗保障制度的首要难题和经济、内政改革的重点。

其次，德国社会医疗保险制度迄今还未覆盖全民，尚有 20 万人没有任何医疗保险。有以下几种情况：（1）由于经济窘迫没有能够及时缴纳医疗缴费而失去法定医保；（2）离婚的妻子失去了联保资格；（3）年满 23 岁而没有找到工作的青年不得不接受社会救济；（4）由于工作性质的变化，从受雇者变成自雇者；等等。

最后，德国医疗服务提供体系存在着条块分割、缺乏统一协调合作、效率低的弱点。如初级医疗（开业医生）服务和医院服务间严格分离的传统（严格规定私人开业医生只能看门诊和提供初级医疗服务，而住院医生一般只提供次级、三级医疗服务，严禁交叉行医）就常常造成患者在看病时进行不必要的重复检查和小病大治等，造成资源浪费和效率低下。

德国自 1977 年颁布《疾病保险费用控制法》开始，尽管政府内阁几经更迭，执政党和在野党的思路并不相同，但医保改革一直盯住医保收支问题，以压缩费用增长为主旨，以量入为出为导向，以稳定缴费率为指标。从一开始零星、局部的费用控制举措，到后来宏、微观并举的较为系统的开源节流方案。自 1980 年以来，光涉及费用控制的单独法律、法规就达 200 多项。全国上下达成了共识：改革不仅关乎医疗保障，而且涉及就业和经济发展，势在必行；在全球化竞争压力下，不遏止医疗费用上涨速度、稳定缴费率，压缩劳动力成本，就会造成失业加剧、经济衰退。既要控制费用涨幅而又不能大肆缩减刚性的医保待遇，出路只有提高医疗服务效率，在医保机构、医疗服务提供者（医院、医生、药房等）之间引入相互竞争机制。2004 年《法定疾病保险现代化法》的颁布，表明施罗德执政后期已经按此思路开始了改善结构、提高效率的系统性改革。

三 默克尔大联合政府时期的医改方案及其争论

尽管医改势在必行已经成为德国的全民共识，但各党派、利益集团在改革的方案思路和具体举措上存在着严重的分歧和激烈的争论。在 2005 年的大选时，各党派均就公众普遍关注的医疗保障制度改革问题发表了各自的构想和草案（见表 4）。其中最为突出的是联盟党和社民党分别提出的卫生保险金（Gesundheitsprämie）（或称人头保险费，Kopfpauschale）和团结互助型全民保险（Solidarische Bürgerversicherung）的改革模式草案。

表 4　2005 年德国大选中各党有关医疗保障制度的未来方案一览

党派	联盟党	社民党	自民党	绿党	民社党等
筹资模式	人头保险费（雇主缴费：长期固定的。雇员缴费：根据卫生费用灵活可调的比例）	全民保险［缴费的收入计算上限不变；人人有医保；高收入者也应被纳入法定医保；资本收益也应计入缴费计算范围（房租和租赁收入除外）］	带有社会医保性质的私人疾病保险须覆盖全民，各类私人疾病保险机构的社会平衡则由税收体系来承担	全民保险（缴费的收入计算上限大幅提高；附加收入类型未给定）	全民保险（所有职业类型和收入种类均包括；疾病保险缴费的计费上限应提高至 5100 欧元）
保费缴费率的高低	未说明，但新制度引入时每人所缴费用都不应比过去多	未说明，但仍依照原来的法定疾病保险的待遇项目	未说明，但每个疾病保险机构都须推出对所有人统一价格的疾病保险项（价）目①	未说明	未说明
被保险人	未明确说明	所有公民均有保险义务	所有公民均有保险义务（在患病时获得一个最低范围的基本医保待遇；为此可以自由选择保险机构）	所有公民均有保险义务	所有公民均有保险义务
免费的联保人	儿童（相关缴费由税收提供）	没有收入的家庭成员	儿童及孕产期女性医疗费用由税收提供	儿童，以及教育和照顾儿童的配偶或同居者	未说明

注：①保险机构必须无条件地和投保人缔约，不能因其风险因素差别如年龄、性别等而拒绝缔约或采用不同保费。

资料来源：Dirk Sauerland, "Künftige Ausgabenentwicklung in der GKV und ihre Finanzierung," *Wirtschaftsdienst* 85 (2005), p. 673。

左翼的社民党主张建立全民保险体制，覆盖全体公民，即在基本医保层面取消原来的私人疾病保险，不仅包括属于法定疾病保险的被保险人和其家庭联保人，还包括公务员、自由职业者等原先归在私人疾病保险之下的被保险人①等。其融资模式和现行的法定疾病保险类似，都采用现收现付的方法。筹资也和法定疾病保险的缴费率相似，由雇主、雇员各半按其收入的某一百分比缴纳。但这里的"收入"不仅指薪水等工资收入，还包括银行存款利息等资本性收入。此外，社民党还力主联邦政府通过税收加大对医疗保障制度的融资力度。而绿党则提出建议，将雇主缴纳的保险费的数额固定化，这样就可以解决随着缴费率的上扬带来的工资成本上升的问题。

全民保险体制设想将私人疾病保险参加者（约 840 万人）纳入原先法定疾病保险之中，合二为一。其结果是：首先，扩大了原先法定疾病保险缴费的人口基数；其次，由于原属于私人疾病保险的投保人一般都是没有参加法定疾病保险义务的高收入人群，若依全民疾病保险按收入百分比征收保费的方法，其缴纳的保险费一般也相应高于相同缴费率下原来法定疾病保险投保人缴纳的金额。这两种因素在短期内保证了保险费总额的增加，有望弥补目前法定疾病保险的收支缺口，此为优势之一；可以借此降低现行法定疾病保险制度的平均缴费率（因在实行现收现付制的情况下，某一年份的医疗支出给定，则缴费率取决于缴费人数和其缴费人的收入高低，高收入者越多，则平均缴费率越低），进而压缩劳动力成本，有利于提高德国经济的竞争力，此为优势之二；把原先在私人疾病保险下按风险因素投保的富人纳入全民疾病保险体系，贫、富人群按相同缴费率缴费［且不像法定疾病保险那样设立缴费计价最高限额（Beitragbemessungsgrenze）②］，富人缴纳保费的绝对量高于穷人，体现了社会财富的再分配，符合社民党强调社会公正、倾向中下阶层的政党理念，此为优势之三。尽管从长期来看，随着社会结构的老龄化和医学科技的进步，卫生支出势必会不断攀升，以现收现付制为筹资原则的全民保险体制的缴费率也会随之上扬，工资成本也会继续上升。但不可否认，建立同时兼顾了财政可持续性和公正性问题的全民保险体制仍不失为解决这一问题的短期内较为现实的办法。

作为右翼政党，联盟党提出了在法定疾病保险的范围内征收统一个人人

---

① 只以私人医保为基本医保的投保人。

② 该限额以上部分的收入原来不用缴费，现在也要计入并缴费。

头保险费的建议，即在法定疾病保险中，每个被保险人按人头上缴统一数额的保险费（具体可由其雇主和雇员本人按相关份额上缴），而非按缴费率缴纳。人头保险费模式与全民保险模式之间的差别，首先是针对私人疾病保险的态度不同：全民保险体制意在取消作为基本医保的私人疾病保险，将其被保险人纳入进行贫富均衡的全民体系，同时解决资金缺口；而个人人头保险费模式仅限于法定疾病保险范围内，法定和私人疾病保险体制仍然同时存在，无意触动私人疾病保险下的富人的利益。其次是保险费征收方法的不同：全民保险体制下的保险费的征收按缴费率计算，与投保人的收入相挂钩；而个人人头保险费模式的保险费征收则不和投保人的收入相挂钩，投保人不论贫富都支付数额相同的一个绝对金额而非按照原先相同的缴费率，实际有利于富人而加重了穷人的负担。而且，该方案属意缴纳一个相对于原缴费率下平均缴纳的保费更低的绝对金额，实际上是为作为缴费一方的雇主减轻劳动力成本支出，起到了减小资金缺口、降低成本负担的作用。总的来看，该方案倾向于减轻富人、雇主和投资者的负担，完全符合其一贯的为富人减负以促进投资的右翼理念。这里值得一提的还有，联盟党的方案更偏向于资金积累（Kapitaldeckungsverfahren）的办法。众所周知，资金积累的融资方法最大的一个好处是可以有效解决人口结构老龄化带来的筹资困难问题。

2005 年 11 月 11 日，联盟党和社民党在其《联合执政协议》中达成对疾病保险体制进行彻底改革的共识。大选结束后，尽快就卫生体制改革措施达成妥协，成为大联合政府的当务之急。

经过反复磋商，2006 年 7 月 3 日，联盟党和社民党最终就卫生体制改革的具体措施达成一致，公布了《卫生改革要点》（Die Eckpunkte zur Gesundheistreform），提出了大联合政府的医疗体制改革方案。2007 年 2 月 2 日，德国联邦议院表决通过了《法定疾病保险强化竞争法》（GKV-Wettbewerbsstärkungsgesetz），2 月 16 日，联邦参议院也批准了该法。3 月 26 日，德国总统科勒（Horst Köehler）正式签署，宣告大联合政府的医疗保障制度改革从 2007 年 4 月 1 日起正式开始实施。

四 大联合政府医保制度改革的主要内容和评价

大联合政府的医保制度改革法案主要包括以下内容。

第一，引入全民疾病保险。从 2009 年元旦开始，德国历史上将首次实现全民疾病保险。任何一个尚未拥有其他充分疾病保障措施的德国居民都有义务加入疾病保险，即按相关规则和条件，要么加入法定疾病保险，要么加入私人疾病保险。作为过渡，凡以前属于法定疾病保险体制而如今没有医保的人①，自 2007 年 4 月 1 日起都有义务重新加入法定医保；以前曾加入私人疾病保险体制而如今无医保者从 2007 年 7 月 1 日开始可以重新选择加入私人医保②，先在标准保险项目（Standardtarif）③ 的框架下享受疾病保险保障，从 2009 年元旦起该项目变更为基本保险项目（Basistarif）④。

第二，提高医疗服务提供水平。（1）扩大医疗服务范围：允许医院为重病患者提供原先不允许的门诊服务；为垂死和重病患者提供镇痛服务；疾病保险机构将支付康复所需的开销、疫苗接种费用以及父母带孩子的疗养费用；合住者也有权享受居家护理服务，而不一定要去护理院。（2）在药物供应方面更加注重安全性和经济性原则：引入成本—药效—评价机制，医生在开新药的时候，需征询另外一名医生的意见，以充分评估该药的性价比和安全性；疾病保险机构通过同药品生产商就药价进行折扣合同谈判来竞争压价。

第三，促进法定和私人疾病保险机构的现代化。（1）法定疾病保险机构可以根据投保人的偏好制定不同的收费标准与合同，被保险人将享有更多的选择自由；法案在各个法定疾病保险机构之间将引入更多的竞争机制，通过相关措施鼓励被保险人增强自我保健责任意识（比如接受预防检查等）；各类疾病保险机构将提供更多的服务供给形式和收费方案供投保人选择。此外，减少官僚主义，精简机构，法案把目前的 7 类法定疾病保险机构各自的最高协会合并为 1 个，统一代表所有法定疾病保险机构进行谈判；允许所有的保险机构（包括跨类）自由合并。（2）私人疾病保险机构：2009 年元旦开始，各私人医保公司须提供和法定医保待遇相似、保费不超过法定医保标

---

① 这些人被称为法定疾病保险的义务投保人，目前为年收入水平在 47700 欧元（Versicherungspflichtgrenze）以下的雇员。

② 符合加入私人疾病保险条件（收入超过法定义务保险界限）的被保险人也可以自愿加入法定疾病保险。

③ 主要针对投保私人疾病保险机构的上了年纪、收入较少的人群，提供类似法定疾病保险的基本医疗服务项目，是各私人疾病保险机构统一的标准保险项目，自 2007 年 7 月 1 日起，那些失去保险或者从未有过保险的人群也可以加入标准保险项目，到 2009 年 1 月 1 日，标准保险项目将由基本保险项目代替。

④ 基本保险项目的功能与标准保险项目类似，保证所有可归入私人疾病保险体制的人都享有基本医疗保险，其涵盖的服务范围与法定疾病保险的服务范围类似，但各个私人疾病保险机构提供的基本保险项目可以不一样。

准的基本保险项目；对于有意投保者，公司负有无选择强制缔约义务（Kon-trahierungszwang）且不得征收风险附加保费（Risikozuschläge）；允许投保者调换保险公司，在同一保险公司内部的不同保险项目之间、不同保险公司之间，原先妨碍调换公司和竞争的老年准备金（Alterungsrückstellungen）均可随之转移。

第四，医疗保障制度融资方式的改革。2009 年元旦起，将引入卫生基金模式（Gesundheitsfonds）来为法定疾病保险机构筹资。卫生基金模式吸收了双方各自一部分的观点设计（见图 2）。基金设立之后，将负责 95% 以上的卫生开支的融资。首先，届时法定疾病保险将和现在的法定护理保险、养老保险和失业保险一样在联邦范围内实行统一的保险缴费率，即按照联邦卫生部确定的统一缴费率向雇主和被保险人征收医保费用，同时以政府税收的形式为卫生基金筹资；其次，由卫生基金对所有类型的法定疾病保险机构按其所承保人数拨付人均统一的保险（人头）费总款项；最后，根据投保人的年龄、性别和健康状况等投保风险拨付一笔相应的指派金额，即风险平衡费。这种卫生基金下的风险结构平衡机制更加简单，它针对 50～80 种疾病（治疗一个身患这些疾病的病人的平均费用须高出治疗一个身患一般疾病的病人的平均费用的 50% 以上）给予风险平衡费；如果某一类型法定疾病保险机构使用其从卫生基金中获得的款项无法平衡其支出的话，则允许其向其投保者征收附加保费，但同时须允许投保者自由选择其他法定疾病保险机构。反之，当相关类型法定疾病保险机构有所盈余时，允许其向投保者返还款项；

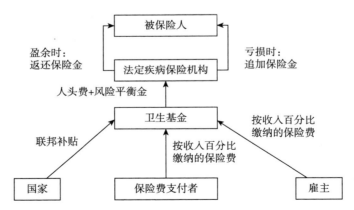

图 2 德国融资改革——卫生基金的筹资和偿付

资料来源：笔者自制。

为了避免卫生基金的引入和实施导致大量资金从富州流出，还规定了趋同条款（Konvergenzklausel），即保证不出现超过 1 亿欧元以上的资金流向其他州的情况；还引入了新的、更加透明的医生报酬机制，在协商好的服务数量内采用固定的价格，根据提供的服务给予固定的费用补偿，以取代原先鼓励提供过度医疗服务的"计点"制度。

分析这个最终为两党所接受的正式方案，较之原先的法定疾病保险体制，有如下明显差别：原先 7 大类法定疾病保险机构各自依据不同的缴费率征收保费的做法为卫生基金方案的统一缴费率所代替，再分配色彩更加浓厚，充分体现了团结互助原则；卫生基金按统一人头费和风险平衡费的形式再向各类法定疾病保险机构分配费用，提供了一个公平竞争的基点，试图借此促进各类法定保险机构展开公平竞争；专注于如何为被保险者提供更好的医疗服务，而非像原先那样尽可能去为拉好险（指患病概率低和支出少的被保险人）而竞争，较好地解决了各个保险机构间负担不平衡的问题；允许入不敷出的保险机构适度追加保费和允许盈余机构返还保费给投保者，并允许投保者自由调换疾病保险机构，目的也是敦促疾病保险机构通过竞争提高运营效率，以更少的资金投入获得更多让投保人满意的医疗服务；把各类法定疾病保险机构收到的款项上缴联邦统一的最高机构，旨在提高其和医疗服务提供者的讨价还价的能力，提高资金使用效率。

社民党同意设立卫生基金，主要是希望借此可以让私人疾病保险参与以法定疾病保险为主体的医疗保障制度的融资[①]，平衡其中各类疾病保险机构的财政收支状况，还可以让税收在融资中发挥更大的作用。联盟党主张卫生基金模式可以追收附加保险费（Zusatzpauschale）。而社民党则试图限制征收附加保险费的数额，坚持附加保险费不能超过家庭收入的 1%；联盟党则担心这一数额对于融资能力较差的保险机构而言远远不够，希望将这一数额定为 2%、3% 或者 4%。本来这个问题并不是一个很大的问题，因为根据团结互助原则，融资能力较强的保险机构可以抽出部分资金来帮助融资能力较差的保险机构。但是现在卫生基金模式引进征收附加保险费的目的就是在保险机构之间形成竞争机制，融资能力较强的保险机构根本就不会再抽出一部分资金来帮助融资能力较差的保险机构。这样就将融资能力差的保险机构逼入

[①] 现在的卫生基金模式实际上仅限于法定疾病保险，并没有将私人疾病保险纳入其中，社民党在这点上的主张并没有得到实现。

了绝境。因为目前固定的缴费率无法保证经营不善的保险机构平衡收支，而附加保险费也有1%的限定；一旦入不敷出，这些保险机构就将面临破产的境地。此外，附加保险费仅仅由投保人支付（雇主不用支付），这就违反了缴费过程中雇主和雇员平摊保险费的原则，直接导致了雇员收入的减少，而雇主不受任何影响。但另一方面，此举有利于减轻雇主负担，显然对企业降低成本有利。

综观此次改革法案，尽管包括卫生基金在内的许多举措的实施还有时日，条件还未完全成熟。但正如卫生部部长施密特（Ulla Schmidt）所称：此次改革是德国医疗保障制度建立以来最大的改革之一，是根本性的改革，具有里程碑意义。

首先，改革具有多目标、综合性的特点。与以往改革一味开源节流，只顾及财政的可持续性不同，这个改革同时针对了医疗保障制度的三大目标，即财政的可持续性、医疗保险覆盖的社会团结性以及医疗服务的高质量。不但涉及法定疾病保险，还顾及了私人疾病保险的筹资与给付，医疗服务的质量，医药提供的安全性、经济性和机构管理效率。该法案广泛汲取了各党派、阶层和利益集团的观点和诉求，是一个左、右翼大量妥协的结果（如卫生基金等）。

其次，此改革法案突出了竞争这个核心和提高效率的目的，抓住了问题的本质，思路清晰。法案通过创造各种具体条件，在法定和私人疾病保险机构内部和相互之间引入更多竞争机制，尽最大可能把选择权和决策权交给投保人/被保险人。以此作为压力和动力，迫使医疗保险和服务系统提供更多便捷、人性化和投入产出比高的服务，以及更便宜的药品。

再次，法案具有很强的创新性。此次法案提出的全民医疗保险覆盖的目标，对已有120多年历史的俾斯麦模式来说是革命性举措，在一定程度上改变了该模式的基本特征，更似英国的全民医保模式。但同时也体现了以社民党为核心的各党派对医保制度的社会团结性的重视；卫生基金的建立颠覆了原先传统的筹资偿付模式；打破法定和私人疾病保险的界限，让私人疾病保险承担社会保险义务也是一种前所未有的大胆尝试。

最后，作为一个大联合政府的妥协产物，法案所规定的目标往往会受到各方多种条件的制约，缺乏整体协调，能否达到原先设计的目标因此也就打上了问号。如对卫生基金，前总理施罗德的评论是：一头官僚主义的怪物，不但违背两党的纲领，且对投保人也无益。而更多人则质疑：能否在规定的启动时间到来前达到相关前提条件，让各法定疾病保险机构扭亏为盈。法案涉及的许多举措的实施都要跨越 2009 年，而其间德国将经历大选，未来的内阁对其看法不得而知，存在着极大变数。总体来看，法案的改革方向、理念和手段无疑是正确的，但改革结局却并不乐观，让我们拭目以待。

德国长期护理保险制度的缘起、运行、调整与改革[*]

刘 涛[**]

摘 要： 德国联邦议会于 1994 年通过了长期护理保险的议案，从而确立了世界上第一个长期护理保险制度。这一制度是在经济黯淡、失业率高涨、两德统一带来巨大财政负担的背景下建立的，实施的是广覆盖、宽准入、中低水准的待遇给付，通过各种不同的制度安排将非雇员的居民及社会弱势群体纳入国民长期护理保险制度。德国在 2017 年以来的改革中在长期护理鉴定、分类及分级中大幅增加了对认知障碍、失智，以及精神、心理和社会因素的考虑，因而继续走在全球长护事业的前列。德国长期护理保险制度及其改革经验值得我们探讨与学习。

关键词： 德国 长期护理 社会保险 政治决策

德国是世界上最早建立长期护理保险的国家，也是世界上几个主要运用社会保险制度来应对及协调长期护理风险的国家之一[①]。德国在建立长期护理保险制度进程中所积累的丰富理论知识、制度架构及技术经验，对于当前正在筹备第二轮长期护理保险试点的我国具有不言自明的重要意义。本文将全面介绍德国长期护理保险制度的体制架构设计及运作模式，充分探索德国

* 本文首次发表于《安徽师范大学学报》（人文社会科学版）2021 年第 1 期，第 74 ~ 86 页。
** 刘涛，浙江大学公共管理学院教授。
① Günter Roth, "Fünf Jahre Pflegeversicherung in Deutschland: Funktionsweise und Wirkungen," *Sozialer Fortschritt* 49（2000）, pp. 184 - 192.

是如何在其社会经济及制度文化环境中实现了长期护理保险制度在机制上与组织架构上的整合，同时介绍德国长期护理保险制度是如何运用社会资源来融资的。此外，本文还将进一步展现德国长期护理保险制度的财务状况及可持续性等。本文的重点将聚焦于德国长期护理保险制度近几年所实施的一系列重大改革，不仅介绍德国长期护理保险在技术层面的重要创新与政策改变，同时也会深刻剖析制度改革背后所蕴含的深层次价值理念嬗变。由于德国长期护理保险制度近年通过系列改革实现了较大程度的转型，而我国学术界和实业界对此系列新改革还鲜有涉猎，本文通过对这些新型改革的介绍与深度分析，试图为正在进行政策试点的我国提供重要的技术资源层面和思想资源层面的支持。

一 德国长期护理保险制度的源起

1994 年，德国联邦议会经历了漫长的讨论，最终通过了长期护理保险的议案。关于德国是否要建立长期护理保险的争论与疑惑最终成为历史的一部分，德国确立了世界上第一个长期护理保险制度。这样，继历史上的工伤保险、医疗保险及养老保险制度后，德国又再次首创了一个新型的社会保险制度[1]。

德国为什么在 20 世纪 90 年代建立了这项新型制度，当时德国为什么选择的是社会保险制度而不是其他制度选项，有关此方面的深入系统的研究依然鲜见，学术界还不足以凝结成强大的共识以解释为何德国在那个时间节点选择了这样的制度选项。笔者通过大量阅读、整理关于长期护理保险制度初创时期的早期的德文文献，倾向于运用美国著名社会政策及福利国家研究学者保罗·皮尔逊所提出的"福利国家路径依赖"的观点来解释德国创立的长期护理保险制度[2]。"路径依赖"学派的观点认为，一国基于其本身历史文化传承而来的"制度基因"及过去所实施的制度具有沿着相同发展路径"惯性前行"的趋势。皮尔逊因此深刻地提出了福利国家社会保障项目具有"制度黏性"（institutional stickiness）的观点。德国由于历史上属于俾斯麦式的社会保险制度首创国，其社会保障制度的"主干"始终为社会保险制度，

---

① Karl Hinrichs, "Die Soziale Pflegeversicherung-eine institutionelle Innovation in der deutschen Sozialpolitik," *Staatswissenschaften und Staatspraxis* 6 (1995), pp. 227 – 259.
② P. Pierson, "The New Politics of the Welfare State," *World Politics* 48 (1996), pp. 143 – 179.

德国在国际上拥有了"社会保险国"及"俾斯麦模式"的美誉①。因此德国在面临长期护理新型风险时同样因袭了历史传统，而倾向于运用社会保险制度来解决长期护理之难题。

一般观点认为德国经济强大，因此具备建立长期护理保险制度的坚固的经济基础。这样的观点其实并不全面。图 1 显示，在两德统一后的 20 世纪 90 年代，德国的经济处于"滞胀"时期，不仅经济增长大幅下滑，而且失业率也居高不下，在建立长期护理保险制度的 1994 年及 1995 年，其失业率一度超过了 10%。在制度创立之前，德国事实上面临较大的经济下行压力以及由两德统一带来的巨额财政负担，而德国并没有因为经济增长放缓而放慢长期护理保险制度建立之步伐。认识到这一点，对于今天正在努力创建长期护理保险制度的我国是非常重要的。

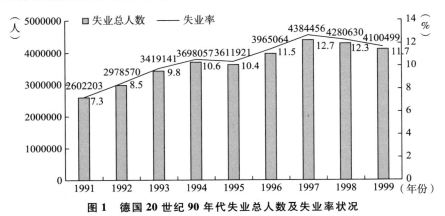

图 1 德国 20 世纪 90 年代失业总人数及失业率状况

资料来源：《德国联邦统计局对于失业和社会福利待遇给付的统计》，德国联邦统计局，https://www.destatis.de/DE/ZahlenFak-ten/GesellschaftStaat/Soziales/Soziales.html。笔者整理自制。

二 德国长期护理保险制度基本概况

从德国长期护理保险制度这一名称就可以看出，其是一项社会保险制度②。

---

① Jürgen Kocka, "Bismarck und die Entstehung des deutschen Sozialstaats," *Francia* 43 (2016), pp. 397 – 408.

② Robert Paquet & Klaus Jacobs, "Die Pflegeversicherung als Sozialversicherung-institutionelle Rahmenbedingungen und Grenzen," *Sozialer Fortschitt* 64 (2015), pp. 1 – 7.

之所以称其为长期护理保险制度，而不是长期护理救助制度或长期护理普遍服务制度，乃是因为该项制度完全采取了社会保险其他几项制度的基本运行方式。言及长期护理的社会保险制度，其基本特征还是筹资模式。德国长期护理保险的筹资来自雇主与雇员共同承担的长期护理保险保费，而不是依赖于国家的财政税收。如同其他社会保险项目，长期护理保险费用以企业为单位来征收，每位有强制义务参加社会保险的德国雇员之税前工资都将被自动扣除一笔长期护理保险费用，而长期护理待遇则由企业单位之上的社会自治的公法团体来管理、给付。这些构成了一项德式社会保险制度的基本特征。

德国长期护理保险制度的经办与运营借助了原有的制度机构体系。德国在其医疗保险制度的经办机构——疾病基金（Krankenkasse）之内建立了一个单独的护理基金（Plegekasse），而所有具有法定义务参加德国医疗保险的雇员与居民也同样具有强制义务同时参加德国长期护理保险。这样，借助医疗保险制度的数据优势与现成组织架构优势，长期护理保险制度建立了自己的制度"界域"。然而德国医疗保险与长期护理保险的经办机构的关系的独特性在于"借力不借道"。虽然在疾病基金内植了一个长期护理保险的经办机构，也就是护理基金，但是两个基金的账户通道及管理通道是相互隔绝的，一个基金无法向另外一个基金借用盈余资金，两个基金完全实现自主经营、自负盈亏、独立管理，因此两个经办机构之间的账户资本挪用的状况是完全不存在的。这充分保障了长期护理保险这一新生制度的独立性。

从覆盖群体角度来看，德国长期护理保险制度与德国早期传统的理想形态下的雇员社会保险制度有一定程度的区别。其制度类型更加类似二战结束以后所凝结而成的新社会保险制度，笔者称其为带有一种"准全民性质"的社会保险制度。其制度特征为：不再以雇员为唯一参保群体，越来越多的居民也通过不同制度安排被纳入长期护理保险制度的覆盖范围（见表1）。

表 1　德国法定长期护理保险制度的覆盖机制

长护险参保群体	参保方式	是否有义务强制参加保险
雇员	按收入的 3.05% 缴纳保费，无子女雇员需额外缴纳收入的 0.25%	是
家中配偶无收入一方	随主要参保人免费参保	是
未成年子女	随父母参保	是

长护险参保群体	参保方式	是否有义务强制参加保险
低收入人士	收入在 450～850 欧元的低收入者，其缴纳费用下降，雇主缴纳费用上升； 收入在 450 欧元以下的低收入者，由雇主单独承担缴费义务	是
失业人员	由失业保险机构代缴保费	是
大学生	缴纳固定金额保费	是
外国留学生	缴纳固定金额保费	是
领取社会救助人员	由社会救助机构代缴保费	是
退休人员	退休人员独自缴纳保费	是
联邦军人	按联邦军人收入由国家与军人合缴	是
农民	需参加农业长期护理保险（保费筹资）	是
自由职业者	可以选择参加法定长期护理保险或私人长期护理保险，二者必选其一	否
高收入者	可以选择参加法定长期护理保险或私人长期护理保险，二者必选其一	否

资料来源：笔者整理自制。

表 1 显示，如同德国其他社会保险制度特别是医疗保险制度一样，德国建立了一张综合宽广的长期护理保险网络，覆盖了大多数德国居民，而使得该项制度早就超越了传统的雇员社会保险制度。除了雇员按照工资的比例每月由雇主、雇员缴纳 3.05% 的长期护理保险费用，[①] 德国对家庭在社会保险领域特别是长护险领域有相当明确的优惠政策。例如，家庭中无收入或无固定收入的一方，可以随着家庭主要收入者免费参加长护险，而儿童也随父母免费参保。大学生甚至外国留学生都有强制义务参加法定长期护理保险，需缴纳一个固定金额的保费。当前大学生每月需缴纳的保费为 24.82 欧元，有养育孩童的大学生则每月缴纳 22.94 欧元。而针对低收入者，如同医疗保险制度一样，在 450～850 欧元的收入档之内，向雇员征收的长护险费用随着收入降低而降低，而雇主缴纳的部分则不断上升；收入低于 450 欧元的雇员则完全豁免缴纳长护险费用份额，而由雇主单独承担缴费。针对领取失业救助及社会救助的群体，长护险费用由失业保险机构及社会救助机构来承担，

---

① 没有子女的德国雇员还需额外缴纳 0.25% 的长护险保费，这样总计缴纳保费达到收入的 3.30%，这是因为长护险与老龄化及人口抚养比密切相连，对于人口走势尤其敏感。

而退休人员作为长期护理保险的主要受益者须单独缴纳长护险费用。而人数不多的德国农民也有法定义务参加特殊的由保费筹资的农业长期护理保险。即使联邦德国国防军也必须参加长期护理保险，军人也需缴纳雇员部分之保费。德国少数可以灵活选择参加（或不参加）德国长护险的群体为自由职业者，如艺术家、夜校老师等。另外收入在一定界限之上的高收入群体也可以豁免强制参加法定长期护理保险的义务。然而即使对于这部分人群，如果其没有选择参加法定长期护理保险，也必须参加私人长期护理保险，两种保险制度必须参加其中之一。

通过以上常规制度的安排以及通过对社会不同群体的安排，德国实现了长护险领域较高的覆盖率。截至 2018 年，德国 7275 万名居民参加法定长期护理保险，另有 928 万名德国居民参加私人长期护理保险；参加法定长期护理保险的居民占德国总人口的 87.8%，而参加法定长期护理保险及私人长期护理保险的居民占德国总人口的 99.1%。这样，整体而言，德国长期护理保险制度实现了超高的覆盖率，远远超过传统俾斯麦式雇员社会保险的范围，呈现出全民保险的特征。

根据德国健康部的统计，到 2018 年底，总计 368.5 万名德国居民在法定长期护理保险的范围之内获得了长护险待遇。德国的长护险的护理方式主要分为居家护理与入院式护理两大类别，其中居家护理又包含了家属护理及护理服务公司、社会服务机构提供的流动上门护理服务，入院式护理包括在养老院与护理院等机构内接受的护理服务。截至 2018 年底，290.5 万名获得护理待遇的德国居民选择了广义上的居家护理，而 78 万名居民选择了入院式护理，也就是我国语境中的机构式护理。选择居家护理的人数为入院式护理人数的 3.7 倍。

图 2 显示了 1995~2018 年德国接受长期护理人数的变动。1995 年德国在长期护理保险制度中的受护人数为 106.1 万，而 2018 年则达 368.5 万，上升幅度为 247%。选择居家护理的人数则从 1995 年的 106.1 万上升到 2018 年的 290.5 万，上升幅度为 174%。选择入院式护理的人数则从 1996 年的 38.5 万上升到 2018 年的 78 万，上升幅度为 103%。无论是从上升幅度来看，还是从居家及入院式护理占总受护人数的比例来看，在长护险建立 23 年的时间内，选择入院式护理的人数的比重并没有显著上升，反而在这一时间段内有所下降。选择入院式护理的人数从 1996 年的 24.9% 下降到 2018 年的 21.2%，而选择居家护理的人数则在同一时间段从 1996 年的 75.1% 上升到 2018 年的 78.8%（见图 3）。

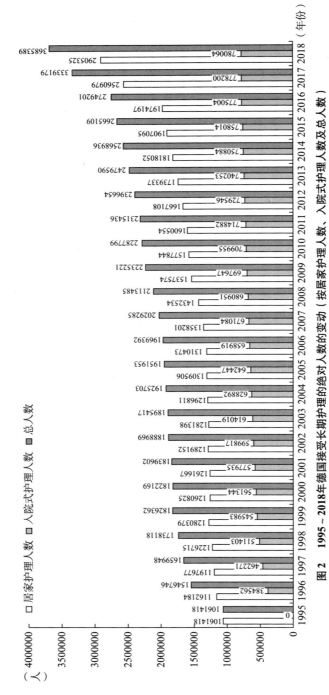

图 2　1995～2018 年德国接受长期护理的绝对人数的变动（按居家护理人数、入院式护理人数及总人数）

资料来源：德国联邦健康部 2019 年报告《长期护理保险事实与数据》。

　　一个值得注意的现象是，自 1995 年以来，选择居家护理的人数至 2006 年一直呈现平缓下降趋势，2006 年以后则呈现平缓上升趋势，而 2017 年实施长护分级重大改革以来，近两年选择居家护理的人数的上升趋势更加显著。而同一时间段，选择入院式护理的人数自长护险建立以来至 2006 年一直呈现上升趋势，而 2006 年之后则呈现平缓下滑趋势，尤其是在新近的改革之后其下降趋势较为显著。

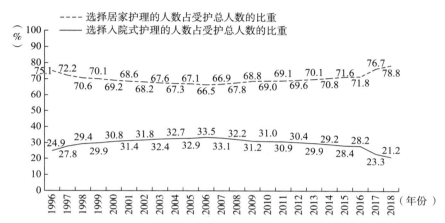

图 3　德国 1996～2018 年选择居家护理及入院式护理的人数占受护总人数的比重变动

资料来源：笔者整理自制。

　　德国的法定长期护理保险根据护理需求和身体失能程度对接受护理居民进行分级，由疾病保险机构的医疗服务中心（Medizinischer Dienst der Krank-enversicherung，MDK）对身体是否失能及身体失能程度提供医疗及护理领域的专业鉴定。德国自实施长期护理保险制度以来，一直将护理等级划分为三级，2017 年起其分级制度改为五级。图 4 显示了长期护理保险主要改革以后，2017～2018 年五个护理级别的人数分布。其中护理二级人数最多，2017 年、2018 年分别有 127.3 万、138.4 万名居民被划定为护理二级，而 2017 年、2018 年共计 70.0 万、77.4 万名居民被划归至护理三级，为五个等级中人数第二多的受护群体；而护理最高等级，也就是身体失能最严重等级的第五级人数最少，2017 年与 2018 年护理五级的人数基本持平，保持在 10.9 万人左右。按百分比计算，2018 年护理二级占选择居家护理的人数的 47.6%，护理三级占 26.6%，护理一级、四级、五级分别占选择居家护理的人数的 11.8%、10.1%、3.8%（见图 5）。

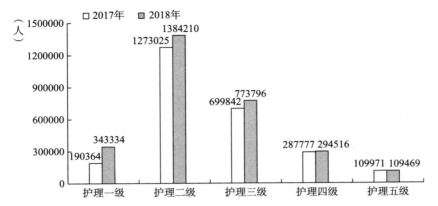

图 4　德国 2017 年、2018 年法定长期护理保险五个护理等级的人数分布

资料来源：德国联邦健康部 2019 年报告《长期护理保险事实与数据》。笔者整理自制。

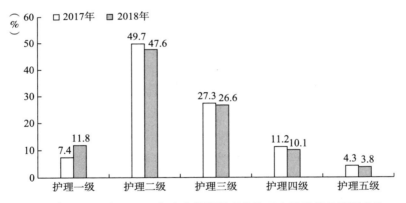

图 5　德国 2017 年、2018 年法定长期护理保险五个护理等级的百分比

资料来源：笔者整理自制。

三　德国长期护理保险的整合机制与财务状况

　　我国在社会保险制度的建立及实施过程中常常面临制度整合、经办机构整合、筹资机制整合等难题。这使得我们更加关注德国在其长护保险制度建立以来的整合问题。值得我们特别注意的是，德国建立社会保险制度，特别是在建立长护险制度的过程中所经历的发展路径与我国有着非常显著的差别。首先，德国没有在制度建立过程中实施地方试点政策，没有了各地的试点，也就没有了地方的"百花齐放"及各种不同的地方制度的多样性安排。德国的特点在于其多党竞争及议会民主制度，因此在新制度建立过程中，需要凝聚跨党派共识以及对抗在野党的反对浪潮和抵制力量。所以在长护险建立之前的十年至二十年，议会的讨论、辩论、争执是常态。而制度一旦建立之后就是一种全国性的制度，其整合程度自诞生之日起就处于相对较高的状态。笔者称德国建立长护保险制度的过程是"乏试验"的一步到位的立法过程。相较于我国不断试点的立法过程，这的确提供了另外一种制度建立及政策立法过程的思路。其次，在德国长护险制度的建立之初，其组织架构及经办机构就处于相对清晰的状态，并没有出现我国社会保障领域里常出现的"九龙治水"的局面。正如我们在前文所提到的，长护险制度虽然和医疗保险制度具有一定的"制度交界面"，德国长护险制度也部分借助了医疗保险现存的制度及组织架构，如德国在疾病基金内植了一个护理基金作为长期护理保险的经办机构，但护理基金作为一个独立运行的公法团体，具有完全独立于医疗保险的地位，实施自我管理、自负盈亏、独立运行。这样的制度安排防止了其他制度或其他域外经办机构干预长期护理保险制度的运行，保障了长期护理保险作为德国第五大社会保险险种的制度独立性。在德国联邦政府层面，德国联邦劳动与社会保障部（Bundesministerium für Arbeit und Soziales，BMAS）负责全德涉及劳动保护和社会保障的所有政策领域，而在联邦劳动与社会保障部之下又设有联邦社会保障局（BAS）[①]，为联邦层面专门负责社会保障特别是社会保险的国家机构。由上述两个层面我们可以看到，德国的长期护理保险制度自诞生之日起，就是一个具有较高整合程度的制度。这也是在德国长护险领域，制度及经办机构整合没有成为一个焦点议题的重要原因。这里，德国不同的制度经验非常值得我们参考与深思。

德国长期护理保险制度是一项典型的社会保险制度，实施的是以社会保险费用筹资的方式，而国家财政不介入长期护理保险的待遇给付。长护险费率发展状况在一定层面上可以直接折射出长期护理领域里不断上升的需求。在长护险制度开始实施的1995年，其费率为税前工资的1.0%，其后至2007年保持在税前收入的1.7%，2008年其调升为1.95%，2013年其又再次调升

---

① 联邦社会保障局的前身机构为联邦保险局（Bundesversicherungsamt）。自2020年始，联邦保险局更名为当前的联邦社会保障局。

为 2.05%，而 2015 年又调升至 2.35%，仅仅两年后又在 2017 年升至 2.55%，而 2019 年至今则保持在 3.05%（见图 6）。德国长期护理保险费率近十年连续不断的调升反映出人口老龄化、长期护理保险制度的结构性改革以及长期护理需求不断上升的基本事实。

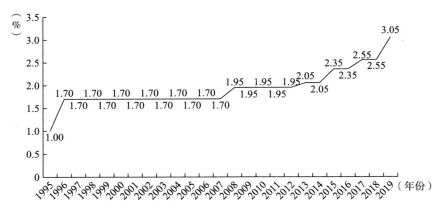

图 6　1995～2019 年德国长期护理保险费率发展趋势（占税前收入的百分比）

资料来源：笔者整理自制。

如果从长时段及全局性的角度来审视德国社会保险制度各险种保费的发展，可以看到德国自两德统一以来一直试图控制社会保险总费率，德国的社会共识是将社会保险几大险种的总费率控制在税前收入的 40% 以下。自长护险制度建立以来，新建立的长期护理保险在整体格局上并未使得社会保险的总费率状况失控。由于在养老保险、医疗保险特别是失业保险领域，德国成功地控制了费率，近年来德国社会保险的整体费率稳中有降，2019 年社会保险总费率维持在税前收入的 38.85%。

图 7 显示了德国长期护理保险 2003～2018 年的财务发展状况。我们可以清晰地观察到，从 2003 年至 2007 年，德国长期护理保险每年的财务几乎处于净负的状态，而 2008 年至 2016 年则处于较长时段的盈余状态。联系到图 6 德国长护险费率的发展，笔者发现这一时段的收支盈余与德国在同一时段不断提升长护险费率直接相关。而在 2017 年进行长护险分级制度改革之后，德国长期护理保险制度的年度财务又出现了净负的状况。2018 年德国长期护理保险收入为 377.2 亿欧元，支出为 412.7 亿欧元，当年净负为 35.5 亿欧元，当年长护险资金总盈余额从 2017 年的 69 亿欧元大幅下降到 2018 年的 34 亿欧元。

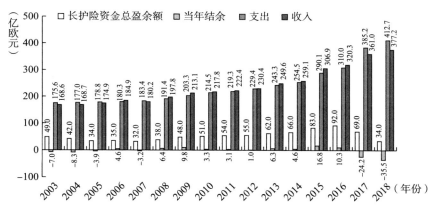

图 7 2003～2018 年德国长期护理保险的财务状况

资料来源：德国联邦健康部 2019 年报告《长期护理保险事实与数据》。笔者整理自制。

如果区分居家护理与入院式护理，前者的支出从 2003 年的 82 亿欧元上升至 2018 年的 235 亿欧元，上升幅度为 187%；而后者的支出则从 2003 年的 84 亿欧元上升至 2018 年的 148 亿欧元，上升幅度为 76.2%；而在同一时间段，长期护理的总支出费用从 166 亿欧元上升至 383 亿欧元，上升幅度为 131%。

四　近年德国长期护理保险的主要改革措施

自 2017 年以来，德国长护险制度实施了一些较为重要的改革措施，而几乎所有改革措施都与德国护理分级制度发生的重要变化紧密相连①。本文将分级制度改革作为理解德国长护险制度改革的一项枢纽核心措施。围绕着护理分级制度的改革，德国长护险在理念上、技术上、范式上乃至核心信念（core belief）上都发生了较大程度的变化。抓住分级改革这条核心线索，有助于我们从各个角度来理解德国长期护理保险制度的变化。

在 2017 年改革之前，德国长期护理保险制度分为三个主要级别。根据上文所介绍的，疾病保险机构中的医疗服务中心负责身体失能的鉴别与分级鉴定，等级越高，就标志着身体失能程度越高，相应的护理需求也就越高。

---

① T. Gaertner, S. Knoblich, T. Muck, eds., *Die Pflegeversicherung: Handbuch zur Begutachtung, Qualitätsprüfung, Beratung und Fortbildung*（Berlin: De Gruyler, 2020）.

自 2008 年开始，德国将失智①人员定义为一个单独的护理级别，为这个群体建立了一个单独的护理 0 级。事实上，在德国护理级别的重要改革之前已经呈现出护理级别"三加一"的局面。将失智人员单独定义为一个护理级别，这是德国长护历史上的一次重要转变。

2017 年开始实施的改革在核心理念上更加重视接受护理人员的自主生活能力以及甄别出那些影响受护人独立生活能力的因素，同时德国的新改革更加注重精准对接具有长期护理需求的人群，让更多事实上具有长期护理需求的群体可以更加容易获得长期护理保险待遇。新改革大幅降低了领取长期护理保险金的难度和障碍度。其中比较核心的改革是显著突出在长期护理中的精神和心理层面因素，在更大范围内将认知和心理障碍等纳入长期护理保险。因此长护险从三级到五级的改革并非单纯涉及技术标准的精确化重置，更涉及核心理念领域的一些认识转变以及理论基础的创新。在这一过程中，认知障碍、失智人员包括具有一些心理问题、精神器质性疾病的人员是这一改革过程中最重要的受益者。

与过去"三加一"时代的分级制度不同，德国的长期护理及医疗护理实业界通过大量实践知识的积累认识到了将认知领域之失智作为一个单独的、最轻微的级别与其他三个级别相区分开来是有问题的。事实上，认知障碍可能贯穿从身体失能程度较轻至较重的每个级别，乃至存在于每个护理等级内，因此新改革将认知障碍融入了长期护理的五个新分级。换句话说，认知障碍、失智及心理问题等与老龄化、护理需求等完全可能交织在一起，而不是截然分开的不同问题或不同护理阶段。而且随着高龄化时代的来临，越来越多具有护理需求的高龄、超高龄人员可能也同时具有认知障碍、心理问题及身体失能。在新分级改革中，德国采取的做法是，原有级别自动向上浮动一级，而原有级别中有因认知障碍制约了日常生活及行动能力的人群则向上浮动两级，如原有的一、二、三级分别调高至二、三、四级，原有的一级加认知障碍制约生活行动能力则提升到三级，二级加认知障碍制约生活行动能力则提升到四级，三级加认知障碍制约生活行动能力则调高到五级，而原先未被纳入长期护理等级的较轻微失能群体在新分级中则被纳入长护一级（见表 2）。从这项改革中我们可以看到，在新长期护理等级中认知障碍及心理因素的权重大大增加了，同时新改革使得更多轻微身体失能群体

---

① 也就是我国在医疗及护理领域的日常口语中常常指涉的"老年痴呆症"。

可以较为容易地申请到长护待遇。

表2　德国新旧长期护理等级改革的转变方法

旧级别	新级别
之前未纳入者（有轻微护理需求）	一级
一级	二级
一级加认知障碍制约生活行动能力	三级
二级	三级
二级加认知障碍制约生活行动能力	四级
三级	四级
三级加认知障碍制约生活行动能力	五级
三级加特殊严重的护理状况	五级

资料来源：笔者整理自制。

　　在实施分级改革之前，德国对于长期护理保险三个等级的划分借助于四方面的鉴定标准，包括：（1）与身体相接触的护理，（2）膳食餐饮，（3）活动能力，（4）家政家务自理。与身体相接触的护理包含了洗漱、梳头、洗浴、擦洗身体、如厕、置换尿布及排尿袋等。膳食餐饮包括自我准备三餐的生活能力以及自主进餐、用餐的能力等。活动能力则包括了能否独立起床、就寝、穿衣解衣以及能否独立进行户外活动、散步、上下楼梯及搬迁等。家政家务则包含了购物、买菜、做菜、打扫房间以及进行日常家庭卫生活动，包括洗衣等。根据上面这四大项目的各类小项目，鉴定机构会根据个人的生活自主能力及不能自主能力做出相应的评分，然后根据每项分数的累积最终确定失能等级。而护理等级改革之后，对于新（五个）等级评估的鉴定标准也进行了重要的改革。笔者称这样的改革为增量调整。"增量"改革是指过去的鉴定标准依然保留，然后在过去标准的基础之上添加新鉴定标准，并对新增标准进行类别和结构调整。改革后新的鉴定标准如下：过去的标准3"活动能力"保持不变，转化为现在的标准1，活动能力特别是空间的移动能力占新鉴定标准的权重为10%；而过去的其他三项标准即与身体相接触的护理、膳食餐饮、家政家务自理现在则转化为鉴定标准4"自我调养能力"，这三项合并而成的标准4占新鉴定标准的权重为40%。其余新增加的鉴定标准主要涉及认知、心理及精神等方面的因素，所占权重达到50%（见图8）。

　　新增的鉴定标准包含标准2"认知和交往能力"（权重为7.5%）、标准

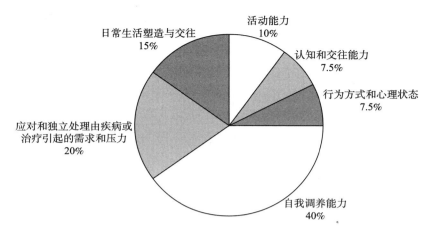

图 8 德国新分级制度鉴定标准及其权重分布

资料来源：笔者整理自制。

3 "行为方式和心理状态"（权重为 7.5%）、标准 5 "应对和独立处理由疾病或治疗引起的需求和压力"（权重为 20%）和标准 6 "日常生活塑造与交往"（权重为 15%）。具体而言，标准 2 "认知和交往能力"包含了对生活中周围的人、事、物的回忆及记忆能力，包括能否在认知层面清楚地辨识家人、熟人、邻居及专业照护人员，能否清楚地辨别周围的生活环境及居住环境，是否保持基本的方向感，能否在时间向度上对日期（年月日及周）等有正确的记忆，能否对生活中的过往事件有记忆，能否保持着长期记忆，能否驾驭生活中多步骤的行为活动（如铺好餐桌用餐等），能否在生活中做出独立的行动及选择，能否在生活中具有接收信息的能力（如读书与看报），能否识别生活中的危险与风险，能否自主表达出生活中的需求（如饥渴、冷热、疼痛）等，能否理解他人提出的针对本人需要的问题（如能否理解关于是否要用餐和洗浴的提问），能否参与和他人的谈话与对话等。标准 3 "行为方式和心理状态"包含了受护人的异常行为如有离家出走的倾向或在无人注意及看管的情况下离开住所，夜间喧闹与在房屋内来回不停走动，时常出现的躁动不安的状态，也包括自残及伤害自己的行为，以及（攻击性）损害物品的行为，针对他人的攻击性行为，针对他人的谩骂及威胁，音量大幅提高包括尖叫等，除此之外还包括对护理的防御、排斥和拒绝，反对护理人员对其进行身体护理与医疗护理，有精神性的迫害想象以及恐惧感，或在极度抑郁状态下精神萎靡不振、无所作为，还包含其他一些不正常的偏离社会常规的行为。标准 5 "应对和独立处理由疾病或治疗引起的需求和压力"（权重为 20% ）包含了用药协助，包括协助口服药物、使用眼药水及滴耳剂，协助使用栓剂和药物贴剂等，协助使用注射剂（如胰岛素注射剂或药物泵），进行静脉通路及置管，协助使用呼吸充氧设备，涂抹医生规定使用的软膏及药剂等，测量血压、血糖及体重等，协助使用有助于身体活动的辅助工具（如假肢、眼镜和压力袜等），换药及进行伤口护理等，协助导管插入及协助通便等，实施在家庭环境中的辅助治疗措施如呼吸调节、自我锻炼与语言治疗等，协助看医生等，协助在其他医疗机构接受一些短时或长时的特殊训练及治疗等，如职业治疗、言语治疗，遵守饮食或其他一些与疾病及治疗有关的行为规定。标准 6 "日常生活塑造与社会交往"包含了对日常生活进行计划安排和实施这些计划安排以及根据具体变化改变原有计划安排的能力，还包含能否自行合理休息及睡眠，能否保有正常的日夜生活的节奏，能否在时间向度上对未来的生活进行合理安排，是否具有与其他护理人员和家属的互动与交流能力（如能否交谈以及与他人接触及互动），能否在自己的居住环境之外与朋友、同事、熟人进行互动，在何种程度上可以保留原有的社会交往网络等。

根据上述鉴定标准 1~6 及其下含的各个子标准及项目，德国将具有长期护理需求的群体根据积分分成了当前的五个级别。长期护理一级获得的鉴定评分是 12.5~27 分，被定义为"生活自理能力的轻微受损"；二级获得的鉴定评分是 27~47.5 分，被定义为"生活自理能力显著受损"；三级获得的鉴定评分是 47.5~70 分，被定义为"生活自理能力严重受损"；四级获得的鉴定评分是 70~90 分，被定义为"生活自理能力最严重受损"；五级获得的鉴定评分是 90~100 分，被定义为"有特殊护理需求的生活自理能力最严重受损"（见表 3）。

表 3　德国长期护理新级别的评定

级别	失能程度	评定分数
一级	生活自理能力的轻微受损	12.5~27 分
二级	生活自理能力显著受损	27~47.5 分
三级	生活自理能力严重受损	47.5~70 分
四级	生活自理能力最严重受损	70~90 分
五级	有特殊护理需求的生活自理能力最严重受损	90~100 分

资料来源：笔者整理自制。

经历长护险从三级到五级的改革之后，德国长期护理保险当前的待遇如下。如果选择了家庭成员的居家护理，即家属护理，那么受护人可以得到一笔护理现金分配给家人，其金额从护理一级的无特别待遇上升至护理五级的每月 901 欧元，另外选择家属护理的家庭从一级至五级每月可以获得额外的 125 欧元的"减压金"；如果选择的是居家护理中的（由专业服务机构提供的）流动上门护理服务，那么给付待遇则要高于家属护理，受护人可以获得的给付待遇超过家属护理两倍多，从护理二级的 689 欧元直至护理五级的 1995 欧元。受护人员也可以选择半入院式护理，也就是日间或夜间在护理院或养老院接受护理，而在另外的时段则居家护理。选择半入院式护理的待遇从护理一级的无待遇一直上升到护理五级的 1995 欧元。而如果选择全入院式护理，那么每月所获的给付待遇从护理一级的 125 欧元上升到护理五级的 2005 欧元。除了以上几种主要护理待遇，德国还有一些特殊的制度安排：如果选择的是居家护理中的家属护理，若家属因为生病、短期休息、度假等而在一年内的某些时段无法完成护理任务，那么可以在这段时间寻找其他家庭成员、近亲或依靠专业的上门护理服务机构来在这段护理空窗期代理护理，代理护理的最长给付时间为每年六周。如选择的是其他家人或近亲来代理护理，那么从护理二级至护理五级每年可以获得 474 欧元至 1351.50 欧元的额外补贴待遇；如果选择的是上门护理服务机构的专业代理护理，那么每年从护理二级到护理五级可以额外获得 1612 欧元的待遇。而短时护理则是另外一种特殊状况：选择居家护理的受护人，每年如果有一定的时段需要入院式护理，如出于疾病治疗和康复训练的需要等，在这样的情况下可以申请短时（入院式）护理，这里的短时是指主要在居家由家属护理的前提下一年有部分时间短暂接受入院式护理，短时护理的给付时间为每年八周，受护人（二级至五级）可以每年申请额外 1612 欧元的补贴待遇。除此之外，当前德国还有护理形式多元化的趋势，一些老年人结伴成为一个互助的护理群体，住在以一个公寓为单位的各个套间之内，每一个护理群体构成的居住团体可以每月获得 214 欧元的补贴（见表 4）。

表 4　德国长期护理保险的主要待遇

单位：欧元

	护理一级	护理二级	护理三级	护理四级	护理五级
护理现金（每月）	0	316	545	728	901

续表

	护理一级	护理二级	护理三级	护理四级	护理五级
流动上门护理服务（每月）	0	689	1298	1612	1995
"减压金"（每月）	125	125	125	125	125
居家受照护的居住团体额外待遇（每月）	214	214	214	214	214
半入院式的日间或夜间护理（每月）	0	689	1298	1612	1995
全入院式护理（每月）	125	770	1262	1775	2005
代理护理（家人，每年）	0	474	817.50	1092	1351.50
代理护理（他人，每年）	0	1612	1612	1612	1612
短时护理（每年）	0	1612	1612	1612	1612

资料来源：笔者整理自制。

除了针对护理服务所提供的给付待遇及服务待遇，在其他一些领域，如技术设备及长期护理基础设施等领域，长护险也提供一些补贴待遇。如在入院式护理中，住院费用及餐饮费用需要个人自理，但是针对残障人士受护群体，护理基金可以提供10%的住院费用补贴，最高补助额可达每月266欧元。而个人使用的护理设备及辅助器械等，每月可以获得额外40欧元的补贴。而技术护理设备及硬件包括用于护理的辅助硬件设备如护理床及配套设备、与护理床配套的桌板、护理轮椅、浴缸升降器，同时还包括针对受护人员的特殊洗浴设备包括淋浴车等，也包括提高受护人自主生活能力的呼叫系统等，这些护理设备设施的增添及改善等完全由护理基金来给付。另外，养老院及护理院改善居住环境的设施，对居住房间及楼层等进行适宜护理的改造等，对于这些改造措施每项可以从护理基金获得4000欧元的补贴（见表5）。

表 5 德国长期护理保险的辅助设备、器械补贴及其他补贴

事项	补贴额度
残障人士全入院式护理住院费用	10%的住院费用可获补贴，最高补贴额为每月266欧元
个人使用的护理设备及辅助器械	每月40欧元
技术护理设备及硬件等	100%由护理基金承担
居住环境和改善措施	每项措施补贴4000欧元

资料来源：笔者整理自制。

德国并未在全国范围内制定统一的长护服务目录或长护服务项目表，但一些

服务公司和护理机构根据德国《社会法典》第十一部"法定长期护理法案"①制定了一些长期护理服务项目目录。各服务公司及机构的项目目录虽非完全一致，但皆参照德国《社会法典》而来，一般分为多个大项，而每一大项下还包含子项，如基本生活护理包含了全身清洗如淋浴等，也包含了洗漱护理服务如口腔清洁护理、刮胡子、梳妆服务、皮肤护理、指甲护理，还包含了协助更衣等；排泄护理则包含了协助如厕、协助安装大小便装置、清洗便器、清洗被罩床单，也包含了大小便节制训练及失禁护理，也包含了导管护理、尿袋安置及更换，还包含了医疗意义上的人工肛门照护（在腹部设置大肠与小肠造口）；而协助进食护理则包含了准备食品及饮料、帮助用餐及饮水、注意食品的洁净与卫生、介绍与饮食相关的知识（如针对糖尿病人）；而协助起身运动训练等则包含了扶起、抬起床上的受护人，协助其起床就寝、协助其进行起身练习，协助其展开站、卧、行走、坐等练习，也包括协助受护人离开居住房间外出散步及上下楼梯等；住所卫生护理则包含了清洗打扫所有与生活相关的领域包括洗浴间、洗浴设备等，也包含清理垃圾等；而购物买菜服务则包含了购买食品、将食品放置到合适存储之处，也包含了买药、取药服务，还包含了将衣物送去洗涤及取回洗净衣物的服务等；陪伴服务包括陪伴来访客人、陪伴受护人外出散步、陪伴受护人参观文化设施（如博物馆、展览与音乐会等）、陪伴受护人至公共机关办理手续等；支援服务包括协助受护人进行游戏及个人爱好的维护，协助照顾家庭宠物，协助处理受护人的情感问题及维护受护人的朋友联系，协助受护人对未来实施规划等；监管服务包括识别及防范生活中的隐患和安全风险，训练受护人的方向感等；帮扶服务，包括帮助训练受护人对过去事物的记忆及促进记忆能力的恢复，帮助受护人与他人交谈，帮助其在生活中进行安排与计划，帮助训练其理解与认知能力，帮助维持其日夜的正常生活节奏。

五 总结与面向未来的发展

本文分析了德国长期护理保险制度的历史性缘起、主要运行方式及制度特征，同时也着重介绍了德国长期护理保险制度当前所实施的主要改革。本

---

① U. Krahmer & M. Plantholz, eds., *Sozialgesetzbuch XI: soziale Pflegeversicherung: Lehr-und Praxiskommentar* (Baden-Baden: Nomnos, 2018).

文提炼出以下几个核心观点供我国决策者参考。（1）德国长期护理保险是在德国经济黯淡、失业率高涨、两德统一带来巨大财政负担的背景下建立的①。与一般的认知不同，德国不是在经济优越与宽裕的条件下建立长期护理保险制度的，因此建立德国长期护理保险制度的关键性因素不是经济与财政，而是国家的总体政治意志。（2）德国在经济下滑时期建立长期护理保险制度，考虑到经济因素与工商业界的受压及反弹区间，所以初始就规定单纯依靠社会保险费用来筹资而国家财政不再额外介入。由于制度的黏性，这样的制度安排一直保留到今天。但随着长护险的刚性需求不断上升，这样的税收不介入的做法越来越受到挑战与质疑。（3）德国长期护理保险实施的是广覆盖、宽准入、中低水准的待遇给付，通过各种不同的制度安排将非雇员的居民及社会弱势群体也纳入长期护理保险制度，同时通过新分级改革进一步降低了个人获取长护险待遇的障碍度，在待遇上提供中等偏低水平的保障待遇。国家法定的社会护理制度承担了首要责任，长期护理保险依然扮演着拾遗补阙的辅助作用，② 而个人及家庭也要承担相当一部分责任。这样的责任主体多元化充分考虑到了长期护理保险的刚性需求及责任多方共担的因素，值得我们借鉴。（4）德国在 2017 年以来的改革中在长期护理鉴定、分类及分级中大幅增加了对认知障碍、失智，以及精神、心理和社会因素的考虑，应该说，在这一点上，德国继续走在了全球长护事业的前列。德国的新改革经验值得我们探讨与学习。（5）德国不采取地方试点而直接在联邦层面立法建立制度及推进改革的做法同样值得我们深入思考。事实上在社会保障新制度建立过程中是否需要反复试点，是否试点越多越好、试点时间越长越好，的确值得我们重新审视。

---

① Ullrich Heilemann, "Die Finanzierung der deutschen Einheit," *Sozialer Fortschritt* 49 （2000）, pp. 253 – 259.

② Susanna Kochskämper, "Wo Pflegebedürftige häufig Sozialhilfe in Anspruch nehmen: Hilfe zur Pflege in den einzelnen Regionen," *Institut der Deutschen Wirtschaft*, 11 Juni 2018, https://www.iwkoeln.de/fileadmin/user_upload/Studien/Report/PDF/2018/IW-Report_2018_23_Hilfe_Zur_Pflege.pdf, 最后访问日期：2020 年 10 月 5 日。

用教育4.0推进工业4.0：德国教育2030战略考察*

顾　娟　彭正梅**

摘　要：没有教育4.0就没有工业4.0。为了保障和促进工业4.0的发展，德国在科学预测2030年未来社会特征的基础上，积极推进以教育4.0为导向的教育变革。变革措施既包括开展数字化的教育培训、提供数字化的教育设施、发展数字化的教育机构等宏观层面的举措，也包括建设数字化校园、培养师生数字化能力等微观层面的措施。通过这些变革，德国期望最大限度地推进教育发展的数字化，以此实现"所有人+一切内容"的2030教育战略图景。

关键词：教育4.0　工业4.0　数字化　德国2030

为了更好地应对未来社会的发展需要和抢占未来发展先机，德国将科学的未来预测视为国家制定发展战略的重要前提与根基。2007年起，德国联邦教育与科研部（Bundesministerium für Bildung und Forschung，以下简称联邦教育部）成立了未来预测办公室。2012～2014年，该办公室进行的第二期预测以2030年为截止时间点，对未来经济社会的发展动向做出了详尽全面的判断，预测结果呈现为3份中期报告和1份最终报告。此外，其他部门，如联邦劳动与社会保障部（Bundesministerium für Arbeit und Soziales），也积极结合自身的职责领域就2030年的未来发展趋势发布预测报告。

---

* 本文首次发表于《外国教育研究》2019年第4期，第118～128页。

** 顾娟，江苏理工学院外国语学院讲师；彭正梅，华东师范大学国际与比较教育研究所教授。

依据这些报告所分析的 2030 年的社会发展特征，德国制定了一些以教育 4.0 为主导的 2030 教育战略。这些系列报告和战略举措蕴含着德国对未来经济及社会发展的研判，展现了德国用教育推进工业和社会发展的战略意识。本文基于这些文本，考察德国如何用教育 2030 来应对社会 2030 的基本问题和挑战。

一　2030 年德国社会的基本特征及教育战略图景

（一）2030 年德国社会的基本特征

联邦教育部在第二期预测中公布的 3 份中期报告分别是《研究及技术展望 2030》（Forschungs-und Technologieperspektiven 2030）、《社会变化 2030》（Gesellschaftliche Veränderungen 2030）以及《未来故事 2030》（Geschichten aus der Zukunft 2030）。最终报告《理解未来、构建未来——德国 2030》（Zukunft verstehen，Zukunft gestalten-Deutschland 2030，以下简称《德国 2030》）在中期报告的基础上，全面总结了 2030 年德国经济社会发展的整体特征。联邦劳动与社会保障部着眼于 2030 年的德国劳动力市场，也相继于 2013 年和 2016 年公布了两份重要报告：《劳动力市场预测 2030》（Arbeitsmarktprognose 2030）和《劳动力市场 2030：数字时代的经济与劳动力市场》（Arbeitsmarkt 2030：Wirtschaft und Arbeitsmarkt im digitalen Zeitalter-Prognose 2016）。

从这些报告中可以看出，2030 年德国社会最大的特点就是处于数字技术的大爆炸时期。数字技术不仅会引发第四次工业革命，让德国的工业生产和经济发展进入全新的 4.0 时代，而且还会深入社会生活的各个领域，颠覆人们的生活理念和生活方式。具体来说，2030 年的德国社会将在数字技术的发展浪潮下主要呈现出下列前三大特点，并将在其他国内国际因素的影响下呈现出后三大重要的发展趋势。

1. 工业 4.0 时代全面到来

2030 年，德国工业将迎来全面的结构转型，进入 4.0 时代。这意味着，工业生产将会告别前三次重大技术革命，即机械化、流水线生产和自动化，开启以数字化和信息化为标志的第四次重大转型。数字化使得工业生产能够实现非连续性的技术革新，推翻传统的生产模式和商业模式，并开辟出新的市场和领域。在工业 4.0 时代，智能的信息物理系统（Cyber-Physical Systems，CPS）将会取代如今的自动化流水线生产，成为核心的技术元素。借助这一系统，人、机器和物体相互连接，进行直接的、实时的和自主的沟通，从而形成动态的、实时感知的和能自我管理的价值创造网络。这一网络能够灵活地依据相应标准，不断地优化生产过程，如成本管理、资源配置及利用[①]。此外，由于信息物理系统将产品价值创造链中的所有端点——从供应商、企业到服务商和用户——都连接起来，生产过程得以充分地考虑用户的个性化需求。生产和服务变得智能化，且彼此之间的界限逐渐消失。用户甚至可以自己动手制造产品，个人制造 2.0 成为可能[②]。

2. 行业结构转变加快

数字技术变革的巨大冲击加快了德国行业结构的转变进程。IT 行业、企业管理以及市场营销等领域将在数字技术的带动下蓬勃发展，同时，机械制造、汽车生产等领域也将伴随工业的转型升级显示出巨大的发展潜力。到 2030 年，预计这些领域一共可以新增 58 万个就业岗位。与之相对，传统行业，如金属锻造、纺织服装以及食品生产等领域，由于引入数字化的生产和服务体系，将会大大减少对劳动力的需求。预计到 2030 年，将会有 27 个行业共计损失 31 万个就业岗位。[③] 行业结构的变化导致对劳动者素质和职业技能的要求的转变。拥有信息技术和工程技术教育背景的专业人才将会受到青睐。此外，劳动者必须普遍具备良好的数字应用能力和终身学习能力，才能迅速应对各行各业不断出现的技术更新及发展。

3. 生活学习智能化和个性化

到 2030 年，人们的生活和学习将会在数字技术的广泛应用下变得更加智能和个性化。首先，随着智能计算机越来越多地替代人完成决定和工作，人们将拥有越来越多的自由来安排自己的工作时间和工作方式。其次，居家生活、交通出行以及医疗卫生等方面都将因为人工智能发生翻天覆地的变

---

① Bundesministerium für Wirtschaft und Energie, "Lage und Zukunft der deutschen Industrie (Perspektive 2030)," 2016, https://www. bmwi. de/Redaktion/DE/Publikationen/Studien/lage-und-zukunft-der-deutschen-industrie-perspektive – 30. pdf? _blob = publicationFile&v = 12.

② Bundesministerium für Bildung und Forschung, "Gesellschaftliche Veränderung 2030," 2015, https://www. bmbf. de/files/VDI_Band_100_C1. pdf.

③ Kurt Vogler-Ludwig et al. , "Arbeitsmarkt 2030: Wirtschaft und Arbeitsmarkt im digitalen Zeitalter-Prognose 2016," 2016, http://www. economix. ogasets/content/ERCArbeits markt2030 – Prognose 2016 – Langfassung. pdf.

化。家庭机器人和无人驾驶汽车将会变成生活的常态，应用软件将会更加全面地读取人的健康数据，从而提高疾病的防治概率。最后，传统的教育教学模式也会受到巨大的冲击。学生无须和教师直接接触就能自己进行学习，计算机借助教育数据挖掘和学习分析，可以更好地把控和管理学习的过程，并且能够根据学生的学习进度安排合适的学习内容，从而在真正意义上开展个性化的教学。

4. 适龄劳动人口减少

人口萎缩加上老龄化将导致德国适龄劳动人口减少。与2010年相比，2030年德国15~74岁的适龄劳动人口将会减少470万，劳动力市场可支配的就业人口将减少290万。在2030年的就业人口中，15~24岁人群较2010年减少98万，24~55岁人群减少480万，而55~74岁的老年人群将会增加近300万。在此基础上，劳动力市场还将面临日益严峻的专业人才紧缺的问题。到2030年，德国在专业人才上的缺口将会达到300万，主要分布在技术行业、医疗卫生行业及教育和社会服务行业。[①] 虽然移民和难民人口的增加可以在短时间内弥补劳动力的不足，但从长远来看并不能扭转德国劳动力数量整体下滑的趋势，也不能解决专业人才结构性紧缺的问题。

5. 未来社会的多元性增强

随着全球化和欧洲一体化的不断深入，德国社会的多元性将会不断增强。这种多元性首先体现在人口结构上。到2030年，预计德国25岁以下的年轻人中将会有超过1/3的人拥有移民背景[②]。此外，远东地区的战争难民不断涌入德国境内，促使形成"新的伊斯兰文化"[③]。人口结构的多样性导致文化和价值观的多元性，年轻人对有着异质民族性和文化性的群体持包容态度，"社会价值观的改变共同促成了全球共通的价值模式的推广，且这种推广在2030年之前将一直处于不断扩大的过程"[④]。此外，德国的家庭结构

① Bundesministerium für Arbeit und Soziales, "Arbeitsmarktprognose 2030," 2013, http://www.bmas.de/SharedDocs/Downloads/DE/PDF-Publikationen/a756-arbeitsmarktprog-% 20nose-2030.pdf? _ blob = publicationFile.

② Bundesvereinigung der Deutschen Arbeitgeberverbände, "Bildung 2030 im Blick," 2017, https://arbeitgeber.de/wp-content/uploads/2020/11/bda-publikation-bildung_2030.pdf.

③ Bundesministerium für Bildung und Forschung, "Gesellschaftliche Veränderung 2030," 2015, https://www.bmbf.de/files/VDI_Band_ 100_C1.pdf.

④ Bundesministerium für Bildung und Forschung, "Gesellschaftliche Veränderung 2030," 2015, https://www.bmbf.de/files/VDI_Band_ 100_C1.pdf.

也呈现出多元化的发展趋势，传统的"父母＋子女"的家庭模式受到其他复杂、不稳定的新型生活形式的冲击，德国未来社会呈现出缤纷的家庭生活图景。

6. 女性就业比例提升

德国女性未来的就业比例将会不断提升。2030 年，女性就业人数预计比 2010 年多出近 50 万，就业比例也将提升 4 个百分点达到 81.5%。由于人口老龄化，年长女性就业比例的提升幅度高于年轻女性。2030 年，60～64 岁女性的就业比例较 2010 年上涨 13 个百分点，其上涨幅度比 30～40 岁女性高出 9 个百分点。[①] 造成女性高就业比例的原因一方面在于，女性的解放意识增强和受教育水平提高，选择就业来实现自我的人生价值。另一方面是，德国经济市场需要更多的女性就业者来弥补劳动力的巨大缺口，特别是具有技术工程专业背景的女性。除了就业比例的提升，女性在社会事务中的参与度也会不断提升。女性争取到更多个体上的和经济上的自由空间，她们将会在政治、教育、农业、城市发展等领域成为根本的积极变化的引发者和推动者。

（二）2030 教育战略图景："所有人＋一切内容"

2015 年发布的《未来故事 2030》基于《研究及技术展望 2030》和《社会变化 2030》，以故事的方式畅想了未来世界在技术发展与社会变化的影响下的形态，教育是其中一个重要领域。其所预见的教育是，在数字技术的支持下，所有人都能享受到适合自己的教育，并且每个人都能获得一切想要获得的教育内容，也就是"所有人＋一切内容"的教育战略图景。

"所有人"的教育首先是指，任何想要学习的人，无论其年龄、民族、语言、身体和智力情况如何，都可以在数字媒体和网络平台的帮助下，获得自己希望的学习内容和学习结果。"自我教育将会成为未来教育的一大重要支柱。"[②] 学校对数字媒体的使用会成为常态，课堂教学内容被转化为网络资源，供感兴趣的用户调取。借助翻译软件，学习者也可无障碍地分享和利用

① Bundesministerium für Arbeit und Soziales, "Arbeitsmarktprognose 2030," 2013, http://www.bmas. de/SharedDocs/Downloads/DE/PDF-Publikationen/a756-arbeitsmarktprog-%20nose-2030. pdf? _blob = publicationFile.
② Bundesministerium für Bildung und Forschung, "Gesellschaftliche Veränderung 2030," 2015, https://www. bmbf. de/files/VDI_Band_ 100_C1. pdf.

国外资源。知识变得可以在全球范围内共享。由于学习内容的网络化和数字化，教师得以更好地协调集体教学和个别辅导之间的关系。有移民背景的学生和需要特殊教育的残障儿童可以更好地融入班级群体，全纳教育在真正意义上得到实现。

其次，"所有人"的教育也是每个人的教育，是高度弹性化和个性化的。在学校教育中，学习者可以结合自己的兴趣爱好选择自己喜爱的学习课程，根据自己的能力和实际情况制定自己的学习进度和时间安排。通过大数据的分析，学习者的学习特点和规律被认识到，针对个体学习者的教学方法和激励措施被开发出来。职业教育也将是模块式的。培训者首先完成基础的职业培训课程，然后企业依据培训者的特质，再结合其本身的意愿和企业的需求，为培训者规划出合适的职业生涯路线，并进而从多样的培训课程中挑选出相应的模块来实施培训。模块式的职业教育高度切合了培训者个性化的特质和发展需求，也为企业培养和输送了更加契合其发展需要的专业人才[1]。

"一切内容"的教育指的是，教育资源由于利用现代化的数字技术面向所有人开放，学习者可以跨越国界、地区和专业领域，获取自己感兴趣的任意资源。"2030 年，开课人数和授课语言之类的门槛及障碍将被去除，可供学习者选择的教育及进修可能性是巨大的。"[2] 此外，教育资源这一概念的外延也得到了扩展。其不再局限于专业性的教育从业者或教育机构开发出来的教育内容或教育产品，而是涵盖所有承载着教育信息的资源。这是因为，自媒体时代的到来让人人都可以成为教育资源的提供者，教育所涉领域也包含了人们能够想象到的各个方面。教育会在未来社会变得异彩纷呈。

上述六大特征显示出德国社会在 2030 年面临的巨大危机，即人口结构与工业 4.0 的发展要求之间存在的深刻矛盾。这一矛盾主要表现为年轻劳动力以及专业性人才，尤其是数字技术人才的严重匮乏。如果这一矛盾不能得到有效解决，工业 4.0 就将缺失发展的原动力，而解决矛盾的根本途径就是教育。正如《未来故事 2030》里所预见的那样，未来的教育应该摆脱人的年龄、性别和民族等因素的影响，让所有人都能享受到自己期望的、适合自己的教育。这样，年长者、女性和外来移民才能成为高素质的就业者，满足

---

[1] Bundesministerium für Bildung und Forschung, "Gesellschaftliche Veränderung 2030," 2015, https://www.bmbf.de/files/VDI_Band_100_C1.pdf.

[2] Bundesministerium für Bildung und Forschung, "Gesellschaftliche Veränderung 2030," 2015, https://www.bmbf.de/files/VDI_Band_100_C1.pdf.

德国劳动力市场的巨大需求。要实现这一目标，必须首先在教育领域深入广泛地运用数字技术。然而，数字技术不仅应当成为未来教育发展的有力工具，更应成为未来教育的培养目标。因为，2030 年的劳动力市场不仅需要高素质的数字技术人才，更需要拥有较好的数字应用能力的普通劳动者。换句话说，要发展工业 4.0，就必须首先以数字技术为缰绳，发展教育 4.0。

二 用教育 4.0 推进工业 4.0

为了推进工业 4.0 的发展，实现"所有人 + 一切内容"的 2030 教育战略图景，2016 年夏季，联邦教育部与联邦职业教育研究所（Bundesinstitut für Berufsbildung）共同发起了职业教育 4.0 的倡议。倡议中特别指出，工业 4.0 不仅需要职业教育 4.0，更需要普通教育 4.0[①]。同年 10 月，联邦教育部颁布了《数字型知识社会的教育战略》（Bildungsoffensive für die digitale Wissensgesellschaft）；12 月，德国文教部长联席会（Kulturministerkonferenz）正式出台了《数字世界中的教育》（Bildung in der digitalen Welt）。《数字型知识社会的教育战略》和《数字世界中的教育》共同成为全面促进德国数字教育即教育 4.0 方针的行动框架。前者作为宏观战略涉及 5 大重点行动领域，各领域的战略目标统称为"数字教育世界 2030"，后者作为微观战略主要从学校层面给出了数字教育的行动指南。

（一）宏观层面的数字教育战略措施——《数字型知识社会的教育战略》

"数字教育世界 2030"的总体目标是，通过加强数字能力的培养和深化以数字媒体为工具的学习，最大化地挖掘数字教育在所有教育领域的潜力[②]。具体分为 5 大行动领域，分别是开展高质量的数字化的教育与培训、配备高性能的数字化的教育设施、建立顺应数字化的法律框架、谋求教育组织机构的数字化以及利用数字技术深化教育国际化。

---

① Bundesinstitut für Berufsbildung, "Wirtschaft 4.0 braucht Bildung 4.0," 2016, https://www.bibb.de/dokumente/pdf/stabpr_medienkompetenz.pdf.

② Bundesministerium für Bildung und Forschung, "Bildungsoffensive für die digitale Wissensgesellschaft," 2016, https://www.bmbf.de/files/Bildungsoffensive_fuer_die_digitale_Wissensgesellschaft.pdf.

1. 开展高质量的数字化的教育与培训

通过数字化的教育与培训，未来的所有学习者都应当具备使用数字媒体的能力，并且能够自主和负责任地参与数字世界。要实现这一目标，所有教师必须首先具备数字能力，能够在教学需要之时合理使用数字媒体，并且具备培养学生数字能力的能力。每一位学习者都享有利用数字学习媒介的权利与机会。教师利用数字化的学习平台，搜集关于学习者学习效果的信息，制定出个性化的学习指导方案。数字化的开放教学资源和内容应不断更新，由专业的评鉴机构对其质量实施评定和监督，并赋予其相应的质量认证。此外，网络学习获取的结业证书应该与实体学校授予的证书一样，得到社会同等的认可①。

2. 配备高性能的数字化的教育设施

到 2030 年，德国所有的教育机构都应当配备高性能的、无使用障碍的数字化设施，且拥有统一的操作界面。这一目标具体指的是，所有教育机构都可借助宽带连接享用千兆级网络，并借助数字媒体实现学习资源的兼容共享。教育机构能够在必要时使用中央 IT 基础设施，并在那里获得运营和维护的相关资源。所有教育机构都配备专门的 IT 技术人才，负责为 IT 服务商制定适切的设计说明书，并对其提供的 IT 服务予以质量监督。教育机构应保障每一位学生利用数字媒体进行学习的权利，比如允许学生携带自己的设备或组建数字设备租借中心②。

3. 建立顺应数字化的法律框架

未来的法律框架应全面考虑数据保护和知识产权的问题，更好地规范和约束数字教育产品的生产及使用。这就要求，所有教育领域应建立起统一透明的法规体系，确保在学习过程中产生的数据和研究者自主开发的教育产品不会被未经授权的他者窃取。此外，法规制定应尽量简洁明了，具有实际可操作性，并且应当建立起规范的法规学习秩序，确保教师、学生及教育产品的制造者充分了解这些规定，在合法的范围内从事活动③。

---

① Bundesministerium für Bildung und Forschung，"Bildungsoffensive für die digitale Wissensgesellschaft，" 2016，https://www.bmbf.de/files/Bildungsoffensive_fuer_die_digitale_Wissensgesellschaft.pdf.

② Bundesministerium für Bildung und Forschung，" Bildungsoffensive für die digitale Wissensgesellschaft，" 2016，https://www.bmbf.de/files/Bildungsoffensive_fuer_die_digitale_Wissensgesellschaft.pdf.

③ Bundesministerium für Bildung und Forschung，" Bildungsoffensive für die digitale Wissensgesellschaft，" 2016，https://www.bmbf.de/files/Bildungsoffensive_fuer_die_digitale_Wissensgesellschaft.pdf.

4. 谋求教育组织机构的数字化

教育数字化的落实建立在教育组织机构的数字化之上。这种发展不仅包括教育组织机构自身运营和管理的数字化，而且还包括教育组织机构之间沟通和协作的数字化。为此，所有教育机构都要制定出合乎自身发展的数字战略计划，并积极筹措相应的资源落实这一计划。所有机构的领导者都需具备落实数字教育必备的组织、技术和管理能力。所有教师都应将数字化的教学模式融入专业课程之中。应该利用数字技术将教育教学、人力资源管理和教育政策制定的过程变得更加高效。政府应搭建有效的数字中枢平台，在各级各类教育组织和机构之间构建起良好的合作网络。

5. 利用数字技术深化教育国际化

教育应当抓住数字化的机遇进一步深化自身的国际化。一方面，德国可以通过制造好的数字教育产品提升自己在国际教育市场的吸引力。教育产品生产者应放眼国际教育市场，紧跟市场动态，提供针对目标人群的质量有保障的教育产品。要让教育也具有"德国制造"的优良品质和品牌效应①。高等院校可以利用优质数字教育资源吸引国外留学生，并在录取之前通过网络平台为他们提供相应的咨询与服务。另一方面，德国学校也应利用数字化的交流平台加强与国外机构的合作，增加本国学生赴国外学习锻炼的机会，并通过数字化的教学管理系统，为学生出国学习提供方便。

（二）微观层面的数字教育战略——《数字世界中的教育》

与联邦教育部从国家的宏观层面规划出数字教育的行动领域不同，德国文教部长联席会主要从学校的微观视角出发，为教育数字化定制出一套系统的战略方案。其关注的主要方面有培养学生的数字能力、培养教师的数字能力、监管教育媒介和开放资源（OER）以及建立数字化管理和数字化校园等。

1. 培养学生的数字能力

普通学校的核心教学任务是，"让学生为当今和未来的社会做好准备，使他们有能力主动和负责任地参与未来的文化、社会、政治、职业和经济生活"②。

---

① Bundesministerium für Bildung und Forschung, "Bildungsoffensive für die digitale Wissensgesellschaft," 2016, https://www.bmbf.de/files/Bildungsoffensive_fuer_die_digitale_Wissensgesellschaft.pdf.

② Kulturministerkonferenz, "Bildung in der digitalen Welt," 2016, https://www.kmk.org/fileadmin/Dateien/veroeffentlichungen_beschluesse/2018/Strategie_Bildung_in_der_digitalen_Welt_idF._vom_07.12.2017.pdf.

因此，学校教学必须把数字能力作为除读写算之外的第四大必备技能，将其纳入国家核心课程的能力标准①、各联邦州的教学大纲以及学校的课堂教学。同样，职业教育和高等教育也应依据自身人才培养的特色培养学生的数字能力，并将数字能力的培养作为科学研究的对象。

德国文教部长联席会将数字能力划分为六大层面：第一，搜寻、加工和保存信息的能力；第二，沟通和合作的能力；第三，生产和呈现信息的能力；第四，保护信息和安全行动的能力；第五，问题解决和行动的能力；第六，分析和反思的能力②。培养数字能力，即自主应用和反思信息及通信技术的能力，这不是通过一门单独的课程就能完成的。每一门学科都向人们提供了一条获取在数字世界的生存能力的路径。教育者应以学科课程为载体，将数字能力的培养和课程内容、教学设计有机结合起来。学习者通过数字化的学习环境为自己制定适合的学习目标和学习策略，获得自主应用数字媒体进行学习的能力，为日后的终身学习奠定坚实的基础。

2. 培养教师的数字能力

数字能力培养应成为教师培育与进修中的重要组成部分，并逐渐走向标准化。未来的每一位教师都应该在各自的专业教学领域内成为"媒体专家"。教师应该掌握的基本的数字能力有：

（1）能够认识媒体及数字化在学生生活世界中的重要意义，并在此基础上从课程教学设计的角度进行思考，设计出有意义的数字教育方案；

（2）能够基于学生个体不断变化的学习情况和数字世界的沟通方式，恰当地运用数字媒体和工具，促进个性化和合作式的教学；

（3）能够依据合适的质量标准，从丰富的教育产品及开放教育资源中选取相应的教学材料支持教学；

（4）能够及时了解数字教育研究的新动向，积极提高自己的数字化教学能力；

（5）能够借助自己在知识产权、数据安全和保护方面的知识，在法律框

---

① 德国文教部长联席会于 2003 年、2004 年和 2012 年相继颁布了国家核心课程的能力标准。其分别为小学（4 年级）、中学（9 年级和 10 年级）以及大学入学阶段（高中毕业）而设，涉及德语、第一外语（英语或法语）、数学和自然科学课程。数字能力在这些能力标准中已经有所体现。

② Kulturministerkonferenz, "Bildung in der digitalen Welt," 2016, https://www.kmk.org/fileadmin/Dateien/veroeffentlichungen_beschluesse/2018/Strategie_Bildung_in_der_digitalen_Welt_idF._vom_07.12.2017.pdf.

架内安全地开展教学，并能够引导学生自主处理个人数据信息及意识到自我行为的后果。①

3. 监管教育媒介和开放教育资源

数字时代下的教育媒介不再仅仅是依据教学法和教育对象的年龄层次开发出来的学习媒介，而是包括一切承载着教育信息、可以服务于教育教学的、实体与虚体相结合的载体与工具。由于媒介的生产、传播和使用的非线性关系，教育媒介的生产和加工也从专业制造者扩大到了一切传播和使用者，包括学生和教师。开放教育资源的概念由此应运而生。鉴于教育媒介和开放教育资源的来源不一，水平参差不齐，德国文教部长联席会计划从质量管理、技术支持和法律保障三大方面对其实施监督管理。

在质量管理方面，各州应根据现行的教育要求和拓宽的技术利用可能性，对原有的教育媒介质量标准和教学材料准入方法进行修订和补充。此外，应成立专门机构负责开放教育资源的评审和管理。在技术支持方面，联邦应加强教育媒介基础设施建设，确保各州网络平台与教育服务商的门户网站针对数字教育资源享有统一规范的技术接口，维护教育资源市场的良性竞争。② 在法律保障方面，各州应联合起来制定数字化教育资源的使用指南，并以教育培训的方式向教师和学生传授这方面的法律知识，确保数字教育资源的生产和使用不违反数据保护和知识产权方面的法律规定。

4. 建立数字化管理和数字化校园

政府建立数字化的教育管理体系，促进教育行政管理更加高效、便捷。各级教育管理部门改进电子政务平台，打通民众监督和谏言的渠道，促进教育管理更加透明。

建设数字化校园，实现学校行政、师生和教务管理的数字化。打造数字化的教学平台，学生可以在网上完成选课、评课、提交作业和考试，并可和教师积极互动。目前，德国各州已经在这方面做出很大努力，相关的 IT 技术产品和服务也较为成熟，但是各种管理平台和软件之间缺乏兼容性。德国

---

① Kulturministerkonferenz, "Bildung in der digitalen Welt," 2016, https://www.kmk.org/fileadmin/ Dateien/veroeffentlichungen_beschluesse/2018/Strategie_Bildung_in_der_digitalen_Welt_idF._vom_ 07.12.2017. pdf.

② Kulturministerkonferenz, "Bildung in der digitalen Welt," 2016, https://www.kmk.org/fileadmin/ Dateien/veroeffentlichungen_beschluesse/2018/Strategie_Bildung_in_der_digitalen_Welt_idF._vom_ 07.12.2017. pdf.

文教部长联席会的战略目标是，提升管理平台和软件之间的兼容性，在全国范围内推广高效实用的管理平台和软件，并加强各州在教育管理数字化方面的经验交流。①

在《数字型知识社会的教育战略》和《数字世界中的教育》的基础上，联邦和地方各级部门纷纷推出了自己的教育数字化战略。比如，联邦经济与能源部（Bundesministerium für Wirtschaft und Energie）于 2016 年 11 月公布了自己对教育数字化的发展建议——《数字教育——打开变化世界的钥匙》（Digitale Bildung. Der Schlüssel zu einer Welt im Wandel）。在这之中，企业被赋予了重大的责任和义务。企业不仅需要加强和职业学校的合作，还应该在普通教育领域发挥更大的作用。除了帮助学校筹措数字化发展所需的资金和设备，更重要的是，企业应主动向学校展示自己的人才需求和工作环境，让教育更有的放矢地配合经济发展的需要②。巴伐利亚劳动与社会保障部（Bayerisches Staatsministerium für Familie, Arbeit und Soziales）则认识到学前教育在数字能力培养上的重要性，初步开发出一套学前教育的 4.0 方案。这些具有自身特色和重点的发展规划连同《数字型知识社会的教育战略》和《数字世界中的教育》，共同构成了德国教育 4.0 的战略部署。

三　结语

德国政府发布的 2030 预测报告从技术创新、社会变化以及人口结构和劳动力市场等维度，追踪分析了德国在国内国际因素影响下的发展态势。在所有的影响因素中，数字技术被认为是决定未来社会发展的命脉。而教育作为推动工业 4.0 和经济 4.0 发展的根本动力，必须紧握这一命脉，实现自身的数字化。在此背景下，德国政府顺应时代要求推行了以教育 4.0 为主导的教育 2030 战略。战略覆盖教育的各个领域和层面，不仅把数字技术作为教育发展的工具，更把数字能力培养作为教育发展的目标。总的来说，教育

---

① Kulturministerkonferenz, "Bildung in der digitalen Welt," 2016, https://www.kmk.org/fileadmin/Dateien/veroeffentlichungen_beschluesse/2018/Strategie_Bildung_in_der_digitalen_Welt_idF._vom_07.12.2017.pdf.

② Bundesministerium für Wirtschaft und Energie, "Digitale Bildung. Der Schlüssel zu einer Welt im Wandel," 2016, https://www.bmwi.de/Redaktion/DE/Publikationen/Digitale-Welt/digitale-bildung-der-schluessel-zu-einer-welt-im-wandel.pdf?_blob=publicationFile&v=8.

4.0 就是数字网络世界中满足工业 4.0 需求的教育。

工业 4.0 对未来劳动者提出了三种能力需求，即数字能力、超学科能力和终身学习能力。数字能力指能够认知数字信息和运用数字工具，能够在法律框架内制造、处理和反思数据，进而解决工作中的问题和任务。超学科能力除了指智能工作环境下应当具备的宽泛的硬性技能，还包括协调能力、管理能力、合作能力等软性能力。终身学习能力可以使劳动者能够适应未来不断变化的工作需要。鉴于这三种基本能力，教育 4.0 必须建立在三大支柱之上，即数字能力教育、信息科学教育以及媒体教育。数字能力教育应与各专业领域和学科的知识内容相结合，跨学科地培养人对数字信息及工具的运用能力。信息科学教育为人们适应未来的技术更新打下理论基础。媒体教育主要教人如何利用媒体、辨别媒体信息并对其加以反思。三大支柱共同作用，才能培养出高素质的数字化人才。

更进一步看，推进教育 4.0 至少应将四大行动领域作为必要的战略举措。首先，各级各类教育机构应普遍开设信息科学的必修课程，国家也应制定相应的课程标准为学校教学提供依据。其次，学科课程应普遍融入数字能力教育，除了教会学生如何使用数字工具，还应在教学内容中融入培养计算机思维和数字理解能力的相关内容。再次，信息科学教育和数字能力培养也应成为师资教育培训的重要组成部分。最后，加强数字化教育基础设施的建设，促进教育机构和教育管理的数字化。纵观德国 2030 数字教育战略，这四大行动领域正是其中最重要的战略举措。

此外，发展教育 4.0 将会面临以下四大主要挑战。第一，教学过程不能随便数字化。哪些学习内容、哪些学习形态可以被数字化以使学习效果得到提升，这需要充分的实证研究加以证明。第二，教育资源的质量不能没有监管。哪些数字教育产品合乎质量要求，哪些教育资源可以面向学生开放，这些需要依据规范的质量标准才能决定，并需要专门的技术人才对教育资源市场进行维护。第三，教育数据和知识产权不能没有法律保护。哪些教育数据可以被拿来分析利用，哪些教育资源可以被拿来共享开发，这些需要专门的法律法规加以限定。第四，教育公平必须得到保障。有偿教育资源和免费教育资源之间的界限应该如何划定，中央和地方在建设数字教育基础设施上的权责应该如何划分，这些也都需要做出专门的考量。只有坚持应对这些挑战，教育才能顺利地朝着数字化的方向发展。

最后需要指出的是，数字化绝不应该成为未来教育发展的全部。教育在任何情况下都不应只看到经济发展的人才需求，继而简单地将人视为推动经济发展的工具。拥有数字能力不是人发展的全部目的，不能一味强调数字能力而忽视其他能力的养成，如阅读能力和社会交往能力，更不能只注重能力的培养而忽视知识内容的传授和人文精神的润养。数字技术也不能取代教师指导学生完成学习。滥用或不恰当地利用数字技术甚至可能会给教育教学带来严重的负面影响。因此，在迈向教育 4.0 的过程中，应当理智地看待数字化对于教育的作用和意义，切忌对其盲目夸大和迷恋，从而将未来学校变成受数字技术控制的学习工厂。

默克尔执政以来德国高等教育国际化战略[*]

刘淑华　　郭荣梅[**]

摘　要： 自 2005 年默克尔执政以来，为追求科学与研究的卓越性，发挥更广泛的国际影响力，弘扬德意志文化，德国大力推进高等教育国际化进程。其高等教育国际化的发展路径，包括扩大学生与学术人员的双向流动、加强国际合作研究、加强课程国际化、建立高校海外伙伴关系等。德国的高等教育国际化呈现出以下新特征：国别策略有所调整，更加关注职业教育领域的国际化，第三方机构作用凸显，更加注重教育输出和输入的双向度发展，加强难民对高等教育的融入。

关键词： 德国　高等教育　教育国际化　国际化战略

德国是当今世界高等教育强国，在世界高等教育坐标体系中占有举足轻重的地位，其素有重视高等教育交流与合作的传统。21 世纪以来，随着世界高等教育国际化潮流的加速，德国的高等教育国际化战略日益受到政府的重视。特别是自 2005 年安格拉·多罗特娅·默克尔（Angela Dorothea Merkel）当选为德国历史上第一位女总理以来，德国的高等教育国际化步伐加快，目前正以超常速度向纵深推进。从 2008 年颁布的《联邦政府科学与研究国际化战略》（Strategie der Bundesregierung zur Internationalisierung von Wissenschaft und Forschung），到 2013 年颁布的《联邦与州科学部长推进德国高校国际化战略》（Strategie der Wissenschaftsminister/innen von Bund und Ländern

---

　*　本文首次发表于《比较教育研究》2019 年第 6 期，第 58～66 页。
　**　刘淑华，浙江大学教育学院教授；郭荣梅，北京师范大学国际比较教育研究院博士研究生。

für die Internationalisierung der Hochschulen in Deutschland），再到 2016 年颁布的《联邦政府教育、科学和研究国际化战略》（Internationalisierung von Bildung，Wissenschaft und Forschung-Strategie der Bundesregierung），有关高等教育国际化的战略文本不断涌现。高等教育国际化已从最初分散的、无组织的过程上升为系统的、有组织的国家战略，在德国高等教育诸项改革中占据核心位置。德国是中国高等教育交流与合作的重要伙伴，研究默克尔执政至今的高等教育国际化战略，对于加快推进我国高等教育国际化进程，促进中德两国的高等教育交流与合作具有重要意义。

一 德国高等教育国际化战略的动因

（一）学术动因：追求科学与研究的卓越性

与其他动因相比，学术动因是德国自 2005 年以来高等教育国际化发展最为重要的动因，即提高德国科学和研究的卓越性，增强德国在世界科学与研究领域的吸引力和辐射力，重新赢得世界科学中心的地位。

自 19 世纪洪堡提出"教学与科研相统一"的理念以来，现代意义上的大学在德国兴起，德国一跃成为世界高等教育中心与科学中心。而到了 20 世纪，两次世界大战、希特勒的文化专制、德国分裂等历史原因以及德国的高等教育体制与世界教育体系不相容等问题，使德国逐渐丧失世界高等教育中心和科学中心的地位，而被占据天时、地利、人和优势并具有独特创新优势的美国所取代。从科学研究的产出来看，日本学者小岛典夫、铃木研一对 1980 年至 2002 年世界各国获得科学技术大奖情况的调查研究显示，德国的科学研究远远落后于美国，也落后于英国、日本和法国[1]。提高德国科学和研究的卓越性，重新赢得世界科学中心的地位，成为默克尔执政以来德国高等教育发展的一项重要诉求。

（二）政治动因：发挥更广泛的国际影响力

从政治动因看，德国联邦政府希望通过高等教育领域的交流与合作，加深德国与世界各国的联系。首先以高等教育一体化推动欧洲一体化进程，进

---

① 袁琳：《德国高等教育国际化发展研究》，博士学位论文，西南大学，2011。

而扩大与欧洲以外的国家，特别是发展中国家和新兴市场国家的联系，增强德国在世界政治舞台上的影响力。

默克尔执政以来，德国的外交政策延续了以欧洲为重点的传统，并且在遭遇经济危机、英国脱欧等挑战的背景下，更加主动地承担起欧洲领导者的身份，协调欧盟各国的关系，推动欧洲一体化进程。随着国内经济实力的提升，默克尔政府逐渐将目光放至全球，外交策略也从最初的价值观外交走向利益导向的外交，对现实利益的考量成为其构建外交关系的基础。2014年高克总统在《德国在世界上的角色》演讲中，主张德国将自身定位为"国际秩序与安全的保障者"，并且在处理国际问题时应当"更早、更果断、更具实质性"[1]。这表明德国倡导建立德国参与下的国际新秩序，希望在世界政治舞台上发挥更重要的作用。德国联邦政府认为，教育、科学和研究领域的合作对国家间的双边与多边关系的影响越来越大，它能促进德国与战略伙伴、新兴大国的关系的稳固以及它们在政治、社会领域的双边合作。为了能在国际竞争中立于不败之地，并承担相应的责任以及在应对全球性挑战中做出贡献，德国的教育、科学和创新体系必须以国际化为导向[2]。

（三）文化动因：弘扬德意志文化

弘扬德意志文化是德国快速推进高等教育国际化的重要文化动因。一方面，通过世界范围内的高等教育交流与合作，让更多的人深入了解德国，重建被两次世界大战损害的德国国际形象，塑造崭新的、积极的国际形象，增强德国与世界其他国家的相互信任。另一方面，通过与世界其他国家的高等教育交流和合作，增加德国公民的跨文化交流机会，加深他们对世界不同文化的理解，从而培养更具全球竞争力的公民。

最近几年，德国注重把本国文化资源与政府的对外政策相结合，实行蕴含丰富文化元素的"软实力"外交。国际文化、教育和科技合作被看作实施这一外交政策的重要途径。涵盖人员往来、项目合作、文化交流等一系列活动的高等教育国际化进程，被视为弘扬德意志文化、提升国家"软实力"的

---

[1] 〔德〕米夏埃尔·施塔克、吴静娴：《欧债危机后德国的外交政策：更积极，更有为，更全球化?》,《德国研究》2014年第3期，第4～29页。

[2] Bundesministerium für Bildung und Forschung, "Internationalisierung von Bildung, Wissenschaft und Forschung-Strategie der Bundesregierung," Bonn：Bundesministerium für Bildung und Forschung, 2016, p. 4.

重要途径。歌德学院（Goethe-Institut）、德国学术交流中心（Deutscher Aka-demischer Austauschdienst）等文化教育机构在海外扩大文化宣传，重塑德国的国际形象。德国高校毕业的外国留学生被认为是影响德国国家形象的决定力量之一①。为了培养更多知德、亲德的人，德国吸引越来越多的国际留学生和学术人员来德学习与交流，使他们更深入地了解德国及德国文化。同时，注重为德国本土学生和普通民众提供跨文化交流的机会，在多元文化氛围中培养具有国际视野、通晓国际规则、能进行有效跨文化交流的德国公民。

二　德国高等教育国际化的发展路径

（一）扩大学生流动

首先，招收国际留学生是德国高等教育国际化的最重要途径。为吸引更多的外国学生到德国学习，德国联邦政府与州政府简化留学生的申请和认定程序，倡导"欢迎文化"，建设更符合留学生学习与生活的国际化校园。2005～2018 年，除 2008～2010 年受金融危机影响留学生人数有所下降外，到德国求学的留学生数量呈不断上升趋势（见表 1）。2005 年国际留学生人数为24.63 万人，占德国高校学生总数的 12.5%。2014 年，留学生人数首次超过 30 万人，德国成为继美国、英国、澳大利亚和法国之后的世界第五大留学目的国。2018 年，留学生人数上升为 37.46 万人，其中外籍留学生（Bildungsinländer）人数为 9.26 万人，外国留学生（Bildungsausländer）人数为 28.20 万人②。

表 1　2005～2011 年德国国际留学生数量及比例

单位：万人，%

年份	德国学生总数	留学生数量	留学生占学生总数的比重	年份	德国学生总数	留学生数量	留学生占学生总数的比重
2005	196.31	24.63	12.5	2012	238.10	26.53	11.1

---

① Bundesministerium für Bildung und Forschung, "Internationalisierung von Bildung, Wissenschaft und Forschung-Strategie der Bundesregierung," Bonn: Bundesministerium für Bildung und Forschung, 2016, p. 5.

② Deutscher Akademischer Austauschdienst & Deutsches Zentrum für Hochschul-und Wissenschaftsforschung, eds., *Wissenschaft weltoffen kompakt 2019* (Bielefeld: wbv Media, 2019), p. 3.

续表

年份	德国学生总数	留学生数量	留学生占学生总数的比重	年份	德国学生总数	留学生数量	留学生占学生总数的比重
2006	198.58	24.84	12.5	2013	249.94	28.22	11.3
2007	197.90	24.64	12.5	2014	261.69	30.14	11.5
2008	194.14	23.36	12.0	2015	269.89	32.16	11.9
2009	202.53	23.91	11.8	2016	275.78	34.03	12.3
2010	212.12	24.48	11.5	2017	280.70	35.89	12.8
2011	221.73	25.20	11.4	2018	284.50	37.46	13.2

资料来源：整理自 Deutscher Akademischer Austauschdienst & Deutsches Zentrum für Hochschul-und Wissenschaftsforschung, eds., *Wissenschaft weltoffen kompkt 2016* (Bielefeld: W. Bertelsmann Verlag GmbH & Co. KG, 2016), https://www.wissenschaft-weltoffen.de/kompakt/wwo2016_kompakt_de.pdf。

　　德国留学生主要来源于发展中大国和欧洲近邻国家。2016 年德国外国留学生前六大来源国分别是中国、印度、俄罗斯、奥地利、意大利与法国。中国、印度与俄罗斯均属发展中大国，近几年出国留学人数逐年增加，德国高质量的免费高等教育对这几个国家的留学生吸引力较大。其中，中国是德国的第一大留学生来源国。2016 年，来自中国的学生人数达 3.23 万人，占德国外国留学生总人数的 12.8%[1]。奥地利、意大利和法国既是德国的近邻国家，也是博洛尼亚进程参与国，国家之间的学生流动便利。在留学生的学位层次上，攻读学士和硕士学位的留学生较多，2016 年分别占 35.9% 和 34.3%，攻读博士学位的学生占 10.1%。[2] 在学科领域选择方面，工程学是留学生选择最多的专业，选择工程学的留学生人数占留学生总数的 36.2%。"德国制造"是优良工业品质的代名词，这一品牌的形成与高质量的工程师人才培养密不可分，因而作为德国传统优势学科的工程学成为留学生的首选。留学生选择较多的专业类别是法学、经济学和社会科学，然后是人文科学，最后是数学和自然科学，分别占留学生总数的 26.4%、12.8%、10.2%[3]。

---

[1] Deutscher Akademischer Austauschdienst & Deutsches Zentrum für Hochschul-und Wissenschaftsforschung, eds., *Wissenschaft weltoffen kompakt 2017* (Bielefeld: W. Bertelsmann Verlag GmbH & Co. KG, 2017), p.4.

[2] Deutscher Akademischer Austauschdienst & Deutsches Zentrum für Hochschul-und Wissenschaftsforschung, eds., *Wissenschaft weltoffen kompakt 2017* (Bielefeld: W. Bertelsmann Verlag GmbH & Co. KG, 2017), p.5.

[3] Deutscher Akademischer Austauschdienst & Deutsches Zentrum für Hochschul-und Wissenschaftsforschung, eds., *Wissenschaft weltoffen kompakt 2017* (Bielefeld: W. Bertelsmann Verlag GmbH & Co. KG, 2017), p.5.

其次，在派出本国学生方面，自默克尔执政以来，德国不断采取有力举措，加大本国学生的派出力度。最近几年，德国开展"到世界各地学习"（studieren weltweit-ERLEBE ES）运动，鼓励学生出国留学。因此自 2005 年以来，在国外就读的德国学生人数不断增长。德国学生去国外就读分为两种形式：一种是在国外攻读学位，另一种是短期到国外交流。总体来看，目前仍以短期交流为主。从到国外攻读学位的德国学生来看，2005 年至 2014 年其人数不断增长。2005 年出国攻读学位的德国大学生总数为 7.71 万人，至 2014 年增长至 13.73 万人，比 2005 年增长近一倍，占德国大学生总数的 5.8%。从德国学生的留学目的国来看，2014 年前六大目的国为奥地利、荷兰、英国、瑞士、美国及中国①。在学科专业选择方面，选择法学、经济学和社会科学的学生分别占德国出国攻读学位的学生总数的 20% 左右，其次是人文科学，接下来是数学和自然科学，分别占 12.6% 与 11.4%②。从短期交流情况来看，德国学生出国短期交流的人数也在增长。2013 年德国就已实现欧盟提出的要在 2020 年前使至少 20% 的大学生获得出国交流经历的目标，因此 2013 年《联邦与州科学部长推进德国高校国际化战略》提出 2020 年前德国的新目标是：使 1/2 的高校毕业生获得国外学习的经历，1/3 的毕业生获得不少于三个月的国外学习经历或通过欧洲学分转换系统（European Credit Transfer System，ECT）取得 15 个欧洲学分③。2017 年德国学生短期交流的前五大目的国是英国、美国、法国、西班牙与意大利。

（二）扩大学术人员流动

首先，在学术人员流入方面，吸引外籍学术人员，特别是卓越的科学家和年轻的学术人员到高校及科研机构进行交流与工作，是德国高等教育国际化进程中的重要一环。联邦政府着力打造具有吸引力和国际竞争力的工作条

---

① Deutscher Akademischer Austauschdienst & Deutsches Zentrum für Hochschul-und Wissenschaftsforschung, eds., *Wissenschaft weltoffen kompakt 2017*（Bielefeld：W. Bertelsmann Verlag GmbH & Co. KG，2017），p. 71.

② Deutscher Akademischer Austauschdienst & Deutsches Zentrum für Hochschul-und Wissenschaftsforschung, eds., *Wissenschaft weltoffen kompakt 2017*（Bielefeld：W. Bertelsmann Verlag GmbH & Co. KG，2017），p. 75.

③ Bundesministerium für Bildung und Forschung，"Strategie der Wissenschaftsminister/innen von Bund und Ländern für die Internationalisierung der Hochschulen in Deutschland，" 2013，https：//www.bmbf. de/files/aaaInternationalisierungsstrategie_GWK-Beschluss_12_04_13. pdf，最后访问日期：2018 年 4 月 20 日。

件，吸引国外更多学术人员进入德国进行交流或工作。例如，建立终身助理教授教职，修订《固定期限学术合同法》（Wissenschaftszeitvertragsgesetz）改善青年科学家的工作条件。研究机构在引进科学研究人员方面也采取了一系列激励机制。如洪堡基金会（Alexander von Humboldt-Stiftung）设立"亚历山大·冯·洪堡教席 - 国际研究奖"来吸引世界上最顶尖的科学家到德国进行研究与工作。在一系列政策的激励下，2005 年以来，外籍学术人员数量不断增加，其在德国学术人员总数中的比例也在不断提高。2009 年，德国高校中的外籍学术人员共有 2.97 万人，占德国高校学术人员总数的 9.9%。到2015 年，外籍学术人员增加到 4.31 万人，占学术人员总数的 11.2%。① 除了德国高校外，德国四大研究机构（弗劳恩霍夫协会、亥姆霍兹联合会、莱布尼兹科学联合会和马克斯 - 普朗克学会）也吸引了大量外籍学术人员。2008 年这四大研究机构的外籍学术人员共有 5619 人，到 2014 年上升为 8932人，占四大研究机构学术人员总数的 20%②。从外籍学术人员的来源来看，2015 年前六大来源国分别是意大利、中国、奥地利、美国、俄罗斯和西班牙。外籍学术人员主要来自发达国家和较大的发展中国家，这有利于德国引入世界最先进的科学技术。

其次，在学术人员流出方面，德国也鼓励本国的科学家与学者出国进行交流。2007 年至 2017 年，约 60% 的德国学术人员到国外交流的时间超过三个月。与欧洲其他国家相比，德国学术人员的流动性较高，如法国和英国出国交流的学术人员人数均低于 50%③。2015 年共有 1.6 万名德国客座科学家（Gastwissenschaftler）到国外进行短期教学与研究工作，其中 76% 受德国学术交流中心资助，美国、中国、英国及俄罗斯是其最主要的目的国④。据德

---

① Deutscher Akademischer Austauschdienst & Deutsches Zentrum für Hochschul-und Wissenschaftsforschung, eds., *Wissenschaft weltoffen kompakt 2017* (Bielefeld: W. Bertelsmann Verlag GmbH & Co. KG, 2017), p. 17.

② Deutscher Akademischer Austauschdienst & Deutsches Zentrum für Hochschul-und Wissenschaftsforschung, eds., *Wissenschaft weltoffen kompakt 2017* (Bielefeld: W. Bertelsmann Verlag GmbH & Co. KG, 2017), p. 18.

③ Bundesministerium für Bildung und Forschung, "Internationalisierung von Bildung, Wissenschaft und Forschung-Strategie der Bundesregierung," Bonn: Bundesministerium für Bildung und Forschung, 2016, p. 12.

④ Deutscher Akademischer Austauschdienst & Deutsches Zentrum für Hochschul-und Wissenschaftsforschung, eds., *Wissenschaft weltoffen kompakt 2017* (Bielefeld: W. Bertelsmann Verlag GmbH & Co. KG, 2017), p. 116.

国联邦政府的预计，2020 年将有 13.8 万名外籍学术人员在德国工作与生活，约有 7.7 万名德国学术人员到国外交流[①]。但是，学术人员的较强流动也给德国带来了一定的人才外流问题。据统计，近 10 年来，德国出国交流的学术人员仅有 60% 左右会返回德国[②]。为了减少人才外流，联邦政府积极采取行动，吸引德国学术人员回国。例如，2003 年德国联邦教育与科研部牵头成立了德国国际学术网络，定期向国外德国学术人员提供科学界的最新信息和岗位，以吸引他们回国工作。

（三）加强国际合作研究

自默克尔执政以来，为促进本国科研的快速发展，重振德国作为世界科学中心的地位，德国一方面加大对本国研究的投入和支持力度，另一方面把科研领域的国际化作为高等教育国际化的重要内容。联邦政府认为"融入全球知识流动对于科学和研究的发展空前重要"，"我们需要国际合作，特别是科学与研究的国际合作"。[③] 因此，德国的教育国际化战略是与科研国际化战略一同提出的，开发创新潜力始终是教育国际化战略的重点。

联邦政府加大对国际合作研究的资助和扶持力度。尽管德国遭遇金融危机不久，国家财力不足，然而在 2009 ~ 2015 年的 6 年间，联邦教育与科研部资助国际合作研究的金额从 5.67 亿欧元提高到 8.02 亿欧元，增长了 41.4%。在此资助下的国际合作项目的数量快速增加，6 年间增长了一倍多，从 2009 年的 1500 个增长到 3400 个。[④] 其中，欧洲研究空间是德国当前着力打造的合作研究空间。2014 年，联邦政府发布《联邦政府推进欧洲研究空间战略》（Strategie der Bundesregierung zum Europäischen Forschungsraum），提出德国参与欧

---

① Bundesministerium für Bildung und Forschung, "Internationalisierung von Bildung, Wissenschaft und Forschung-Strategie der Bundesregierung," Bonn：Bundesministerium für Bildung und Forschung, 2016, p. 21.

② Bundesministerium für Bildung und Forschung, "Internationalisierung von Bildung, Wissenschaft und Forschung-Strategie der Bundesregierung," Bonn：Bundesministerium für Bildung und Forschung, 2016, p. 12.

③ Bundesministerium für Bildung und Forschung, "Internationalisierung von Bildung, Wissenschaft und Forschung-Strategie der Bundesregierung," Bonn：Bundesministerium für Bildung und Forschung, 2016, p. 2.

④ Bundesministerium für Bildung und Forschung, "Internationalisierung von Bildung, Wissenschaft und Forschung-Strategie der Bundesregierung," Bonn：Bundesministerium für Bildung und Forschung, 2016, p. 9.

洲研究空间的六大优先发展事项：创建高效的国家研究体系，优化双边合作与竞争机制，为研究者开放劳动力市场，强调研究领域的性别平等，优化科学知识的获取、交流与转化，发挥欧洲研究空间对国际合作的推动作用①。

关于国际合作研究的重点工作，2008年的《联邦政府科学与研究国际化战略》提出科研国际化的四项中心任务：第一，加强与世界上最优秀科学家的研究合作，深化德国研究者与最优秀、最具创新力的研究者的合作；第二，为开发国际创新潜力，推动德国企业与领先世界的新兴高科技企业和研发中心成为合作伙伴；第三，加强与发展中国家在教育、研究与发展方面的可持续性合作；第四，承担国际责任和应对全球挑战，深挖研究与创新潜力，为解决全球气候、能源、健康、安全、移民挑战做出贡献。② 2013年德国颁布的《联邦与州科学部长推进德国高校国际化战略》指出，联邦与州要资助高校开展国际科研合作，建立世界范围内的研究网络，与合作伙伴一同应对全球科学与社会的挑战。③

（四）加强课程国际化

为了增强本土大学生在国际劳动市场上的竞争力，吸引更多的国际留学生，德国将建设国际化校园作为国际化的战略目标之一，其主要标准是课程国际化。大学校长联席会议认为课程的国际化建设十分重要，2017年5月颁布的《致力于课程国际化》的建议书认为，课程国际化的目的在于培养学生的跨文化交际能力与自我发展能力、提高学生的外语水平等。④ 根据2015～2016学年冬季学期德国大学校长联席会议的高校指南网站的有关数据，德国

① Bundesministerium für Bildung und Forschung, "Strategie der Bundesregierung zum Europäischen Forschungsraum," Bonn：Bundesministerium für Bildung und Forschung, 2014, pp. 5 – 26.

② Karl Wollin, "Strategie der Bundesregierung zur Internationalisierung von Wissenschaft und Forschung," *FVEE*, 2009, https：//www. fvee. de/fileadmin/publikationen/Themenhefte/th2009/th2009_05_01. pdf, 最后访问日期：2019 年 4 月 14 日。

③ Bundesministerium für Bildung und Forschung, "Strategie der Wissenschaftsminister/innen von Bund und Ländern für die Internationalisierung der Hochschulen in Deutschland," 2013, https：//www. bmbf. de/files/aaaInternationalisierungsstrategie_GWK-Beschluss_12_04_13. pdf, 最后访问日期：2018 年 4 月 20 日。

④ Hochschulrektorenkonferenz, "Empfehlung der 22. Mitgliederversammlung der HRK am 9. Mai 2017 in Bielefeld Zur Internationalisierung der Curricula," 2017, https：//www. hrk. de/fileadmin/redaktion/hrk/02 – Dokumente/02 – 01 – Beschluesse/Internationalisierung_Curricula_Empfehlung_09. 05. 2017. pdf, 最后访问日期：2018 年 4 月 17 日。

高校共登记注册 18243 门课程，其中 11% 的课程被高校定义为"国际化课程"①。

德国国际化课程包括英语授课课程和双学位课程，目前近 2/3 的高校都开设了这两类课程。从英语授课课程来看，有 1088 门课程登记注册为英语授课课程，占课程总数的 6%。97% 的大规模综合性大学、93% 的工业大学以及 78% 的大规模应用科学大学都开设了英语授课课程②。同时，德国高校中的双学位课程也在不断增加。2015～2016 学年高校指南有关数据显示，共有 640 门双学位课程登记在册，占课程总数的 3.5%。超过 90% 的工业大学、大规模综合性大学和 64% 的大规模应用科学大学都设有双学位课程。这些双学位课程由德国高校和国外 1316 所伙伴高校共同开设。其中，约有 2/3 的伙伴高校来自 15 个欧盟成员国，其中法国伙伴高校数量占 24.7%③。

（五）建立高校海外伙伴关系

德国联邦政府敦促本国高校加强与国外高校的联系，建立高校伙伴关系。在政府的鼓励和支持下，与国外高校主动搭建伙伴关系，促进本校的国际化发展逐渐内化为德国高校的自觉行动。

2005 年以来，建立伙伴关系的德国高校与外国高校数量都有较大增长。2010 年高校指南的有关数据显示，共有 275 所德国高校与来自 141 个国家的近 4000 所高校签署约 2 万项国际合作协议④。到 2016 年这一数字明显上升，301 所德国高校与 154 个国家的近 5300 所高校签署 3.2 万多项国际合作协议⑤。

---

① Deutscher Akademischer Austauschdienst & Hochschulrektorenkonferenz, eds., *Internationalität an deutschen Hochschulen: Siebte Erhebung von Profildaten 2016* (Siegburg: ditges print + more GmbH, 2017), p. 48.

② Deutscher Akademischer Austauschdienst & Hochschulrektorenkonferenz, eds., *Internationalität an deutschen Hochschulen: Siebte Erhebung von Profildaten 2016* (Siegburg: ditges print + more GmbH, 2017), p. 50.

③ Deutscher Akademischer Austauschdienst & Hochschulrektorenkonferenz, eds., *Internationalität an deutschen Hochschulen: Siebte Erhebung von Profildaten 2016* (Siegburg: ditges print + more GmbH, 2017), pp. 53 – 54.

④ Deutscher Akademischer Austauschdienst & Hochschulrektorenkonferenz, eds., *Internationalität an deutschen Hochschulen: Siebte Erhebung von Profildaten 2016* (Siegburg: ditges print + more GmbH, 2017), p. 65.

⑤ Deutscher Akademischer Austauschdienst & Hochschulrektorenkonferenz, eds., *Internationalität an deutschen Hochschulen: Siebte Erhebung von Profildaten 2016* (Siegburg: ditges print + more GmbH, 2017), p. 56.

其中近一半的合作协议是在伊拉斯谟计划框架内签署的。在此计划之外，德国与其他欧洲国家的高校合作伙伴签署的协议数量最多，占 1/3 左右；其次是亚洲和北美洲，分别占 27.9% 和 17.7%[①]。

德国高校与国外高校建立伙伴关系，主要通过以下四个方面展开交流与合作：一是人员交流，包括学生、教师、研究人员和行政管理人员的互动交流；二是教学合作，包括互认学历、共同开发学习计划、开设双学位课程等；三是研究合作，包括制定研究计划、建立研究生院、举行会议与共同出版成果等；四是机构之间的合作，包括高校数据中心和图书馆的合作等。例如，2011 年德国科学基金会与加拿大自然科学与工程研究理事会缔结了一项合作协议。在此协议的框架下，2011～2016 年两国建立了 13 所德国—加拿大国际研究生院，两国高校之间的伙伴关系的构建更加顺畅。再如，柏林自由大学以"文化动力"为主题，与 5 所国外高校，即耶路撒冷希伯来大学、约翰·霍普金斯大学、哈佛大学、巴黎高等社会科学研究学校和香港中文大学合作，建立了一个以哲学和人文科学专业领域为主题的合作网络。

三　德国高等教育国际化战略的新特征

（一）国别策略有所调整

自默克尔执政以来，随着其"积极外交"政策的实施，德国高等教育国际化战略的国别策略有所调整，主要表现在以下两个方面。

第一，继续强调德国在欧洲的作用，但以欧洲高等教育一体化领导者的新姿态挺身而出，将欧盟内部高等教育的交流与合作置于优先位置。正如德国在《联邦政府教育、科学和研究国际化战略》中指出的："我们的目标是在欧盟层面的国际合作中实现更高的一致性。"[②] 德国有重视与欧盟其他成员国的交流和合作的传统，也是欧洲博洛尼亚进程的积极推动者，但姿态较为

---

① Deutscher Akademischer Austauschdienst & Hochschulrektorenkonferenz, eds., *Internationalität an deutschen Hochschulen: Siebte Erhebung von Profildaten 2016* (Siegburg: ditges print + more GmbH, 2017), pp. 56 – 60.

② Bundesministerium für Bildung und Forschung, "Internationalisierung von Bildung, Wissenschaft und Forschung-Strategie der Bundesregierung," Bonn: Bundesministerium für Bildung und Forschung, 2016, p. 68.

低调。而最近几年，随着英国脱欧、欧盟深陷多重危机，德国改变其较为保守的立场，高调承担起欧洲一体化进程领导者的使命，不仅继续在"欧洲高等教育区"、"伊拉斯谟计划"、欧洲学分转换系统的实施中发挥主导作用，而且在"地平线 2020 计划"、欧洲质量保障系统、欧洲资格框架、"教育与培训 2020 战略"的制定和实施中发挥引领作用。

第二，以注重现实利益为目标，大力加强与包括中国在内的广大发展中国家的合作。随着世界上新兴国家的异军突起和不少发展中国家科学与教育的快速发展，德国意识到这些国家将在塑造全球知识社会中日益发挥重要作用。因此，德国在高等教育交流与合作的全球布局上做出新的调整，将新兴工业化国家和发展中国家视为"建设和扩大教育、科学与研究体系的长期伙伴"①，努力扩大与这些国家现有的合作并着手建立新的伙伴关系。为此，德国制定《2014～2018 年非洲战略》和《2015～2020 年中国战略》等专门战略。同时，联邦政府投入大量资金促进与这些国家的双边和多边合作关系的发展。例如，2011～2015 年，德国外交部共投资约 6 亿欧元用于与发展中国家和新兴市场国家在科研领域的合作，联邦教育与科研部投资 2200 多万欧元强化与约旦、中国、越南、埃及、阿曼和土耳其的高校合作项目②。

（二）更加关注职业教育领域的国际化

与其他国家高等教育国际化的内容相比，德国高等教育国际化更加注重本国的特色教育模式——双元制职业教育的推广。联邦政府认为，职业教育国际化对国家利益至关重要。高水平的教育以及非学术型劳动力的培养，有助于提升经济竞争力，促进社会和平，保护国家免遭经济危机的威胁，保障国民免遭失业的风险③。联邦政府甚至把德国相较于欧盟其他国家较低的失

---

① Bundesministerium für Bildung und Forschung, "Internationalisierung von Bildung, Wissenschaft und Forschung-Strategie der Bundesregierung," Bonn: Bundesministerium für Bildung und Forschung, 2016, p. 19.

② Bundesministerium für Bildung und Forschung, "Internationalisierung von Bildung, Wissenschaft und Forschung-Strategie der Bundesregierung," Bonn: Bundesministerium für Bildung und Forschung, 2016, p. 19.

③ Bundesministerium für Bildung und Forschung, "Internationalisierung von Bildung, Wissenschaft und Forschung-Strategie der Bundesregierung," Bonn: Bundesministerium für Bildung und Forschung, 2016, p. 56.

业率归因于其双元制职业教育的成功。

德国的双元制职业教育被视为世界榜样，因而世界上许多国家有兴趣学习和借鉴这一教育模式。有鉴于此，默克尔执政以来，在德国教育国际化战略中更加强调职业教育的国际化，向世界推广德国的双元制职业教育的实践经验和运作模式。2013 年，德国联邦政府制定《一站式职业教育国际合作》战略文本，敦促联邦教育、经济、外交等各政府部门协同推广双元制职业教育体系。同年，德国成立职业教育国际合作中心，作为联邦职业教育研究所的下属机构专门负责德国职业教育国际化的推进。截至 2017 年，德国联邦教育与科研部与美国、印度、墨西哥等 17 个国家签署了职业教育双边合作协定和意向书。2016 年的《联邦政府教育、科学和研究国际化战略》把更加注重职业教育国际化作为未来一段时间内教育、科学和研究国际化战略的五大核心任务之一，并确立了职业教育国际化的八项重点工作：一是进一步提高学员的流动性，计划到 2020 年使职业学校至少 10% 的学生获得出国交流经历；二是扩大与工业化国家和新兴市场国家的职业教育合作；三是支持在国外的德国利益相关者，尤其是中小企业，融入职业教育的国际合作，训练当地的技能人才；四是在欧盟层面建立职业教育专家交流平台；五是增加高校的双元制课程，吸引更多的留学生；六是简化职业资格认定；七是参与国际和欧洲职业教育合作发展进程；八是支持教育领域的国际比较研究[①]。

（三）第三方机构作用凸显

与大多数国家不一样，德国在高等教育国际化进程中不是只发挥政府和高校的力量，而是特别注重发挥第三方机构的作用。第三方机构已经成长为德国高等教育国际化进程中不可或缺的重要力量。

德国高等教育国际化领域重要的第三方机构有德国学术交流中心与大学校长联席会议，其中最重要的是德国学术交流中心。这一中心自成立以来通过提供奖学金项目促进学生和学术人员的国际流动，帮助高校拓展国际伙伴关系。目前，其在国外有 15 个代表处、56 个联络点。2016 年该中心共资助 13.12 万名学生和科学家，包括资助 7.55 万名德国学生和科学家出国，资助

---

① Bundesministerium für Bildung und Forschung, "Internationalisierung von Bildung, Wissenschaft und Forschung-Strategie der Bundesregierung," Bonn: Bundesministerium für Bildung und Forschung, 2016, pp. 57 – 63.

5.57 万名留学生和科学家到德国。[①] 大学校长联席会议是德国高校自发成立的联合组织，成员涵盖 268 所德国高校，这些高校学生占德国高校学生总数的 94%[②]。它为成员大学提供国际化进程的建议和支持，收集德国高等教育国际化的资料，并在比较研究的基础上为政府的国际化战略提供决策支持。这些第三方机构具有公益性、非营利性、专业性、自发性的特点，是介于政府和高校之间的缓冲机构，在国际化进程中发挥连接政府和高校的功能。其一方面为高校服务，反馈高校需求；另一方面充当政府的咨询对象和建议提供者，使德国国际交流活动运行顺畅，并保持较高的工作效率。

（四） 更加注重教育输出和输入的双向度发展

自 19 世纪以来，德国高等教育在世界上一直处于较为领先的地位。传统的德国高等教育交流与合作具有外向型特征，以主动输出和传播为主要向度，接收留学生，推广本国优秀文化成果，传播德国优秀教育思想和教育经验。

自默克尔执政以来，德国高等教育国际化进程更加注重教育输出和输入的双向度发展。既强调积极走出国门，将本民族精华向世界传播；又强调敞开国门，引进和吸收其他国家的优秀文化成果。首先，在学生和学术人员流动方面，逐步改变招收远远大于派出的不均衡现象。从 2005 年以来的十几年间，实现了招收国际学生和学术人员数量与派出本国学生和学术人员数量的共同增长。而且，从增长的幅度来看，如果把短期交流计算在内，派出的本国学生和学术人员人数的增长幅度更快，招收和派出人数的差值在减小。例如，2014 年德国招收国际学生和派出本国学生数量分别占学生流动总数的比例为 65% 与 35%[③]；而仅仅一年的时间，到 2015 年，两者的比例已变为 63% 与 37%[④]。其次，在课程的国际化方面，也逐步改变输出和

① Deutscher Akademischer Austauschdienst, *2016 Jahresbericht* （Bonn：Köllen Druck + Verlag GmbH，2017），pp. 12 – 13.
② Hochschulrektorenkonferenz，"Aufgaben und Struktur，" http://ww. hrk. de/hrk/aufgaben-und-struktur/，最后访问日期：2018 年 5 月 1 日。
③ Deutscher Akademischer Austauschdienst & Deutsches Zentrum für Hochschul-und Wissenschaftsforschung，eds.，*Wissenschaft weltoffen kompakt 2017*（Bielefeld：W. Bertelsmann Verlag GmbH & Co. KG，2017），p. 15.
④ Deutscher Akademischer Austauschdienst & Deutsches Zentrum für Hochschul-und Wissenschaftsforschung，eds.，*Wissenschaft weltoffen kompakt 2019*（Bielefeld：wbv Media，2018），p. 15.

输入不对等的局面。一方面进一步强化德语和德意志文化的推广，另一方面注重加大英语授课课程和双学位课程的比重，目前德国近 2/3 的高校都开设这两类课程。最后，在教育理念和教育体系的互通交流上，一方面利用其传统的双元制职业教育等优势，积极向欧洲其他国家、亚洲和非洲等的国家开展多种形式的教育输出。同时，注重学习借鉴他国的优秀教育理念和教育体系。例如，引入英美国家的"学士—硕士"学位体系和学分转换系统，学习英法和北欧国家的高等教育质量保障体系等，并对本国教育系统做出相应的改革[1]。

（五） 加强难民对高等教育的融入

自默克尔执政以来，随着德国对自身国际地位期许的提高，德国更加主动地承担国际责任，积极参与国际危机治理。自 2014 年欧洲难民危机成为国际社会关注的热点以来，默克尔政府积极从本国和欧盟角度出发寻求化解难民危机的办法。尽管德国政府对难民的态度经历了从最初的开放欢迎到逐渐收紧的变化，但总体坚守人道主义底线，保持积极努力的态度。因此，大量难民涌入德国，成为默尔克政府执政不得不正视的挑战和困难。2015 年到德国寻求政治避难的人数达 89 万人，其中 30 岁以下的年轻人占大多数。对难民的审核与安置是德国首先要考虑的问题，而中长期挑战在于将大量的难民，尤其是其中的年轻人纳入社会劳动力市场。[2] 默克尔政府希冀教育在这个过程中发挥主要作用。

高等教育领域是德国将难民融入社会的主要阵地。德国力主在国际层面发挥领导作用，承诺为难民提供高等教育[3]。自 2015 年以来，外交部、联邦劳动与社会保障部、联邦教育与科研部和德国学术交流中心等政府与非政府组织一道，实施了许多为难民提供学习机会、加强培训和寻找就业岗位的举措。一方面，以提供奖学金或预留高等院校学习位置的方式为难民提供入学机会。联邦教育与科研部在 180 多所高校里资助了 300 多个项目，帮助难民

---

[1] 袁琳：《德国高等教育国际化发展研究》，博士学位论文，西南大学，2011。

[2] Bundesministerium für Bildung und Forschung, "Internationalisierung von Bildung, Wissenschaft und Forschung-Strategie der Bundesregierung," Bonn：Bundesministerium für Bildung und Forschung, 2016, p. 24.

[3] Bundesministerium für Bildung und Forschung, "Internationalisierung von Bildung, Wissenschaft und Forschung-Strategie der Bundesregierung," Bonn：Bundesministerium für Bildung und Forschung, 2016, p. 95.

获得接受高等教育的机会，并计划在未来追加投入 1 亿欧元跟进此项工作。另一方面，通过培训使难民学习德国的语言和专业技能。德国学术交流中心在联邦教育与科研部的资助下，为难民进入大学预科学院或类似提供技术和语言课程的高等教育机构预留了 2800 个名额①。总之，加强难民对德国高等教育的融入，已成为德国相较于其他国家高等教育国际化战略的独特之处。

---

① Bundesministerium für Bildung und Forschung, "Internationalisierung von Bildung, Wissenschaft und Forschung-Strategie der Bundesregierung," Bonn：Bundesministerium für Bildung und Forschung, 2016, p. 97.

外交卷

德国"嵌入式崛起"的路径与困境[*]

德国"嵌入式崛起"的路径与困境 [*]

熊　炜 [**]

摘　要： 现有大国崛起研究往往过多关注"修昔底德陷阱"式案例，忽略了诸如德国"嵌入式崛起"的替代路径，从而导致不同程度的选择偏差和执果导因问题。"嵌入式崛起"是指崛起国通过价值内化和身份塑造，"嵌入"主导国所建立和维护的价值体系和国际秩序，并以此为基本前提来积极追求权力的增长和影响力的扩大，聚焦于规范性权力的塑造而非基于实力的权力，致力于成为"塑造性大国"。德国在半个多世纪中践行了嵌入式崛起的路径，在大国地位稳步上升的同时避免了与现有霸权国及其体系之间的紧张关系。本文分析了德国的嵌入式崛起在国际安全领域追求大国地位时遭遇的困境，即在由实力政治主导的现有国际安全秩序中，德国试图推行以规范代替实力的全球安全秩序观，不但有悖于主导国所推行的全球安全秩序并对其构成挑战，而且面临嵌入与崛起之间的两难：坚持塑造则相对于现有主导国而成为他者，保持与现有主导国的认同一致则限制德国在安全领域追求塑造性大国目标的努力。德国正积极探索如何克服嵌入式崛起的困境，即在不成为军事大国的前提下成为全球性安全大国。德国的崛起经验为新兴大国如何避免"修昔底德陷阱"和构建新型国际关系提供了借鉴。

关键词： 德国外交　国际安全危机　嵌入式崛起　塑造性权力　大国崛起

---

*　本文首次发表于《世界经济与政治》2021年第1期，第106~125页。

**　熊炜，外交学院卓越专聘教授。

一　引言

崛起国与守成国之间如何避免"修昔底德陷阱"是近年来国际关系学界、政策界和大众媒体热议的话题。然而，"陷阱"一词本身暗含了对大国之间权力转移方式的单一性假定。在这一预设下，看似意见相左的讨论实际上均已陷入"基于因变量进行选择"的偏差，即选择已成为"陷阱"的案例来讨论如何避免。从结果倒推的思维模式忽略了对崛起国追求大国地位进程的分析，更遗漏了那些成功化解"修昔底德陷阱"的案例，使得对避免"修昔底德陷阱"的讨论反而起到强调作用，无助于发现那些较为成功的经验及其规律。例如，在当今大国崛起议题中，几乎所有的聚焦点都集中在新兴国家，崛起语境设定为在现有体系中某种意义上的"他者"的兴起，然而却鲜有将已实现并在继续追求全球性大国地位的德国视为崛起国，也缺乏对其崛起机遇与困境、崛起方略以及教训的关注[1]。

20 世纪 60 年代起，德国就开始一步步突破对其崛起的层层束缚，逐渐成为欧盟的"无冕之王"，进而在话语、政策和行动上展示出成为全球性大国的雄心，积极克服其在军事安全领域的天然不足，在国际安全事务中纵横捭阖。与当代国际关系中任何一个国家的上升之路相比，德国崛起的速度和幅度都毫不逊色。然而，德国从国际社会的"二等公民"一路向上成为世界大国的惊人转变却并未带来类似"修昔底德陷阱"的讨论，也没有在有关权力转移的国际关系理论争辩中成为话题。对此较为直接而便利的解释是，德国政治家慎谈崛起，而以外交"正常化"以及承担国际责任等表述来掩盖其崛起诉求，或把原因归于德国本为西方一员，却忽视了"西方一员"是德国刻意选择和保持的结果，而非自然而然或固定不变的身份特征。事实上，德国崛起的最大特点正在于其身份认同和价值体系的"嵌入"（embeddedness），即在其成长和摆脱束缚的过程中，始终避免成为和被视为现有国际秩序中的他者。德国的这一身份选择之所以是"嵌入"而非"融入"，是因为其在崛起过程中主动努力克服由实力变化可能引起的身份认同趋向他者的变化，克服"脱嵌"（disembedded）的危险，保持自身作为现有秩序的主动维护者/推进

---

[1] 本文主要探讨第二次世界大战后联邦德国的崛起，不涉及历史上的联邦德国和民主德国。由于 1990 年 10 月 3 日两德统一是以民主德国各州加入联邦德国的方式实现的，统一后的德国在法律地位和政治体制上是联邦德国的延续。

者的角色，而非改革者/挑战者。因此，嵌入式崛起同时也规定了德国在对于权力和国际地位的追求中，专注于对国际关系中的规范、价值和理念进行与现有体系相容且更进一步的塑造（shape）。塑造实际上是一种特殊的对现有国际秩序的改变。此外，嵌入式崛起达到一定程度后，主导国以及现有体系对于崛起国进一步冲破束缚的限制势必更为强烈。崛起国对现有秩序的塑造的渴望增加和力度加大，其所倡导和试图推行的制度、价值与规范具有脱离主导体系的危险，从而可能面临脱嵌。相比于其他国际关系领域，国际安全领域最具实力政治色彩，而主导国在这一领域所建立和维持的秩序中的规范与制度的作用相对较小。德国在国际安全领域实施其塑造性权力，必然要提倡和积极推动建立大幅度超越现有体系的规范、制度和理念，导致其嵌入式崛起面临这样一个两难阶段：如果过度超越现有主导体系的秩序观并对现有主导国构成挑战，那么即使在保持西方身份的前提下，仍不免被视为怀有异心的他者，由此面临脱嵌的危险；但如果德国放弃自己的国际安全秩序观，修补现有实力政治主导的秩序，在无法追求军事大国的限制下，其难以实现全球性安全大国的目标，崛起也无从谈起。

本文探讨德国的崛起之路，反思现有权力转移与大国崛起研究的盲区，梳理嵌入式崛起作为"修昔底德陷阱"式大国崛起传统道路的替代路径，并分析追求"塑造性权力"以替代追求基于实力的权力崛起目标。嵌入式崛起与传统崛起理论并非完全相异，本文进一步探讨嵌入式崛起的困境——嵌入与崛起在安全领域的艰难平衡。本文的分析建立在德国经验的基础上，解释了德国大国之路的路径与困境，不仅提供了解读和分析德国外交的新视角，同时重新审视了权力转移理论的单一逻辑。德国的嵌入式崛起在经验上具有特殊性，但在理论逻辑上具有一定普遍性，对如何避免"修昔底德陷阱"具有启发意义。

二　德国的大国之路："嵌入式崛起"

所谓大国崛起，本质上是一个国家寻求大国地位以及国际社会对其地位承认的过程。传统理论和政策分析集中在对"修昔底德陷阱"式大国崛起的讨论上，认为崛起之路就是挑战现有霸权及其所建立的国际秩序之路。崛起国往往兴起于现有体系中相对边缘的地区，作为雄心勃勃的他者难以被现有体系接纳，导致崛起国和守成国之间的安全困境以及安全与地位的零和关系，进而形成权力转移趋势，对体系稳定带来重大威胁①。尽管此种单一逻辑遭到各个方面的质疑与挑战，但"修昔底德陷阱"已成为学界和政策界观察和分析当今权力转移及其影响的逻辑起点。当前此类讨论集中关注以中国为代表的新兴国家，并基本局限在"修昔底德陷阱"所设定的语境中②。然而，德国的大国成长之路却很少被纳入崛起情境中进行审视与分析，究其实质，是因为现有的占主导地位的理论分析框架无法解释和兼容德国的崛起。在实践中，德国的大国成长之路向我们展示了区别于"修昔底德陷阱"式崛起的另一条道路，本文将其概括为"嵌入式崛起"，其在嵌入（身份）和崛起（目标）两个方面均区别于传统主导理论所关注的大国崛起。

（一）"嵌入"：身份认同

现有研究对崛起国类型的划分基本都以崛起国在国际体系中的实力地位变化和对现有国际秩序的态度为基础，将崛起国划分为"满意国""改革国""不满意国"或"修正主义国""改变现状国"等类型。这些划分虽然并非对崛起国本身在实力和影响力变化过程中身份转化的总结，但都暗含崛起国相对于现有主导体系的"他者"身份——崛起国以他者的身份审视现有秩序并决定暂时接受或奋起改变③。崛起国与守成国相互感受到对方的威胁，而威胁从本质上并非崛起国对现有国际秩序满意与否的表层态度表达或是否修正的暂时行为方式，而是来自这些态度和行为背后的身份，即"谁"在表达态度和实施行为。作为"我们"的现有秩序的核心成员表达不满和进行修正和作为他者的崛起国表达满意与接受秩序相比，即使两者具有相等的实力，守成国仍然会认为威胁来自满意而恭顺的后者而非不满而寻求改变的前者。所有关于安全困境"修昔底德陷阱"的误解与误读等问题的讨论归根结

① John J. Mearsheimer, "The Gathering Storm: China's Challenge to US Power in Asia," *The Chinese Journal of International Politics* 3 (2010), pp. 381 - 396; A. F. K. Organski and Jacek Kugler, *The War Ledger* (Chicago: University of Chicago Press, 1980).

② Randall L. Schweller, *Mawells Demon and the Golden Apple: Global Discord in the New Millennium* (Baltimore: Johns Hopkins University Press, 2014).

③ 如孙学峰等指出，目前存在客观主义和主观主义两种关于崛起的定义，客观主义认为当一国权力达到霸权国的 80%～120% 这个区间时，该国就是一个崛起国；主观主义则认为当其他大国认为一国是崛起国时，该国就是崛起国。参见孙学峰《中国崛起困境：理论思考与战略选择》，社会科学文献出版社，2011，第 3～25 页；游启明《崛起国的类型与中国的国际秩序角色》，《战略决策研究》2020 年第 5 期，第 3～27 页；温尧《理解中国崛起：走出"修正—现状"二分法的迷思》，《外交评论》2017 年第 5 期，第 27～52 页。

底在于一个问题,即崛起国是否必然成为现有体系的他者。即使崛起国有成为他者的倾向,这种倾向是否能够通过崛起国主动的努力而实现将自身身份嵌入主导体系?

"嵌入"概念源自政治经济学家卡尔·波兰尼(Karl Polanyi)。波兰尼使用这一概念表达了矛盾双方共存的一种状态,强调市场与社会的互为他者——市场具有无边际扩张的天然驱动,需要冲破社会对市场的限制将一切商品化、将效率置于一切价值之上;社会则需要防止市场扩张对社会秩序和价值的破坏、将市场的效率排序于社会价值之后,阻止人和自然的物化和商品化。嵌入要求市场控制其扩张的边界,主动限制其对社会价值的侵犯,从而避免引起社会反弹。然而在波兰尼的"双重运动"中,市场始终具有脱嵌的倾向,其与社会互为他者的身份一直存在,波兰尼也无意探讨如何嵌入的问题。① 而社会与市场是否能够找到解决他者身份问题的路径,更多是在实证观察中得到启发。例如,彼得·埃文斯(Peter B. Evans)在解释"东亚奇迹"时提出著名的"嵌入式自主"(embedded autonomy),将东亚发展型国家的成功归因于东亚以特有的方式实现了嵌入——社会政治与市场在相互塑造中解决了互为他者的问题,市场造就了更为有力的政府和社会秩序(发展型国家),而政治和社会秩序塑造了东亚资本主义的形态特征②。

在大国崛起问题上,有学者使用"嵌入"这一概念以解读中国如何采用新兴国家集体崛起的新型崛起方式③。然而其含义建立在崛起国相对现有体系的他者身份基础上,并强调如何在崛起过程中保持"集体他者"的状态,以避免既脱离目前的集体身份又仍然被体系主导国视为他者的尴尬境地。在此语境下,嵌入和脱嵌均相对于边缘体系而非中心体系而言,这其实与"修昔底德陷阱"式崛起路径并无差异。

本文所言及的嵌入式崛起中的"嵌入"则是指崛起国嵌入主导国所领导的国际秩序,首先从身份认同上解决相对于现有体系的他者身份,进而积极

① Karl Polanyi, *The Great Transformation: The Political and Economic Origins of Our Time* (Boston: Boston Press, 1944). 对波兰尼理论的有关评述参见熊炜《双重运动:全球化并非不可逆转》,《外交评论》2007 年第 5 期, 第 108 ~ 112 页。

② Peter B. Evans, *Embedded Autonomy: States and Industrial Transformation* (Princeton: Princeton University Press, 1995).

③ Xun Pang et al. , "China's Network Strategy for Seeking Great Power Status," *The Chinese Journal of International Politics* 10 (2017), pp. 1 – 29.

寻找崛起机会与空间。所谓嵌入，不仅指崛起国在结构意义上处于体系之中，而且意味着崛起国在规范、规则和制度等方面都认同现有国际秩序，并在发展进程中保持与其的共生关系。此处我们无法探讨这一身份是否永远真实不变，嵌入的实质在于主导国认同该崛起国为"我们"的一员。在认同的前提下，崛起国可以在各种议题上表示不满、异议并试图改变，但这些态度和行为都不构成脱嵌的危险。当其推行的价值体系及制度表现出大幅度超越（相异于）现有的主导体系时，则他者的影像（image）即会出现，尽管这不同于完全异类的他者，但仍给其带来脱嵌的危险。嵌入式崛起是以身份认同的嵌入以弭平"修昔底德陷阱"，即崛起国不以国际秩序的他者身份从主导价值和制度体系的外部向内部成长，而是以"我们"的身份实现体系内部由下至上的成长；崛起国不仅不追求改变现有国际秩序，而且寻求维持、完善和推进现有秩序的规范基础，进而代表现有秩序。

第二次世界大战后德国的崛起之路是在刻意选择和保持嵌入的前提下进行的。联邦德国成立之初，国家主权丧失、领土分裂，没有自主活动的权力和外交空间，然而就在这一起点上德国成功实现了国家统一和崛起。德国崛起的路径是选择嵌入西方首先使自己成为西方国家的一员，以发起欧洲一体化和加入北约组织为标志，将自身牢牢锁定在美国主导的西方同盟体系中。在此基础上，德国通过经济利益和政治利益的复合，以与他国协调的方式获取自身利益，在经济和政治两个方面以欧洲和大西洋团结的名义提出自身的要求。[①]

德国加入西方的深刻意义还在于这不仅是彼时地缘政治条件下的外交战略选择，而且意味着德国民族文化认同的"双重拒绝"——拒绝德国的过去和拒绝东方。历史上德国的民族文化认同并不属于西方，其眼中的"西方"是秉承罗马传统的法国和英国，后来也包括美国。在德意志民族国家建构的过程中，西方甚至是作为其加强自我民族认同的对立面而存在的，在发展道路上德国更强调"德意志特殊道路"[②]。早在20世纪30年代，德国社会学家赫尔穆特·普莱斯纳（Helmuth Plessner）就提出，德国民族文化认同的"特殊意识"来源于德国是晚于其他西方国家的后起国家这一事实，"德意志民

---

① 〔美〕W. F. 汉里德、G. P. 奥顿：《西德、法国和英国的外交政策》，徐宗士等译，商务印书馆，1989，第46页。

② 参见 Heinrich August Winkler, *Der Lange Weg nach Westen* (München: C. H. Beck, 2000)。温克勒甚至认为，直到1990年实现统一，德国才真正完成了西方认同。

族意味着与土地、故乡和古老习俗的联系。就这点而言，它对所有艺术的、文明开化的事物都是陌生的"。他认为，德国把"凡是罗马的都当作民族之外的和对民族有害的而加以排斥"。所以罗马（西方）代表威胁日耳曼人及其个性观念和社会秩序观念的一切东西①。历史上的德意志帝国都将自己的文化属性定位为位于"欧洲中部、面向东方"的帝国，文化地理特性决定了德意志帝国对东欧地区具有文化吸引力②。

在联邦德国成立之初的道路选择上，并非所有的政治精英都赞同康拉德·阿登纳（Konrad Adenauer）推行的"嵌入西方"。例如，著名政治家雅科布·凯泽尔（Jakob Kaiser）就与阿登纳针锋相对，提出"桥梁"方案，主张未来德国应该超脱于以美国为首的西方集团和以苏联为首的东方集团，在东西方之间发挥桥梁作用。针对联邦德国加入北约的前景，苏联也提出使德国中立化的方案。德国的立场在 1952 年东西方之间的"照会战"中极其重要③。阿登纳对此极具先见之明，他深刻认识到地缘政治条件决定了德国除了走融入西方联盟的道路外没有别的前途，此处的融入本质上是身份的嵌入，德国只有在赢得西方国家的真正信任之后，才能获得外交上的自主活动空间④。阿登纳坚定地选择西方，其外交最大的成功之处也在于令德国嵌入西方的进程不可逆转，以"绑手"策略成功地让这一身份转变具有高度的可信性，使得西方将德国这一"外来者"视为"我们"的一员。虽然加入西方多边主义制度起初对于阿登纳来说更多是手段而非目的，但是嵌入西方的成功不仅给德国带来了巨大的经济利益，而且促进了德国与西方国家之间的政治合作，强化了德国的西方认同。在欧洲一体化进程中德国不仅从战败国身份转变为"欧洲的德国"，而且德国人也开始希望成为"好的欧洲人"。与此同时，德国强化其跨大西洋安全共同体成员的身份并与美国结盟。欧洲和西方认同最终成为德国在第二次世界大战后民族国家认同中的重要组成部分⑤。

① 〔德〕赫尔弗里德·明克勒：《德国人和他们的神话》，李维、范鸿译，商务印书馆，2017，第 155 页。
② Hans Peter Schwarz, "Das Deutsche Dilemma," in Karl Kaiser & Hanns W. Maull, *Deutschlands neue Außenpolitik*, *Band I：Grundlagen* (München：Oldenbourg, 1994), pp. 81 - 97.
③ 连玉如：《新世界政治与德国外交政策——"新德国问题"探索》，北京大学出版社，2003，第 166 ~ 168、231 ~ 237 页。
④ 〔德〕康拉德·阿登纳：《阿登纳回忆录 1945—1953》，上海人民出版社，1976，第 98 页。
⑤ 关于德国民族国家身份认同与德国外交的论述，参见 Thomas Risse, "Deutsche Identität und Außenpolitik," in Siegmar Schmidt et al. (Hrsg.), *Handbuch zur deutschen Außenpolitik* (Wiesbaden：VS Verlag für Sozialwissenschaft, 2007), pp. 49 - 61。

此后，随着德国影响力的增强，它还以西方自由国际秩序的"卫道者"自居，以推进欧洲一体化为基础力图在塑造国际秩序方面发挥领导作用。德国的成功嵌入正体现在如今人们在很大程度上已经忘记了德国的非西方属性，甚至认为德国是"天然"的西方国家。

由此可见，德国的嵌入是与主导国及其体系的"我们"身份的主动构建和刻意选择，这有别于第二次世界大战前的美国崛起。美国在第二次世界大战前长期强调其新大陆的共和国身份，将"腐朽的旧世界"中的欧洲列强视为他者。美国政治精英的主流观点是，欧洲国家的外交理念和方式都是不正义和不道德的①。因此美国的崛起尽管实现了与守成国之间的权力和平转移，但其崛起方式和进程并非嵌入式，美国在身份认同上不仅异于主导国，而且认为自己代表更加先进的文化。德国的嵌入式崛起也有别于第二次世界大战后的日本，后者除高度认同美国主导的西方自由主义国际秩序外并无选择余地，也无力塑造现有秩序，其身份认同是跟随主导国的前提，而非实现崛起的前提。

（二）"塑造性大国"的崛起：追求和发挥"塑造性权力"

国家的崛起是一个追求权力及与之相称的国际角色和地位的过程。对于"修昔底德陷阱"的传统讨论将国家崛起等同于对强制性权力和霸权地位的追求②。而在德国嵌入式崛起中，嵌入的前提决定了德国崛起的方式和路径是追求塑造性权力，凭借其与现有主导国共享但又有所超越的价值、理念和制度塑造国际秩序，实现其全球影响力的发挥，同时运用规范和制度框架限制主导国的政策选项，从而克服自身在硬实力（尤其是军事实力）维度上的天然缺陷。

塑造性权力指的是一国在与他国的互动中能够发挥影响力左右他国的外交决策和行为选项，作用的根本对象是对方的行为偏好，具体机制是使其越来越接近塑造者的认知和立场，以至于对方在采取行动时往往感到行为是出

---

① 参见 Felix Gilbert, "The 'New Diplomacy' of the Eighteenth Century," *World Politics* 4 (1951), pp. 1 - 38。针对第二次世界大战前后的国际规则、制度和秩序转换，徐进也指出，英美对于第一次世界大战后世界经济的理念是针锋相对的。参见徐进《理念竞争、秩序构建与权力转移》，《当代亚太》2019 年第 4 期，第 10 页。

② 〔美〕约翰·米尔斯海默：《大国政治的悲剧》，王义桅、唐小松译，上海人民出版社，2003。

于自愿而非受到胁迫或强制①。塑造性权力与强制性权力不同，后者被定义为在"违背本身意愿"前提下对行为的改变，"即甲靠权力使乙去做他本来不愿意做的事"②。实际上，塑造性权力在一定程度上类似于软权力，按照约瑟夫·奈（Joseph S. Nye）的说法，"软权力是一个国家的文化与意识形态所产生的吸引力，它通过吸引力而非强制力影响其他国家的行为，并获得理想的结果"③。但塑造性权力与软权力又存在重要差别：软权力主要基于吸引力；塑造性权力所依据的除了文化、意识形态等吸引力，更多的还是对规范和规则的强调，并涉及价值和规范的内化过程，从而为行为设置选项框架（framing）。在权力的具体发挥上，塑造性权力主要通过说服、协调等政治外交手段，注重在国际制度和国家行为互动中主动设置议题、引领规范传播和制定规则，特别是强化多边国际制度，以达到塑造和规制他国的行为偏好和政策选项的目的。

塑造性权力也是德国政府官方文件中所宣称的要积极培育和发挥的一种权力④。回顾第二次世界大战后德国的崛起之路，虽然成功嵌入西方体系，但德国对战后国际秩序的潜在冲击却一直存在：德国分裂是由东西对抗的国际秩序所造成的，德国从未放弃统一的目标，这就意味着德国将改变现有秩序。一国试图改变现有秩序从来都是危险的，但阿登纳政府及其后历届德国政府均采取了塑造现有秩序的策略，以迂回、渐进的方式减少国际体系对德国的束缚。在推动欧洲一体化进程中，德国认同法国的政治领导，但让自己扮演"思想领导者"（idee geber）的角色，在西方国家中率先倡导"后民族国家"或"后现代"理念，主动向多边机构让渡主权，发挥了塑造欧洲秩序的独特作用。在冷战时期，德国外交是促进东西方和解与关系缓和的榜样，德国倡议欧安会进程、推动美苏在 20 世纪 80 年代的对话，成为欧洲缓和政策的先行者⑤。最重要的是，国际秩序趋于缓和与冷战铁幕的松动反过

---

① Susan Strange, "The Persistent Myth of Lost Hegemony," *International Organization* 41 (1987), pp. 551–555. 关于塑造性权力在双边关系中的运用也可参见庞珣、陈冲《国际金融中的"赫希曼效应"》，《世界经济与政治》2020 年第 6 期，第 139 页。

② 参见〔英〕苏珊·斯特兰奇《国家与市场》，杨宇光等译，上海人民出版社，2006，第 19～40 页。

③ Joseph S. Nye, Jr. , *Soft Power: The Means to Success in World Politics* (New York: Public Affairs, 2004).

④ Johannes Leithäuser, "Weißbuch: Deutschland als Gestaltungsmacht," *Frankfurter Allgemeine Zeitung*, 27 Mai 2016.

⑤ Christian Hacke, "Die Großen Mächte," in Karl Kaiser & Hans-Peter Schwarz (Hrsg.), *Weltpolitik im neuen Jahrhundert* (Bonn: Bundeszentrale für politische Bildung, 2000), p. 392.

来也为德国最终实现统一创造了前提。

同时，第二次世界大战后的国际体系发生了一个重大变化，即国际制度和规范广泛建立并构成密集而无所不包的国际制度网络，以至于在 20 世纪 70 年代布雷顿森林体系解体时，出现了在霸权缺位的情况下依靠国际制度运转的国际秩序①。制度化和规范化的国际关系为第二次世界大战后的大国崛起提供了一种前所未有的可能性，即在崛起进程中对权力的追求和影响力的发挥可以通过对制度和规范的贡献与塑造实现，从而创造成长空间、突破体系限制以及提升国际影响力和地位。

德国追求和发挥塑造性权力的基础首先在于它一直坚持所谓"文明国家"外交理念，努力做国际社会的"优等生"②。长期以来，在西方大国中德国所体现的"文明国家"特性最为发达，这不仅给德国带来良好的声誉，也为统一后的德国发挥塑造性权力提供了前提。基于特殊的历史反省经历和战后德国的政治文化，德国外交强调摒弃传统的实力政治和强权政治原则，致力推动国际关系的文明化和法治化，在处理国际事务时优先奉行合作主义和多边主义，尽量不使用军事手段。这种规范已经融入联邦德国的法律体系，1949 年创制的《德意志联邦共和国基本法》（又称《波恩宪法》）规定："德国可以经由简单的法律规定将民族国家主权权力让渡于国家之间成立的国际机构。国际法的一般规则也是联邦德国法律的组成部分，而且优先于国内各项法律，并直接产生联邦领土上的居民权利和义务。"③ 在此基础上，德国提倡积极的多边主义外交战略，质疑一切非多边主义外交行为，尤其是强烈反对脱离国际组织框架和违反国际规范的行为。德国的多边主义外交包含了很强的规范性因素，它将自身定位为全球性的规范性多边主义推动者④。德国由此成功将自国家建立以来其主权受限的"短板"转化成了进一步发挥塑造性权力的优势。在积极推动和领导欧洲一体化的制度创建和规范引领方面，德国做出超越美、英、法等国的制度建设能力的成就，使欧洲成为世界的规范性引领者，通过强化欧盟的规范性权

---

① 〔美〕罗伯特·基欧汉：《霸权之后——世界政治经济中的合作与纷争》，苏长和、信强、何曜译，上海人民出版社，2006。

② 熊炜：《论德国"文明国家"外交政策》，《欧洲研究》2004 年第 2 期，第 122～133 页。

③ 世界知识出版社编《德国统一纵横》，世界知识出版社，1992，第 316 页。

④ Scott Erb, *German Foreign Policy: Navigating a New Era* (Boulder and London：Lynne Rienner Publishers, 2003), p. 10.

力获取塑造性权力。正如伊恩·曼纳斯（Ian Manners）指出的，欧盟在国际
关系中享有独特的规范性权力，它通过思想和观念的力量塑造其他行为体的
价值观，靠规范本身来完成原本需要军事力量或者经济动机来实现的目标①。

德国在崛起过程中要发挥全球影响力，明确将自身定位为“塑造性大
国”（shaping power）。2015 年 2 月，德国外交部发布的《2014 年德国外交
政策回顾：危机、秩序与欧洲》专题报告对德国的世界政治角色进行了重新
定义，提出要成为国际秩序的塑造性大国②。为此，德国规划了三个政策优
先目标：一是以欧洲一体化为核心，嵌入国际秩序并发挥德国的影响力；二
是积极维护开放和基于规则的国际秩序；三是积极参与欧洲内部和欧洲以外
的国际安全危机管理③。这份报告堪称新时期德国的大国崛起宣言，集中体
现了德国的崛起之路就是通过追求塑造性权力成为全球塑造性大国。

三　德国“嵌入式崛起”的困境

虽然德国的实践表明嵌入式崛起是一条超越“修昔底德陷阱”式崛起的
可行道路但并非可以解决所有问题的“万金油”。嵌入式崛起的主要优势在
于利用和扩展现有体系中的空间实现国家成长以及避免脱嵌带来的高烈度后
果。崛起是一个不断克服和冲破体系限制与束缚的过程，无论这个过程如何
渐进、无论采取的策略是如何悄无声息，当到达某一个阶段时或进入某些领
域后，就都有可能引起体系不同寻常的反推效应。正如嵌入的标志是指崛起
国在价值和规范的维度上维持与主导国及其领导集团的“我们”的身份，而
脱嵌则是其国际秩序理念在价值与规范维度上与主导国的理念产生矛盾，从
而显现出他者的影像④。此时，嵌入式崛起的国家将面临两难：要么保持嵌
入的身份认同而放弃对塑造性权力的追求，即崛起让位于嵌入；要么坚持用

---

① Ian Manners, "Normative Power Europe: A Contradiction in Term?" *Journal of Common Market
   Studies* 40（2002），pp. 238 - 240；张茗：《“规范性力量欧洲”：理论、现实或“欧托邦”?》，
   《欧洲研究》2008 年第 5 期，第 1 ~ 15 页。
② Auswärtiges Amt, "Review 2014 - Außenpolitik Weiter Denken: Krise · Ordnung · Europa,"
   2015, https://www. auswaertiges-amt. de/blob/269656/d26e1e50cd5acb847b4b9eb4a757e438/re-
   view2014 - abschlussbericht - data. pdf，最后访问日期：2020 年 9 月 2 日。
③ Frank-Walter Steinmeier, "Germanys New Global Role: Berlin Steps Up," *Foreign Affairs* 95
   （2016），pp. 106 - 113.
④ 有关对守成国与崛起国之间理念竞争的分析，参见徐进《理念竞争、秩序构建与权力转
   移》，《当代亚太》2019 年第 4 期，第 4 ~ 25 页。

不同的价值和规范来塑造秩序并坚持扮演"塑造性大国"的角色而成为现有体系的他者，即崛起压倒嵌入。

德国在全球安全领域追求嵌入式崛起就面临这样的困境。统一之后，德国就开始追求成为全球安全领域的"塑造性大国"。然而，现有主导国的全球安全秩序观主要奉行强制性权力和单边主义，价值与规范仅居次要地位。无法成为军事强国的德国如果完全认同这样的安全秩序观，将无法通过追求塑造性权力在全球安全事务中发挥大国影响力。与此同时，在不成为军事大国的前提下，德国在全球安全领域的崛起则必须强调和推行规范、规则和制度以及否定基于武力和强制的现有安全秩序管理机制。这样一来，德国在安全秩序观上将不得不直接表达与主导国实际奉行的实力政治和单边主义相悖的立场，投射出他者影像，带来脱嵌的危险。因此，德国虽然在全球安全领域小心翼翼地平衡崛起与嵌入之间的关系，但也仅能维持两者的动态平衡而无法彻底解决这一困境。在有些时候，德国为了保持与其他西方大国的一致，会在规范性上自动"倒退"而放弃发挥塑造性权力；而在另一些时候，德国可能冒着脱嵌风险执意发挥塑造性权力并导致现有秩序主导国及其他大国的集体压制，最终既未能成功扮演"塑造性大国"角色，又显现出他者影像而有损于其对嵌入稳定性的维持。

统一以后的德国追求全球安全领域的大国地位首先表现在谋求联合国安全理事会（简称"联合国安理会"）常任理事国（P5）席位上。联合国安理会是当今国际体系中集体安全制度的核心，常任理事国是法理意义上的全球安全大国；没有成为全球集体安全机制的核心成员，德国的大国地位就存在重要不足。2003 年伊拉克战争之后，随着国际社会要求改革联合国安理会的呼声达到高潮，德国与日本、印度、巴西组成了"四国集团"，决意通过"捆绑"和"共进退"的方式谋求常任理事国席位。这是德国迄今为止最接近"入常"的一次努力，然而"四国集团"的冲刺以失败告终，此后德国通过推动联合国安理会改革谋求常任理事国席位的计划几乎处于无限期搁置状态。德国在法理意义上的崛起因而无法实现。即便如此，德国希望在全球安全领域发挥塑造性权力的诉求极为坚定，它此后选择了"不在其位也要谋其政"的方式，即虽然不是联合国安理会常任理事国，也要着力发挥"第六常"的作用①。在实践中，

---

① 钱伯彦、陈英：《不在其位也谋其政：德国的入常执念与纵横外交》，界面网，2018 年 12 月 6 日，https://www.jiemian.com/article/2677629.html，最后访问日期：2020 年 7 月 19 日。

德国的行动体现为积极参与全球安全危机管理的大国外交，在伊朗核危机、利比亚危机和乌克兰危机等危机的应对中积极作为，希望发挥领导作用。然而，德国的外交努力在这些危机管理事件中表现出来的却非"得心应手"，而是与现有国际体系之间形成尴尬的推拉（push-pull）关系，集中体现了嵌入式崛起本身所蕴含的逻辑矛盾与现实困境。

（一）伊朗核危机：保嵌入而弃崛起

2003 年 6 月，伊朗核危机爆发，为应对危机，法国邀请德国和英国一起同伊朗开启谈判，意图在没有美国参与的情况下发挥欧盟三国的影响力。德国也希望通过在伊朗核问题解决上发挥作用，向国际社会传递明确信号：德国愿意且有资源像世界其他大国一样在国际安全领域担负责任。德国全程积极参与了长达 12 年的伊朗核问题谈判，在第一阶段谈判（欧盟三国与伊朗）中成功运用塑造性权力，限制了美国、英国和法国等国家的军事手段选项，也使自身在第二阶段谈判（联合国安理会 P5 + 1）中获得与联合国安理会常任理事国相同的谈判地位。然而，当美国和法国坚持使用强制性权力时，德国的塑造性权力难以发挥，不得不以牺牲"德国—伊朗特殊关系"来与西方保持一致，以避免脱嵌危险，同时也失去了塑造的空间和能力。

在整个谈判过程中，德国想要在全球安全领域崛起的意愿十分强烈。德国首先以诉诸规范的方式运用塑造性权力说服英法两国，将"文明国家"外交理念嵌入欧盟共同外交与安全政策的框架以塑造欧盟外交的共同规范，在此基础上排除了武力这一解决伊朗核问题的政策选项[①]。在议题设置上，德国也成功将军事选项排除在外，将和平解决伊朗核问题作为各方都接受的基础方案来进行讨论[②]。面对伊朗，德国力图利用自身的弃核"先行者"经验

---

① Oliver Meier, "Crisis as Opportunity: Implications of the Nuclear Conflict with Iran for the Nuclear Non-Proliferation Regime," *SWP Research Paper*, November 2014, https://www.swp-berlin.org/fileadmin/contents/products/research_papers/2014_RP12_mro.pdf, 最后访问日期：2020 年 9 月 7 日。

② 在西方大国中只有德国由始至终排斥武力选项，一直坚持伊朗核问题的和平解决方案。德国做到这一点并不容易，因为美国小布什政府一直对伊朗强硬，反复声称不惜以武力实施"先发制人"的打击，英国和法国虽然立场较美国缓和，但都没有正式宣布放弃军事手段，萨科齐的立场一度比美国还要强硬。参见 Nick Hopkins, "UK Military Steps Up Plans for Iran Attack Amid Fresh Nuclear Fears," *The Guardian*, 2 November 2011, https://www.theguardian.com/world/2011/nov/02/uk-military-iran-attack-nuclear, 最后访问日期：2020 年 9 月 15 日。

和参加核不扩散机制的经历劝说其以放弃核武计划换取经济发展机会①。

在塑造规范的基础上，德国积极主动塑造谈判框架，在机制上强调进一步发挥欧盟机构的作用，以使欧盟三国的外交行动更具合法性。因此，德法英三国在 2004 年中期即邀请欧盟高级外交代表哈维尔·索拉纳（Javier Solana de Madariaga）加入谈判②。对于德国来说，强化谈判的欧盟特性又有着特殊意义，因为这样一来，德国与英法两国的合作就嵌入了欧盟机制，此后在伊朗核问题谈判发展成"联合国安理会 P5＋1"阶段时，德国始终将"P5＋1"解读为"欧盟三国＋3"，突出了嵌入现有西方安全机制的意愿。

然而，在第二阶段谈判中德国塑造性权力的发挥显现出很大局限性。随着欧盟三国方案无法解决伊朗核问题，美国开始主导谈判，充分彰显了其作为国际体系主导国所拥有的强制性权力，对德国发挥塑造性权力构成直接冲击。美国从一开始就对欧盟三国的"怀柔"持怀疑态度，主张以武力或单边制裁的方式制止伊朗的核计划。在第一阶段谈判于 2005 年陷入僵局之后，美国开始向欧盟三国施加更大的压力，要求它们支持在联合国框架下对伊朗的经济制裁。美国还力主对伊朗实施更加严厉的单边制裁，认为只有如此才能迫使伊朗就范③。德国秉持规范性多边主义原则，同意将伊朗核问题提交联合国安理会审议，但反对美国所主张的多边制裁之外的单边制裁④。德国国内很多具有重要影响力的战略界人士对伊朗表示同情，他们并不认为伊朗的核计划对德国和欧洲安全造成了威胁，相信伊朗核危机其实是美国一手造成的⑤。

---

① 20 世纪 60 年代，德国曾对《不扩散核武器条约》持"基本怀疑"态度，时任国防部部长施特劳斯甚至称其为"新型凡尔赛条约"。在国际压力和德国国内反复权衡之下，德国于 1969 年加入了《不扩散核武器条约》。此后德国的经济发展说明，加入核不扩散机制不仅为德国创造了有利的国际环境，还促进了德国核工业的发展，为德国带来很大的经济收益。参见梁长平《国际核不扩散机制的遵约动力分析——以联邦德国遵守〈不扩散核武器条约〉为例》，《理论界》2015 年第 4 期，第 148～149 页。

② Riccardo Alcaro, *Europe and Irans Nuclear Crisis: Lead Groups and EU Foreign Policy-Making* (Cham：Palgrave Mamillan, 2018), p. 107.

③ Tom Sauer, "The Role of Informal International Organizations in Resolving the Iranian Nuclear Crisis (2003－15)," *Journal of Common Market Studies* 57 (2019), pp. 939－955.

④ "Berlin Says US and France Guilty of Hypocrisy," *Spiegel Online*, 24 September 2007, https://www. spiegel. de/international/world/iran-sanctions-berlin-says-us-and-france-guilty-of-hypocrisy-a－507443. html，最后访问日期：2020 年 9 月 5 日。

⑤ Christoph Bertram, *Partner, nicht Gegner. Für eine andere Iran-Politik* (Berlin：Körber-Stifung, 2008), p. 11.

在美国持续施压以及法英两国都支持美国的情况下，坚持己见的德国站到了美国治下的安全秩序的对立面，为避免孤立而面临"脱嵌"危险，德国不得不改变立场。2008 年 3 月，德国总理默克尔（Angela Merkel）在以色列议会发表公开演讲，极其强硬地批评了伊朗核计划，还特别指责了伊朗的人权问题，这与此前德国官员的表态明显不同。也正是在当月，德英法三国在联合国安理会推动通过了对伊朗强硬的第 1803 号决议。此后，在国际原子能机构 2010 年发布报告指出伊朗正在试图开发核武器之后，德国明确支持欧盟对伊朗实施单边制裁①。以此为标志，德国彻底转变了与伊朗进行"建设性对话"或"批评性接触"的政策主张。不仅如此，德国还说服意大利、瑞典和芬兰等原本不愿对伊朗实施单边制裁的国家与其一起支持美国。正是由于德国的立场转变，欧盟成员国外交部部长和国防部部长在 2011 年 12 月发表联合声明，表明欧盟将扩大对伊朗制裁的范围，并于 2012 年 1 月生效。②

为了避免脱嵌的危险、保持与美国领导下的西方具有一致性的"我们"整体，德国付出了牺牲"德国—伊朗特殊关系"的巨大代价。伊朗长期以来在德国的中东政策中居于核心地位，是德国中东战略的支点。在伊朗核危机爆发之前，德国一直是与伊朗关系最为密切的西方国家。德伊两国合作的历史甚至可以上溯到 20 世纪 20 年代，当时的伊朗在德国的帮助下建立了现代化工业体系。第二次世界大战结束以后，联邦德国与伊朗保持了密切的经济往来，德国也是在伊朗爆发伊斯兰革命之后唯一与之继续保持友好双边关系的西方国家，1957～2012 年德国一直是伊朗最大的贸易伙伴。

总而言之，在伊核危机管理进程中德国为了防止脱嵌抑制了自身的崛起势头，但其参与伊朗核问题谈判也有重要收获，即借机改变了此前只能以"支票外交"方式参与全球安全危机管理的尴尬地位。此次通过发挥塑造性权力，德国终于能够像联合国安理会常任理事国一样发挥大国作用，为自身寻求事实上的嵌入式崛起开辟了路径。

---

① "Implementation of the NPT Safeguards Agreement and Relevant Provisions of Security Council Resolutions in the Islamic Republic of Iran," GOV/2010/62, 23 November 2010, https://www. iaea. org/sites/de – ful tfiles/gov02010 – 62. pdf, 最后访问日期：2020 年 9 月 5 日。

② Tanja Cronberg, "No EU, No Iran Deal: The EUs Choice Between Multilateralism and the Transatlantic Link," *The Nonproliferation Review* 24 (2017), pp. 1 – 17.

（二）利比亚危机：崛起中的脱嵌危险

利比亚危机爆发之时恰逢德国担任联合国安理会非常任理事国（任期为 2011～2012 年），德国希望在应对危机的国际外交行动中发挥领导作用，但由于崛起的意愿和行动过于强烈，其被西方排斥和孤立，甚至一时从西方体系中脱嵌，最终沦为西方国家中的最大"输家"。这体现了德国即使脱嵌也无法崛起的尴尬现实，同时也表明了在德国的嵌入式崛起中，嵌入始终是崛起的前提。

在利比亚危机爆发之初，德国发挥塑造性权力主要表现在以西方价值和规范的维护者自居，率先设置议题。相比于法国等其他西方国家，德国最早认定卡扎菲政权对和平示威的反对派实施了残酷镇压①。在联合国人权理事会中，德国支持了停止利比亚成员资格的决议。作为联合国安理会非常任理事国，德国积极推动通过第 1970 号决议，对卡扎菲政权实施严厉制裁。在安理会的发言中，德国常驻代表强烈主张由国际刑事法庭对利比亚当局进行审判②。

然而，由于德国在 2011 年 3 月 17 日联合国安理会第 1973 号决议表决中投了弃权票，反对授权北约设置禁飞区以武装干涉利比亚，它在西方国家中突然陷入空前孤立。舆论甚至称这是德国对盟国的背叛，因为德国没有与其最重要的传统西方盟友美国、英国和法国保持一致，却同俄罗斯、中国等站在一起。德国的行动在其战后外交史上前所未有，联合国中的西方外交官普遍对此表示惊诧，德国国内舆论也一片哗然，很多德国国际关系学者和外交智囊甚至将这称为德国外交的一场"灾难"③。就实际效果来看，弃权极大地损害了德国在北约组织中的影响力，此后德国不得不付出大量努力以重新赢得盟国信任④。

---

① Deutsche Welle, "Merkel Verurteilt Gaddafis' Kriegserklärung," *DW News*, https://www.dw.com/de/merkel-verurteilt-gaddafis-kriegserklärung/a－14861369，最后访问日期：2020 年 9 月 10 日。

② Sebastian Harnisch, "Deutschlands Rolle in der Libyen-Intervention: Führung, Gefolgschaft und das Ange-bliche Versagen der Regierung Merkel," in Marianne Kneuer（Hrsg.）, *Standortbestimmung Deutschlands: Innere Verfasstheit und internationale Verantwortung*（Baden-Baden: Verlag Nomos, 2015）, p. 100.

③ Michael Staack, "Ohne Ziel und Ohne Kompass? Anmerkungen zur neuen Deutschen Außenpolitik," in Michael Staack and Dan Krause（Hrsg.）, *Europa als Sicherheitspolitischer Akteur*（Opladen: Verlag Barbara Budrich, 2014）, p. 181.

④ Philip Wittrock, "Paris and Berlin at Odds over Libya Operation," *Spiegel Online*, https://www.spiegel.de/international/germany/setback-for-franco-german-relations-paris-and-berlin-at-odds-o-ver-libya-operation-a－7 52992.html，最后访问日期：2020 年 9 月 19 日。

可以说，德国此次在联合国安理会的 "出头" 行为非常不明智地导致了自身从西方体系中脱嵌。脱嵌的首要原因是德国塑造性权力发挥的基础——它所宣称和推广的规范原则之间相互矛盾和难以自洽。在利比亚问题上，德国一直强调 "保护的责任" 和 "不使用武力干涉主权国家" 两个基本规范，但这两个规范本身却是相互冲突和抵触的：一方面，德国站在西方道义制高点上宣称保护人权，实施 "保护的责任"，这就必须要推翻卡扎菲政权；另一方面，德国又坚持不使用武力的原则，而在当时的情况下，西方不使用武力干涉是无法推翻卡扎菲政权的。

尽管德国想通过发挥塑造性权力积极发挥领导作用，但是在国际安全领域具有强大传统实力的主导力量——美法英三国却有意孤立德国，因而制约了德国塑造性权力的发挥。时任法国总统萨科齐 (Nicolas Sarkozy) 尤其不愿看到德国在国际安全领域发挥大国作用。就在利比亚危机爆发前不久，在法国的倡议下，法英两国于 2010 年 11 月 2 日在伦敦签署了两份为期 50 年的战略与防务合作条约。这在第二次世界大战后的两国历史上还是首次，标志着两国军事与战略合作的广度和深度都大大提升①。法国和英国完全将德国排除在防务合作外，其目的是在国际安全领域进一步边缘化德国，以平衡欧洲主权债务危机爆发后德国在经济领域所显示出的优势②。在联合国安理会通过第 1970 号决议的当天，萨科齐即任命阿兰·朱佩 (Alain Marie Juppe) 接替亲近卡扎菲的米谢勒·阿利奥 - 马里 (Michele Alliot-Marie) 担任外交部部长，大幅改变了此前支持卡扎菲政府的政策。法国与英国一起积极推动在联合国安理会通过第二个针对利比亚问题的决议，要求联合国授权对利比亚反对派进行军事支持，以实现推翻卡扎菲政权的目标。几乎与此同时，法国情报人员和特种部队也秘密潜入利比亚支持反对派军事武装。以此为标志，法英两国不仅将军事干预提上议程，而且在行动上抢先付诸实施。这与德国所强调的对利比亚实施严厉制裁但不进行军事干预的主张产生了矛盾，虽然德国的立场在欧盟内部不乏支持者，但法英很快在议题设置上压倒德

---

① Benoft Gomis, "Franco - British Defence and Security Treaties: Entente While It Lasts?" *Chatham House*, March 2011, https://www.chathamhouse.org/sites/default/files/public/Research/International%20Securiy/031lpp_gomis.pdf, 最后访问日期：2020 年 9 月 23 日。

② Michael Staack, "Ohne Ziel und Ohne Kompass? Anmerkungen zur neuen Deutschen Außenpolitik," in Michael Staack and Dan Krause (Hrsg.), *Europa als Sicherheitspolitischer Akteur* (Opladen: Verlag Barbara Budrich, 2014), pp. 181 – 187.

国，获得西方主流舆论的支持①。

法英两国的联手行动并未与德国沟通协商，默克尔和时任德国外交部部长基多·韦斯特韦勒（Guido Westerwelle）更是不止一次公开表示不满②。在联合国第 1973 号决议通过之后，萨科齐动员大量外交资源力主不将利比亚军事行动的指挥权移交北约，而是由法国来指挥。法国还建立了在自身领导下的利比亚问题指导委员会，吸纳利比亚行动各方以及非盟和阿盟参与③。德国则极力反对法国的做法，两国的分歧随之公开化④，凸显出德国的塑造性权力与传统主导国法英两国的强制性权力之间的冲突。特别是当美国明确表态支持法英之后，德国的塑造性权力就基本难有发挥空间。起初，奥巴马政府尚未做出以军事手段支持利比亚反对派的决定。在 2011 年 3 月 10 日召开的北约国防部长会议上，美国还对英法设置禁飞区的提议表示反对。在此背景下，德国认为自己在西方国家中并不孤单。在 3 月 11 日于布鲁塞尔召开的欧盟紧急首脑峰会上，德国以无联合国授权不得军事干涉利比亚为由劝说大部分欧盟国家反对英法设置禁飞区的提议。3 月 15 日，美国突然改变立场，转而支持英法提议并对利比亚动武。在此之前美国没有与德国进行沟通，直到联合国安理会投票表决前夕德国都未能了解到美国和阿盟的政策转变。2011 年 3 月 16 日，美国常驻联合国代表苏珊·赖斯（Susan Rice）表示必须军事干预利比亚，德国常驻联合国代表显然对此毫无思想准备，只得坦言"这不是德国所理解的可以签字的决议"⑤。

德国针对利比亚危机的外交行动显示，其错误地估计了自己所拥有的塑

① "Deutschland Hat sich International Selbst Isoliert," *Handelsblatt*, 20 März 2011, https://www.handelsblatt.com/politik/deutschland/en-thaltung-im-uno-sicherheitsrat-deutschland-hat-sich-international-selbst-isoliert/3969114. html，最后访问日期：2020 年 9 月 15 日。

② Sebastian Harnisch, "Deutschlands Rolle in der Libyen-Intervention: Führung, Gefolgschaft und das Angebliche Versagen der Regierung Merkel," in Marianne Kneuer（Hrsg.）, *Standortbestimmung Deutschland: Innere Verfasstheit und Intentionale Verantwortung*（Baden-Baden: Verlag Nomos, 2015）, p. 105.

③ Paul Taylor, "Special Report: The Wests Unwanted War in Libya," *Reuters*, 1 April 2011, https://www.reuters.com/aticle/us-libya-decisions – 4/special-report-the-wests-unwanted-war-in-libya-idUS-TRE73011H20110401，最后访问日期：2020 年 9 月 15 日。

④ Timothy Garton Ash, "France Plays Hawk, Germany Demurs, Libya Has Exposed Europe's Fault Lines," *The Guardian*, 24 March 2011, https://www.theguardian.com/commentisfree/2011/mar/24/france-hawk-germany-demurs-libya-europe，最后访问日期：2020 年 9 月 20 日。

⑤ Rebecca Adler-Nissen & Vincent Pouliot, "Power in Practice: Negotiating the International Intervention in Libya," *European Journal of International Relations* 20（2014）, p. 903.

造性权力资源，不明智地强行"出头"，特别是德国所强调的规范和价值体系基础相互抵触，最终导致其从西方体系中暂时脱嵌，此后德国在西方应对利比亚危机的进程中完全被边缘化。德国在国际安全领域挑战英法领导权的努力以失败告终。利比亚危机显示出一旦脱嵌于西方体系，德国就无法发挥其塑造性权力。

四　德国如何克服"嵌入式崛起"困境

嵌入式崛起的困境能否得到克服是一个开放性问题。德国在乌克兰危机管理中的表现提供了一种思路，即创建非正式多边机制并将之与现有体系进行连接，从而获得更大的行动空间。在应对乌克兰危机的外交行动中，德国担当了欧盟和西方领导者的角色：虽然强调规范性的多边主义，但是在欧盟体系中德国并未利用共同外交与安全政策机制；在西方联盟体系中，德国也没有呼吁和强化北约的介入。在这些正式机制之外，德国发起了非正式多边谈判机制"诺曼底格式"（Normandy format），以德法合作对外代表欧盟，在这一非正式机制中德国获得了更多灵活性和斡旋空间，有效塑造了谈判进程[1]。同时，德国还激活了欧洲安全与合作组织（OSCE，下文简称"欧安组织"）的危机管理机制，利用欧安组织在合法性和规范上的权威地位为德国发挥塑造性权力加固基础。由此，德国不仅成功发挥了塑造性权力，还保持了对现有体系的嵌入。但就其本质而言，德国之所以能在乌克兰危机中将嵌入与崛起成功结合，是因为其塑造性权力的发挥对主导国应对国际安全危机起到了"出奇制胜"的协助作用。

乌克兰危机爆发之时恰逢默克尔领导的新一届德国大联合政府上台，新政府宣称要积极参与构建国际秩序并为解决危机和冲突做出贡献。以2014年1月底召开的第50届慕尼黑安全会议上德国总统、外交部部长和国防部部长的演讲为标志，德国前所未有地明确宣示"大国雄心"，准备实施积极有为的外交政策和更多参与国际事务，表示"德国必须时刻准备，在外交和安全政策上更早、更果断且更具实质性地投入"[2]。德国高调表示要积极主动管理乌克兰危机并承担更多领导责任，除了是因为乌克兰危机与德国的地缘

---

① 熊炜：《"借权威"与妥协的领导——德法合作的欧盟领导权模式》，《世界经济与政治》2018年第6期，第46～49页。

② 李超：《德国"积极外交政策"评析》，《现代国际关系》2014年第9期，第41～47页。

政治和安全利益具有重要关联性，还缘于德国经济在应对欧洲主权债务危机中一枝独秀，德国具备将经济维度上的领导权转化为政治安全领域领导权的更多意愿和能力。

在应对乌克兰危机的过程中，德国得以成功发挥塑造性权力，最主要原因是其在价值和规范层次上与其他西方国家具有高度共识。它们都认为俄罗斯"兼并"克里米亚和介入乌克兰东部武装冲突违反了国际法规范，以武力行动改变欧洲国家之间的边界的行为挑战了欧洲安全秩序，践踏了乌克兰的国家主权。因此它们强调俄罗斯的行为不可接受，西方必须做出反应，德国在欧盟和北约都领导了西方对俄罗斯的政治谴责和经济制裁行动。值得注意的是，德国起初不同意对俄罗斯进行制裁，除担心激化局势以外，还因为德俄之间的经济纽带极其紧密，制裁会给德国经济的支柱行业如制药业和汽车制造业带来巨大损失，损害其地缘经济利益。此外，德国国内还有强大的亲俄游说集团，其对决策者施加了很大压力[1]。即便如此，为了强化西方共同的价值和规范基础，德国很快呼吁并领导了对俄罗斯的经济制裁，并且说服立场犹豫的欧盟国家也同意实施制裁。2014年4月9日，时任德国外交部部长弗兰克-瓦尔特·施泰因迈尔（Frank-Walter Steinmeier）明确声称"即便对俄罗斯实施制裁意味着经济上的巨大损失，我们也绝不能容忍在欧洲的强权践踏法治的行为"[2]。

与在伊朗核问题谈判和利比亚危机中的表现明显不同，德国在乌克兰危机中的领导地位从一开始就得到了其他西方国家的承认，特别是美国非常支持德国在第一线应对危机。因此在很多情况下，默克尔都在以欧洲甚至西方的名义担当危机管理的领导角色[3]。正如美国负责欧洲事务的助理国务卿维多利亚·纽兰（Victoria Nuland）所说，"在乌克兰危机的整个过程中，没有任何一个欧洲国家比德国更强有力地领导行动。无论是政治、经济上还是道德上，美国都再没有像德国一样的伙伴来支持乌克兰、对俄罗斯实施制裁，同时也打开缓和局势的外交之门"[4]。就连美国总统奥巴马也在2014年5月

① 熊炜：《"借权威"与妥协的领导——德法合作的欧盟领导权模式》，《世界经济与政治》2018年第6期，第81～103页。
② Lisbeth Aggestam & Adrian Hyde-Price, "Learning to Lead? Germany and the Leadership Paradox in EU Foreign Policy," *German Politics* 29 (2020), pp. 8-24.
③ Urich Speck, *The West's Response to the Ukraine Conflict: A Transatlantic Success Story* (Washington, D. C.: Transatlantic Academy, 2016), p. 4.
④ Urich Speck, *The West's Response to the Ukraine Conflict: A Transatlantic Success Story* (Washington, D. C.: Transatlantic Academy, 2016), p. 4.

初默克尔访美的共同新闻发布会上表示"非常感谢默克尔在应对乌克兰危机中的领导角色"①。

最重要的是，德国推行以正式和非正式机制两个框架并行的危机管理机制，在这两个框架中都积极扮演领导者角色，以确保外交行动嵌入西方体系。其中正式机制是指欧安组织即利用这一组织平台讨论乌克兰局势，非正式机制则是指建立的"诺曼底格式"这一谈判框架。两种框架的核心都是推动对俄罗斯的"制裁 + 对话"谈判进程②，而对缓和乌克兰局势真正发挥作用的其实是非正式机制"诺曼底格式"框架中的谈判。"诺曼底格式"促成的两份《明斯克协议》的核心都是实现停火，新《明斯克协议》虽然没有得到有效执行，但是新协议签订后乌克兰再也没有爆发过大规模的武装冲突。到本文写作时，该协议一直是国际社会管控乌克兰危机的基础，德国也自始至终在维护和管理协议的过程中发挥着核心作用。乌克兰、俄罗斯与欧盟各方都强调，没有比该协议更好的解决乌克兰危机的方法③。

在西方应对乌克兰危机的进程中，德国不仅领导了欧盟针对俄罗斯的经济制裁，还和法国一起调停并签订了两份停火协议，德国军队在此期间也以北约的名义驻扎在波罗的海三国和波兰，这些都表现出德国维护欧洲安全秩序的姿态和信心。虽然乌克兰危机尚无最终解决方案，但德国领导危机管理的行动已经充分显示出其开始在国际安全领域扮演世界政治大国的角色，而且在规范和机制上都深深嵌入西方体系。领导管控乌克兰危机是德国在国际安全政策领域克服嵌入式崛起困境的成功案例，但这一成功经验能否复制以及形成一种稳定的策略和机制尚有待观察。

五　结论

有关大国崛起问题的现有研究存在不同程度的选择偏差，往往执果导因

---

① 郑春荣、朱金锋：《从乌克兰危机看德国外交政策的调整》，《同济大学学报》（社会科学版）2014 年第 6 期，第 39 页。

② Nicholas Wright, "No Longer the Elephant Outside the Room: Why the Ukraine Crisis Reflects a Deeper Shift Towards German Leadership of European Foreign Policy," *German Politics* 27 （2018）, pp. 479 – 497.

③ Tim B. Peters & Anastasiia Shapkina, "The Grand Stalemate of the Minsk Agreements," Konrad-Adenauer-Stiftung Country Report, February 2019, https://www. kas. de/documents/252038/4520172/The + Grand + Stalemate + of + the + Minsk + Agreements, 最后访问日期：2020 年 9 月 30 日。

而导致过多关注"修昔底德陷阱"式的大国崛起，忽略了德国事实上也是一个独具特色的成功崛起大国。本文将理论和实证相结合，探讨了德国如何通过发挥塑造性权力实现在国际体系中的嵌入式崛起。本文认为，嵌入式崛起是指崛起国将自身嵌入主导国所建立和维护的体系中，在努力保持嵌入状态下，积极寻找崛起机会与空间，以期处理嵌入与崛起两者之间矛盾共存的辩证关系。在半个多世纪的崛起进程中，德国始终将自身明确而牢固地置于现有霸权国所创建和维护的体系中，主动克服崛起过程中的脱嵌风险，寻求在体系内部由下至上的成长而非由外向内的崛起。在追求权力和国际地位时，德国专注于基于价值、规范和制度的塑造性权力并努力成为"塑造性大国"，将国际秩序塑造为基于规范而非基于强制性实力的国际秩序，补齐自身短板而实现崛起目标。然而在全球安全领域中，德国的嵌入式崛起却遭遇了"秀才遇到兵"的困境，其秩序观大幅度超越了现有主导国所实际维护的安全秩序，难以追求和发挥其塑造性权力，即使"强出头"，所得到的结果也不过是脱嵌和崛起失败的双重损失。

本文以德国在参与伊朗核危机和利比亚危机管理时的外交实践为例，分析了德国在全球安全领域发挥塑造性权力以实现嵌入式崛起所面临的两难困境，即以嵌入为前提则让崛起的努力受挫或者在追求崛起目标的过程中随时面临脱嵌危险。德国参与乌克兰危机的管理提供了克服这一两难困境的思路，但这一方式的积极效果是否具有可复制性尚待观察。本文对于嵌入式崛起和德国经验的探讨不仅提供了解读和分析德国外交的新视角，而且能够为新兴大国避免"修昔底德陷阱"和构建新型国际关系提供借鉴。

德国外交政策的新动向[*]

郑春荣[**]

摘　要：2013 年 12 月，德国基民盟/基社盟与社民党组成了大联合政府，德国进入了"默克尔 3.0 时代"。新政府在其《联合执政协议》中表示将积极参与国际秩序的建构，由此德国外交政策呈现出从恪守克制文化转向推行积极有为的外交政策的新动向。本文首先论述了德国外交政策调整的内外背景，然后分析了其具体内涵和初步实践，指出了政府内部存在的灵巧运用各种外交政策手段和扩大军事手段之间的意见分歧。文章在此基础上指出，德国外交政策的变化尚处在微调与手段变化之间的状态。最后，文章论述了德国外交政策成功转型所面临的诸多挑战。

关键词：德国　"默克尔 3.0 时代"　外交政策　克制文化　积极有为

2013 年 11 月初，正在进行联合执政谈判的基民盟/基社盟（简称联盟党）和社民党达成了一份外交政策文件，其内容后来被纳入新政府的《联合执政协议》。在该外交政策文件以及《联合执政协议》的前言中，两党表示："我们希望与我们的欧洲伙伴一起参与建构全球秩序，并为危机和冲突的解决做出贡献。"[①] 德国新政府的这一表态，被一些观察家解读为德国将推

---

　　*　本文首次发表于《欧洲研究》2014 年第 2 期，第 1 ~ 14 页。

　**　郑春荣，同济大学德国研究中心主任，教授。

　　①　"Deutschlands Zukunft gestalten. Koalitionsvertrag zwischen CDU，CSU und SPD，18. Legislaturperiode，" Berlin，2013，p. 10.

行 "进攻型" 外交政策①，然而也有学者基于同样的文本认为，德国新政府宣示的只是 "毫无雄心的外交政策"②。耐人寻味的是，学者们为何会有如此截然不同的解读。

无论如何，一段时间以来，要求德国承担更多国际责任的呼声此起彼伏，联邦总统高克在其 2013 年 10 月 3 日的德国统一日致辞中指出，国内外对德国更多参与国际政治的要求在增多，德国不应自我矮化，而是应认识到，在充满危机和变革的国际体系中，新的责任落到了德国身上③。这一 "责任论" 很好地呼应了此前德国科学与政治基金会（SWP）以及德国马歇尔基金会（GMF）发布的题为《新力量、新责任：德国在变革中的世界里的外交与安全政策的要素》的文件。该文件是在德国外交部政策规划司的资助下，由来自德国外交政策领域各类机构的 50 多位高级官员和学者经过近一年（2012 年 11 月至 2013年 9 月）的讨论拟定的，其核心思想是，德国对维护国际秩序有着巨大的兴趣，为此必须作为国际体系的领导力量之一在未来承担更大的责任④。

在 2013 年 12 月 17 日德国新政府成立、默克尔第三度当选总理、德国进入 "默克尔 3.0 时代" 之后，德国政要更是利用各种场合释放德国外交政策需要进行调整的信号，最为明显的体现是，2014 年 1 月底在第 50 届慕尼黑安全会议上联邦总统高克、联邦外交部部长施泰因迈尔和联邦国防部部长冯

---

① Hans Monath, "Aus den Koalitionsverhandlungen. Offensiver Ansatz in der Außenpolitik," *Der Tagespiegel*, 5 November 2013; "Bereit zur globalen Ordnungspolitik: Koalitions – Strategiepapier fordert offensive Außenpolitik," *German Foreign Policy*, 7 November 2013, http://www. german-foreign-policy. com/de/fulltext/58728, 最后访问日期：2014 年 2 月 18 日。

② Carsten Luther, "Koalitionsverhandlungen. Außenpolitik ohne Ambitionen," *Zeit Online*, 5 November 2013, https://www. zeit. de/politik/2013 – 11/aussenpolitik-koalitionsverhandlungen-strategie-macht-selbstbewusstsein? utm_referrer = https% 3A% 2F% 2Fcn. bing. com% 2F, 最后访问日期：2014 年 2 月 18 日。

③ "Festakt zum Tag der Deutschen Einheit 2013," *Der Bundespräsident*, 3 Oktober 2013, https://www. bundespraesident. de/SharedDocs/Reden/DE/Joachim-Gauck/Reden/2013/10/131003 – Tag-deutsche-Einheit. html, 最后访问日期：2013 年 12 月 15 日。

④ SWP and CMF, "New Power, New Responsibility: Elements of A German Foreign and Security Policy for A Changing World," Berlin, 2013; 参见 Hans Georg, "Die Neuvermessung der deutschen Weltpolitik. Von einer 'Gestaltungsmacht im Wartestand' zu einer Fahrungsmacht," *German Foreign Policy*, 25 Oktober 2013, http://www. german-foreign-policy. com/de/full – text/58720, 最后访问日期：2014 年 2 月 18 日。在此之前，另一份引起较大关注的文件是德国阿登纳基金会青年外交家工作小组于 2011 年 8 月发布的外交政策研究报告，其在报告中敦促德国在继续与西方军事联盟保持紧密合作的前提下，提升德国在国际政治中的地位。参见 Arbeitskreis Junge Außenplitiker, Konrad-Adenauer-Stiftung, "Perspehtive 2020. Empfehlungen für eine akive deusche Außenpolik," Sankt Augustin/Berlin, 2011。

德莱恩之间相互配合的"三重奏"①。其中，高克在其开幕致辞中明确要求重新定向德国外交与安全政策：在国际政治中，"德国应作为良好伙伴，更及时、更坚决和更切实地投入"②。上述话语表明，德国外交政策正呈现出从恪守克制文化转向推行积极有为的外交政策的新动向③。

结合德国新政府外交政策所呈现出的调整的新动向，本文旨在分析德国外交政策开始重新定向的内外背景，以及这种调整在具体内容和迄今实践中的表现。在此基础上，本文尝试回答以下问题：德国外交政策的调整和变化只是一种粉饰，还是一种根本性的变化？如果这种变化并非深刻的重新定向，那么，又有哪些因素制约了德国外交政策的大幅调整？

一 德国新政府外交政策调整的内外背景

德国外交政策的调整有着深刻的内外背景，具体可以从德国国内、欧盟和国际层面进行分析。从德国国内看，首先是联盟党更换了联合执政伙伴。毋庸置疑，外交政策的调整尤其是根本性的变化往往伴随着新政府的上台而发生，后者会对国家所处环境有着不同的认知，并因此提出新的议程。当然，同一政府认识到需要对外交政策进行重大改变的案例也同样存在。具体到德国此前由联盟党与自民党组成的联合政府，出任外交部部长的自民党人韦斯特韦勒在相当长的时间里表现出缺少外交技巧的形象，最显著的是德国于 2011 年 3 月 17 日在联合国安理会关于在利比亚设立禁飞区的决议的表决中投了弃权票④。有消息称，韦斯特韦勒曾一度考虑在安理会投反对票，最后在总理默克尔的要求下，德国政府才投了弃权票。总体上，在过去四年，作为反对党的社民党一再批评外交部部长韦斯特韦勒领导下的外交政策，指责他僵守克制文化，在如伊朗、近东、叙利亚等的危机中没有充分利用德国的行动余地和潜在影响力⑤。因此，把德国新政府外交政策的调整归因于联

---

① "Deutschlands Befreiungschlag," *German Foreign Policy*, 31 Januar 2014, http://www.german-foreign-policy.com/de/fulltext58788, 最后访问日期：2014 年 3 月 5 日。
② "Deutschlands Rolle in der Welt: Anmerkungen zu Verantwortung, Normen und Bundnissen," des Bundespräsidenten, 50 Münchner Sicherheitskonferenz-Eröffnungsrede, 31 Januar 2014.
③ "Steinmeier plädiert für eine aktivere deutsche Krisenpolitik," *Die Zeit*, 30 Januar 2014.
④ Dieter Dettke, "Germany Says 'No' Again," *AICGS Advisor*, 22 April 2011.
⑤ Hans Monath, "Aus den Koalitionsverhandlungen. Offensiver Ansatz in der Außenpolitik," *Der Tagespiegel*, 5 November 2013.

盟党的联合执政伙伴由自民党更换为社民党，这种解释有一定的道理，毕竟 2009 年《联合执政协议》中所包含的"克制文化"① 字眼在新政府的《联合执政协议》中不见了踪影。但是，这种"政党差异说"缺乏足够的说服力。有观察家指出，本届大联合政府公开宣示"大国雄心"，这是 2005～2009 年的上一届大联合政府文件中也不曾有过的。换言之，同样是联盟党与社民党之间的联合执政，如今的"默克尔 3.0 时代"相较于"默克尔 1.0 时代"，其执政协议描绘的是一个更为自信的德国的角色②。

毫无疑问，这种"自信"源于德国日益增长的经济实力。总统高克在慕尼黑安全会议上的演讲中表示："这是一个良好发展的德国，是我们迄今所拥有的最好的德国。"③《新力量、新责任：德国在变革中的世界里的外交与安全政策的要素》文件也做出了同样的研判："德国还从未像现在这样富裕、安全与自由。德国（比以往任何时候）均拥有更多的力量和影响力，为此，它也就产生了新的责任。"④ 的确，正如德国新政府的《联合执政协议》前言所叙述的，德国经济已经连续四年增长，在经历了 2009 年金融危机冲击造成的负增长 5.1% 后，2010 年和 2011 年德国经济迅速反弹，国内生产总值增长率分别达到 4% 和 3.3%。虽然 2012 年和 2013 年的增幅收窄（分别为 0.7% 和 0.4%），但依然处在增长轨道上。此外，2012 年和 2013 年均实现了财政平衡。与此同时，德国的就业人数达到历史最高水平，而且，失业率在 2012 年和 2013 年均在 7% 以下，失业人数低于 300 万。⑤

德国经济近年的良好表现，放到欧盟层面更显得"一枝独秀"。即使考察德国经济增长放缓的 2012 年和 2013 年，与欧洲相比，其依然表现良好。例如，在这两年，欧元区国家国内生产总值平均下降了 0.7% 和 0.4%，欧

---

① "Wachstum. Bildung. Zusammenhalt. Koalitionsvertrag zwischen CDU, CSU und FDP, 17. Legislaturperiode," Berlin, 2009, p. 124.

② Johannes Leithäuser, "Koalitionsverhandlungen. Berlin will die globale Ordnung aktiv mitgestalten," *Frankfurter Allgemeine Zeitung*, 5 November 2013, https://www.faz.net/aktuell/politik/koalitionsverhandlungen-berlin-will-die-globale-ordnung-aktiv-mitgestalten – 12649767.html，最后访问日期：2014 年 2 月 18 日。

③ "Deutschlands Rolle in der Welt: Anmerkungen zu Verantwortung, Normen und Bundnissen," des Bundespräsidenten, 50 Münchner Sicherheitskonferenz-Eröffnungsrede, 31 Januar 2014.

④ SWP and CMF, "New Power, New Responsibility: Elements of A German Foreign and Security Policy for A Changing World," Berlin, 2013, p. 2.

⑤ 数据均来自德国联邦统计局网站，http://www.destatis.de/，最后访问日期：2014 年 3 月 5 日。

盟则在 2012 年平均下跌 0.4% 的基础上在 2013 年实现持平。德国是欧元区和欧盟的"经济之锚"①，因此，德国是欧洲"不可或缺的力量"②。这种"不可或缺"在法国衰弱的背景下显得格外炫目。欧债危机爆发后，德法之间原有的"不对称的对称"③ 格局被打破，传统法德轴心的天平向德国倾斜④。伴随着欧洲其他国家的衰弱，德国从幕后被推到了前台，必须作为"唯一的领导力量"⑤ 承担起领导角色，哪怕它至今表现出的只是一个"不情愿的霸权"⑥。

德国需要承担更多的责任也体现在安全政策领域，在外交部部长施泰因迈尔看来，这一方面是因为大的危机和冲突（如叙利亚、近东与中东、非洲或东欧的危机）日益迫近欧洲边界，德国也能直接感受到它们带来的后果。另一方面，德国和欧洲其他国家不再能像过去那样，寄希望于美国帮助欧洲解决其周边的冲突。美国对欧洲和世界的兴趣并未丧失，但美国出于政治、财政以及心理上的疲乏，没有能力也不想再"无处不在"。因此，美国未来在全球的力量投放会更加有选择性，它对伙伴的要求也会相应提高⑦。换言之，无论德国和欧洲其他国家是否愿意，它们都必须更多地自己承担维护欧洲安全的责任⑧。

由此可见，德国联合执政伙伴的更替、经济实力的上升、在欧盟内领导力的凸显，以及美国的战略东移和收缩，这些国内、欧盟和国际因素的共同作用为德国新政府的外交政策转型开启了"时机之窗"。

---

① Adam S. Posen, "The Euro Payoff Germany's Economic Advantages from a Large and Diverse Euro Area," *Internationale Politik-Global Edition* 2 (2011), p. 29.

② Timothy Garton Ash, "Everywhere, the European Project is Staling. It Needs a New German Engine," *The Guardian*, 15 June 2011.

③ Stanley Hoffmann, *The European Sisyphus: Essays on Europe 1964 – 1994* (Boulder CO, San Francisco and Oxford: Westview Press, 1995).

④ 参见郑春荣《从欧债危机看德国欧洲政策的新变化》，《欧洲研究》2012 年第 5 期，第 1 ~ 16 页。

⑤ Gisela Miller – Brandeck – Bocquet, "Deutschland – Europas einzige Führungsmacht?" *Aus Politik und Zeitgeschichue* 10 (2012), pp. 16 – 33.

⑥ William E. Paterson, "The Reluctant Hegemon? Germany Moves Centre Stage in the European Union," *Journal of Common Market Studies* 49 (2011), pp. 57 – 75.

⑦ SWP and CMF, "New Power, New Responsibility: Elements of A German Foreign and Security Policy for A Changing World," Berlin, 2013, p. 5.

⑧ "Es wird zu Recht von uns erwartet, dass wir uns einmischen. Außenminister Frank – Walter Steinmeier im Interview zu den Grundzügen seiner Außenpolitik," *Süddeutsche Zeitung*, 30 Januar 2014.

二　德国新政府外交政策的内容及其初步实践

虽然德国新政府上台伊始，其外交政策尚在塑造中，但我们仍然可以从《联合执政协议》以及德国政要的言论中，看出德国外交政策调整的端倪，而且某些政策表述已经初步付诸实践。

（一）德国新政府外交政策的内容

《新力量、新责任：德国在变革中的世界里的外交与政策的要素》文件已经指出，至少与其经济实力、地缘政治分量和国际声誉相比，德国至今更多的是有选择地且犹豫地采取建构或倡议行动。文件因此认为，德国仍是一个处于"待机状态"的建构力量，并要求德国将来更经常地发挥领导作用[1]。

与此要求相呼应，新政府的《联合执政协议》表示，德国愿意在其利益和价值引导下[2]积极参与建构国际秩序，充当建构公正国际秩序方面的一个良好伙伴。正如总统高克所言，维护目前极其有利于德国的国际秩序，并使之具有面向未来的能力，是德国外交政策的核心利益，这是因为德国的全球化程度超平均水平，因此，它也超平均水平地受益于和依赖于一个开放的国际秩序[3]。值得关注的是，《联合执政协议》中充斥着与"责任"相关的言辞，德国不仅表示愿意面对"国际责任"，还表示愿意承担起"欧洲政策的责任"。而且，德国愿意在联合国层面承担更多责任，包括接受联合国安理会常任理事国席位，虽然其长远目标是为欧盟谋求一个常任席位。

此外，《联合执政协议》坚持了德国外交政策的两根支柱。一方面，

---

[1]　SWP and CMF, "New Power, New Responsibility: Elements of A German Foreign and Security Policy for A Changing World," Berlin, 2013, p. 9.

[2]　此前，德国曾就外交政策中的价值和利益之间的关系展开了激烈讨论，参见 "Eberhard Sandschneider antwortet in der ZEIT auf einen Beitrag von Jörg Lau. Debatte zur deutschen Außenpolitik: Raus aus der Moralecke!" *Die Zeit*, 28 Februar 2013。在《新力量、新责任：德国在变革中的世界里的外交与安全政策的要素》文件中，德国外交精英就此达成的共识是：价值与利益之间的目标冲突在短期内常常不可避免，必须在具体个例里加以均衡，但是在长期内，价值导向是一种关乎生存的利益。参见 SWP and GMF, "New Power, New Responsibility: Elements of a German Foreign and Security Policy for A Changing World," Berlin, 2013, p. 9。

[3]　"Deutschlands Rolle in der Welt: Anmerkungen zu Verantwortung, Normen und Bundnissen," des Bundespräsidenten, 50. Münchner Sicherheitskonferenz – Eröffnungsrede, 31 Januar 2014.

德国依然把欧洲一体化事业视为最重要的任务，并表示将作为可信赖的伙伴在欧洲扮演促进一体化的角色，包括采取加强和深化共同外交与安全政策的新倡议。值得注意的是，德国致力于一个越来越紧密的欧洲武装力量联合体，这个联合体可以继续发展成为一支议会监督下的欧洲军队。另一方面，虽然协议指出，欧美之间鉴于"窃听门"事件的影响需要重建信任，但协议还是表示要加强跨大西洋关系和北约的作用，并认为计划中与美国签订的欧美双边自贸协定（TTIP）是深化跨大西洋关系的核心项目之一。

在危机与冲突解决的手段方面，《联合执政协议》虽然表示联邦国防军是一支行动军（Einsatzarmee），在将来也需要投入海外行动，但是协议明白无误地表示，外交手段、和平地规制冲突和发展合作手段占据主导地位①。不过，在这个问题上，总统高克、外交部部长施泰因迈尔和国防部部长冯德莱恩之间或者说社民党与基民盟之间事实上存在不同的意见：社民党想要加强危机预防，并为此利用和扩大外交手段，用施泰因迈尔的话说，虽然他并不排斥将军事手段作为最后手段，但他表示，德国将继续保持克制，只是军事克制不能被误读为置身事外的原则②，他主张推行"灵巧外交"（kluge Diplomatie），具体是指更积极、更富有创意、更勇敢和更全面地利用外交政策"工具箱"③，以便更早、更具实质性地和更坚决地采取行动④；而基民盟赞成增加联邦国防军参与国际行动——德国目前在三大洲的 11 个国家派驻约 5000 名士兵，并希望提高德国在危机地区的军事干预能力。总统高克也倾向于此立场，他在慕尼黑安全会议上的演讲中援用了《新力量、新责任：德国在变革中的世界里的外交与安全政策的要素》文件中的意见。他表示，如果有破坏者对现有国际秩序提出质疑或违反国际基本规范，那么，德国必须愿意且

---

① "Deutschlands Zukunft gestalten. Koalitionsvertrag zwischen CDU, CSU und SPD, 18. Legislaturperiode," Berlin, 2013, pp. 156 – 183.

② "Es wird zu Recht von uns erwartet, dass wir uns einmischen. Außenminister Frank – Walter Steinmeier im Interview zu den Grundzügen seiner Außenpolitik," *Süddeutsche Zeitung*, 30 Januar 2014.

③ "Nur wer sich einmischt, kann was bewegen, Bundesaußenminister Frank – Walter Steinmeier über die Bedeutung der Europawahl und kluge Diplomatie," *Deutschland*, 7 März 2014, https://www.deutschland.de/de/topic/politik/deutschland-europa/nur-wer-sich-einmischt-kann-was-bewegen, 最后访问日期：2014 年 3 月 12 日。

④ "Germany's Foreign Minister at Brookings on Snowden, TTP and Ukraine," *Brookings*, 28 February 2014, http://www.brookings.edu/blogs/brookings-now/posts/2014/02/germany-foreign-minister-snowden-ttip-ukraine.

有能力采取行动，包括运用军事力量，或至少能以军事力量相威胁①。社民党和基民盟的立场差异还在于，基民盟想要重新考虑联邦议院对联邦国防军外派的授权，以便提高德国作为可靠伙伴参与军事行动的能力，但社民党不愿放松议会的批准权②。《联合执政协议》中的表述也体现了这种意见分歧：一方面，协议表示德国即使在与其伙伴的合作和任务增多的情况下，也要确保议会参与德国士兵外派的决定；另一方面，协议表示将设立一个委员会，用于审查如何在进一步一体化和任务增多的情况下确保议会的权力③。

（二）德国新政府外交政策的初步实践

在 2013 年 12 月 19 日和 20 日举行的欧盟峰会上，默克尔总理要求在欧盟委员会和欧盟成员国之间引入有约束力的、促使成员国进行结构改革的"增长、就业与竞争力伙伴协议"，但是相关决定最终被推迟到 2014 年 10 月做出，不过，各国确定了伙伴协议的基本原则。从中可以看出，在推动欧盟各国深化改革的议题上，德国新政府并未放松其立场。另外，此次峰会也是五年来欧盟各国国家和政府首脑首次商讨欧洲安全与防务政策。德国和其他国家一样，要求加强在派兵到危机地区以及军备项目上的合作。落实在具体项目上，欧盟将在 2020～2025 年开发出一款欧洲无人机，德国已经表示参与此项目④。

在国际危机与冲突应对中，德国显示出一些新的行动迹象。例如，德国外交部和国防部表示，德国愿意并有能力在德国境内处理在销毁叙利亚化学

---

① "Deutschlands Rolle in der Welt: Anmerkungen zu Verantwortung, Normen und Bundnissen," des Bundespräsidenten, 50. Münchner Sicherheitskonferenz – Eröffnungsrede, 31 Januar 2014. 同时参见 SWP and GMF, "New Power, New Responsibility: Elements of a German Foreign and Security Policy for A Changing World," Berlin, 2013, p. 17. 后一份文件把德国的战略关系分为三类，包括盟友（allies）、挑战者（challengers）和破坏者（spoilers）。其中，文件把中国和俄罗斯等都列为挑战者。另外，需指出的是，对于军事行动，是只有在联合国安理会授权的情况下才能采取，还是在例外情况下没有联合国授权也能采取，这是参与战略文件撰写的学者间的唯一分歧。

② Jochen Bittner and Mathias Nass, "Außenpolitik. Kurs auf die Welt," *Die Zeit*, 6 Februar 2014.

③ "Deutschlands Zukunft gestalten. Koalitionsvertrag zwischen CDU, CSU und SPD, 18. Legislaturperiode," Berlin, 2013, p. 177.

④ "EU – Gipfel in Brüssel. Dämpfer für Merkel und Hollande," *Tagesschau*, 20 Dezember 2013, https://www.tagesschau.de/ausland/eu-gipfel156.html, 最后访问日期：2014 年 3 月 12 日。

武器过程中产生的类似工业废料的剩余物质①。而且，外交部部长施泰因迈尔释放出信号，德国将派遣"奥格斯堡"号海军驱逐舰到地中海，用于支持在那里销毁叙利亚化武的舰船②。他还进一步表示，届时将争取联邦议院对联邦国防军海外行动的授权，使其至少在形式上成为作战行动，在这一行动中不排除德国士兵使用武力的可能性。在分析人士看来，德国此番表态的真正目的是配合其外交政策调整，显示其军事力量，而参与销毁化武这样的裁军行动，可以让国内对联邦国防军参与海外行动持怀疑态度的人闭嘴乃至慢慢习惯③。

与此同时，德国计划加强其在非洲的军事行动。2014 年 2 月 20 日，德国联邦议院已经批准了把参加欧盟马里军事训练行动（EUTM Mali）的德国士兵的人数上限从 180 人提高至 250 人的授权④。另外，德国国防部部长冯德莱恩还计划在欧盟军事行动框架内向中非共和国派遣一架医疗运输机，用于疏散受伤的士兵⑤。但德国拒绝派遣士兵参与那里的作战行动。鉴于法国一直积极在非洲开展军事行动，国防部部长冯德莱恩表示德国将加强其在非洲的军事行动，这无疑可看作德国对法国的暗示，意味着德国有意愿在共同外交与安全政策领域与法国加强合作。这一点也体现在冯德莱恩的相关表态中："如果一部分国家始终在军事行动方面谨慎克制，而另一些国家毫无协调地向前冲锋，那么，欧洲在全球力量的博弈中就无法前进。"⑥ 但是，正如

① "Konflikte：Syrische Chemiewaffen werden in Niedersachsen vernichtet," *Focus Online*，9 Januar 2014，http：//www. focus. de/regional/niedersachsen/konfikte-syrische-chemiewaffen-werden-in-niedersachsen-vemichtet_id_3526824. html，最后访问日期：2014 年 2 月 18 日；《德国表示愿为销毁叙利亚化武提供帮助》，新华网，2014 年 1 月 9 日，http：//news. xinhuanet. com/world/2014 - 01/09/c_118905201. html，最后访问日期：2014 年 2 月 18 日。
② "Pläne für Mission im Mittelmeer. Bundeswehr vor neuem Auslandseinsatz," *Tagesschau*，12 Februar 2014，http：//www. tagesschau. de/in-land/auslandseinsatz102. html，最后访问日期：2014 年 2 月 18 日。
③ Christin Berhold & Christian Stache, "Über 'Augsburg' zur Weltmacht – Vernichtung syrischer Chemiewaffen oder militärische Machtprojektion?" *IMI-Standpunkt*，24 Februar 2014，http：//www. imi-online. de/2014/02/24/ueber-augsburg-zur-weltmacht-vernichtung-syrischer-chemiewaffen-oder-militaerische-machtprojektion/，最后访问日期：2014 年 3 月 10 日。
④ "Bundestag stimmt erweitertem Mandat für EU – Trainingsmission in Mali zu," *Bmvg*，20 Februar 2014，https：//www. bmvg. de/，最后访问日期：2014 年 3 月 10 日。
⑤ "Von der Leyen für mehr internationales Engagement. Bundeswehr soll verstärkt ins Ausland," *Tagesschau*，26 Januar 2014，http：//www. tagesschau. de/inland/vonderleyen-bundeswehr100. html，最后访问日期：2014 年 2 月 18 日。
⑥ "Von der Leyen für mehr internationales Engagement. Bundeswehr soll verstärkt ins Ausland," *Tagesschau*，26 Januar 2014，http：//www. tagesschau. de/inland/vonderleyen-bundeswehr100. html，最后访问日期：2014 年 2 月 18 日。

以上所述，德国外交部部长施泰因迈尔对于冯德莱恩扩大德国在危机地区军事行动的计划持有不同意见。

乌克兰危机被视作德国新政府开展其积极有为的外交政策的一次良机。危机一开始，德国拒绝美国提出的制裁乌克兰政府以迫使其接受反对派改革要求的呼吁，并开启了一系列针对乌克兰和俄罗斯的外交行动，同时试图推动经其挑选的乌克兰反对派领导人成为合法的谈判伙伴。为此，2014 年 2 月中旬，默克尔总理和外交部部长施泰因迈尔邀请他们访问柏林并举行了闭门会议。其后，德国外交部部长施泰因迈尔和波兰与法国外交部部长赴基辅积极斡旋，终于促使乌克兰冲突各方达成了协议，虽然由于独立广场委员会违反协议，协议失效，但施泰因迈尔的斡旋还是避免了乌克兰陷入内战的深渊。在乌克兰反对派上台组成临时政府以及俄罗斯派军进驻克里米亚半岛后，德国面对俄罗斯也较之以往表现出更加强硬的姿态，例如，默克尔与普京通电话，指责俄罗斯干预克里米亚是不能接受的，而且违反了国际法。在默克尔的劝说下，普京接受了她提出的立刻在欧洲安全与合作组织（OSCE）的领导下设立一个国际联络小组的建议①，该建议后来也得到了美国、英国和法国的支持。奥巴马政府威胁将俄罗斯逐出八国集团，但德国始终强调乌克兰问题的解决需要俄罗斯，主张保留八国集团峰会这一为数不多的与俄罗斯对话的平台。在欧盟内部，在主张制裁的北欧和东欧国家与表现克制的英法两国和南欧国家之间，德国也扮演了一个调解者的角色。德国始终积极寻求通过对话化解政治危机，反对过早地对俄罗斯采取制裁措施，但也表现出倘若俄罗斯不为所动，愿意采取制裁措施的立场。在建立国际联络小组的努力暂时夭折之后，欧盟各国国家与政府首脑在 3 月 6 日的会议上通过了对俄罗斯的初步制裁措施，包括终止关于简化签证政策的双边会谈。默克尔也明确表示，如果俄罗斯继续采取有损克里米亚半岛局势稳定的措施，如采取军事行动，欧盟将加大制裁的力度，包括限制俄罗斯政要入境、冻结账户乃至采取全面的经济制裁措施等②。在克里米亚全民公投决定"脱乌入俄"后，欧盟已经采取了第二阶段的制裁措施。在美国、欧盟和德国的极力要求下，俄罗斯终于在 3 月 21 日同意欧洲安全与合作组织向乌克兰派驻观察团。总

---

① "Krim – Krise：Merkel wirft Putin Verletzung des Völkerrechts vor," *Der Spiegel*, 2 März 2014.

② "Reaktionen auf Ukraine – Krise. Leichte EU – Sanktionen gegen Russland," *Tagesschau* , 16 März 2014，http://www.tagesschau.de/aus-land/eu-sondergipfel100.html，最后访问日期：2014 年 3 月 18 日。

体来看，德国利用其与俄罗斯的特殊关系，在乌克兰危机中积极开展各种缓和危机的外交行动。其中，德国优先考虑的是政治对话和外交斡旋，但一旦突破底线，德国也不惮以制裁相威胁，而军事行动始终被排除在考量之外。迄今，德国在乌克兰危机中表现出了较之以往更多的自信、独立和强硬，给观察家的总体印象是，美国把解决乌克兰危机的领导角色交给了默克尔①。有学者甚至表示，借助于德国作为欧盟内关键国家的角色及其与俄罗斯的紧密联系，德国是唯一能够挫败或牵制俄罗斯所怀有的宏大地缘政治雄心的国家②。

三 德国新政府外交政策变化的特征

从以上德国"默克尔 3.0 时代"的外交政策的内容表述和初步实践来看，德国外交政策是否以及在何种程度上出现了变化？为了回答这个问题，本节援用赫尔曼（Charles F. Hermann）的分类。他认为外交政策至少包含以下四种类型的变化水平。（1）微调（Adjustment Changes），变化发生在付出的水平高低和/或对象范围上，但外交实践的手段和目标未发生改变。（2）手段变化（Program Changes），这是指追求目标或应对问题的方法或手段发生了变化，但目标未变。与倾向于量变的"微调"不同，这是一种质变，包含了国家所采取的新手段，如通过外交谈判而非军事力量来追求目标，反之亦然。（3）问题/目标变化（Problem/Goal Changes），外交政策最初指向的问题或目标被替代了或干脆放弃了，换言之，外交政策的目标本身发生了变化。（4）国际导向变化（International Orientation Changes），外交政策最极端的变化是某行为体对世界事务的整体导向发生了重新定向。上述几种程度较低的变化一般涉及行为体对某一议题或特定其他行为体的变化，而国际导向变化是行为体国际角色和行为的一种根本转变，不是一项政策而是多项政策或多或少同步发生了改变。赫尔曼把后三种变化都归入重要的外交

---

① Sebastian Fischer, "Ukraine: USA geben Führungsrolle in Krim – Krise an Merkel ab," *Spiegel Online*, 12 März 2014, http://www. spiegel. de/politik/ausland/ukraine-krise-usa-erwarten-von-merkel-fuchrung-a – 958140. html, 最后访问日期：2014 年 3 月 18 日。

② Mitchell A. Orenstein, "Get Ready for a Russo – German Europe. The Two Powers That Wil Decide Ukraine's Fate – and the Region's," *Foreign Affairs*, 9 March 2014, https://www. foreignaffairs. com/articles/russian-federation/2014 – 03 – 09/get-ready-russo-german-europe, 最后访问日期：2014 年 3 月 10 日。

政策重新定向范畴，并表示，在实证上要对这三种变化进行可靠区分并不容易①。

德国新政府在《联合执政协议》中对德国外交政策的国际导向的表述是，德国要在全世界范围致力于和平、自由与安全、一个公正的国际秩序、人权的贯彻、国际法的适用以及可持续发展与减贫②。显然，这样的国际导向由来已久，谈不上是新的内容。而且，德国致力于解决危机和冲突或者德国促进欧洲一体化和跨大西洋关系的目标也只是延续了德国外交政策的传统。即使目前执政协议中充斥的"责任论"，也是德国统一后政要嘴边的"常用表白"，甚至于在两德统一前"责任论"已经"流行"，只不过，统一前后的"责任论"的内涵发生了扭转：统一前的"责任论"是指德国应作为和平力量摒弃任何旧有形式的强权政治，而统一后，随着德国实力的提升，"责任论"的含义转向了反面，由此，"承担责任"的要求不再是军事克制的同义词，而是意味着德国要施加影响，并因此必须参与军事行动③。

和"责任论"不同，《联合执政协议》中包含的"参与建构全球秩序"的宣示是一个新的动向，然而，我们并不能依据这一相对模糊的政治言辞做出德国外交政策的目标和面对的问题发生了转变的判断。作为"贸易国家"④，维护一个开放和稳定的国际秩序始终是德国的利益所在。唯一的变化是，德国不愿像以往那样只是做国际秩序的旁观者和受益者。这里的核心问题是，德国准备采取怎样的手段去积极建构。从上文的分析可以清晰地看出，德国新政府为推行积极有为的外交政策目前在并行运用两种手段：一方面，外交部部长施泰因迈尔领导下的外交部主张尽早且充分地利用外交政策"工具箱"中的各种外交手段，这一理念在乌克兰危机的斡旋和应对中体现得非常明显；另一方面，国防部部长冯德莱恩领导下的国防部要求扩大联邦国防军参与国际行动的规模，这期间，德国已经加强了在非洲的军事行动。

---

① Charles F. Hermann, "Changing Courses: When Governments Choose to Redirect Foreign Policy," *International Studies Quarterly* 34 (1990), pp. 5 - 6.

② "Deutschlands Zukunft gestalten. Koalitionsvertrag zwischen CDU, CSU und SPD, 18. Legislaturperiode," Berlin, 2013, p. 168.

③ Rainer Baumann and Gunther Hellmann, "Germany and the Use of Military Force: 'Total War', the 'Culture of Restraint' and the Quest for Normality," *German Politics* 10 (2001), pp. 71 - 72.

④ Michael Staak, *Handelsstaat Deutschland: Deutsche Außenpolitik in einem neuen internationalen System* (Paderborn: Ferdinand Schöningh, 2000).

但必须看到，目前增加投放的力量是非常有限的。因此，虽然德国承担军事行动的意愿在上升，但并不能得出德国的外交政策走向"军事化"的判断，更何况军事行动的增加只是相对于上一届联盟党和自民党的黑黄联盟而言的，毕竟此前德国还曾参加过在科索沃和阿富汗的行动①，投入的联邦国防军人数最多时曾超过11000人。

总体来看，德国外交政策的调整到目前为止是"政治言辞多于实质内容"，更多的是"外交攻势"而非"军事攻势"②。如果参照前述赫尔曼对外交政策变化水平的分析，德国外交政策目前出现的新动向可以界定在微调和手段变化之间。

德国长期以来包括统一后习惯于运用自己的软实力来施加影响，虽然对于硬实力（经济实力乃至军事力量）的运用时有加强，但总体上缺乏自觉和自信。但德国新政府若想组合软硬实力，继而发挥出巧实力③，仍需应对诸多挑战。

四 德国外交政策调整面对的挑战

德国对外关系协会（DGAP）会长桑德施耐德（Eberhard Sandschneider）大声疾呼，德国早就到了"跳出自挖的外交政策连续性陷阱"的时候，这是因为，无论德国是否愿意，它都是一个必须承担全球责任的建构力量④。然而，当德国外交精英表现出准备调整现有外交政策的时候，就有学者如汉斯·W. 毛尔（Hanns W. Maull）警告说，德国不要过高估计自己的实力；德国在外交政策方面的建构潜力事实上已经出现结构性下降，且这种趋势很可

---

① 参见郑春荣《利比亚危机以来德国安全政策的新动向》，《德国研究》2013年第2期，第4~14页。

② Christian Thiels, "Münchner Sicherheitskonferenz. Kaum mehr als Lippenbekenntnisse," *Tagesschau*, Februar 2014, http://www.tagesschau.de/kommentar/sicherheitskonferenz - kommentar100. html，最后访问日期：2014年2月18日。

③ Richard L. Armitage & Joseph S. Nye, *CSIS Commission on Smart Power: A Smarter, More Secure America* (Washington, D. C.: Center for Strategic and International Studies, 2007). 有学者认为德国统一后已经做到运用巧实力，这一判断在笔者看来过于乐观，因为若果真如此，德国新政府就没有必要对外交政策做出反思和调整。参见 William R. Patterson, "Smart Power in Reunified Germany," *Journal of Power* 1 (2008), pp. 339 - 354。

④ Eberhard Sandschneider, "Deutsche Außenpolitik: eine Gestaltungsmacht in der Kontinuitätsfalle - Essay," *Aus Politik und Zeitgeschichte* 10 (2012).

能还会延续。此外，德国外交政策最重要的影响因素也是脆弱的。① 那么，到底有哪些制约因素使得德国只能是"不情愿的建构力量"② 呢？

首先，德国外交政策最重要的影响因素，即经济实力，能否在未来延续良好发展态势，具有相当大的不确定性。这不仅是因为欧债危机及其负面影响尚未过去，以及作为出口大国的德国受国际市场波动的影响大，更重要的是，欧洲在全球力量格局中总体上呈现衰弱的趋势。根据经济合作与发展组织（OECD）2012年底的一份研究报告，从长期预测看，在未来50年后，即到2060年，德国将从排在美国、中国、日本、印度之后的世界第五大经济体，下滑到第十位，被巴西、印度尼西亚、墨西哥、俄罗斯和法国赶超；在未来50年，德国平均经济增长率将仅为1.1%，其占全球经济总量的比重也将从现在的4.8%降至2.0%，跌幅将超过58%，这将是所有国家中的最大跌幅。经济合作与发展组织之所以得出这样的结论，不仅是因为新兴国家的竞争与赶超，德国自身人口的老龄化趋势以及由此造成的劳动力短缺也是一个重要原因。据估计，德国到2060年65岁以上老年人口相对于15～64岁人口，比例将几乎翻倍到60%。而外来移民的流入并不能弥补这一缺口③。

其次，从军事实力资源看，根据斯德哥尔摩国际和平研究所（SIPRI）的数据，德国的军费开支从两德统一以来持续下降，减幅大于英法两国，而且，从军费开支在国内生产总值的占比来看，英法的国防支出也比德国高不少④。从欧盟军费开支中的占比看，德国也是三国中最少的⑤。而且德国未

---

① Hanns W. Maull, "Deutsche Außenpolitik: zwischen Selbstüberschätzung und Wegducken," *GIGA Focus Global* 1 (2014).

② Stefan Mair, "Deutschland: Gestaltungsmacht wider Willen," in Josef Braml, Stefan Mair, Eberhard Sandschneider, eds. , *Außenpolitik in der Wirschafts-und Finanzkrise* (München: R. Oldenbourg Verlag, 2012), pp. 125 – 136.

③ "OECD – Studie: Deutschland wird zum größten Verlierer der Welt," *Die Welt*, 10 November 2012, http://www. welt. de/wirtschaft/article110874514/Deutschland-wird-zum-groessten-Verierer-der-Welt. html, 最后访问日期：2014年2月10日。

④ 2012年，德国军费开支占国内生产总值的1.4%，法国占2.3%，英国占2.5%。与德国不同，英国和法国达到了北约确定的国防预算至少为国内生产总值2.0%的目标。参见 Stockholm International Peace Research Institute (SIPRI), The SIPRI Military Expenditure Database, http://milexdata. sipri. org/result. php4, 最后访问日期：2014年2月10日。

⑤ 但德国出售的武器却多于英法两国：德国是全球常规武器第三大出口商，在至2011年的五年中占全球市场的11%，落后于美国的30%和俄罗斯的23%，高于法国的7%和英国的4%。正因为德国军费开支少但武器出口多，有学者称德国是"地缘经济强权"。参见 Hans Kundnani, "Paradoxon Deutschland. Eine geoökonomische Macht in der Zwickmühle," *Internationale Politik* 11 – 12 (2011), pp. 62 – 67。

来数年的国防预算也更多地呈现降低的趋势①。另外，更多出于预算瓶颈原因而于 2010 年实施的联邦国防军改革，不仅削减了兵力，而且，在志愿兵役制取代义务兵役制后，联邦国防军更是遭遇了新兵招募难题。虽然新政府表示要推行联邦国防军的"魅力攻势"，如提高士兵子女福利待遇，来增加联邦国防军的家庭友好性，但其实际效果无法让人期待过多。

虽然国防部部长冯德莱恩表示要加强德国在海外的军事行动，但是这个计划会遇到国内民意的阻挠。在德国趋势调查中，有 61% 的受访者反对扩大联邦国防军参与国际危机地区的行动，只有 30% 的人对此表示赞同②。

再次，事实上，德国在实力资源上的优势在于其软实力，具体包括其良好的国际形象、成功的经济治理理念和在诸多领域的榜样作用等，但这些资源对于外交政策的影响与构建而言只在特定条件下有效，尤其软实力发挥作用是以硬实力的存在为基础的。因此，通过"灵巧外交"也只能部分弥补上述潜在的硬实力缺陷③。

最后，除德国历史上形成的克制文化，使得德国国内对推行积极有为的外交政策缺乏社会接受度以外，德国若真的能成功调整其外交政策，势必将更明确地定义和追逐其自身利益，而这是那些对德国的不作为抱怨最多的欧洲国家也难以接受的④。因此，如何在一个德国化的欧洲中避免出现"新德国问题"⑤，是德国以及欧洲必须面对的现实挑战。

五　结语

德国进入"默克尔 3.0 时代"后，利用有利的内外背景条件，显示出准

---

① "Regierungsentwurf zum Bundeshaushalt 2014 und zum Finanzplan des Bundes 2013 bis 2017," *BMF*, 22 Juli 2013, http://www. bundesfinanzministerium. de/Content/DE/Monatsberichte/2013/07/Inhalte/Kapitel – 3 – Analysen/3 – 1 – re-gierungsentwurf-bundeshaushalt – 2014. html, 最后访问日期：2014 年 2 月 18 日。

② "Deutschland Trend im ARD – Morgenmagazin. Merhtheit gegen mehr Auslandseinsätze," *Tagesschau*, 31 Januar 2014, http://www. tagesschau. de/inland/deutschlandtrend2146. html, 最后访问日期：2014 年 2 月 18 日。

③ Hanns W. Maull, "Deutsche Außenpolitik: zwischen Selbstüberschätzung und Wegducken," *GIGA Focus Global* 1 （2014）; Thomas Kleine-Brockhoff & Hanns W. Maull, "Der überforderte Hegemon. Ziele und Grenzen deutscher Macht," *Internationale Politik* 11 – 12 （2011）, pp. 50 – 61.

④ Mark Leonard, "The Revenge of the German Elite," *ECFR*, 4 February 2014, https://ecfr. eu/article/commentary_the_revenge_of_the_german_elite/, 最后访问日期：2014 年 3 月 1 日。

⑤ Timothy Garton Ash, "The New German Question," *The New York Review of Books*, 15 August 2013.

备从恪守克制型外交政策转向推行积极有为的外交政策的端倪，这既包括更加积极地运用各种外交手段，也包括加强军事手段的运用。但必须看到，德国政府内部迄今并未就这两种手段运用上的关系达成共识。

如前所述，德国要成功实现外交政策的转型，如何获得德国国内民意的支持，是德国新政府面临的一项要务。德国民众如今普遍安于现状，怀有不求变的心态，希望德国在国际政治中保持低调以避免出现对其经济利益不利的对抗局面，尤其反对参与海外军事行动。按德国历史学家海因里希·奥古斯特·温克勒（Heinrich August Winkler）的观点，在德国，有那么一些人利用德国的历史罪责，来证明德国拥有一种成问题的"视而不见的权利"①。因此，德国政治精英亟须就德国未来应承担的责任和能力开展公共讨论②，以此弥合民众和政治精英之间存在的认识上的鸿沟。德国联邦总统、外交部部长和国防部部长之间的"三重奏"可被视为与此相应的"公关"与"启蒙"行动。

不过，截至目前，虽然可以判断，两位政府阁僚（外交部部长和国防部部长）的表态得到了默克尔总理的默认，但是，默克尔本人并未明确发声。这符合她一贯的静观其变的处事风格。但是，鉴于在某些观察家看来，她以往更多的是推行"默克尔主义"（Merkel doctrine）③，即不干预却出售武器，因此，她是会响应政治精英的呼声，还是会更多地迎合民意，还有待观察。

无论如何，"默克尔 3.0 时代"的德国都迎来了实现其地缘政治雄心的"时机之窗"，鉴于德国的实力资源的基础具有不可预测性和脆弱性，或许正如有的学者所指出的，若本届政府未能成功实现德国外交政策的转型，"列车就将永远地开走了"④。

---

① Heinrich August Winkler, "Macht, Moral und Menschenrechte. Über Werte und Interessen in der deutschen Außenpolitik," *Internationale Politik* 4 (2013), pp. 116 – 127.

② 施泰因迈尔在德国外交部的就职演说中就表示，将就新政府的外交政策寻求与学术界和市民社会进行对话。参见 "Rede von Außenminister Frank – Walter Steinmeier bei der Amtsübergabe im Auswärtigen Amt am 17. Dezember 2013," Berlin, 2013。

③ Konstantin von Hammerstein et al., "Die Merkel – Doktrin," *Der Spiegel*, 3 Dezember 2012, p. 40. 也有学者并不认为存在所谓的"默克尔主义"，参见 Joachim Krause, "Gibt es eine Merkel – Doktrin? Nein. Nur eine etwas überhitzte Rüstungsdiskussion in Deutschland," *Internationale Politik* 1 (2013), pp. 100 – 105。

④ "Interview: Merkel, Europe, and German 'Continuity'," *CFR*, 26 September 2013, http://www.cfr.org/germany/merkel-europe-german-continuity/p31499，最后访问日期：2014 年 2 月 18 日。

21 世纪新时期"德国问题" 发展新考[*]

连玉如[**]

摘 要： 自欧债危机爆发以来，实现国家统一已经 20 余年的德国广受国际社会的关注、质疑和诟病。"德国的欧洲"还是"欧洲的德国"这一问题又在困扰德国、欧洲与世界。对此问题，本文认为："德国的欧洲"是客观存在的，无论德国处于怎样的状态，其对欧洲乃至世界格局的冲击作用都一直存在；二战以后的欧洲一体化致力于"欧洲的德国"，在"接纳德国"的同时又"防范德国"，已经取得巨大成效，德国开始奉行一种具有"'文明国家'内核的现实主义的'贸易国家'外交政策"，至今未变；在 21 世纪新的历史条件下，德国在"欧洲的德国"（原则层次）框架中推行"德国的欧洲"（操作层次），包括发展同中国等新兴大国的关系，这是着眼于国际政治的结构性变化、迎接全球化的挑战的势之使然，具有积极的作用。

关键词： 德国的欧洲　欧洲的德国　欧债危机　外交政策　贸易国家
文明国家

一

自 2009 年欧洲主权债务危机爆发以来，实现国家统一已经 20 余年的德国从来没有像今天这样广受国际社会的关注、质疑和诟病。方方面

* 本文首次发表于《德国研究》2012 年第 4 期，第 18 ~ 29 页。
** 连玉如，北京大学国际关系学院教授。

面不同程度和形式的批评砸向德国总理默克尔，特别是针对其外交和欧洲政策，目标直指所谓德国的欧洲霸权问题。到底是"德国的欧洲"还是"欧洲的德国"，这一"德国问题"再次凸显，困扰德国，也困扰欧洲与世界。

是"德国的欧洲"还是"欧洲的德国"，这是1929年诺贝尔文学奖得主、德国著名作家托马斯·曼（Thomas Mann）1953年在向德国汉堡大学学生所做的一次演讲中提出的概念①。时年他已78岁高龄，却毅然决然离开生活和工作达15年之久的美国，回到魂牵梦萦的、饱受战争蹂躏的故土，重新沐浴在汉萨城市的气息中。他难以掩饰自己的激动心情，深情地向德国年轻的学子们表示，欧洲深厚的历史和文化底蕴、它的尊贵和骄傲，一定会帮助它重新恢复自信，摆脱沉沦，再现统一与繁荣；一个重新统一的德国将会重新屹立在统一欧洲的中心②。

对于统一的德国在欧洲的地位和作用的问题，他的回答语重心长："一个统一的德国不应是欧洲的主宰者和教师爷，而应成为自觉服务于在自信中实现统一的欧洲的一分子。应该清醒意识到，欧洲统一的障碍来自欧洲其他民族对德国纯正目的的怀疑和对德国霸权企图的恐惧；在他们看来，德国的生机与活力将会使霸权企图重现，这是无法掩饰的。我们必须承认，这些担忧不是无本之木和杞人忧天。一个德国称霸欧洲的梦魇作祟至今，尽管它已随着希特勒的灭亡而被彻底粉碎。因此，德国新一代年轻人的使命是要打破这些怀疑与恐惧，抵制邪恶的历史，明确一致地宣示自己的愿望：不要一个德国的欧洲，而要一个欧洲的德国。"③

托马斯·曼向德国青年发出的号召已成经典，历经60年沧桑岁月而不衰。"不要一个德国的欧洲"，就是不做欧洲的主宰者和教师爷；"而要一个欧洲的德国"，就是要立足欧洲和自觉服务于统一的欧洲。

欧债危机爆发以来，国际社会对德国应对危机政策的重视历史罕见。不少学者指出：德国已是欧洲"不可或缺的力量"，就如美国是世界舞台上

---

① 托马斯·曼（Thomas Mann，1875－1955）是德国著名作家，其长篇小说《布登勃洛克一家》荣获1929年诺贝尔文学奖。有人称这部作品是"德国版的《红楼梦》"。

② 详见Thomas Mann, "Ansprache vor Hamburger Studenten（1953），" in Thomas Mann, *Gesammelte Werke*, *Band 10*, *Reden und Aufsätze*（Frankfurt am Main: S. Fischer, 1990），p. 402。

③ 详见Thomas Mann, "Ansprache vor Hamburger Studenten（1953），" in Thomas Mann, *Gesammelte Werke*, *Band 10*, *Reden und Aufsätze*（Frankfurt am Main: S. Fischer, 1990），p. 402。

"不可或缺的力量" 一样①；德国构成 "欧元区的经济支柱"，历史上还从未出现过今天这种能否解决问题完全由德国一锤定音的状况②。美国《沙龙》杂志专栏作家、新美国基金会经济增长项目政策主任迈克尔·林德（Michael Lind）在 2012 年 7 月撰文认为，"后冷战时代" 走向终结，"德国问题" 再度出现；无论欧债危机如何结局，德国的地位都会提升③。

对德国在欧洲的主导作用，除了认定，更多的还是质疑与批评。譬如，欧洲外交关系委员会驻伦敦编辑部主任汉斯·孔德纳尼（Hans Kundnani）在 2011 年夏出版的《华盛顿季刊》上说，德国利用自己的长期贸易盈余和对欧元区其他国家的财政控制将成为地缘经济强国。当年年底，孔德纳尼又以《处于困境之中的德国地缘经济强国》为题，在德国外交杂志《国际政治》上撰文抨击德国。他在该文中指出：科尔总理曾义正词严地驳斥关于德国统一和迁都柏林将使西德变成 "另外一个共和国" 的论点，称其是 "无稽之谈"，这在他当政的 20 世纪 90 年代并没有错；但在过去两年中，人们看到了德国外交政策的变化。欧债危机凸显德国发号施令的新面孔。尽管德国仍然坚持多边主义外交政策，但已不是 "被动反应" 和 "无条件" 的有求必应，而是 "施动塑造" 和 "有条件" 的视情况而定。德国将 "经济增长" 置于其他 "非经济" 的外交政策利益之上，导致同西方伙伴国家发生冲突。曾几何时的 "文明国家" 演变成 "地缘经济强国"，是为 "德国问题的新变种"。④

另外两名智库精英乌丽克·圭罗（Ulrike Guérot）和马克·列昂纳德（Mark Leonard）的批评更加尖锐。他们认为，德国正在抛弃原有外交政策的根本支柱，即二战以后的跨大西洋联盟和《马斯特里赫特条约》的欧洲一体化秩序；"一个挣脱多边主义桎梏和不受约束的德国" 作为欧洲的 "经济霸

① 这是英国历史学教授阿什（Timothy Garton Ash）的看法，转引自 Thomas Kleine-Brockhoff & Hanns W. Maull, "Der überforderte Hegemon. Ziele und Grenzen deutscher Macht," *Internationale Politik* 11 – 12（2011），p. 50。

② 这是美国经济学家和英国银行金融政策决策人之一博森（Adam S. Posen）的观点，转引自 Thomas Kleine-Brockhoff & Hanns W. Maull, "Der überforderte Hegemon. Ziele und Grenzen deutscher Macht," *Internationale Politik* 11 – 12（2011）。

③ 美国沙龙杂志网站 2012 年 7 月 3 日发布的文章，参见《后冷战时代结束了》，中国网，2012 年 7 月 30 日，http://www.china.com.cn/international/txt/2012 – 07/30/content_26058449.htm，最后访问日期：2012 年 9 月 1 日。

④ Hans Kundnani, "Paradoxon Deutschland. Eine geoökonomische Macht in der Zwickmühle," *Internationale Politik* 11 – 12（2011），pp. 62 – 63.

主"开始嫌弃狭小的欧洲，转而同新兴大国实行合作。① 在这方面，德国马歇尔基金会资深研究员托马斯·克莱因－布洛克霍夫（Thomas Kleine-Brock-hoff）和特里尔大学政治学教授汉斯·W. 毛尔（Hanns W. Maull）更加明确地直指默克尔政府同中国建立的"战略伙伴关系"，认为真正的战略伙伴对于德国来说只能是"欧洲和北美的伙伴"；德国"备马上鞍"地同中国、印度等新兴大国搞"新双边主义"，应该是"在西方主导的世界秩序政策的范围以内"。②

美国是 2008 年世界金融危机的发源地，自己深陷债务泥潭难以自拔，但却没忘要充当欧亚大陆潜在竞争对手的"海外平衡力量"。譬如，2012 年 7 月下旬，美国财政部派遣负责国际金融事务的部长助理前往希腊和意大利，会见政府官员和私营企业代表，讨论危机。美国财政部部长蒂莫西·盖特纳还公开警告德国领导人，不要任由欧洲在金融危机的边缘摇摇欲坠，并试图强迫有麻烦的邻国彻底整顿经济；对欧洲来说，这种策略在金融和政治上都代价巨大。值得玩味的还有盖特纳的弦外之音："如果把欧洲留在深渊之旁，以此作为你们影响力的来源，这种战略不会起积极作用，最终只会增加危机的代价。"③

德国是否会重蹈托马斯·曼所反对的"德国的欧洲"覆辙？假如是，应该怎样认识和评价？对于这些问题，本文的看法首先是："德国的欧洲"是一种客观存在，从历史到现今的国际关系发展来看都是如此。无论德国处于怎样的状态，是分裂割据还是实现统一，是主观上大打出手的"权力强暴"还是客观上受制于人的"权力忘却"，德国都一直或隐或显地构成对欧洲乃至世界格局的冲击势力。欧洲围绕着德国而聚散；认识德国是认识欧洲的一把钥匙。

二

德国是 21 世纪的新崛起大国，从历史到现今，它一直是对欧洲乃至世

---

① Ulrike Guérot & Mark Leonard, "The New German Question: How Europe can get the Germany it needs," *ECFR Policy Brief* 30 (2011).

② Thomas Kleine-Brockhoff & Hanns W. Maull, "Der überforderte Hegemon. Ziele und Grenzen deutscher Macht," *Internationale Politik* 11－12 (2011), p. 60.

③ 《盖特纳敦促迅速对债务危机采取行动》，人民网，2012 年 7 月 25 日，http://world. peo-ple. com. cn/BIG5/n/2012/0725/c157278－18593923－2. html，最后访问日期：2012 年 9 月 1 日。

界格局起冲击作用的势力；其举手投足也一直为世人所警觉和关注。早在18世纪，当英国和法国已经成为现代民族国家、德国还处于分裂割据状态时，法国科学院院士圣－皮埃尔神父（Abbé de Saint-Pierre，1658－1743）就提醒世人要重视"日耳曼集团"对欧洲体系的决定作用："欧洲体制的真正支柱，部分地几乎一致是相互平衡的谈判术。然而，欧洲体制还有另一根更坚固的支柱，即处于欧洲中心的日耳曼集团。它使欧洲各方都要尊重它的地位，甚至可以说它在维系其邻国方面的作用比维系其各成员邦的作用还要大些。它以其面积之广、人口之众和人民素质之高而使外来人感到可怕；但是由于其建制剥夺了它进行征服的手段和意志，又对所有民族都有好处，从而成为征服者的暗礁。"①

这是德国在一盘散沙时对欧洲体系的隐性决定作用。1871年，德国在"铁血宰相"俾斯麦的领导下，通过三次王朝战争特别是普法战争，终于实现国家统一。此后不久，英国保守派政治家迪斯累利就警示世人说：普法战争"意味着德国的革命，它的政治影响比上个世纪的法国大革命还要大……有些新的、尚辨认不清的目标和危险需要应付，这样的事情目前看来还处于朦胧状态而少有人知……但是欧洲已经发生了什么事情呢？力量平衡被彻底破坏了"②。

历史进程证明了圣－皮埃尔和迪斯累利的高瞻远瞩。德国统一以后，作为迟到的民族国家和大国、工业国、殖民帝国或世界强国，开始向欧洲乃至世界发难，冲击现有的世界秩序，不仅要抢占"阳光下的地盘"，还要主宰欧洲和世界。挑战，失败，再挑战，再失败，直至灭亡。二战以后，德国不仅在军事上一败涂地，就连在国际关系中的政治主体地位也丧失了，沦为苏、美、英、法四大战胜国主宰和分治的对象。

德国对欧洲乃至世界体系的冲击作用，究其根由，主要是由它在面积狭小、国家众多的欧洲的地缘政治的中心地位决定的。德国前总理施密特将欧洲的历史描述为"一部边缘与中心或中心与边缘之间永不停息的争斗史；中心地区总是成为角斗场"。他用两场"三十年战争"来概括这种争斗史：当

---

① 这是圣－皮埃尔于1712年开始撰写的著作《给欧洲以永久和平的回忆录》中的观点，详见胡瑾、郇庆治、宋全成《欧洲早期一体化思想与实践研究（1945－1967）》，山东人民出版社，2000，第4~5页。

② 英国保守派政治家迪斯累利（Benjamin Disraeli，1804－1881）在英国下院的讲话，转引自陈乐民主编《西方外交思想史》，中国社会科学出版社，1995，第43页。

中心部分屡弱时，边缘势力便会向中心进攻，1618 年至 1648 年的"第一场三十年战争"就是在德意志的土地上爆发的；但当中心地区强大起来时，其便向边缘地区进攻，于是便出现 1914 年至 1945 年的"第二场三十年战争"。①

从德国处于欧洲地缘政治中心的情势出发，俾斯麦开创了一种积极的欧洲大陆均势政策传统，以维系德国的主导地位。但是威廉主义抛弃这一法宝，不仅争取"迟到国家"的"平等"地位，而且还要胜出对手和称雄世界。纳粹主义更是将德国推入自"第一场三十年战争"以后最为悲惨的境地。在二战以后新的历史条件下，"德国的欧洲"遭人唾弃、不再可能；但如何驾驭其客观存在，是必须要解决的难题。"欧洲的德国"遂成欧洲的（包括德国的）有识之士共同努力的方向！二战以后始于西欧的欧洲一体化是在"接纳德国"的同时又"防范德国"，恰似一枚硬币的两面，已经取得巨大成效。

三

1946 年 9 月 19 日，二战的硝烟刚刚散去一年，英国保守党领袖丘吉尔在瑞士苏黎世大学发表著名演讲。他在回顾两次世界大战给欧洲带来的灾难后，深谋远虑地指出：造成欧洲悲剧的罪魁祸首是德国，其"罪行必须得到惩罚"，但是此后则要终止对德国的惩戒，采取"一场神圣的赦免行动"；必须重建欧洲大家庭，"第一步必定是法德之间的伙伴关系"；"没有一个精神上伟大的法国和一个精神上伟大的德国，欧洲就不可能复兴"。② 1950 年 5 月 9 日，法国外交部部长舒曼发表声明，提议将"法德两国的煤钢生产全部纳入一个对欧洲其他国家开放的组织结构，并接受一个共同的高级权力机构领导"；宣示"通过基础产业的联营，并建立一个其决定对法国、德国和其他成员国同具约束力的新的高级机构，将为建设维护和平所必不可少的欧洲联邦打下第一个坚实基础"。③

---

① Helmut Schmidt, "Rede, Deutschland in und mit Europa, auf dem SPD – Bundesparteitag am 4. Dezember 2011 in Berlin," *SPD*, 4 Dezember 2011, http://www.spd.de/aktulles/Pressemitteilungen/21498/2o111204_rede_ belmut_schmid.htm，最后访问日期：2012 年 9 月 1 日。

② 《温斯顿·丘吉尔：欧洲的悲剧》，载〔法〕法布里斯·拉哈《欧洲一体化史 1945—2004》，彭姝祎、陈志瑞译，中国社会科学出版社，2005，第 139～141 页。

③ 《舒曼宣言》，载〔法〕法布里斯·拉哈《欧洲一体化史 1945—2004》，彭姝祎、陈志瑞译，中国社会科学出版社，2005 年，第 143～144 页。

丘吉尔讲话被誉为二战以后欧洲一体化的开端；《舒曼宣言》则是当今欧洲联盟的滥觞。它们已成国内外欧洲一体化研究的经典，对其的解读也少有歧义。然而，德国前总理施密特在于 2011 年底坐在轮椅上的讲话中对其的解读更令人信服。作为年逾九旬的世纪老人，他已超脱一切党派之争和善恶分野，只聚焦一个问题，即德国与欧洲联合的关系。他在这次讲话中说：1946 年丘吉尔号召法德和解和共建欧洲合众国有两个目的，一是抗御苏联威胁，二是接纳德国加入西方联盟，丘吉尔远见卓识，预见到德国会重新强大起来；四年以后的 1950 年，当舒曼和莫内提出整合西欧的重工业计划时，同样意欲框住德国；又过去十年，当戴高乐向阿登纳伸出和解之手时，依旧秉持上述目的。所有这些均出自现实主义的考量，即德国未来强大起来将令人生畏的事实，绝非源于欧洲的理想主义；它们对避免 "欧洲边缘" 与 "德国中心" 之争至关重要，是欧洲整合的原始动因。施密特表示支持 "接纳德国与框住德国" 的做法，认为符合德国的战略利益；同时谆谆教导德国人民要牢记历史，"携手欧洲和服务于欧洲"。①

欧洲联合以防范德国的原始动因并未因岁月流逝而消失，欧洲一体化与解决德国问题相辅相成的紧密联系也未松动。德国愈成长成熟，欧洲一体化就愈不可或缺，这是框住德国，阻止其因强大而误入歧途的再保险！德国统一和苏联解体后，曾有人预言欧洲联合会因外界压力不足而 "前进" 到 19 世纪，然而，20 世纪 90 年代的欧洲一体化不仅没有后退，相反一路小跑向前发展。法国等欧洲国家看到德国经济与金融的强势地位，认为与其任由 "马克民族主义" 主宰欧洲，毋宁接受德国理念建立欧洲货币联盟以框住德国；② 德国 "挥泪别马克"，但坚守自己成功的秘诀，即央行独立和币值稳定。从此意义上说，欧元秉持的是德国理念，是扩大了的德国马克。

---

① 详见 Helmut Schmidt, "Rede, Deutschland in und mit Europa, auf dem SPD – Bundesparteitag am 4. Dezember 2011 in Berlin," *SPD*, 4 Dezember 2011, http://www. spd. de/aktulles/Pressemitteilungen/21498/2o111204_rede_belmut_schmid. htm, 最后访问日期：2012 年 9 月 1 日。

② 施密特在 2011 年底的讲话中说：创立欧元的动因仍然是法国对德国强权的担忧，确切来说是怕马克的强势地位。详见 Helmut Schmidt, "Rede, Deutschland in und mit Europa, auf dem SPD – Bundesparteitag am 4. Dezember 2011 in Berlin," *SPD*, 4 Dezember 2011, http://www. spd. de/aktulles/Pressemitteilungen/21498/2o111204_ rede_belmut_schmid. htm, 最后访问日期：2012 年 9 月 1 日。中国学者亦持这种看法，参见李世安、刘丽云等《欧洲一体化史》，河北人民出版社，2003，第259 页。

四

  "接纳德国"与"防范德国"使"德国的欧洲"还是"欧洲的德国"的难题化解。然而，孔德纳尼认为德国已"蜕变为'地缘经济强国'"的指责又如何解释？在他看来，重新统一导致德国外交政策发生变化，即更加从经济方面考虑，将经济增长置于其他"非经济"的外交政策目标之上①。这显然是不了解历史，德国从来都把经济发展置于首要地位。二战以后，战败国德国百废待举，其中经济重建是决定性因素，其"成功与否也决定着德国社会政治问题能否解决"②。由于冷战爆发和德国分裂，西德主要由经济与社会中的能动力量造成，这不是国家决定了社会经济生活，而恰好相反！③ 在新的历史发展条件下，德国已同二战以前的极端民族主义、军国主义、权力国家、德意志特殊道路等传统决裂，开始奉行一种具有"'文明国家'内核的现实主义的'贸易国家'外交政策"，至今未变。④

  "贸易国家"⑤ 是德国的立国之本，是对威廉主义、纳粹主义军事国家的替代。2000 年，德国学者米歇尔·施塔克（Michael Staack）出版巨著，全面阐述德国的"贸易国家"外交政策⑥。对于德国的"贸易国家"外交政

---

① Hans Kundnani, "Paradoxon Deutschland. Eine geoökonomische Macht in der Zwickmühle," *Internationale Politik* 11 – 12（2011），p. 64.

② 这是 1949 年 9 月 20 日西德第一届联邦政府总理阿登纳在其首份施政声明中明确指出的，详见 "Erste Regierungserklärung des Bundeskanzlers Konrad Adenauer vor dem Deutschen Bundestag vom 20. September 1949," in Auswärtigen Amt（Hrsg.），*Außenpolitik der Bundesrepublik Deutschland – Vom Kalten Krieg zum Frieden in Europa. Dokumente vom 1949 – 1989*（Stuttgart：Bonn Aktuell，1990），pp. 126 – 131。

③ 这是德国法律教授福斯特霍夫（E. Forsthoff）提出的看法。参见 Kurt Sontheimer, *Grundzüge des politischen Systems der Bundesrepublik Deutschland*（München：Piper – Bucherei, 1984），p. 52。

④ 详见连玉如《"权力国家"乎？"贸易国家"乎？"文明国家"乎？——"新德国问题"理论探索》，《国际政治研究》2002 年第 3 期，第 62 ~ 70 页。

⑤ "贸易国家"由美国学者理查德·罗斯克兰斯（Richard Rosecrance）在 1986 年提出，旨在对变化了的国际体系做出新的理论概括。参见 Richard Rosecrance, *The Rise of the Trading State. Commerce and Conquest in the Modern World*（New York：Basic Books, 1986）。

⑥ Michael Staack, *Handelsstaat Deutschland – Deutsche Außenpolitik in einem neuen internationalen System*（Paderborn：Ferdinand Schöningh Verlag, 2000）。关于德国"贸易国家"外交政策的目标与手段等问题，详见该书第 19、542 页。

策,在德国还可见到很多不同表述①,但万变未离"贸易立国"之宗。"贸易国家"属于自由主义流派,为何冠之以"现实主义"的理论定语?回溯历史可以看到:尽管现实主义的"权力国家"模式不能解释 1949 年以后西德的外交政策,但该政策产生和发展的全过程是现实主义的,譬如国际背景、外交政策的实质与具体目标、"民族利益"与"国家利益"的矛盾表现等是现实主义的。因此,只能"杂糅"不同理论元素才能对纷繁复杂的德国外交政策加以说明。国际关系的"杂糅"理论并非罕见,譬如美国学者莫拉维切克创立的"自由政府间主义"就是典型。德国现实主义的"贸易国家"外交政策还有一个"文明国家"的价值规范内核②,它包括四个方面的要素:稳定的民主制度、坚实的物质基础、广泛的社会支持、致力于国际分工和纳入世界相互依存体系③。在德国学者看来,德国不仅符合这些"文明国家"的条件,而且还在国际比较中大大胜出美、英、法、日等其他先进国家④。

"贸易国家"和"文明国家"都是坚定的多边主义者。但从近年德国应对欧债危机的政策可以看出,即使德国还未放弃多边主义的政策传统,但至少也是在"有条件地"恪守己见、施动于人,这难道不是"德国的欧洲"复归吗?这一问题还要从历史出发加以审视。从西德 1949 年建国距今已经

---

① 譬如德国教授莱蒙德·谢德曼 (Reimund Seidelmann) 提出"软力量政治";《南德意志报》外交政策版负责人约瑟夫·约弗 (Josef Joffe) 使用"软霸权"(der sanfte Hegemon) 概念,意指马克日益增长的垄断地位、德国经济与社会模式的魅力等;历史学教授哥特弗里德·尼德哈特 (Gottfried Niedhart) 阐述了"后现代化民族国家"在德国的发达形式;特别值得一提的还有"经济政治论"的突出代表、西德前总理施密特。

② "文明国家"(Zivilmacht) 是德国政治学教授汉斯·毛尔 (Hanns W. Maull) 在冷战结束后提出的概念,认为它直接为国际政治文明化 (Zivilisierung der internationalen Politik) 进程服务,该进程的主要标志是:禁止在国内和国际政治中威胁和使用武力、推行国际关系法制化、扩大国际决策的合法基础、创造公正合理的国际新秩序等。详见 Hanns W. Maull, "Zivilmacht Bundesrepublik Deutschland. Vierzehn Thesen für eine neue deutsche Außenpolitik," *Europa – Archiv* 47 (1992), pp. 269 – 274。

③ 毛尔 1992 年文章论纲之 9,参见 Hanns W. Maull, "Zivilmacht Bundesrepublik Deutsch-land. Vierzehn Thesen für eine neue deutsche Außenpolitik," *Europa-Archiv* 47 (1992), p. 275。

④ 譬如德国地理上位于欧洲中心;经济上对国际体系高度依赖;安全上以国际条约形式郑重承诺放弃制造、拥有或控制核子、生物和化学武器,并对常规军备进行限制。因此,德国对国际危机高度敏感,也最热衷于伙伴合作与国际多边行动等。详见 Hartmut Bagger, "Das deutsche Heer – Gravitationszentrum multi-nationaler Streitkräftestrukturen," in Wolfgang Flume & Harald Helex (Hrsg.), *Multinationale Streitkräfte in der NATO* (St. Augustin: Communication Press Marketing GmbH, 1994), pp. 41 – 43。

过去了一个甲子，世界局势和德国自身均已发生巨大变化。德国实现了国家统一，一改昔日"经济巨人、政治侏儒"的形象，崛升为一个世界政治大国。德国多边主义外交政策的实质依旧，但风格已变，这是德国与时俱进的结果。

德国《时代》周刊总编和发行人特奥·桑默（Theo Sommer）在世纪之交曾撰文论述"德国的新作用"，称德国半个多世纪的外交政策制定历程是一场"通往正常化的长征"；这场"长征"从 1949 年阿登纳政府开始，历经勃兰特政府（任期为 1969～1974 年）、科尔政府（任期为 1982～1998 年）和施罗德政府（施罗德于 1998 年入主联邦总理府），直到进入新千年，德国才"完完全全实现正常化。这个正常化的国家虽然没有忘记历史，但却已将承担未来责任置于首要地位"①。

德国外交政策的"正常化"，不是以 1990 年德国统一或 1994 年战胜国从德国彻底撤军和德国获得完全主权为标志，而是指德国再次融入国际社会，拥有全部的权利与义务以及"一种既不居高临下也不仰人鼻息的崛起民族的自信心"②。也就是说，德国既要在客观上，也要在主观上拥有同其他经济合作与发展组织成员一样的"正常状态"。这一点，已由施罗德和默克尔两位新生代领导人实现。先是施罗德突破德国在军事领域的"克制文化"传统，不再将使用武力和参与北约辖区以外的世界范围的军事维和行动视为禁区；2005 年默克尔上台以后，为"利益"正名，从而突破德国政治的另一禁区，开启统一德国以国家利益为导向的"正常化"的外交政策新阶段。

那么，"德国利益优先"的正常化外交政策是要抛弃欧盟，自己单干吗？否！德国利益的实现恰恰需要欧盟的保驾护航。德国根本无法承受欧盟解体的风险，这是它的政策底线。默克尔在其首份施政声明中就表示，"一项符合德国利益的政策系于同我们伙伴的联盟与合作"③，这是意向声明，也是政策实践。历史地看，德国一直致力于欧洲一体化建设，向欧盟转让主权不仅

---

① Presse-und Informationsamt der Bundesregierung（Hrsg.），"Geopolitik – Deutschlands neue Rolle," Deutschland，Dezember 2001/Januar 2002，p. 10.

② 这是施罗德总理在 1998 年 11 月 10 日发表的施政声明中的话。转引自 Presse-und Information-samt der Bundesregierung（Hrsg.），"Die Regierungserklärung von Bundeskanzler Gerhard Schröder vom 10. 11. 1998," Bonn，1998，p. 34。

③ 详见默克尔当选联邦总理以后发表的首份施政声明。Angela Merkel，"Wir werden eine Regierung der Taten sein," Regierungserklärung der Bundeskanzlerin am 30 November 2005，Das Parlament，DEBATTENDOKUMENTATION，5/12 Dezember 2005，pp. 19–21.

是理智使然、情之所系，还希望其他成员国也跟上，这些都曾被本国保守派学者批评为重犯历史上的 "左倾" 错误①。保守党领导人默克尔虽然注意到这些指责，但她执政以后还是 "欧洲主义" 地四处奔波，化解欧盟的一系列危机，如财政预算危机、制宪危机、欧盟扩大危机等，并做出重要贡献——欧盟 27 个成员国于 2007 年 12 月 13 日在葡萄牙首都庄严签署《里斯本条约》，这同德国政府的努力是分不开的。

五

坚持 "欧洲的德国" 是原则问题；推行 "德国的欧洲" 是具体操作。在 "欧洲的德国" 框架中推行 "德国的欧洲"，是着眼于国际政治的结构性变化、迎接全球化的挑战的势之使然。大家都在谈论欧元是否会垮台的问题。欧元不会垮台，只要有德国，欧元就不会垮台！德国最大的 "问题" 是 "一枝独秀"；它的优秀给欧洲邻国造成压力，欧洲既需要它又不喜欢它。在依靠德国的同时又要防范德国，这是欧洲整合的哲学，是德国处境的悖论。在国际政治结构变化和全球化的挑战下，这个悖论也成为欧盟全体成员国的处境写照，为了欧洲的前途，它们需要接受德国的领导。

联合制约德国仍然重要，但欧洲整合与时俱进，已有更为重要的动因。对此，施密特深刻指出：欧洲的人口锐减与老龄化、欧洲在全球 GDP 中所占比重的下降等，使欧洲单个国家在世界的天平上无足轻重；欧洲若想不被世界边缘化，不使欧洲古已有之的 "中心与边缘" 的争斗悲剧再现和对世界文明的贡献销蚀，就必须继续推进一体化，这是欧洲国家长远的根本战略利益之所在；欧洲整合的必要性已经超越丘吉尔、戴高乐、莫内、阿登纳、勃兰特、科尔等所有主张欧洲一体化的精英们所曾经怀有的动因②。

德国的 "一枝独秀" 并非自然生成，而是历经痛苦的结构性改革的结果。需要指出的是，德国外交政策必须坚持多边主义、一体化与合作，不能

---

① 德国保守派学者批评施罗德红绿政府放弃德国《基本法》规定的 "国家利益" 而搞 "欧盟利益"，是 "德意志特殊道路" 在新时期的翻版；"从历史上看，德意志特殊道路从来没有好结果"。详见 Hans-Peter Schwarz, "Republik ohne Kompass," *Internationale Politik* 1 (2005), pp. 46 – 48, 52 – 53。

② Helmut Schmidt, "Rede, Deutschland in und mit Europa, auf dem SPD – Bundesparteitag am 4. Dezember 2011 in Berlin," *SPD*, 4 Dezember 2011, http://www.spd.de/aktulles/Pressemittei-lungen/21498/2o111204_rede_ belmut_schmid.htm，最后访问日期：2012 年 9 月 1 日。

"单干"；但在内政的几乎所有方面，德国一直在"单干"，显示出德国的自性、特质、模式与路径。① 譬如德国的"社会市场经济"自 1948 年问世以来表现出顽强的生命力和惊人的连续性。但在四十多载的膨胀发展特别是 20世纪 70 年代和 90 年代的两次爆炸式增长以后，德国的"社会国家"深陷危机，改革势在必行。德国的改革，不是彻底背弃原有的经济与社会发展模式，而是针对"社会国家"发展的弊端实行纠偏，以应对全球化和德国老龄化社会的挑战。尽管施罗德政府第二任期开启的改革议程涉及医疗、养老、劳动力市场等重要领域，其广度和深度均为历史空前，已经导致惨重的社会和政治代价，但是结构改革的积极效应在若干年后已经显现：德国的经济危机和失业顽症得以缓解，在世界"金融海啸"面前很快走出险境，在欧洲"一枝独秀"。据德国《明镜》周刊 2012 年 2 月 15 日的报道，德国积聚起来的巨大经济和金融实力，足够还清欧元区所有国家的债务。

经历了结构改革的洗礼，德国不仅要在国内续写自身的经济与社会发展模式的辉煌篇章，而且还要将其推向世界。世界金融危机与欧债危机的突如其来为德国模式的推广提供了天时，"欧洲的德国"开始发力。默克尔在世界层面呼吁加强金融监管，譬如建立全球稳定的金融体系，成立负责监管的"世界经济理事会"，制订"可持续经管宪章"②，在全球范围征收金融交易税等。当她看到金融交易税在世界无法推行，在欧盟范围也难以一致通过时，就利用欧盟的"强化合作"机制，争取 9 个成员国的支持，以期在2012 年底前完成金融交易税的立法程序。③ 在欧洲层面，德国政府应对危机的立场是：欧元失败，欧洲也会失败，欧洲关涉德国的命运与未来；德国的特殊责任是令人信服地使用自身力量，以使德国和欧洲获取最大效益，走上欧洲政治联盟之路；不能以"平庸"为目标，以"短平快"为准绳，而是必须从"根"上治理，全方位地进行结构改革；对未来负责和着眼于人民福

---

① 德国引人注目的"单干"的最新事例是在 2011 年 3 月日本核电站事故以后对能源政策的根本调整：到 2022 年退出核能，到 2050 年用可再生能源替代 80% 的化石燃料。参见德国驻华大使施明贤博士于 2012 年 6 月 2 日在北京大学国际关系学院发表的题为"德国和中国：21世纪的伙伴"的讲话，http://www. daad. org. cn/wp – content/uploads/2012/06/DAAD_D. pdf，最后访问日期：2012 年 9 月 1 日。

② Angela Merkel, "Regierungserklärung zum Europäischen Rat und zum G – 20 – Gipfel," Das Parlament, DEBATTENDOKUMENTATION, 23 März 2009, pp. 1 – 2.

③ 参见 Angela Merkel, "Regierungserklärung；am 29. Juni 2012 im Deutschen Bundestag," *EURAC-TIV*, 29 Juni 2012, http://www. euractiv. de/fileadmin/images/BK_Merkel_Regierungserklarung_2012Juni29. pdf，最后访问日期：2012 年 9 月 1 日。

祉，也是"为了欧洲的统一和服务于世界经济"。[①]

默克尔深感欧洲面临的挑战严峻，她在用数字和事实来说话：在阿登纳当政时期欧洲人口占世界的比重是 20%，而今这一比重仅为 8.7%；欧洲的 GDP 占世界 GDP 的 25%，但在社会支出方面却占世界总支出的 50%。这种模式不可持续。她对欧洲危机国家病症的诊断是寅吃卯粮，是过去的错误政策所导致的；如不痛改前非，做好"家庭作业"，此时的外界救助只能是掩盖问题的短期行为，是"好心办坏事"。默克尔说，总之，德国政府反对盲目举新债还旧债，靠更多的举债来刺激经济增长；人们需要的不是更少的欧洲，而是更多的欧洲，但必须是一个"基础扎实的欧洲"[②]。

德国在欧债危机中遭到围攻，"德国的欧洲"还是"欧洲的德国"这一困境再现，反映了一个新起大国的身份定位与归属认同的危机。"认同危机"包括对内（自我认同）和对外（被人认同）两个层面。在对内方面，伴随"正常化"的实现和对国家利益的"平反"，德国自身的纠结已经化解；但在对外方面则还有很多工作要做。德国近年来同中国关系的发展势头，已经引起欧美大国的警觉与不安。早在 1987 年，苏联领导人戈尔巴乔夫提出外交政策的"新思维"，导致西德加速发展对苏关系，这引起美、法等国的警觉和不安；而今，德国的世界秩序政策面临新的平衡压力。然而，德国具有"文明国家"内核的现实主义的"贸易国家"外交政策要超越欧洲，走向世界，这是势之使然。当今世界正处于动荡、分化和改组的不确定时期，一个"欧洲的德国"和一个改革开放的中国携手合作、互相砥砺，对应对全球化的挑战，创建和平、稳定与繁荣的"和合世界新秩序"具有积极的作用。

① Angela Merkel, "Regierungserklärung zum G – 20 – Gipfel in Mexiko am 14. Juni 2012," Das Parlament, DEBATTENDOKUMENTATION, 18 Juni 2012, p. 2.

② Angela Merkel, "Regierungserklärung zum G – 20 – Gipfel in Mexiko am 14. Juni 2012," Das Parlament, DEBATTENDOKUMENTATION, 18 Juni 2012, pp. 2 – 3.

德国在欧盟的经济主导地位：
根基和影响[*]

———— ❧ ❀ ❧ ————

赵　柯^{**}

摘　要：回顾欧债危机演变的过程可以发现，德国在危机救助政策实施的内容、步骤和时机等每个关键节点上，都发挥着十分重要甚至是决定性的影响。德国影响力上升的根源在于德国是欧盟层面非中性制度的最大受益者。德国凭借其在欧盟的主导地位有力地推动了欧盟战略转型：提升经济竞争力、启动财政一体化、加速推进"大西方"战略。德国在欧盟的主导作用对中欧关系发展的影响喜忧参半。

关键词：德国　欧债危机　融资能力　大西方

　　仅仅在几年前，"欧洲的德国"或者"德国的欧洲"这类说法还只是存在于象牙塔内的理论探讨，学术界也多从文化与文明发展的角度看待德国与欧洲的关系。但是，自欧债危机发生以来，欧盟内部的权力结构发生了变化，德国地位的上升成为不争的事实，德国与欧洲的关系再次受到瞩目。回顾欧债危机演变的过程可以发现，德国在危机救助政策实施的内容、步骤和时机等每一个关键节点上，都发挥着十分重要甚至是决定性的影响，德国的这种主导作用以什么样的方式来具体影响欧盟的发展？这种主导作用是会长期存在，还是只是欧债危机背景下短暂的幻象？如长期存在，其根基和影响又是什么？这些问题是本文主要讨论的内容。

---

　　*　本文首次发表于《国际问题研究》2014年第5期，第89～101页。

　　**　赵柯，中共中央党校（国家行政学院）国际战略研究院副教授。

一 主导欧盟制定应对债务危机的战略

2013 年 7 月 20 日，德国财长朔伊布勒发表的署名文章《我们不要德国的欧洲》同时在德国、英国、法国、波兰、意大利和葡萄牙的主流日报上刊发，否认德国在欧洲谋求领导地位。此文的发表显然是想打消其他欧盟成员国对欧债危机发生以来德国影响力不断上升的担心和忧虑，但另一方面，这一高调的政策宣示凸显了一个无法否认的事实，即欧洲政治经济格局已在不知不觉中实现了重组，德国发挥着越来越明显的主导作用，这在此次债务危机中更加显性化。

不同于历史上传统霸权国采取的单向强制行动，德国发挥主导作用的方式隐藏在欧洲的集体行动中，以"欧洲"的名义和渠道施加自身影响力。这种在欧洲一体化背景下的"主导"主要通过"理念引领"来实现。

德国的理念引领作用突出体现在对欧债危机根源的解释上。国际社会对此次危机有多种解释：欧美经济金融关系密切，欧债危机是受美国金融危机传染而致的；欧洲在货币统一后缺乏统一的财政政策，导致成员国在国际收支失衡的情况下缺乏财政支持以恢复平衡，最终爆发危机；欧元的引入让欧元区不同国家间的利率趋同，希腊、西班牙等竞争力弱的南欧国家的融资成本大为降低，导致大量廉价资本流入，造成了经济泡沫。

从学术角度来看，上述观点为理解欧债危机提供了不同的视角，并无高下之分。但在政治上，对欧债危机的解释权则涉及处理危机所需权力的正当性和合法性，德国在这方面当仁不让，其对危机的解释成为正统：相关国家陷入债务泥潭不能自拔有两个原因，一是缺乏经济竞争力，长期处于财政赤字和国际收支失衡的状态；二是政府缺乏财政道德自律，过度举债。既然找到了"病根"，则"对症下药"的方子也就非常明确了，就是以恢复竞争力为核心目标的结构性改革：紧缩财政，严控政府债务，削减福利，降低经济成本，恢复竞争力。

虽然德国开出的应对危机的"药方"引起重债国的不满与批评，但从欧盟整体而言却具有不容置疑的权威。除了卢森堡、荷兰、比利时、奥地利等德国的传统支持者外，北欧国家也认同德国对危机的解释，中东欧国家则更是紧跟德国。最终人们看到，德国倡导的"以紧缩提高竞争力"成为目前欧洲经济治理的主旋律。陷入危机的希腊、爱尔兰、葡萄牙、西班牙等国政府顶住国内政治压力，坚持推进结构性改革。向来以欧洲政治领袖自居的法国也主动配合，2012 年 8 月 9 日，法国宪法法院判决将"国债刹车"以补充条款的方式列入宪法；奥朗德虽打着"反对紧缩，促进增长"的口号赢得了选举，但上台后依然继承萨科奇路线，实施了一系列削减开支、增加税收的紧缩政策。就连没有太受债务危机影响的荷兰和比利时，也主动推出了自己的紧缩方案。

后危机时代的欧盟面临三个主要任务。一是恢复经济增长。当前欧盟经济的复苏仍然具有不确定性，逆转的风险是存在的。这主要表现在两个方面。第一，经济企稳回升缺乏有力支撑。消费者物价指数（CPI）是衡量一国经济活跃程度的重要指标，欧元区的 CPI 已经长时间处于 1% 以下。第二，虽然欧盟经济整体实现正增长，但失业率仍然居高不下，这种"无就业增长"如果长期持续，不仅会影响宏观经济，还会产生严重的社会问题。二是完善银行业联盟的建设。银行危机与政府财政危机之间的相互传染是此次欧债危机发生的重要原因，建立银行业联盟，切断两者之间的恶性循环是将来预防类似危机再度爆发的重要举措。三是财政一体化。这是从根本上消除欧元制度中的货币政策与财政政策分离这一内在缺陷的途径，在基本制度层面避免危机重演。对于这三大任务，德国正凭借其主导地位进一步发挥直接影响，将自己的理念渗透到宏观层面的欧洲一体化制度建设和微观层面的经济运行之中。

二　发挥主导作用的根基

德国在欧洲形成的主导地位，绝不只是此次欧债危机催生的短暂的欧盟成员国之间力量对比的变化结果，也并非德国雄厚财力在危机中凸显的"崛起幻象"。其主导地位的形成由以下因素支撑，有着较为坚实的基础。

（一）非中性制度的最大受益者

欧盟层面的许多制度安排都是非中性的[①]，欧元体制即一例，德国从这一制度中获取的优势远大于其他成员国。这种非中性制度安排，为德国提供了向整个欧盟投放力量的支点和网络，其中最为重要的就是负责欧元发行的欧洲中央银行制度。

欧元诞生以前，德国马克是世界第二大储备货币，马克的国际地位给德

---

① 同一制度下不同的人所获得的利益是不同的，有的人多，有的人少；甚至在很多时候同一制度能够为一部分人带来利益，却给另一部分人带来损害。这一现象被称为"制度非中性"。参见张宇燕《利益集团与制度非中性》，《改革》1994 年第 2 期，第 98 页。

国经济带来了巨大利益，法国人甚至将马克称为德国的"核武器"。所以，德国人不仅要求把欧洲中央银行设在德国法兰克福，更竭尽全力主导对欧洲中央银行的制度设计。

《马斯特里赫特条约》（简称《马约》）规定，欧洲中央银行应该支持欧盟总体的经济政策，其首要目标就是维持物价稳定。欧洲中央银行具有政治独立性是确保物价稳定的必要条件，[①] 如果缺乏政治独立性，中央银行会被迫以印钞方式为政府财政赤字融资，必将引发通货膨胀。因此，欧洲中央银行或成员国中央银行不得对欧盟及其各机构以及各国中央政府、地方当局和公共部门提供赤字融资或其他任何形式的信贷便利，欧洲中央银行或各国中央银行亦不得直接购买上述机构发行的债务工具。在政治独立性与防止中央银行为各国政府直接融资方面，欧洲中央银行所获得的法律保障要超过德国中央银行，因为德国议会只要简单多数就可以修改法律，改变甚至取消德国中央银行的政治独立性，而欧洲中央银行的相关法律则很难改变，欧盟条约的重新修订需要在所有成员国一致同意的基础上进行。

从中央银行的政策目标和制度设计这两方面来讲，欧洲中央银行实际上是以德国中央银行为蓝本建立的。[②] 这种制度设计切断了所有成员国政府从中央银行获取资金的内部融资渠道，看似对所有成员国一视同仁，实际上对各成员国的制度约束并不相同。因为德国在外部融资渠道方面优势明显：一是可以凭借强大的工业竞争力以大量贸易顺差的形式获取资本，二是可以凭借良好的信用从国际资本市场融资。在经济平稳发展时期，这种制度的"非中性"作用不会显现，但在遭遇危机时，许多成员国因外部融资成本提高而无法继续对外融资，导致财政枯竭，只有德国的外部融资渠道畅通。欧洲中央银行以德国中央银行为蓝本建立，德国对欧洲央行拥有巨大的影响力。此次欧债危机中，欧洲央行与德国政府的合作非常默契，甚至有观察家认为，欧洲出现了柏林—法兰克福轴心，取代了原先的柏林—巴黎轴心。

在为应对债务危机启动的财政一体化方案中，核心条款就是欧盟成员国政府未来的财政预算和经济政策要得到欧盟机构的批准。这一规则从表面上

---

① 欧洲中央银行、各成员国中央银行以及任何决策执行机构的人员，在执行或实施《马约》赋予的权利与义务时，均不得寻求或接受来自欧盟或者欧盟各机构、任何成员国政府以及任何其他机构的指示。

② 关于欧洲中央银行以德国中央银行为蓝本的相关论述，本文主要参考〔比〕保罗·德·格劳威《货币联盟经济学》（第5版），汪洋译，中国财政经济出版社，2004，第129～130页。

看对所有成员国的约束相同，也精准地指向引发债务危机的制度缺陷，但其在制度设计上对各成员国施加的压力有别。相比其他成员国，德国财政一直奉行"稳健"理念，在财政纪律、财政平衡和财政实力方面状况良好，财政一体化方案中的"财政监督"对德国不是问题。但对其他财政纪律相对松弛、财政能力相对薄弱的成员国而言，这一政策无疑是"紧箍咒"。在这一方案设计中，德国可轻易占据财政平衡问题上的道德制高点，还可借欧盟名义以整顿财政纪律的方式向其他成员国施加影响力。正因看到这一点，尽管德国提出的财政一体化方案将大大加强欧盟委员会的权力，但欧盟委员会主席巴罗佐仍非常谨慎地回应德国这一倡议，强调财政一体化要"一步步来"。

（二）强大的融资能力

国家间的竞争在很大程度上体现为围绕国际资本的竞争，哪个国家能够最大程度、源源不断地以低成本汲取到充足的新鲜资本，也就是说具有强大的融资能力，哪个国家就会获得竞争优势，各国融资能力的高低在很大程度上决定了一个国家的国际地位。

欧元作为一种共同货币，其引入后的直接结果就是重塑了欧洲的经济格局，其中最为关键的变革就是欧洲内部的资本流由之前围绕英国、法国和德国三个中心的多边循环流动，逐渐变成了主要以德国一个中心与其他欧盟成员国之间的"一对多"的双边循环流动。德国站在了整个欧洲内部资金流动链条的顶端，扮演着"欧洲银行家"的角色。这让德国具有了其他欧盟国家不可比拟的"融资能力"。

德国这种"融资能力"的基础就是在欧元制度下被不断强化的工业竞争力。虽然战后德国在工业制造业领域的出口一直保持增长的态势，但在欧元诞生之前，"德国制造"在欧洲大市场并没有获得"压倒性"的优势，更不像近年来一样——在欧债危机的背景下其他欧盟国家出口普遍疲弱，而德国出口反而逆势增长，巨额贸易顺差频频创造纪录。① 当时"法国制造"、"意

---

① 德国对外贸易顺差在欧债危机期间经历 2008 年、2009 两年的短暂下降后，从 2010 年开始持续反弹，2012 年德国对外贸易顺差为 1881 亿欧元，创下战后以来的第二高顺差额的纪录，最高的顺差额是欧债危机爆发前的 2007 年的 1953 亿欧元。2013 年前三个季度德国的顺差就达到了1478 亿欧元，其中 2013 年 9 月的顺差额为 204 亿欧元，创下战后单月最高顺差额纪录，之前单月最高顺差额是 2008 年 6 月的 198 亿欧元。2013 年德国的外贸顺差为 1989 亿欧元，是德国有外贸统计以来的最高值。数据源自德国联邦统计局数据库，https://www.destatis.de。

大利制造"甚至"西班牙制造"在现代工业的不少领域都有实力与"德国制造"一争高下。20世纪90年代，德国经济增长乏力，甚至被称作"欧洲病夫"，远没有当今"一枝独秀"的光环。进入21世纪之后，德国经济很快重新焕发活力，许多研究将德国经济的强劲复苏归功于1998年施罗德上台后对德国劳动力市场的一系列改革，认为继任的默克尔政府之所以能够保持德国经济平稳增长并且经受住了此次欧债危机的考验，实际上是因为坐享了施罗德的"改革红利"。这一解释虽有道理，但并未抓住问题的实质。出口是德国经济增长的关键推动力，如果以贸易顺差来衡量，可以非常清晰地发现，德国经济的转折点在于欧元的引入。德国贸易顺差是在2001年左右开始迅猛增长的，之后几乎是直线上扬。而施罗德担任总理时所启动的以恢复劳动力市场弹性为核心的改革是在2003年。所以很明显，德国出口的强劲增长与欧元的相关性要远大于与施罗德改革的。

　　其中的关键在于，欧元让德国享受到"双重优势"。一方面，欧元的汇率是依据各成员国的经济权重来确定的，德国与比其弱小的成员国权重相互加权对冲之后，实际享受到了比马克时代更为"便宜"的汇率，欧元的使用相当于马克"自动贬值"，这自然有利于德国的出口。另一方面，其他成员国无法再通过本币贬值的方式在市场竞争中获取对"德国制造"的优势，这让原本就非常强大的德国工业很快在欧洲大市场中占据了优势地位。原本能够实现国际收支平衡或者对德国有顺差的国家在欧元启动之后很多都变成了对德逆差，德国贸易顺差的一半以上都来自欧盟内部，并且这一份额在欧元引入之后一直迅速增长，在全球金融危机爆发前的2007年达到顶峰。从2001年到2012年德国积累了约1.7万亿欧元的顺差，这一巨额顺差中的很大部分又以直接投资或者金融资产投资的方式回流到其他欧盟成员国。① 强劲的出口让德国经济很快走出20世纪90年代的颓势，赢得了国际资本市场的信任和青睐，德国国债受到追捧，收益率下降，这意味着德国能以非常低的成本来融资。

　　特别是在欧债危机爆发后，德国成为资本的避风港，进一步拉低了德国的利率水平，其融资能力在危机中被大大增强了，10年期国债利率基本都处于2%以下，如果扣除通货膨胀的因素，相当于德国基本可以"免费"从全

---

① 根据德意志联邦银行的统计，德国的贸易盈余一半左右来自欧盟内部，而这些盈余中的大部分又以对外直接投资（FDI）的形式输出到欧盟成员国。根据德意志联邦银行的统计，德国对外直接投资的一半以上流向了欧盟成员国。

球借钱。2012 年 5 月，德国更是首次以零利率发行了价值 45.6 亿欧元的两年期国债，如果将通货膨胀考虑在内，这意味着有太多的投资者为了竞争到借钱给德国的机会，不仅放弃利息收益，还要"倒贴"给德国人钱。根据德国财政部的计算，因为借款成本下降，2010～2014 年德国仅利息支出就节省近 410 亿欧元。国家层面的这种融资能力体现在微观经济层面就是企业对资本的掌控力，德国企业的融资能力远超其他成员国企业，比如一笔 5 年期以内的 100 万欧元的贷款，西班牙企业需要支付 6.5% 的利息，意大利企业是 6.24%，而德国企业仅需 4.04%[①]。德国企业的融资能力让其他欧盟成员国企业在市场竞争中明显处于不利境地。

德国通过强大的工业竞争力以贸易顺差的方式让欧洲实体经济中的资本流向德国，同时德国又可以在国际资本市场大规模、低成本地吸纳金融资本，再以资本输出的方式将巨额资金"二次分配"到其他欧盟国家，如此循环往复。在欧盟内部的这一资本循环中，德国始终掌控着欧洲资本流动的规模和流向，实际上扮演着"欧洲银行家"的角色。正是这一机制让德国在欧盟中的影响力的根基更为坚实。

（三）发挥主导作用的意愿

有观点认为，德国虽拥有强大的经济实力，是欧洲债务危机应对机制最重要的支撑者，但德国并没有必要将其转化为政治影响力；欧盟层面的制度安排对德国也是一种限制，德国的权力未来将会逐渐减弱；因为与重债国关系紧张，德国的影响力在欧债危机中实际是受损的。[②] 但从现实考虑，将经济实力转化为政治领导权是符合德国国家利益的唯一选择。欧元区是德国经济的依托，一旦欧元区解体，将给德国带来致命打击。为了维持欧元区完整，恢复欧元竞争力，需要一个切实的经济改革方案以及保障这一方案获得实施的强有力的领导者和监督者，目前只有德国能胜任这一角色。

默克尔曾在欧债危机期间说过一句名言："欧元的失败意味着欧洲的

---

① Niedrige Zinsen，"Deutsche Firmen profitieren von Euro-Krise，" *Spiegel Online*，4 September 2012，https://www. spiegel. de/wirtschaft/unternehmen/ezb-zinsen-fuer-unternehmen-in-der-euro-zone-driften-auseinander-a－853728. html，最后访问日期：2014 年 5 月 30 日。

② Daniela Schwarzer and Kai-Olaf Lang，"The Myth of German Hegemony，" *Foreign Affairs*，2 October 2012，https://www. foreignaffairs. com/articles/germany/2012－10－02/myth-german-hegemony，最后访问日期：2014 年 6 月 5 日。

失败。"① 其背后无法公开表达的潜台词则是，欧元的失败更意味着德国的失败。如果欧元崩溃，德国经济将丧失巨大的战略空间，其国际地位将大打折扣。所以德国的政治精英有一个共识：欧元现在不允许失败，将来也不能失败。②

有人将德国称为"不情愿的霸权"，认为正像二战后美国肩负起领导职责支撑起脆弱的西德，现在轮到德国来领导那些深陷危机的盟友，这既是为了盟国，也是为了德国自己的利益③。言外之意是德国并不情愿成为欧盟的领袖，其领导地位是形势所迫。但实际上，今天的德国领导人不再刻意保持政治上的低调和克制，也不再讳言德国对欧盟领导权的追求。④ 2013 年总统高克在德国统一日的演讲中指出，德国要在欧洲"承担更多的责任"。在现实政治中，"责任"实际上是"权力"的另一种委婉的表达。德国联盟党和社民党在组成新政府的《联合执政协议》中，也专门讲到"德国的欧洲责任"：欧洲的统一事业仍是德国最为重要的任务，在过去几年中，欧洲伙伴对德国的期望改变了。⑤ 这句话的潜台词是欧洲伙伴希望德国承担更多的领导责任，德国的领导是有"民意"基础的。协议还写道，"欧洲正处在一个历史时刻，在这变革时期，德国作为经济强大的成员国和欧洲的稳定之锚，责任在增长，也被伙伴国寄予了特别的期望"⑥。这句话的潜台词是欧债危机中德国的领导地位确实得到加强，而其他成员国也期望德国担负起领导责任，所以德国领导地位的加强与欧盟的根本利益是一致的，是大势所趋。

---

① 默克尔 2011 年 9 月 7 日在德国联邦议会的演讲，http://www.bundeskanzlerin.de/Content - Archiv/DE/Archiv17/Reden/2011/09/2011 - 09 - 07 - merkel-bt-haushalt.html，最后访问日期：2014 年 6 月 5 日。

② 默克尔 2011 年 9 月 7 日在德国联邦议会的演讲，http://www.bundeskanzlerin.de/Content - Archiv/DE/Archiv17/Reden/2011/09/2011 - 09 - 07 - merkel-bt-haushalt.html，最后访问日期：2014 年 6 月 5 日。

③ "The Reluctant Hegemon?" *The Economist*, 15 June 2013, https://www.economist.com/leaders/2013/06/15/the-reluctant-hegemon，最后访问日期：2014 年 6 月 3 日。

④ SWP and GMF, "New Power, New Responsibility: Elements of a German Foreign and Security Policy for a Changing World," Berlin, 2013, pp. 2, 20.

⑤ "Deutschlands Zukunft gestalten. Koalitionsvertrag zwischen CDU, CSU und SPD, 18. Legislaturperiode," Berlin, 2013, p. 156.

⑥ "Deutschlands Zukunft gestalten. Koalitionsvertrag zwischen CDU, CSU und SPD, 18. Legislaturperiode," Berlin, 2013, p. 156.

三 推动欧盟的内部改革与对外战略调整

德国的前途和命运已经与欧盟的发展高度融合在一起，所以随着自身在欧盟地位的上升，德国积极推动欧盟的内部改革与对外战略调整，以巩固和加强欧盟在全球政治经济格局中的优势。德国的这一努力已初见成效，并且将影响深远。

第一，提升欧盟经济竞争力。根据欧盟统计局的数据，2013 年第二季度欧元区 GDP 环比增长了 0.3%，标志着欧元区结束了连续 18 个月的衰退，经济转向复苏；2014 年第一季度欧元区 GDP 增长 0.2%，已经连续四个季度实现环比增长。虽然增长微弱，但继续了复苏的势头。2013 年 12 月 15 日，爱尔兰政府宣布正式退出由欧盟和国际货币基金组织主导的援助计划，成为首个退出这一纾困机制的欧元区国家。这说明德国开出的"紧缩"药方虽然痛苦，但效果已现。

在欧盟的宏观经济治理上，德国所倡导的"紧缩"理念和政策的最终指向并不仅仅是应对债务危机，更是结构性改革。许多欧洲国家的不合理的高福利导致本国劳动力市场缺乏弹性，经济逐渐丧失了竞争力。但在选举政治下，政治领导人难以下定决心削减过分的福利。此次债务危机的爆发为欧洲结构性改革提供了难得的契机，在德国的带领下及其作为外部监督者所施加的压力下，以整顿公共财政和恢复劳动力市场弹性为核心的结构性改革成为欧洲"政治正确"的选择。随着改革的深入，欧盟经济活力和竞争力将得到进一步提升，欧盟在世界经济中的地位将会更为稳固，在全球经济治理中的话语权也将进一步提升。

第二，启动欧盟财政一体化。此次欧债危机提供了推动财政一体化的契机。当年的欧元设计者们非常清楚共同货币制度所存在的缺陷：货币统一而财政不统一。在丧失货币主权的情况下，成员国政府容易倾向于利用发债解决财政问题。如果债务负担超过了偿还能力，又没有统一的欧元区财政部在债务国与财政充裕的成员国之间进行转移支付，就会导致债务国陷入财政危机。在共同货币制度设计之初，由于成员国难以接受本国政府的财政预算和支出最终由欧盟批准，更不愿用本国财政收入补贴其他成员国债务，在政治上难以一次性地让成员国全部同时交出货币主权和财政主权。① 欧元设计者退而求其次，率先实现货币统一，日后择机实现财政统一。欧元设计者的逻辑是：统一货币需要共同预算，而共同预算又需要共同的议会，这样就把欧洲引上了联邦之路。② 此次欧债危机激活了欧元设计者的最初设想，财政一体化被提上日程。

德国不失时机地提出建设"政治联盟"的欧洲愿景，其核心即实现某种形式的欧盟财政一体化。德国对财政一体化的推动作用体现在两个方面。一是允许欧洲央行逐渐担负起"最后贷款人"的职能，可以向成员国陷入困境的银行提供流动性，可以购买成员国国债。该政策的实际效果相当于形成"隐形"的共同财政，把富裕成员国的资金转移支付给危机国家。二是以财政契约的方式约束成员国的预算和支出，同时寻求修改欧盟条约，将成员国更多的财政权上交给欧盟。这意味着欧洲财政一体化的进程已经正式启动，欧盟的制度建设进入新阶段。这不仅将大大增强欧盟抵御外部金融风险的能力，也将有力地提升欧盟的国际地位。

第三，推进欧盟"大西方"战略。当今世界格局最显著的特征就是发达国家与发展中国家的力量对比发生变化，以中国为代表的新兴市场国家在全球政治和经济舞台上扮演着越来越重要的角色。根据 IMF 的最新统计，按照购买力平价计算，2013 年发展中国家和新兴市场国家在全球 GDP 中的份额首次超过 50%③。哈佛大学教授、美国国家经济委员会前主席劳伦斯·萨默斯很好地描述了这种变化背后的重大意义。他认为，中国经济的高速增长持续了 30 多年，这种变化发生在占世界人口 1/5 的土地上，涉及数以亿计的民众，对全球经济体系的影响不亚于工业革命和文艺复兴，甚至可能超过后两者。因此，当今时代面临的重大挑战是如何管理大国的崛起④。

所谓"管理大国的崛起"就是发达国家需要进行"再平衡"，平衡新兴国家，特别是中国崛起对发达国家既得利益格局的冲击。美国的"再平衡"就是要"重返亚太"，而欧洲的"再平衡"则是积极推动发达国家间更紧密的合作，努力组建一个制度化、机制化的发达国家间的政治、经济以及金融

---

① 张宇燕：《债务危机与世界经济》，《北京工业大学学报》（社会科学版）2012 年第 3 期，第 31~32 页。

② 丁一凡：《欧元时代》，中国经济出版社，1999，第 135 页。

③ IMF，"World Economic Outlook：Recovery Strengthens，Remains Uneven，" 14 April 2014，p. 159.

④ 〔美〕劳伦斯·萨默斯：《中国崛起及中美两国的金融监管》，《研究参考》第 21 号，2011 年 7 月 8 日，第 1 页。

集团，也就是布热津斯基笔下的"大西方"。这就是欧洲人力推"跨大西洋贸易与投资伙伴协议"（TTIP）、与日本启动双边自由贸易区（FTA）谈判的原因。

德国是欧盟"大西方"战略的积极倡导者和有力推动者。默克尔在2005 年上台后就把加强欧美关系放在优先位置，2006 年提出建立欧美自贸区设想，2007 年初在访美时正式向小布什提出这一倡议。2013 年 10 月，欧盟和加拿大签署双边自由贸易区协定，这是八国集团成员之间首个自贸区协定，具有重要的示范意义。这背后与默克尔的努力密不可分，2012 年 8 月，默克尔在访问加拿大时专门就欧加自贸区细节问题与加总理进行商谈。默克尔再次当选总理后，加强跨大西洋关系和北约框架内的合作仍然是德国政府对外政策的基础。①

四　结语

德国在欧盟的重要地位并非始于欧债危机，但是此次危机确实提供了一个让德国从幕后走到前台的契机。在欧盟当前的内部改革和对外战略调整中，德国无论是在理念的提出还是政策的实施方面，都起到了关键的引领作用，在可以预见的未来，欧盟的发展将会带上相当程度的"德国色彩"。

近年来中德关系发展取得长足进步。在 2013 年中欧光伏产业贸易争端中，欧盟之所以最终改变强硬态度，放弃单方面对中国光伏产品征收高额惩罚性关税，通过谈判协商解决贸易争端，是因为德国在其中起到了很大作用。德国在欧盟的主导作用会在相当程度上降低中国与欧盟打交道的协调成本，但值得关注的是，当前德国的政治精英更多的是把中国定位成一个挑战者，而不是真正意义上的战略伙伴②。德国政府在 2013 年的《联合执政协议》中明确提出"要在普世价值的基础上深化与亚洲国家的关系"，支持美国的亚太政策，这显然是出于平衡中国的考虑。虽然德国政府认为，由于存在多样化的"共同利益"，中国是德国和欧盟的战略伙伴，但是德国仍然要

---

① "Deutschlands Zukunft gestalten. Koalitionsvertrag zwischen CDU, CSU und SPD, 18. Legislaturperiode," Berlin, 2013, pp. 168 – 169.

② SWP and GMF, "New Power, New Responsibility: Elements of a German Foreign and Security Policy for a Changing World," Berlin, 2013, pp. 2, 20.

"致力于使中国在宪法中所承诺的权利以及对普遍人权的保障能够得到尊重"。① 也就是说，德国要"监督"中国的人权建设，这明显有悖于双方"战略伙伴"的定位。德国的这种"中国观"将会是中德关系未来发展过程中所面临的最大挑战。如果这种"中国观"不变，那么长期来看，德国在欧盟的主导地位无疑会增加中国处理对欧关系的难度。

---

① "Deutschlands Zukunft gestalten. Koalitionsvertrag zwischen CDU，CSU und SPD，18. Legislaturperiode，" Berlin，2013，p. 173.

德国的全球治理：理念和战略[*]

吴志成　王亚琪[**]

摘　要： 作为世界经济强国和经济全球化的积极推动者，德国也是全球治理的中坚力量。特殊的地缘政治环境和两次世界大战的惨痛教训促使德国不断超越狭隘的民族主义和国家中心主义，将推动欧洲联合、参与全球治理与多边合作视为实现国家安全与发展、重获欧洲国家信任、提升自身国际地位、应对全球性挑战的重要途径。以经济金融治理为核心加强领导力建设，以宽松包容立场承担难民治理责任，以技术和资金优势引领全球气候治理，以结构性发展治理塑造全球化进程，德国形成了相对完善的全球治理战略，也展现出积极负责任的国际形象。在全球治理实践中，德国以履行全球责任为核心治理理念，将本国战略融入国际多边治理机制，努力推行体现本国意志的"德国方案"，并在欧债危机、国际金融危机等区域与全球危机应对中表现突出。但是，随着欧洲一体化和经济全球化的深化，德国全球治理战略的实施在国内、区域和全球层面也面临自身能力不足、"德国问题"再现、反全球化冲击等诸多制约和挑战。

关键词： 全球治理　全球化　多边机制　德国方案

作为欧洲政治大厦的支柱性国家，德国也是影响世界格局变化和全球治理成效的重要力量。第二次世界大战结束后，德国经济再次复兴，崛起成为

---

[*]　本文首次发表于《世界经济与政治》2017 年第 4 期，第 46~59 页。

[**]　吴志成，中共中央党校（国家行政学院）国际战略研究院副院长，教授；王亚琪，南开大学周恩来政府管理学院讲师。

欧洲第一大经济体。面对国际社会尤其是欧洲国家对"德国问题"再现的忧虑，德国深刻反思自身在世界体系中的角色定位和在全球事务中的作用方式，选择将本国发展与欧洲联合紧密结合，并把促进欧洲一体化和欧盟发展作为自身义务写入《德意志联邦共和国基本法》（以下简称《基本法》），①成为区域一体化和经济全球化的支持者和推动者。然而，2008 年国际金融危机以来，欧盟的发展面临主权债务危机、难民危机等一系列严峻挑战，德国在全球治理中的战略困境再次凸显。面对全球化的曲折进程和全球问题的复杂挑战，德国力图平衡国家利益与国际责任，在巩固区域主导地位的同时维护欧洲团结，并致力于在全球治理中发挥引领和塑造作用，充分展现出德国全球治理战略的重要特征。

一 德国参与全球治理的动因

德国是两次世界大战的战败国和冷战对峙的前沿阵地，惨痛的历史教训促使德国超越狭隘的民族主义和国家中心主义，将积极参与多边合作、融入国际社会视为实现自身安全与繁荣的根本途径。在此背景下，德国成功地使欧洲一体化框架从约束和防范德国的手段，转变为德国在地区和全球事务中展现责任担当、发挥影响力的重要基础。在全球治理进程中，德国不再是欧洲的"问题"和世界冲突的根源，反而成为欧盟的领袖和全球金融安全、气候环境、可持续发展等领域举足轻重的治理力量。

（一）积极融入国际社会，维护国家安全

"德国问题"最初由德国作家托马斯·曼（Thomas Mann）于 1953 年提出。他希望德国人反思战后德国在欧洲的角色和作用，是要"德国的欧洲"还是"欧洲的德国"②。实际上，这一问题贯穿德国历史，集中体现了德国在欧洲事务和世界格局中的身份困境。德国位于欧洲的地理中心，强邻环伺的地缘政治环境使德国具有强烈的不安全感。奥托·冯·俾斯麦（Otto von

---

① Deutscher Bundestag, "Basic Law for the Federal Republic of Germany, Article 23," https://www.bundestag.de/blob/284870/ce0d03414872b427e57fccb703634dcd/basic_law-data.pdf, 最后访问日期：2016 年 12 月 28 日。

② Thomas Mann, "Ansprache vor Hamburger Studenten (1953)," in Thomas Mann, *Gesammelte Werke Band 10*, *Reden und Aufsätze* (Frankfurt am Main: S. Fischer, 1990), p. 402.

Bismarck）指出，"德意志帝国处于中心和无屏障的地理位置，国防线伸向四面八方，反德联盟很容易形成，所以德国始终面临严峻的安全问题"①。为追求"德国的欧洲"，实现称霸欧洲、征服世界的野心，德国曾经两次发动世界大战，不仅给世界带来深重灾难，使欧洲失去世界政治经济中心地位，也造成德国自身的分崩离析。

战后，欧洲国家尤其是英法痛定思痛，决心不再过分严厉地制裁和遏制战败的德国，而是进行"一次神圣的赦免"②，在法德和解的基础上，以欧洲联合实现欧洲复兴。此后，从欧洲煤钢共同体到欧洲共同体再到欧洲联盟，德国重新以平等成员的身份参与欧洲一体化进程，并与法国一起逐渐成为欧盟的主导力量。欧洲国家接纳并认可德国成为欧洲一体化的核心国家，德国也完全融入欧盟框架，从欧洲单一货币、统一大市场以及共同外交与安全政策中受益良多，实现了国家经济社会的全面发展，真正成为"欧洲的德国"。德国的安全得到保障，欧洲乃至世界的持久和平也获得有力保障。因此，积极融入国际社会，通过欧洲联合消除他国对"德国威胁"的疑虑，谋求国家安全与繁荣，是德国参与全球治理的深刻背景和基本出发点。

（二）坚定支持欧洲联合，提升国际地位

德国前总理赫尔穆特·施密特（Helmut Schmidt）将欧洲历史形容为"一部边缘与中心或中心与边缘之间永不停息的争斗史"③。德国统一前，欧洲列强都将维持德意志的分裂视为保证欧洲均势的重要前提。欧洲中部成为各大国的"角斗场"，德意志各邦则沦为列强的"雇佣兵"，互相攻伐。而随着统一民族国家的建立，德国一跃成为欧洲大陆首强，它放弃了俾斯麦的复杂但有效的均势政策，要求获得"阳光下的地盘"，对周边国家进行军事侵略，成为欧洲冲突的制造者和世界秩序的破坏者。为了终结这种恶性斗争

---

① 〔德〕奥托·冯·俾斯麦：《思考与回忆——俾斯麦回忆录》（第2卷），杨德友、同鸿印等译，生活·读书·新知三联书店，2006，第229页。

② Winston S. Churchill, "The Tragedy of Europe," in Brent F. Nelsen & Alexander Stubb, eds., *The European Union: Readings on the Theory and Practice of European Integration* (Boulder: Lynne Rienner, 1994), pp. 5 – 9.

③ Helmut Schmidt, "Rede, Deutschland in und mit Europa, auf dem SPD – Bundesparteitag am 4. Dezember 2011 in Berlin," *SPD*, 4 Dezember 2011, https://www.spd.de/aktuelles/detail/news/deutschland-in-und-mit-europa/11/11/2015/，最后访问日期：2016年12月8日。

史，西欧国家走上了欧洲联合的道路，构建了包括经济、政治、安全等领域在内的多领域的超国家合作机制，成功将德国框定在一体化架构之下。对于带有"牵制"和"防范"色彩的一体化机制，战败的德国选择了完全接受和积极融入的政策，并将此作为德国重获欧洲其他国家信任和实现国家"正常化"的有效途径。在联合的欧洲内，德国逐步消除历史仇恨，化解他国疑虑，快速走向复兴并最终完成统一。1990 年 10 月 3 日，时任德国总理赫尔穆特·科尔（Helmut Kohl）在两德统一当天再次强调了德国的欧洲认同："每个人都应该知道：将不会再有德意志特殊道路和民族主义的特立独行……"①他向世界宣示，德国将坚定参与和支持欧洲一体化进程，"德国是我们的祖国，统一的欧洲是我们的未来"②。可以说，德国是从欧洲一体化中获益最大的国家，并将欧洲一体化作为德国对外政策的基石。③

随着国家实力的不断提升，德国不再局限于通过支持欧洲一体化解决"德国问题"，而是愈发希望依靠欧盟转变"经济巨人，政治侏儒"的形象，在世界舞台上发挥更大作用。德国开始采取背靠欧盟走向世界的政策，将本国的政治目标融于欧洲一体化进程中，按照德国利益引领欧盟的发展方向，在欧盟充当主导角色。④ 根据经济合作与发展组织（OECD）的统计，2015 年德国国内生产总值（GDP）为 3.86 万亿美元，占欧盟 28 国 GDP 总量的 20%。⑤ 凭借在欧盟内部绝对强势的经济地位，德国承担了欧盟财政预算的最高份额，并逐渐在欧盟主要发展战略和行动决策中占据主导地位。欧盟目前仍是区域一体化和合作治理最成功的实践范例，依靠欧盟整体在世界经济、政治格局中的重要地位以及欧盟作为区域治理典范的引领作用，德国在全球金融、环境、发展等治理领域的影响力不断增强，成为全球事务中不可或缺的关键力量。依托欧盟积极参与全球治理，强大的德国已不再是欧洲和世界的"问题"，正在为构建更加合理和有效的全球治理体系做出重要贡献。

---

① 辛薇：《融入欧洲——二战后德国社会的转向》，上海社会科学院出版社，2005，第 262 页。

② "Regierungserklärung von Bundeskanzler Dr. Kohl vom 3. Oktober 1990," in Auswärtiges Amt, *Außenpolitik der Bundesrepublik Deutschland: Dokumente von 1949 bis 1994*（Colgne：Verlag Wissenschaft und Politik, 1995），pp. 727 – 732.

③ Federal Foreign Office, "Germany's Foreign Policy Parameters," 28 March 2013, http://www.auswaertiges-amt. de/EN/Aussenpolitik/Schwerpunk-te _ Aussenpolitik _ node. html，最后访问日期：2017 年 1 月 31 日。

④ 吴志成、常婧：《德国统一后的对欧政策评析》，《德国研究》2008 年第 3 期，第 27 页。

⑤ 数据来源：OECD, *National Accounts of OECD Countries*, Paris：OECD Publishing, 2016.

（三）主动贡献德国方案，有效应对全球挑战

早在冷战期间，基于对战争罪责的反省和对本国身处东西方对峙前线的安全考量，联邦德国就在对外关系中将自身定位为两大阵营接触的桥梁。尤其是在维利·勃兰特（Willy Brandt）上台后，德国推行"新东方政策"，对中东欧国家开展均衡外交，为冷战期间首次由全欧国家共同参与的欧洲安全与合作会议的召开创造了条件。冷战终结之际，相较于苏联和南斯拉夫等国家的解体，德国的统一代表了新时期世界秩序下稳定与和解的发展潮流。完成统一后，德国以更加主动的姿态推进全球化进程，为全球治理贡献德国智慧和方案。2007 年德国作为第 33 届八国集团（G8）峰会东道主，成功倡导建立 G8 与金砖国家（BRICS）就投资、发展、知识产权、能源效率等四个议题进行机制化对话的"海利根达姆进程"（即"G8 + 5"机制）[1]，有效促进了全球化时代的南北合作。利用本国的技术和资金优势，德国积极参与全球气候环境治理，率先提出能源转型计划，大力推动可再生能源的开发和使用。德国还为联合国的各项事务提供支持，在联合国 2016 年至 2017 年的两年期预算中，德国支付份额为 6.4%，约为每年 158.5 亿美元，仅次于美国、日本和中国，占欧盟 28 个成员国提供给联合国的预算总额的 31%[2]。

2008 年国际金融危机和 2009 年欧洲主权债务危机爆发后，德国在全球治理中的角色受到前所未有的关注。作为欧元区的经济支柱和经济全球化的坚定推动者，德国在危机中实施的治理政策被视为维护欧洲一体化进程、遏制全球化"逆转"的关键。在一系列危机和挑战面前，德国被国际社会寄予更大的期待，在欧洲乃至世界格局中的政治影响力也显著提升。在参与全球治理的进程中，德国一方面需要继续坚持"欧洲的德国"的多边主义政策原则，展现负责任的大国形象，避免他国的疑虑；另一方面也不可避免地将"德国的欧洲"作为应对各种全球性挑战的有效方案，根据德国的利益和发展模式塑造欧洲一体化和经济全球化进程，同时确保其国内社会的稳定与繁荣。

[1] The Federal Govermment, "Heiligendamm Proccess," 8 June 2007, http://www. g - 8. de/mn_92160/Content/EN/Artikel/__g8 - summit/2007 - 06 - 08 - heiligendamm-prozess_en. html, 最后访问日期：2016 年 12 月 10 日。

[2] Federal Foreign Office, "Germany in the United Nations," 3 November 2016, http://www. auswaertiges-amt. de/EN/Aussenpolitik/Schwerpunkte_Aussenpolitik_node. html, 最后访问日期：2016 年 12 月 10 日。

二 德国全球治理战略的主要内容

通过国内经济社会改革和欧洲单一货币体系建设，德国奠定了构建欧盟主导地位和全球治理能力的基础。基于特殊的历史责任，德国不仅积极推进欧盟扩大，宽容应对难民涌入，而且凭借其技术和资金优势，坚持以先锋者的姿态推动全球环境气候治理，极力展现负责任的国际形象。此外，德国还以结构性的发展治理战略为塑造全球治理体系和全球化进程提供设计方案。

（一）以经济金融治理为核心加强领导力建设

二战结束后，作为战败国的德国只能依靠经济实力参与全球治理，获取全球事务影响力。1948 年 3 月，德国开始推行 "社会市场经济" 改革，主张在维护自由竞争的市场经济秩序的基础上，兼顾经济发展的社会效果，实现个人自由、经济效率和社会福祉的平衡。这一改革不仅保证了战后德国经济社会的持续稳定发展，而且成为德国的主导经济制度。两德统一后，为了实现与原民主德国地区的经济社会整合，联邦政府加强了经济干预，财政负担和社会福利支出显著增长。面对经济增长停滞，格哈德·施罗德（Gerhard Fritz Kurt Schröder）政府推出改革方案——《2010 议程》，包括减税、削减补贴、劳动力市场灵活化和社会保障体系现代化等措施。安格拉·默克尔（Angela D. Merkel）政府也在有效提升就业率的同时实现了政府财政赤字和社保支出的显著下降，经济持续增长，竞争力不断提升，德国经济在 2010 年和 2011 年分别出现 3.95% 和 3.72% 的强劲增长。[1] 这为德国有效应对 21 世纪以来的国际金融危机和欧债危机、全面参与全球治理进程奠定了坚实的经济基础。

在金融货币方面，德国马克从 20 世纪 80 年代起便成为世界第二大储备货币，1992 年占全球货币交易份额曾达到 36.1%。[2] 在欧洲单一货币体系建设过程中，虽然德国放弃了马克，但其依据德国中央银行的运行方式主导制定了欧洲央行体制和欧元管理模式。欧元区其他成员国在将德国进一步限制

---

[1] 数据来源：OECD，"Real GDP Forecast (indicator)," 2016, https://data.oecd.org/gdp/real-gdp-forecast.htm，最后访问日期：2016 年 12 月 20 日。

[2] Soko Tanaka, "A Comparison of the European International Currencies: The Euro and the Deutsche Mark," Paper Presented for the First International Workshop of the Joint Research Group "EU Economy" of EUIJ Tokyo Consorium at Hitlsubashi University on 23 September 2006, pp. 4 – 8.

在欧洲一体化框架内的同时，获得了以更低的利率发行欧元债券的廉价融资能力，这实际上是德国以其强大的经济实力和金融信誉向欧洲提供的"公共产品"。作为交换，德国要求欧洲央行不得直接为成员国的债务融资，并在 1997 年通过的欧盟《稳定与增长公约》中规定，各成员国财政赤字不得高于当年本国 GDP 的 3%，公共债务不得超过 GDP 的 60%，否则将接受高额罚款。① 由此，欧元区其他成员国失去了通过本国货币贬值来对抗德国商品输出的能力，政府的融资能力逐步依附德国，甚至国家宏观经济政策也受到德国的影响，② 德国从而在欧元区建立了支配性的金融治理地位，这在国际金融危机尤其是欧债危机爆发后得到了充分体现。

2008 年国际金融危机爆发后，德国作为当时世界最大出口国受到严重冲击，2009 年 GDP 出现 5.57% 的负增长。③ 然而，依靠雄厚的经济实力，德国迅速推出一揽子救市计划，通过《金融市场稳定法》，由联邦政府为银行提供债务和应付款项担保。2008 年底和 2009 年初先后制定两套总额分别为 700 亿欧元和 515 亿欧元的经济振兴计划，④ 用于支持和补贴重点产业发展、削减税收、推动国内基础设施建设和产业技术革新。总体上看，德国在经济全球化中受益巨大，国际金融危机导致的德国经济衰退、失业率上升、出口下降等问题不应也不可能通过限制德国参与全球化的进程来解决。因此，作为"海利根达姆进程"和二十国集团（G20）的首倡国，德国主张世界各国坚定信心，加强合作，充分发挥 G8 + 5 和 G20 等多边机制的沟通作用；坚持倡导发达国家在全球金融体系改革进程中与新兴经济体建立伙伴关系，赋予新兴经济体必要的话语权；推动在各国内部构建以发展为导向的高效、透明、法制的金融系统⑤，并在全球层面支持建设一种可持续的全球贸易机制

---

① European Commission, "Stability and Growth Pact," https://ec. europa. eu/info/business-economy-euro/economic-and-fiscal-policy-coordination/eu-economic-governance-monitoring-prevention-correc-tion/stability-and-growth-pact_en，最后访问日期：2016 年 12 月 21 日。
② 赵柯：《德国的"欧元保卫战"——国际货币权力的维护与扩张》，《欧洲研究》2013 年第 1 期，第 64～86 页。
③ 数据来源：OECD，"Real GDP Forecast（indicator），" 2016，https://data. oecd. org/gdp/real-gdp-forecast. htm，最后访问日期：2016 年 12 月 20 日。
④ 〔德〕赖讷·克伦普·拉尔斯·欧·皮尔茨：《德国应对世界经济危机的措施》，王程乐译，《德国研究》2009 年第 2 期，第 25～33 页。
⑤ Federal Ministry for Economic Cooperation and Development（BMZ），"Good Financial Governance in German Development Cooperation," Strategy Paper 4，2014，http://www. bmz. de/en/publica-tions/topics/good_govem-ace/strategiepapier342_04_2014. pdf，最后访问日期：2017 年 1 月 28 日。

和最低限度的全球社会保障体系。这是德国应对国际金融危机的基本政策方向。[1]

欧债危机的爆发将德国进一步推向了欧洲领袖地位。危机初期，德国并未显示出主导危机治理进程的意愿。多数德国民众认为，国际金融危机后德国的复苏得益于施罗德时代以来的经济改革和严格自律的财政紧缩政策。主权债务危机则是相关国家长期享受远超于其国家收入水平的工资和社会福利导致的恶果。因此，德国社会不愿为危机国家提供无条件的财政援助。有鉴于此，默克尔政府最初采取了相对保守的应对政策。2010 年 2 月欧盟非正式峰会做出对陷入危机的成员国进行援助的初步决议后，德国政府迟迟未明确表态，而是强调希腊等国自身的责任。在同年 3 月 25 日的欧盟峰会上，德国才推动通过了欧元区成员国对希腊的紧急援助计划，要求给予希腊的救助贷款只能作为最后手段且必须按照市场条件发放[2]。随着危机的不断恶化，欧元区各国对德国的保守政策愈发不满，德国在危机治理中的立场和策略开始出现转变。在国际期待和国内舆论的双重压力下，默克尔政府决心将"德国模式"作为危机治理的核心方案。其基本政策就是在维护成员国团结和欧元区稳定的同时，敦促危机国家仿效德国采取负责任的财政紧缩政策，厉行节约，削减赤字。

在德国和法国的提议下，2012 年 3 月 2 日欧洲理事会通过了《经济与货币联盟稳定、协调与治理条约》，要求成员国在宪法中引入类似德国的"债务刹车"条款，一旦本国结构性赤字超过当年 GDP 的 0.5%，就将受到惩罚，且惩罚程序只有得到成员国多数表决通过方可终止。只有按照条约施行"债务刹车"的成员国才能获得欧洲稳定机制提供的融资援助。[3]

然而，德国严苛的危机救助政策也引发欧元区其他国家的强烈不满。德国的设立专门委员会监管希腊财政的设想[4]被视为不尊重他国主权的经济霸权主义。而针对"德国模式"的治理方案，重债国家认为强制紧缩的财政政

① Michael Dauderstädt & Christian Kellermann, "Controlling the Risks of a Global Economy: Germany's Role," Friedrich-Ebert-Stiftung, 2007, p. 2.

② 郑春荣：《从欧债危机看德国欧洲政策的新变化》，《欧洲研究》2012 年第 5 期，第 2 页。

③ European Commission, "Treaty on Stability, Coordination and Governance in the Economic and Monetary Union," 2 March 2012, http://europa. eu/rapid/press-telease_DoCl22_en. htm, 最后访问日期：2016 年 12 月 27 日。

④ George Friedmann, "Germany's Role in Europe and the European Debt Crisis," *Stratfor Geopolitical Weekly*, 31 January 2012.

策将严重限制相关国家刺激经济增长、创造就业机会的能力，形成"紧缩—衰退"的恶性循环，无助于缓解危机。最终，德国不得不接受欧盟《增长与就业公约》，同意投资 1300 亿欧元的经济推动计划。

总体而言，在欧债危机治理中，德国的政策立场从保守旁观到强势主导，充分展现了前所未有的领导力。根据本国人口和 GDP 在欧盟中所占的比重，德国在欧洲稳定机制中承担了 26.96% 的最大出资份额。① 在欧盟和欧洲央行的一系列救市行动中，德国按照自身理念为相关政策措施划定底线、设立原则。经济金融治理作为德国在全球治理中的核心行动领域，已经成为德国在欧洲乃至世界事务中影响力的重要来源。

（二）以宽松包容立场承担难民治理责任

欧洲面临的难民危机源起于 2010 年西亚北非变局爆发后，"伊斯兰国"的兴起和延续至今的叙利亚内战。2015 年地中海一系列难民沉船丧生事件则将此次难民危机推向高潮。然而，德国宽容的难民治理政策在危机中受到了严峻挑战。二战期间，第三帝国的政治迫害和种族灭绝政策在全世界制造了大批难民，也犯下累累罪行。战后，基于赎罪心理和对历史负责的态度，为获得国际社会的谅解和接受，联邦德国成立时制定了宽松的难民和移民管理政策。1949 年颁布的联邦《基本法》的第 16a 条就设定了无明确限制的避难条款，规定凡"受到政治迫害的人享有避难权"。② 20 世纪 80 年代以来，德国出现的难民潮使得联邦政府的难民救济开支不断增加，财政负担加重。直到 1985 年《申根协定》、1986 年《单一欧洲法令》签署，欧共体各国实现了人员自由流动，德国才开始收紧难民政策，并寻求在欧共体/欧盟层面解决难民问题。

1990 年，德国签署《在欧共体成员国内确定庇护申请审查责任国的公约》（《都柏林公约》），该条约是建立欧共体共同难民政策的基础性文件，设立了欧共体政治避难的统一最低标准、申请程序和成员国难民配额，并规定难民必须在其抵达的首个欧洲国家就地提出避难申请。③ 1992 年底，德国

① 数据来源：European Stability Mechanism, "Shares and Capital Per ESM Member," https://www.esm.eu-ropaeu/esm-governance#anc_sharehoders，最后访问日期：2016 年 12 月 27 日。
② 唐艋：《德国难民政策的历史与现状》，《德国研究》2015 年第 2 期，第 50 页。
③ Olga Ferguson Sidorenko, *The Common European Asylum System: Background, Current State of Affairs, Future Direction* (The Hague: Asser Press, 1997), p. 13.

对《基本法》第 16 条进行修订，颁布《避难妥协法》，规定来自欧共体国家和签署了《关于难民地位的公约》及《欧洲保障公民人权和基本自由公约》的"安全第三国"的难民都不可在德国申请避难。[①] 根据这一法案，德国几乎所有邻国都属于"安全第三国"，且法案严格限定只有受到来自一国政府政治迫害的难民才有资格申请庇护，而受由内乱、种族冲突或非国家行为体造成的迫害的难民则不符合避难标准。由此，德国确立了严苛的难民资格审查制度，只有约 2% 的难民能够获得德国难民身份。

尽管申请难度较大，但在近年来的难民危机中，繁荣的经济、良好的社会秩序使德国依然成为难民优先选择的目标国。而基于德国的历史责任、相对宽裕的财政资源以及劳动力市场的供给不足，默克尔政府在危机应对中力图展现德国的大国担当和人道精神，放宽了难民政策。2015 年 1 月，德国内政部部长表示，德国需要来自国外的技术工人，政府将切实履行其对难民的人道主义责任，并认为德国对叙利亚和伊拉克难民的积极接纳将为其他欧洲国家做出榜样。[②] 2015 年 8 月，德国联邦移民与难民局宣布将不再要求叙利亚难民遵守《都柏林公约》，无论叙利亚难民之前是否从其他成员国进入欧盟，德国都将允许他们在德国提交难民申请，不会遣返。[③] 2015 年 9 月，默克尔宣称德国在 2015 年可接受 80 万名难民，并坚决反对边界控制。面对欧盟成员国在难民配额上的长期分歧，默克尔在强调欧洲团结的同时，主张为受中东北非难民冲击最大的东南欧国家提供经济援助，要求它们不得拒绝符合标准的难民入境，否则将削减其难民基金份额。[④] 慷慨包容的难民政策使到达德国的难民数量激增，德国国内针对难民的纵火、暴力事件频发，难民之间的冲突不断加剧。难民带来的巨额财政负担和对社会稳定的威胁使默克尔政府的支持率显著下降。2015 年 10 月的调查显示，44% 的民众认为移民对德国弊大于利，较同年 9 月上升 11 个百分点，对接纳难民持积极态度的

---

① Franz Nuscheler, *Internationale Migration*, *Flucht und Asyl* (Wiesbaden: VS Verlag für Sozialwissenschaften, 1995), p. 149.

② Federal Ministry of the Interior, "Germany is Prepared for Immigration," 22 January 2015, http://www.bmi.bund.de/SharedDocs/Kurmeldungen/EN/2015/01/germany-is-prepared-for-immigration.htm，最后访问日期：2017 年 1 月 16 日。

③ Andrea Dembach, "Germany Suspends Dublin Agreement for Syrian Refugees," *EURACTIV*, 26 August 2015, http://www.euractiv.com/section/economyjobs/news/germany-suspends-dublin-greementfor-yrian-refugees/，最后访问日期：2017 年 1 月 16 日。

④ 田小惠：《德国统一后的难民政策：发展、调整及新动向》，《当代世界与社会主义》2016 年第 1 期，第 148 页。

比例为 35%，下降 10 个百分点。[①] 同期，默克尔的支持率下降 9 个百分点，而排斥难民的右翼德国选择党的支持率则首次超过 5%，升至 7%。[②]

2016 年 12 月 20 日，柏林圣诞集市恐怖袭击发生后，默克尔承认恐怖主义是德国当前面临的最大考验，但她同时强调欧盟成员国超越自身利益、聚焦共同利益，以及继续接纳叙利亚难民，坚持德国和欧洲自由、开放、人道的生活方式的重要意义。[③] 面对国内不断扩大的反难民舆论，默克尔政府逐步调整难民政策，在严格审查难民资格的同时，尝试以政府补贴辅助难民返乡。据统计，2016 年德国共收到约 74.6 万份庇护申请，比 2015 年增加约 26.9 万份，但最终获得难民身份的仅有 28 万人，较 2015 年的 89 万人下降 2/3。[④] 2017 年 1 月，德国联邦移民与难民局宣布，自本年 2 月起，在德国申请庇护遭拒的难民可选择自愿返乡，德国政府将为其提供每人最多 1200 欧元的资助，12 岁以下儿童每人 600 欧元，4 口以上家庭还将额外获得 500 欧元补贴，[⑤] 期望以此减轻德国的难民压力。

（三）以技术和资金优势引领全球气候治理

在全球气候治理领域，欧盟一直扮演着重要的领导角色。但受国际金融危机和主权债务危机的打击，欧盟内部在新能源成本分摊和农业温室气体排放配额上的分歧日益凸显。更为严重的是，欧盟碳排放交易体系暴露出巨大缺陷，配额制定过于宽松，导致排放许可证价格暴跌，交易体系失灵，未能起到遏制碳排放、刺激新能源技术发展的作用，最终使得欧盟在全球气候治理领域中的领导力明显下降。在此背景下，德国依靠自身的资金和技术优势，实现了西方发达国家中最富成效的温室气体减排，并将能源政策与气候政策相结合，制定了具有德国特色的气候治理战略，也为发展中国家的温室

---

① "ARD – Deutschland Trend: November 2015," *Tagesschau*, 8 November 2015, http://www.tagesschau.de/inland/deutschlandtrend-435.pdf，最后访问日期：2017 年 1 月 16 日。

② 郑春荣、周玲玲：《德国在欧洲难民危机中的表现、原因及其影响》，《同济大学学报》（社会科学版）2015 年第 6 期，第 37 页。

③ 《默克尔发表新年谈话　称恐怖主义系德国最大考验》，中国新闻网，2016 年 12 月 31 日，http://www.chinanews.com/gj/2016/12-31/8110519.shtml，最后访问日期：2017 年 1 月 16 日。

④ Bundesamt für Migration und Flüchtlinge, "Asylzahlen: Jahresbilanz 2016," 11 Januar 2017, https://www.bamf.de/SharedDocs/Meldungen/DE/2017/20170111 – asylgeschaeftsstatistik-dezember. html; nn =282388，最后访问日期：2017 年 1 月 16 日。

⑤ 《德砸 4000 万欧元请难民回家：提供返乡费和创业金》，新华网，2017 年 1 月 22 日，http://news.xinhuanet.com/world/2017-01/22/c_129457479.htm，最后访问日期：2017 年 1 月 25 日。

气体减排提供了有效支持。

2007 年，德国政府发布《能源和气候保护综合计划》，确立了到 2020 年本国温室气体排放比 1990 年减少 40%，到 2050 年减少 80% ~ 90% 的减排目标①，并声明无论其他国家是否做出相应努力，德国都将确保目标实现。同年，作为欧盟轮值主席国，德国将本国能源和气候政策相结合的治理模式向欧盟推广，推动欧盟通过了"20—20—20 目标"战略。根据这一战略，欧盟同样将温室气体减排与能源转型目标并立，计划于 2020 年使温室气体排放较 1990 年减少 20%，可再生能源消费比例较 2005 年提升 20%，能源利用效率提升 20%。② 2010 年，德国政府在《2010 联邦政府能源观及 2011 能源体系转型》战略文件中再次重申了 2007 年确立的减排目标，同时明确提出减排目标将主要通过发展可再生能源和提升能源利用效率实现③。

2011 年日本福岛核泄漏事故后，默克尔政府加速推进德国能源转向政策。2011 年 6 月 6 日，德国宣布逐步关停现有核电站，到 2020 年彻底废除核电。④ 2014 年，联邦议会修订《可再生能源法》，增加了对可再生能源发电企业和高耗电、贸易密集型行业可再生能源消费的补贴，有力刺激了德国可再生能源技术的创新与大规模应用，对欧洲乃至全球新能源技术和产业的发展产生了显著的示范效应。2015 年，德国可再生能源发电 320 亿千瓦时，比 2003 年增加 148.5%，绿色能源已占德国能源供给总量的 30%。⑤ 而在 2012 年，德国温室气体排放量较 1990 年下降 25.5%，远超《京都议定书》

① Federal Ministry for the Environment, Nature Conservation, Building and Nuclear Safety (BMU), "The Integrated Energy and Climate Programme of the German Government," 5 December 2007, http://www. bmub. bund. de/fleadmin/bmuimport/files/english/pdf/application/pdf/hintergrundm-esebergen. pdf, 最后访问日期：2017 年 1 月 10 日。
② 〔德〕马库斯·雷德勒：《欧盟在国际气候与能源政策中的领导角色和德国的能源转向政策》，夏晓文译，《德国研究》2013 年第 2 期，第 18 ~ 19 页。
③ Federal Ministry of Economics and Energy (BMWi) and Federal Ministry for the Environment, Nature Conservation, Building and Nuclear Safety (BMU), "The Federal Government's Energy Concept of 2010 and the Transformation of the Energy System of 2011," September 2010, pp. 3 – 6.
④ "German Government Approves Plan to Go Nuclear Free," CNN, 6 June 2011, http://edi-tion. cnn. com/2011/WORLD/europe/06/06/germany. nuclear/, 最后访问日期：2017 年 1 月 10 日。
⑤ Craig Morris, "Germany is 20 Years Away from 100 Percent Renewable Power – Not!" Energy Transi-tion, 5 January 2016, https://energytransition. org/2016/01/germany-is – 20 – years-away-from – 100 – percent-renewable-power-not/, 最后访问日期：2017 年 1 月 10 日。

中到 2012 年较 1990 年减排 21% 的承诺，[①] 减排幅度居发达经济体首位，为全球温室气体减排和气候治理做出了突出贡献。

在国际气候治理援助上，2014 年德国公共财政为应对全球气候问题提供了 51.35 亿欧元的资助，其中包括联邦政府财政拨款的 23.44 亿欧元和通过德国复兴信贷银行提供的 27.91 亿欧元的融资贷款。在 2015 年 5 月第六届彼得斯堡气候对话会上，默克尔还承诺到 2020 年将德国的国际气候治理援助预算翻倍，达到 40 亿欧元。[②] 为了加大对发展中国家的气候治理援助力度，2008 年起，德国启动"国际气候倡议"计划，目前该计划已在全球设立 492 个项目，专门用于为发展中国家和新兴工业国的气候治理、生态多样性保护和《巴黎气候协定》的落实提供资金支持。[③] 2011 年德班气候大会正式决定启动绿色气候基金，由发达国家出资，主要通过赠款和优惠贷款的方式帮助发展中国家加强气候治理能力建设。2014 年 7 月，默克尔宣布联邦政府将为绿色气候基金提供 7.5 亿欧元资金，德国成为全球首个承诺向这一基金注资的国家。此外，德国还是全球环境基金的第三大出资方，并在该基金最近一轮融资中提供了 1.92 亿欧元专门用于气候治理。而自全球环境基金下属的最不发达国家基金建立以来，德国共注资 2.15 亿欧元，成为最大出资国。[④]

（四）以结构性发展治理塑造全球化进程

作为经济全球化和区域一体化的坚定推动者，德国不仅在应对全球金融

① Federal Ministry for the Environment, Nature Conservation, Building and Nuclear Safety (BMU), "Greenhouse Gas Emissions Up by 1.6 Percent in Year 2012," 25 February 2013, https://www. umweltbundesamt. de/en/press/pressinformation/greenhouse-gas-emissions-up – 16 – percent-in-year – 2012，最后访问日期：2017 年 1 月 10 日。

② Federal Ministry for the Environment, Nature Conservation, Building and Nuclear Safety (BMU) and Federal Ministry for Economic Cooperation and Development (BMZ), "International Climate Finance: Germany's Contribution," November 2015, https://www. bmz. de/en/publications/type_of_publication/information_flyer/flyer/climate_finance. pdf，最后访问日期：2017 年 1 月 11 日。

③ Federal Ministry for the Environment, Nature Conservation, Building and Nuclear Safety (BMU), "International Climate Initiative," https://www. intemational-climate-initiative. com/en/，最后访问日期：2017 年 1 月 11 日。

④ Federal Ministry for the Environment, Nature Conservation, Building and Nuclear Safety (BMU) and Federal Ministry for Economic Cooperation and Development (BMZ), "International Climate Finance: Germany's Contribution," November 2015, https://www. bmz. de/en/publications/type_of_publication/information_flyer/flyer/climate_finance. pdf，最后访问日期：2017 年 1 月 11 日。

安全、气候变化、难民救济等问题上发挥了关键作用，也试图为国际社会提供具有德国特色的全球治理顶层设计。这一努力集中体现为德国以结构性的发展政策为核心，推出涉及减贫、金融、安全、环保等领域的系统性全球治理方案。

1998 年社民党和绿党组成联合政府，在《联合执政协议》中重塑德国既有的全球发展政策，提出结构性发展治理理念。两党认为，全球化提供了更多的发展机遇，但同时导致世界财富分配不均、贫富分化加剧。发展中国家和最不发达国家中的很多群体被完全排除在全球化进程之外，无法得到公正且充分参与全球竞争的机会。伴随世界各国相互依赖和全球性问题相互联系的空前加深，发展中国家面临的贫困、污染、战乱、疾病等诸多困境同样威胁到发达国家的安全，世界自由市场无法解决处于竞争弱势地位的南方国家不断加剧的社会、经济、生态问题，这些问题需要依靠政治手段加以干预。因此，全球发展政策需要通过一种系统的社会方式重塑全球化进程，构建一种涵盖不同政策领域、政治层级和行为体的连贯且协调的治理决策和执行体系。① 德国的发展政策必须成为一种全球结构性政策，旨在全面改善发展中国家的经济、社会、生态和政治环境②，转变传统的全球治理结构，推动国际组织、政府、市民社会和私人部门携手合作，共同应对各种全球性挑战，重构全球化进程，确保所有人都能从全球化中受益。此后，联邦政府将德国参与全球发展治理的目标确定为：减贫、重塑全球化和实现安全与和平。③

2000 年 9 月，联合国大会通过《联合国千年宣言》，强调"善治"在全球减贫事业中的关键作用。④ 在此背景下，德国政府将善治理念与本国的结

---

① Aram Ziai, "German Development Policy 1998 – 2005: The Limits of Normative Global Governance," *Journal of International Relations and Development* 13 (2010), pp. 136 – 162.

② "Aufbruch und Erneuerung – Deutschlands Weg ins 21. Jahrhundert," Koalitionsvereinbarung zwischen der Sozialdemokratischen Partei Deutschlands und Bündnis 90/Die Grünen, 20 Oktober 1998, https://www.guene.de/fileadmin/user_upload/Bilder/Redaktion/30_Jahre_ – _Serie/Teil_21_Joschka_Fischer/Rot – Gruener_Koalitionsver – tag998.pdf, 最后访问日期：2017 年 1 月 25 日。

③ Heidemarie Wieczorek – Zeul, "Internationale Verantwortung – Entwicklung Stärken," Regierungserklärung zur Entwicklungspolitik, 15 März 2002, http://www.torstenchristoph.homepage.t-online.de/heidi_re.htm, 最后访问日期：2017 年 1 月 25 日。

④ United Nations Economic and Social Commission for Asia and the Pacific, "What is Good Governance?" http://www.unescap.org/sites/default/files/good-governance.pdf, 最后访问日期：2017 年 1 月 25 日。

构性发展治理理念相结合，于 2009 年发布《在德国发展政策中推进全球善治》的战略文件，为实现联合国千年发展目标和进一步明确德国参与全球发展治理的行动目标和原则提供了基本纲领。文件指出，面对一系列全球性问题，发达国家不可能脱离发展中国家独自妥善应对，无视发展中国家的困境就无法实现有效的全球治理，全球治理赤字需要借发展红利加以弥补。文件强调，全球善治需要世界各国以发展为导向展开切实行动，着力推行有利于贫困人口的可持续的结构性发展政策；尊重、保护和促进基本人权；遵循民主和法治的行动原则；提升治理效率和透明度；在国际交往中坚持合作立场。具体而言，德国在全球发展治理中的行动原则是：致力于加强国家的主体地位；推动各国开展长期持续的政策对话；发展健全全球市民社会；以各国各地区的发展现实为出发点，促进各部门协同治理。文件还将全球减贫、巩固世界民主与和平、促进全球化进程中的公平正义、保护环境作为新时期德国推动全球发展治理的主要目标。①

此后，以结构性发展治理为核心，德国陆续发布了一系列推动实现各领域善治的战略文件。2013 年的《为和平与安全而发展》文件指出，德国有一半以上的发展合作伙伴国深受暴力、冲突和战乱困扰，缺乏稳定的社会秩序和包容的政治环境，这不仅使这些国家失去可持续发展的基本前提，也将威胁相关地区乃至世界的和平稳定。德国在和平与安全领域的发展政策旨在帮助相关国家以包容性的政治协调解决争端；加强和巩固公民安全；实现社会正义；创造就业，改善民生；管理税收并建立可靠的社会服务体系。② 为此，德国提供了多种政策工具，包括：派遣地区问题专家作为政策顾问，积极斡旋促成冲突方对话；提供公开、灵活的财政援助项目；通过德国发展投资公司为企业在当地投资提供援助；设立农业发展、食品安全、卫生保障项目，为战后重建和中长期发展奠定基础；在民事和平服务项目框架下派出和平问题专家和工作组，促进民间对话和族群和解。

基于德国在全球金融治理领域的强大影响力，2014 年《德国发展合作

---

① Federal Ministry for Economic Cooperation and Development（BMZ），"Promotion of Good Governance in German Development Policy," Strategy Paper, 2009, http://www.bmz.de/en/publications/archiv/type_ of_publi-ctitio/strategies/konzept178.pdf, 最后访问日期：2017 年 1 月 28 日。

② Federal Ministry for Economic Cooperation and Development（BMZ），"Development for Peace and Security," Strategy Paper, 2013, http://www.bmz.de/en/publications/topics/peace/Strategiepapier333_04_ 2013.pdf, 最后访问日期：2017 年 1 月 28 日。

中的金融善治》① 战略文件特别强调德国塑造全球金融善治理念的引领作用，提出推动和帮助德国的伙伴国家建立发展导向的高效透明的公共财政体系是实现全球金融善治、促进可持续发展和全球减贫的重要基础。按照这一战略，德国将从政策设计、技术咨询、资金支持三个维度辅助伙伴国实施财政改革，但对它们同样提出了严格的改革目标。这些国家必须有效利用国内财政资源，构建高效公正的税收管控机制；设立补偿税收体系，保证税收的公平分配，进而构建稳定的政治—社会结构；公共财政资源必须依照国家的发展战略，在政府各部门、各层级充分磋商的基础上合理分配；建立健全财政监督机制，保证税收的分配、使用规范合法。德国政府希望凭借上述手段，增强伙伴国自主动员和依法使用本国税收的能力，防控逃税、腐败和行政低效，减少对政府开发援助的依赖，最终实现独立的可持续发展。

此外，2016 年德国发布落实联合国《2030 年可持续发展议程》环保目标的气候政策文件《应对气候变化——行动起来》② 以及旨在加强德国与东南欧国家、东部伙伴国家和南高加索国家发展合作，深化区域整合的立场文件《聚焦欧洲》③ 等。这些政策文件已经形成一套相对严谨完善的全球治理战略体系，成为德国应对各种全球挑战、参与全球治理的国家方案，也为全球治理体系的改革和完善贡献了德国智慧。

三 德国全球治理战略的基本特征及其挑战

二战结束以来，德国以战败国身份和积极负责的姿态，主导推动欧洲区域一体化，逐渐融入现存国际秩序，并以世界经济大国的地位参与甚至引领全球治理进程，充分展现了德国的大国责任和国际影响。特殊的历史条件和国际定位使德国的全球治理战略呈现出自身的鲜明特征。

---

① Federal Ministry for Economic Cooperation and Development（BMZ），"Good Financial Govemance in German Development Cooperation," Strategy Paper，2014，http://www.bmz.de/en/publications/topics/good_govem-acersrategiepapipr342_004_2014.pdf，最后访问日期：2017 年 1 月 28 日。

② Federal Ministry for Economic Cooperation and Development（BMZ），"Climate Change – Time to Act," Policy Paper，2016，http://www.bmz.de/en/publications/topics/climate/Materialie244_climate_time_to_act.pdf，最后访问日期：2017 年 1 月 28 日。

③ Federal Ministry for Economic Cooperation and Development（BMZ），"Focus on Europe," Position Paper，2016，http://www.bmz.de/en/publications/topics/climate/Strategiepapier367_07_2016.pdf，最后访问日期：2017 年 1 月 28 日。

（一）以履行全球责任为核心治理理念

惨痛的战争教训和强烈的"赎罪"意识使德国将参与全球治理视为获取国际社会认同、缓解他国疑虑、保障自身安全的重要途径。冷战后重新统一的德国更是一再承诺将延续承担欧洲责任和形成信任的政策道路，以德国"责任"取代德国"权力"。因此，从主动放弃马克、为欧元区建设提供核心支撑到承担最大出资份额援助重债国家、维护欧元稳定，从独自放宽《都柏林条约》、率先承担最高难民接纳配额到无须他国对等行动、先行提出40%的减排目标和新能源计划，德国在全球治理的主要领域都展现出高度的责任担当。而直面问题、提供方案并为之负担成本，以先行姿态树立典范，进而倡导或倒逼欧盟成员国乃至国际社会共同努力实现治理目标则成为德国全球治理战略的显著特征。

欧债危机后，德国对自身国际定位的认知发生转变，"德国责任"被赋予新的内涵，并成为德国外交转向、提升全球事务影响力的政策宣示。正如德国前总统约阿希姆·高克（Joachim Gauck）所说，国际社会对德国承担更多国际责任的要求不断增加，德国应更加自信，认识到在充满危机和变革的国际体系中，新的责任已经落到德国身上[1]。2014 年 1 月，默克尔也在联邦议会表示，承担欧洲和世界的责任已经成为德国的一项重要职责，在国际事务中的长期"缺位"不仅损害德国自身利益，也不利于伙伴国家的发展。[2]

（二）将本国战略融入国际多边治理机制

二战后，德国接受并积极推动欧洲联合，重新获得了西欧国家的信任并逐步恢复主权国家地位，也从欧洲国家约束的对象转变为欧洲一体化的主导者和建设者。相较于从本国立场出发强势表达利益诉求，德国更倾向于将各种国际机制作为主要手段，在多边框架下促成各利益攸关方的务实对话。比如，德国是 G20 峰会和 G8＋5 机制的首倡国；在欧债危机中要求在国际货币基金组织（IMF）的参与下援助希腊，通过《经济与货币联盟稳定、协调与治理条约》将德国"债务刹车"政策转化为欧元区成员国的共同行为准则；在气候变化治理上将德国的气候能源政策结合方案推广为欧盟"20—20—20

---

① 郑春荣：《德国外交政策的新动向》，《欧洲研究》2014 年第 2 期，第 2 页。
② Angela Merkel, "Wir Gestalten Deutschlands Zukunft, Regierungserklärung der Bundeskanzlerin bei der 10. Sitzung des 18. Deutschen Bundestages," Das Parlament, 29 January 2014.

目标"战略，并最终使德国减排 40% 的计划成为欧盟共同自主减排承诺并写入《巴黎气候协定》；在难民治理领域，德国则一再以本国的积极行动敦促欧盟成员国共同行动，反对欧盟内部的任何边界控制，在难民冲突和恐怖袭击面前展现欧盟团结。

国际多边机制一方面有利于提升德国治理政策的合法性和影响力，另一方面也将德国的治理政策融入欧盟、G20、七国集团（G7）等国际机制的共同行动，缓解了国际社会对德国强势主导地位的疑虑。德国外交政策的基本方针强调，德国重视具有约束力的国际规范和有效的国际机制，以期在一个更加相互依赖的世界中实现各国有序、协调共存。德国也将进一步完善联合国、欧盟、北约、G7 等现有多边机制的功能作用，同时根据需要推进新型多边机制的创设，如 G20 框架内的伙伴关系、国际协商和谈判方式的建设等。[①]

（三）在全球治理中贯彻和体现德国意志

德国尽管倾向于借助多边机制实施本国治理战略，但更多的是将这些多边平台作为修正和推广"德国方案"的舞台。在应对欧债危机中，德国坚持财政紧缩政策，坚决拒绝欧元债券，甚至试图通过修改欧盟条约整顿成员国财政，但因遭到大多数成员国的反对才被迫搁置。基于强劲的经济增长，德国认为社会市场经济体制和严格的财政纪律能够为欧债危机的解决提供出路。在国际金融危机中，德国并未简单提议通过 G8 扩员来容纳新兴经济体，而是倡议设立 G8 + 5 机制推进南北合作。这实质上体现了全球经济金融治理中的德国意志，即一方面认同全球经济新秩序需要新兴经济体参与并分担风险，共同应对挑战；另一方面在民主法制、自由市场经济等西方核心价值规范上区别对待新兴经济体。[②]

在难民问题上，德国将人道主义精神、自由仁慈的生活方式等价值理念视为欧盟存在的基石，要求东南欧国家维护欧盟团结，执行宽容的难民政

---

① Federal Foreign Office, "Germany's Foreign Policy Parameters," 27 October 2015, http://www. aus-waertiges-amt. de/EN/Aussenpolitik/Schwerpunkte_Aussenpolitik_node. html，最后访问日期：2017 年 1 月 31 日。

② Susanna Vogt, "Germany and the G20," in Wilhelm Hofmeister & Susanna Vogt, eds., *G20: Perceptions and Perspectives for Global Governance* (Berlin: Konrad-Adenauer-Stiftung, 2011), pp. 73 – 80.

策。在气候治理领域，德国的能源转向政策和激进的弃核政策呈现出良好的治理效果，并开始在欧盟范围产生示范作用。在德国的高额优惠补贴政策下，以光伏产业为代表的可再生能源产业发展迅速，这种新技术一旦产业化并产生规模效应，就能获得更低的发电成本，从而易于在更大区域推广。德国的弃核计划已经引起日本、瑞士的效仿，意大利和奥地利也开始考虑废除核电站。① 在发展治理中，德国将帮助和监督伙伴国家建立德国式的自律、法制、高效的财政体系作为援助的重要前提。总之，德国在全球治理中对"德国方案"高度自信，在主动承担较高治理成本的基础上，将本国行之有效的治理政策向全欧推广，坚持以德国价值观念影响欧盟集体行动，不断塑造德国"负责任的欧洲领袖"形象。

由于在欧债危机、国际金融危机等一系列区域与全球危机的应对中的突出表现，德国在全球治理中的地位和作用更加凸显。但是，随着欧洲一体化和经济全球化的变化，德国全球治理战略的实施在国内、区域和全球层面也面临诸多制约与挑战。

首先，德国自身能力的制约。战后德国一直执行"自我克制"的和平主义外交政策，强调国际责任，弱化国家利益；侧重在经济金融领域发挥影响，主动放弃拥有核武器的权利并限制常规军力规模，避免在全球军事安全问题上发声。尽管施罗德政府突破了在北约范围之外参与维和行动的禁区，默克尔政府也开展了国家利益导向的"正常化"外交，但德国在全球经济与安全事务中的地位不平衡的现状短期内不会改变。这就决定了德国目前还难以在欧盟共同外交与安全政策中占据主导地位，也难以领导欧盟成为一个更有力的全球行为体，② 德国只能以全球经济金融治理为基础构建其治理能力。在参与全球治理时，德国通常只能以"出资方"身份换取"决策者"地位。然而，近年来德国经济增长放缓，国内民众对政府花费巨额财政资金援助债务危机国家、设立气候基金、安置大批难民的行动愈发不满。2010 年，德国政府决定承担欧债危机第一轮 7500 亿欧元援助计划中的 1230 亿欧元后，联盟党在德国第一人口大州北莱茵－威斯特法伦州的州议

---

① Lars Kramm, "The German Nuclear Phase-Out After Fukushima: A Peculiar Path or an Example for Others?" *Renewable Energy Law and Policy Review* 3 (2012), p. 261.

② Urich Speck, "Why Germany is Not Becoming Europe's Hegemon," *FRIDE Policy Brief* 126 (2012), http://fide. og/descarga/PB_126_Germany_not_becoming_Europehegemon. pdf, 最后访问日期：2017 年 2 月 2 日。

会选举中立即遭到惨败。① 在可预期的未来，德国民众对于牺牲本国经济利益负担全球治理成本的容忍度势必逐步降低，这无疑将侵蚀德国参与全球治理的能力的根基。

其次，新时期"德国问题"的重现。二战结束以来，欧洲国家以一体化机制牵制约束德国，德国则利用一体化机制融入欧洲，发挥全球影响力。但随着德国在欧洲"地缘经济强权"② 地位的巩固，这一互利平衡的状态出现裂痕。面对不断崛起的德国，危机重重的欧洲表现出既需要又防范的矛盾。而从德国立场看，为了自身的安全与未来，德国必须坚定支持欧洲一体化，但国内的不满情绪又要求政府在承担治理成本时有力维护德国利益。为了在获得国内选民支持的同时维护欧洲一体化成果，德国政府要求所有拯救欧元和欧洲的措施都必须经过德国审查，如果对德国国家利益和执政地位不利，德国就将拒绝提供任何援助，③ 从而表现出在一系列危机治理方案中贯彻"德国模式"的战略特征。这种贯彻德国利益的治理政策导致欧盟其他成员国对德国经济霸权的强烈抵触。2012 年 7 月，时任美国财长蒂莫西·盖特纳（Timothy Geithner）警告德国，不要试图把欧洲留在危机深渊的边缘以换取德国的影响力，这种战略是无效的，只会增加危机的最终代价。④ "德国的欧洲"与"欧洲的德国"冲突再现，欧洲国家对德国的疑虑依然存在，但新一代德国民众却不再将德国的未来与欧洲联合紧密联系，欧洲开始成为德国的"问题"。国内民意与国际期待之间的张力使得德国的治理战略陷入两难，德国呼吁欧洲团结、维护一体化的努力反而可能被视为掌控欧洲的野心并遭到其他成员国的抵制，甚至加剧欧洲的分裂。

最后，全球化的曲折进程所带来的冲击。近年来，西方发达国家内部反全球化的民粹主义和贸易保护主义势力不断增强，特别是 2016 年以来，英国脱欧，特朗普当选美国总统，意大利修宪公投失败，欧洲一体化和经济全球化进程出现一系列曲折。究其原因，在于全球化的深入发展不仅在一定程度上扩大了国家间的贫富差距，同时也对各国内部社会结构造成冲击。发达

---

① 徐弃郁：《犹豫的"领导者"——透析欧债危机中的德国》，《世界知识》2011 年第 17 期，第 34 页。

② Hans Kundnanj, "Germany as a Geo – Economic Power," *The Washington Quarterly* 34（2011），pp. 39 – 41.

③ 〔德〕乌尔里希·贝克：《德国的欧洲：危机下新的势力分布图》，袁杰译，2014，第 56 ~ 58 页。

④ 连玉如：《21 世纪新时期"德国问题"发展新考》，《德国研究》2012 年第 4 期，第 21 页。

国家精英阶层与底层民众在全球化进程中的收益分配严重不均，最终导致失利或获益较少阶层的反全球化倾向，右翼保守势力借机以退出区域一体化机制、贸易保护、移民限制等政策获取大量民众支持。加之近年德国经济增长放缓、难民涌入、暴力冲突频发，默克尔政府以责任为核心理念的多边主义全球治理政策面临更大阻力。2017 年 1 月 21 日，欧洲右翼政党在德国召开"民主和自由欧洲"大会，法国"国民阵线"、德国选择党、荷兰自由党和意大利"北方联盟"等主要右翼政党领袖均到会支持。法国"国民阵线"主席玛丽娜·勒庞（Marine Le Pen）在抨击德国难民政策忽视民众感受之后宣称，民族国家终将回归，2017 年将是欧洲大陆"觉醒的一年"。①

总之，21 世纪以来，面对欧洲一体化进程的举步维艰和越来越严峻的全球性挑战，德国始终坚持社会市场经济体制和外向型经济政策，通过政府的适度干预，在维护市场经济运行秩序的同时，通过引入竞争和减税、削减社会福利、严控赤字，确保物价稳定和充分就业，经济竞争力明显提升，不仅有效应对了国际金融危机和欧债危机，也保持了德国在全球化进程中的优势地位。可以说，德国仍然是当今欧洲一体化和经济全球化的支柱国家，也已成为全球治理不可替代的主导性力量，不仅能够以前所未有的领导地位对全球治理发挥积极的正面作用，而且将成为世界发展的"希望之锚"。②

---

① 田园：《欧洲极右翼政党聚首德国》，《光明日报》2017 年 1 月 24 日，第 10 版。

② "Centre – Left Frank – Walter Steinmeier Elected President of Germany," *The India Experss*, 2 February 2017, https://indianexpress. com/article/world/frank-walter-steinmeier-elected-as-new-president-of-germany/，最后访问日期：2017 年 2 月 2 日。

图书在版编目（CIP）数据

默克尔时代的德国：2005－2021年中国的德国研究文
选／郑春荣主编. －－北京：社会科学文献出版社，
2022.11
（同济大学欧洲与德国研究丛书）
ISBN 978－7－5228－0773－7

Ⅰ.①默…　Ⅱ.①郑…　Ⅲ.①德国－研究－2005－
2021　Ⅳ.①D751.6

中国版本图书馆 CIP 数据核字（2022）第 173662 号

·同济大学欧洲与德国研究丛书·

默克尔时代的德国：2005～2021 年中国的德国研究文选

主　　编／郑春荣

出 版 人／王利民
组稿编辑／祝得彬
责任编辑／张　萍
文稿编辑／邹丹妮
责任印制／王京美

出　　版／社会科学文献出版社·当代世界出版分社（010）59367004
　　　　　地址：北京市北三环中路甲 29 号院华龙大厦　邮编：100029
　　　　　网址：www. ssap. com. cn
发　　行／社会科学文献出版社（010）59367028
印　　装／三河市东方印刷有限公司

规　　格／开　本：787mm×1092mm　1/16
　　　　　印　张：25　字　数：429 千字
版　　次／2022 年 11 月第 1 版　2022 年 11 月第 1 次印刷
书　　号／ISBN 978－7－5228－0773－7
定　　价／99.00 元

读者服务电话：4008918866